普通高等院校经济管理类"十三五"应用型规划教材
【工商管理系列】

企业管理学
BUSINESS MANAGEMENT

主　编　宿　恺　袁　峰
副主编　赵　红　柴伟莉
参　编　刘　雷　姚　凯

机械工业出版社
China Machine Press

图书在版编目（CIP）数据

企业管理学 / 宿恺，袁峰主编 . —北京：机械工业出版社，2019.9（2021.3 重印）
（普通高等院校经济管理类"十三五"应用型规划教材·工商管理系列）

ISBN 978-7-111-63531-4

I. 企… II. ① 宿… ② 袁… III. 企业管理 – 高等学校 – 教材 IV. F272

中国版本图书馆 CIP 数据核字（2019）第 180897 号

本书在介绍现代企业管理基本原理和理论的基础上，以企业整体运作的客观规律为研究对象，介绍了企业及其管理理论的产生和发展，从企业战略着手，围绕企业产、供、销的运作和人、财、物的管理等一系列活动展开，主要包括企业与管理、企业战略管理、企业组织管理、企业经营决策、企业营销管理、企业生产运作管理、企业质量管理、企业物流管理、企业财务管理、企业人力资源管理、企业文化、项目管理、企业技术经济评价与管理等内容。

本书既可作为高等院校经济管理类专业的教材，也可作为非经济管理类专业学生的参考书，还可作为企业工程技术人员、各级企业管理人员的参考书。

出版发行：机械工业出版社（北京市西城区百万庄大街 22 号 邮政编码：100037）	
责任编辑：李晓敏	责任校对：殷 虹
印　　刷：北京捷迅佳彩印刷有限公司	版　　次：2021 年 3 月第 1 版第 3 次印刷
开　　本：185mm×260mm　1/16	印　　张：20.75
书　　号：ISBN 978-7-111-63531-4	定　　价：45.00 元
客服电话：(010) 88361066　88379833　68326294	投稿热线：(010) 88379007
华章网站：www.hzbook.com	读者信箱：hzjg@hzbook.com

版权所有·侵权必究
封底无防伪标均为盗版
本书法律顾问：北京大成律师事务所　韩光 / 邹晓东

Preface 前　　言

人类进入 21 世纪，新知识、新技术层出不穷，全球化和信息化的趋势使企业生存环境发生了显著的变化，企业管理也面临着巨大的挑战。企业所构筑的机制必须能够在不同的土壤中生长才能使其不断地发展壮大。企业管理者必须重视对管理理论的学习和运用。

著名的管理学大师彼得·德鲁克在《管理的实践》㊀一书中指出："现代组织的精髓在于，使个人的长处和知识具有生产性，使个人的弱点无关紧要。在传统组织中建造金字塔或哥特式大教堂，或 18 世纪、19 世纪军队的组建，每个人都做着完全一样、不需要技能的工作，主要贡献是原始动力，知识集中在少数上层人物手中。在现代组织中，人人都有专门的分工，掌握着先进的知识和技能，但都是为了一个共同的目标工作。"

当前社会专业化分工更加精细，社会化大生产日益复杂，日新月异的社会需要更加科学的管理，企业管理的理论和方法不断发展，企业管理者要能够与时俱进，不断学习和适应环境的变化。同时，经济全球化等外部环境的巨大变化，对高等教育人才需求和培养目标提出了更高的要求，对大学生的培养已从过去单一封闭的专业教育转向开放的复合型、素质型教育，加强对大学生的经济管理知识普及是适应这一转变的重要措施。在就业形势日益严峻的当下，不少学生选择自主创业，他们对企业管理理论和方法的需求更为迫切。为此，编者希望本书的出版能为现代企业管理人才的培养和教育做出一定的贡献。

本书具有以下特点：

（1）内容全面系统，理念具有引领性。本书涵盖了企业战略管理、营销管理、生产运作管理、质量管理、财务管理、人力资源管理、企业文化等内容，另外从项目运作的角度增加了技术经济学的理论和方法，知识点多，覆盖了现代企业管理的主要领域，内容全面充实，同时融入了新的管理理论与方法以及相关规定。

（2）教与学相结合，叙述具有现实性。本书各章内容既具有较大的灵活性，又存在内在联系，教师可根据学生特点及专业需要灵活安排教学内容，也可补充某些章节内容以充分调动学生学习的积极性。针对学生管理基础知识薄弱、课程学时短的情况，本书将理论介绍简洁化，表述浅显，以提高学生的兴趣。本书的思考题设置多样化，题型丰富，具备启发性，可以全方位考查学生对知识的掌握程度。

（3）理论联系实际，问题具有导向性。本书在内容体系编排上与企业管理实践相结

㊀ 本书中文版已由机械工业出版社出版。

合，每章的引导案例及思考题帮助学生运用相关理论与方法去理解和思考现实的企业管理问题，也便于学生在今后的工作中运用管理思维和理论、方法去解决现实生活中遇到的问题。

本书由宿恺、袁峰任主编，赵红、柴伟莉任副主编，具体分工如下：宿恺编写了第一章和第六章，袁峰编写了第三章和第九章，赵红编写了第二章和第五章，柴伟莉编写了第七章和第八章，刘雷编写了第十二章和第十三章，姚凯编写了第四章、第十章和第十一章。

在编写的过程中，本书参考了大量的相关文献资料，也得到了沈阳工业大学管理学院祝爱民院长的指导，同时机械工业出版社高伟等编辑为本书的出版做了大量工作，在此一并谨表谢意。

本书难免有不足之处，恳请专家同行和广大读者批评指正并提出宝贵意见，以便修订时完善。

编者

2019 年 7 月

Suggestion 教学建议

教学目的

企业管理学是高等学校经济管理类本科专业和非经济管理类本科专业学习企业管理知识的一门重要课程,它揭示了现代企业管理活动的一般规律。通过本课程的学习,学生可以比较系统、全面地掌握企业管理的基本概念和基本原理,对企业管理中涉及的战略管理、营销管理、生产管理、人力资源管理、财务管理等具有一定的认识和理解,同时能够运用项目管理的思想、一定的定性和定量的分析方法来解决企业运行遇到的各种问题,为学生奠定坚实的管理理论基础。

章节结构安排和教学课时分配建议

教学内容	学习要点	课时安排
第一章 企业与管理	第一节 企业 第二节 管理与企业管理 第三节 管理理论的演变与发展	2学时
第二章 企业战略管理	第一节 战略管理概述 第二节 战略环境分析 第三节 战略制定及选择 第四节 战略实施与控制	2学时
第三章 企业组织管理	第一节 组织概述 第二节 企业组织结构 第三节 企业组织设计 第四节 企业组织变革 第五节 学习型组织	2学时
第四章 企业经营决策	第一节 企业经营决策概述 第二节 经营决策的定性方法 第三节 经营决策的定量方法	2学时
第五章 企业营销管理	第一节 市场营销概述 第二节 市场细分与市场定位 第三节 市场营销组合策略 第四节 网络营销方法及工具 第五节 营销管理发展趋势	2学时
第六章 企业生产运作管理	第一节 生产运作管理概述 第二节 设施选址与生产过程组织 第三节 生产计划与控制 第四节 现代生产管理方式	4学时

(续)

教学内容	学习要点	课时安排
第七章　企业质量管理	第一节　质量管理概述 第二节　全面质量管理 第三节　质量管理常用的统计技术	2学时
第八章　企业物流管理	第一节　企业物流管理概述 第二节　供应物流 第三节　生产物流 第四节　销售物流和废弃物物流	2学时
第九章　企业财务管理	第一节　企业财务管理概述 第二节　企业筹资管理 第三节　企业资产管理 第四节　企业投资管理 第五节　企业成本费用与利润管理 第六节　财务分析	4学时
第十章　企业人力资源管理	第一节　人力资源管理概述 第二节　人力资源规划与开发 第三节　绩效考核与薪酬管理 第四节　员工招聘与培训	2学时
第十一章　企业文化	第一节　企业文化概述 第二节　企业文化的结构与功能 第三节　企业文化建设	2学时
第十二章　项目管理	第一节　项目管理概述 第二节　网络计划技术 第三节　网络计划优化	2学时
第十三章　企业技术经济评价与管理	第一节　经济效果的概念和评价原则 第二节　资金的时间价值概述 第三节　资金时间价值的计算 第四节　技术经济确定性评价方法	4学时

Contents 目 录

前言
教学建议

第一章 企业与管理 /1

引导案例 股份公司的产生 /1
第一节 企业 /1
第二节 管理与企业管理 /8
第三节 管理理论的演变与发展 /13

第二章 企业战略管理 /23

引导案例 Netflix 和百事达之间的竞争，谁是赢家 /23
第一节 战略管理概述 /24
第二节 战略环境分析 /29
第三节 战略制定及选择 /33
第四节 战略实施与控制 /39

第三章 企业组织管理 /44

引导案例 老王的烦恼 /44
第一节 组织概述 /44
第二节 企业组织结构 /49
第三节 企业组织设计 /55
第四节 企业组织变革 /58
第五节 学习型组织 /60

第四章 企业经营决策 /67

引导案例 索尼公司与巨人集团的"棋招" /67
第一节 企业经营决策概述 /68

第二节 经营决策的定性方法 /73
第三节 经营决策的定量方法 /78

第五章 企业营销管理 /99

引导案例 搜索引擎营销在奥巴马及其竞选团队中的运用 /99
第一节 市场营销概述 /100
第二节 市场细分与市场定位 /103
第三节 市场营销组合策略 /107
第四节 网络营销方法及工具 /115
第五节 营销管理发展趋势 /122

第六章 企业生产运作管理 /126

引导案例 丰田的生产管理模式 /126
第一节 生产运作管理概述 /127
第二节 设施选址与生产过程组织 /134
第三节 生产计划与控制 /143
第四节 现代生产管理方式 /150

第七章 企业质量管理 /160

引导案例 小问题酿成大事故 /160
第一节 质量管理概述 /160
第二节 全面质量管理 /164
第三节 质量管理常用的统计技术 /166

第八章 企业物流管理 /175

引导案例 京东的物流模式 /175
第一节 企业物流管理概述 /176
第二节 供应物流 /178

第三节　生产物流　/188
第四节　销售物流和废弃物物流　/194

第九章　企业财务管理　/198

引导案例　汤姆·F.赫林的创业筹资　/198
第一节　企业财务管理概述　/199
第二节　企业筹资管理　/203
第三节　企业资产管理　/206
第四节　企业投资管理　/213
第五节　企业成本费用与利润管理　/217
第六节　财务分析　/219

第十章　企业人力资源管理　/227

引导案例　汉高祖刘邦的用人之道　/227
第一节　人力资源管理概述　/228
第二节　人力资源规划与开发　/230
第三节　绩效考核与薪酬管理　/234
第四节　员工招聘与培训　/241

第十一章　企业文化　/247

引导案例　孙悟空的紧箍咒　/247

第一节　企业文化概述　/248
第二节　企业文化的结构与功能　/250
第三节　企业文化建设　/259

第十二章　项目管理　/262

引导案例　黄河小浪底水利枢纽工程项目管理　/262
第一节　项目管理概述　/263
第二节　网络计划技术　/268
第三节　网络计划优化　/276

第十三章　企业技术经济评价与管理　/283

引导案例　设备采购方案论证　/283
第一节　经济效果的概念和评价原则　/283
第二节　资金的时间价值概述　/287
第三节　资金时间价值的计算　/291
第四节　技术经济确定性评价方法　/299

参考文献[⊖]

⊖　参考文献已上传至www.hzbook.com。

Chapter1 第一章

企业与管理

⚠ 教学目标

通过本章的学习，学生应对企业和企业管理有一个基本了解，对管理思想和管理理论的演变有更深入的认识，能够运用管理理论对企业及身边的一些案例进行简单分析，为以后的学习打下理论基础。

⚠ 教学要求

掌握企业的概念、特征及分类；掌握管理的概念、特征及职能；掌握企业管理的概念、职能；理解企业管理理论的发展历史及发展趋势。

📚 引导案例

股份公司的产生

1841年10月5日，在美国波士顿—纽约的西部铁路上，发生了两辆火车迎头相撞的事故，造成1名列车员和1名乘客死亡，17人受伤。顿时，美国舆论一片哗然，公众纷纷严厉谴责铁路老板经营和管理的无能，对改革铁路管理体制呼声很高。为了平息这次事故引起的议论和不满，在马萨诸塞州议会的推动下，这家铁路公司不得不进行了管理上的改革。改革后，老板只拿红利，不管企业业务，并建立各级责任制，选拔有管理才能的人担任企业领导。以此事件为导火索，企业所有权与经营权相分离的局面出现了。于是现代企业制度的典型形式——股份公司应运而生。

第一节 企 业

一、企业的定义和特征

（一）企业的定义

企业是一种特殊的社会经济组织，它是一个历史的概念，是商品生产和商品交换的产物。由于观察分析企业的视角不同，对企业的定义也众说纷纭。无论对企业如何定义，如果从企业的共性来看，企业是指从事生产、流通或服务等活动，为满足社会需要进行自主经营、自负盈亏、承担风险、实行独立核算、具有法人资格的基本经济单位。

（二）企业的特征

现代企业是在自然经济条件下的"个体手工业"和资本主义"工场手工业"的基础上发展起来的，表现出鲜明的特点，即劳动的社会化。作为在现代市场经济环境中成长的企业，其特点具体表现在以下四个方面。

1. 经济性

经济性是现代企业的显著特征，因为企业的基本功能就是从事商品生产、交换或提供服务。企业以生产经营产品和提供商业性服务等经济活动为中心，通过商品生产和交换将有限的资源转换为有用的商品或服务，以满足社会和顾客的需求，追求并致力于不断提高经济效益，是直接从事经济活动的实体组织。

2. 营利性

营利性是构成企业的根本标志。企业作为一个独立的追求利润的经济组织，不同于政府部门、事业单位和公益组织，也不同于非营利性经济单位，它以谋取利润为直接、基本目的，以生产、经营某种商品或提供服务为手段，通过资本运营，追求资本增值和利润最大化。

3. 独立性

企业必须是独立的法人组织，是独立从事生产经营活动的经济组织，在国家法律、政策允许的范围内，其生产经营活动不受其他主体的干预。在市场经济条件下，企业不是国家行政机构的附属物，而是自主经营、自负盈亏、自我发展、自我约束的竞争主体，具体地说，企业必须成为具有法人资格，拥有法人财产权，并以其法人财产独立地从事经营活动，独立地承担民事责任与义务的法律实体。

4. 社会性

企业不仅是经济组织，也是社会组织，企业不仅要满足顾客和用户的需要，而且要满足包括股东、银行、员工、供应商、交易对象、同行业竞争者、政府等一切与企业相关的社会团体的需要。企业只有经过努力满足了他们的需要，才能正常运行，获取利润，得以生存和发展，这就决定了企业不能只为自身谋利益，而要肩负起兼顾各方面利益的社会责任。企业的社会责任还表现在防止环境污染、节约资源、为社会提供就业机会和社区建设等方面。

二、企业的形成与演变

企业是一个历史范畴的概念，是人类社会生产力和商品经济发展到一定水平的产物。企业组织的产生和发展经历了一个演变过程，它随着人类社会的进步、生产力的发展、科技水平的提高而不断地发展进步。纵观企业的发展历史，大致经历了以下几个时期。

1. 手工业生产时期

手工业生产时期主要是指从封建社会的家庭手工业到资本主义初期的工场手工业时

期。从 16 世纪到 17 世纪，西方一些国家的封建社会制度向资本主义制度转变，资本主义原始积累加快，大规模地剥夺农民的土地并向海外进行殖民扩张，从而使家庭手工业急剧瓦解，向资本主义工场手工业过渡。此时的生产者已不同于封建社会的简单劳动者，都是具有一技之长的专业劳动者，即掌握了一定的科学知识和专业技能的劳动者。

16 世纪到 18 世纪末，随着资本的集中和劳动的商品化，以及大量小手工业者的分化和破产，工场手工业这种新的生产组织形式出现了。许多手工业工人受雇于一个资本家，在一个工场里从事商品生产。他们或是由不同种的手工业工人共同完成一个产品的制造；或是由同一种或同一类的手工业工人进行劳动分工，各人进行不同的操作，并使这些不同的操作在空间上并列在一起，以形成各种专门的职能。工场手工业在生产过程中进一步发展了分工，同时把过去的手工业结合在一起，它的出现标志着生产组织形式的飞跃，这就是最初的业主企业。

2. 工厂生产时期

随着资本主义制度的发展，西方各国相继进入工业革命时期，工场手工业生产逐步发展为工厂生产，真正意义上的企业到此时才诞生。

18 世纪 60 年代，英国出现圈地运动，进一步加剧了殖民扩张，积累了大量的原始资本，这些为工业革命做好了准备。在工业革命过程中，一系列新技术的出现、大机器的普遍采用，特别是动力机的使用，为工厂制度的建立奠定了基础。19 世纪 30 年代，工厂制度在英国普遍建立；而在德国，19 世纪三四十年代初步建立了工厂制度。到 19 世纪五六十年代，由于资产阶级革命的完成，出现了工业化高潮，工厂制度在采掘、煤炭、机器制造、运输、冶金等行业相继建立。工厂制度的建立，是工场手工业发展质的飞跃，它标志着真正的企业的形成。

3. 企业生产时期

从工厂生产时期过渡到企业生产时期，是企业作为一个社会基本经济单位最后确立和形成的时期。在资本主义经济发展过程中，工厂制度的建立顺应了商品经济发展的潮流，促进了生产力的大发展。特别是 19 世纪末到 20 世纪初，随着资本主义向垄断资本主义过渡，工厂的发展十分迅猛，并产生了一系列变化。这些变化主要表现在：工厂不断采用新技术、新设备，不断进行技术革新，使生产技术有了迅速发展；企业生产规模空前扩大，竞争加剧，产生了大规模的垄断企业；经营权与所有权分离，形成职业化的管理阶层；普遍建立了科学的管理制度，形成了一系列的科学管理理论，从而使企业走向成熟，成为现代企业。

4. 合伙企业的形成

对于大多数业主企业来说，扩大生产规模受到了个人财产的限制，为了筹集更多的资本，有必要联合一些人合办企业，即组织合伙企业。早期的合伙企业主要沿着两个方向发展：一是形成家族企业，进一步发展扩大成比较长期性的组织；二是由两个以上成员出资共同组成企业，并通过发行可转让股份形式募集资本，形成股份公司。股份公司的形成，合伙企业从短期投资转向长期投资，股票、股票转让交易所的出现，对于合伙企业的发展起到了重要的推动作用。然而，这个阶段企业承担无限连带的法律责任，这使得企业投资者承受着很大的风险，愿意加入合伙人队伍的人始终是很有限的，这严重地制约着合伙企业的继续发展。

5. 公司制度的建立

随着股份公司的不断增加，以及其社会地位和作用的不断加强，人们对股份公司不具备法人地位和无限责任制缺陷的认识越来越深刻，探寻形成新的企业制度——有限责任制公司的要求越来越强烈，从而推动了法律制度的变革。从18世纪末至19世纪中期，经过长期斗争和激烈的争论，英国议会终于在1855年通过了一项有限责任制的议案，确认了注册公司对债务只负有限的赔偿责任，并于1856年颁布了第一部现代的公司法，即有限责任形式的公司法。有限责任制的最终确立标志着企业进入了现代发展阶段，为企业的进一步发展创造了前提条件。

三、企业的分类

作为基本经济单位的企业有着多种属性与复杂形态，按照不同的划分标志，企业可划分为多种类型，如表1-1所示。

表1-1 企业的类型举例

划分标志	企业类型
行业领域	①工业生产企业；②商品经营企业；③服务型企业
规模大小	①大型企业；②中型企业；③小型企业
组织形式	①单厂企业；②多厂企业；③企业集团
生产要素的结构	①劳动密集型企业；②资本密集型企业；③技术密集型企业
资产所有制形式	①全民所有制企业；②集体所有制企业；③私营企业；④混合所有制企业
财产组织形式	①个体企业；②合伙制企业；③公司制企业

（一）根据所属行业领域分类

企业根据所属的行业领域划分，可分为工业生产企业、商品经营企业和服务型企业。一个企业可在一个或多个领域进行经营活动。

（二）根据企业规模分类

企业按规模大小的不同，可划分为大型企业、中型企业和小型企业。划分企业规模的主要指标有企业生产能力、机器设备数量或装机容量、固定资产原值、职工人数等。具体指标标准和内容会随技术水平和行业的不同而有所变化。我国颁布的企业规模划分标准以从业人员数、销售额和净资产总额三项指标为依据，覆盖了工业、建筑业、交通运输、批发零售、房地产、金融企业、租赁企业等多个类型的工业和非工业企业。以金融企业为例，从业人员在500人以上、净资产总额在5亿元以上的为大型企业；从业人员为100～500人、净资产总额在5 000万元至5亿元之间的为中型企业；从业人员在100人以下、净资产总额在5 000万元以下的为小型企业。

（三）根据企业组织形式分类

企业根据组织形式的不同，可划分为单厂企业、多厂企业和企业集团。单厂企业是由在生产技术上有密切联系的若干生产部门、辅助生产部门、服务部门和管理部门组成的，一般经营领域比较单一。多厂企业是指由两个或两个以上的工厂组成的企业，按照专业化、联合化及经济合理的组织原则，将相互间有依赖关系的若干个分散的工厂组织起来，实行统一经营管理。这种形式有利于企业内部的技术交流与合作，有利于生产过程的连续性，比较适用于规模较大的加工装配行业。企业集团是以实力雄厚的企业为核心，以资产为主要纽带，通过产品、技术、经济契约等多种形式，把众多有内在联系的企业连接在一起，形成具有多层结构的法人联合体，由核心层、紧密层、松散层等多层企业组成。

（四）按生产要素的结构分类

生产要素的结构就是不同生产要素所占的比重。按生产要素的结构不同，企业可分为劳动密集型企业、资本密集型企业和技术密集型企业。劳动密集型企业是指技术装备程度较低、用人较多、产品成本中活劳动消耗所占比重较大的企业。资本密集型企业是指所需投资较多、技术装备程度较高、用人较少的企业。技术密集型企业是指综合运用先进科学技术成果的企业，这些企业对技术和智力要素的依赖大大超过对其他生产要素的依赖。

（五）按资产所有制形式分类

按照资产所有制形式划分，企业可分为全民所有制企业、集体所有制企业、私营企业和混合所有制企业。全民所有制企业的特点是生产资料归国家或全民所有。集体所有制企业是指一定范围内的劳动者集体占有生产资料的企业。私营企业是指生产资料由私人单独占有和支配的企业。混合所有制企业是指由两个或两个以上不同所有制的单位和个人共同投入资金、设备、技术和其他资源并通过协议共同经营的企业。

（六）按财产组织形式分类

按财产组织形式分类，企业可划分为个体企业、合伙制企业和公司制企业。这是非常重要的一种分类形式，这里做一下重点介绍。

1. 个体企业

个体企业是指具有民事权利能力和民事行为能力的公民依法独立投资建立的企业。传统上，个体企业的财产属于出资者私人财产的一部分，民事主体是出资者，而不是企业。其优点是组建时不需履行繁杂的法律登记手续，建立和歇业程序简单方便，无须公开任何其不愿公开的项目，保密性强，决策迅速及时，经营方式灵活，有利于竞争。其缺点是自然人人为因素对企业影响较大，规模小，筹资有限，出资者个人负无限责任，即出现资产不足以抵偿债务时，出资者个人必须以自己的其他财产去清偿债务，这不利于保护出资者的利益，风险太大；个体企业是以个人信用为基础的，资本的筹集比较困难。

2. 合伙制企业

合伙制企业是由两个或两个以上的个人共同出资和经营的企业。企业财产归合伙人共有，且共同分享企业经营所得，共同对企业经营亏损承担连带无限清偿责任。

连带无限责任包括两方面：一是无限责任，即股东必须将公司全部债务如数清偿完毕，当企业资不抵债时，每个合伙人需要以自己的全部家庭财产负责清偿企业债务；二是连带责任，即每一个合伙人对企业的债务都负有全部清偿的责任。合伙企业可以由部分合伙人经营，其他合伙人仅出资并共负盈亏，也可以由所有合伙人共同经营。这类企业一般规模较小，在广告、商标、咨询、会计师事务所、法律事务所、股票经纪人、零售商店等行业较为常见。

同个体企业相比，合伙制企业扩大了资金来源，增强了筹资能力，同时合伙人对企业盈亏负有全部责任，因而有助于提高企业的信誉。由于企业主人数增多，提高了企业的决策能力和经营管理水平，增加了企业扩大和发展的可能性。合伙制企业的不足主要是由于多个合伙人共同经营，容易降低决策效率，延误时机；由于所有合伙人对于企业债务都负有连带无限清偿责任，故风险较大；企业的资产规模仍有很大的局限性，另外企业产权流动也比较困难。

3. 公司制企业

公司制企业是现代企业的主要形式。从对公司制企业的规定和实际情况来看，我国目前公司的组织形式主要是有限责任公司和股份有限公司。就有限责任公司和股份有限公司而言，公司是由两个以上的出资者组建，能够独立享有民事权利，承担民事责任的以营利为目的的经济组织。公司制企业的特点表现在以下三个方面。

（1）具有法人资格。公司制企业在法律上具有独立的人格，是一个法定的独立利益主体。而个体企业、合伙制企业都属于自然人企业，不具备法人资格。公司制企业的法人地位已经确定，就与其出资者完全分开，公司的资本和财产在法律上不再属于哪个出资人个人所有，而是归公司法人所有；同时公司股东不能退股，只能转让他们的股权。

（2）实行有限责任制。在个体企业和合伙制企业中，出资者要对企业承担无限经济责任。而现代公司（有限责任公司和股份有限公司）的股东只在其缴纳的股金范围内对企业的债务负责。一旦公司破产，债权人无权要求股东以其股金以外的财产来抵偿公司债务，这就大大降低了投资风险。

（3）所有权与经营权分离。公司制企业拥有独立的法人财产权，出资者资产一旦注入企业，就成为法人资产，企业对其具有占有权、使用权、处置权和收益权，而出资者则无权直接处置企业资产，只能通过股息和分红获得投资回报，或者通过在市场上转让自己拥有的公司股份来收回投资和取得资本增值收益。在公司中，投资者不直接从事企业生产经营活动，但可通过行使重大决策权、选择管理者等来约束和监督经营管理者的行为。

公司制企业主要有无限责任公司、有限责任公司、两合公司、股份有限公司、股份两合公司等五种基本类型。在我国目前主要是有限责任公司和股份有限公司两种形式。

（1）有限责任公司。有限责任公司是指公司由两个以上的股东共同出资，股东以其出资额为限对公司承担有限责任，公司以其全部资产对其债务承担责任的企业法人。有限责任公司是我国《公司法》所确认的公司的一种重要组织形式，也是存在数量较多的一种公司类型，具有如下五个特征。

1) 募股集资的封闭性。有限责任公司不得向社会公开募集资本,它是通过契约形式确定按一定的投资比例和出资方式形成股本总额的,所以有的国家也称之为封闭公司或不上市公司。

2) 公司资本的不等额性。有限责任公司的全部资产不做等额划分,股东按所确定比例的数额来履行出资义务,因此其股权表现形式不是股票,而是由公司向股东签发股权证明书或出资证明书。

3) 股东数额的限制性。股东必须符合法定人数,各个国家对股东人数一般都规定最高限额,我国《公司法》规定,有限责任公司由 2 个以上 50 个以下股东共同出资设立。

4) 股份的转让受到严格限制。有限责任公司的股份可以转让,但转让时要遵守有关法律条件,以维护其他股东和公司的利益,股东向股东以外的人转让出资时,要得到全体股东半数以上的同意,且现有的股东有优先购买权。

5) 所有权与经营权结合得比较紧密。在有限责任公司中,董事和高层经理人员往往具有股东身份,大股东亲自经营企业,使所有权与经营权的分离程度不如股份有限公司那样高。

有限责任公司的主要优点是:设立程序比较简单,注册资本额起点低,在我国,最低限额为 10 万元;经营规模较小,组织机构简单;股东人数少而稳定,便于沟通与管理。不足是:由于股东只负有限责任,故公司信用程度不高;不能公开发行股票,筹集资金的范围和规模较小,难以适应大规模生产经营活动的需要。因此,有限责任公司一般适用于中小企业。

(2) 股份有限公司。 股份有限公司是指注册资本由等额股份构成,并发行股票、筹集资本,股东以其所认购的股份对公司承担有限责任,公司以其全部资产对公司债务承担有限责任的企业法人。它可以以自己的法人资格,取得并拥有资产,承担债务,签订合同,履行民事权利和义务。法律规定了其股东人数的最低限,但不规定最高限,因而股份有限公司拥有众多股东,投资主体便显出极度的分散化、多元化和社会化,是社会化程度最高的企业,可以广泛吸纳社会资金,便于资本集中、扩大企业规模、分散企业经营风险;对于股份有限公司的资产,其最终所有权与法人财产权能够很好地分离,绝大部分小股东对企业的生产经营活动几乎没有影响,而对企业的生产经营活动有支配权的企业经理层往往并不拥有公司的很多股份,实现了企业经营权与所有权的分离。为了保护股东权益,各国法律一般要求股份有限公司公开其账目,具体包括经营报告书、资产负债表、利润表、现金流量表等,这有利于投资者了解企业的经营状况,但企业的保密性差。

股份有限公司有许多突出的优点:一是有利于吸收资本,它能以各种形式的股票和小面额股票发行,以吸收各种大小资本,可迅速集中起巨额资本,从而扩展企业规模,增强企业市场竞争力;二是股东人数众多,大大分散了经营风险,有限的责任制度亦便于保护股东利益;三是实行了资本证券化,易于股票转让,提高了资本的流动性;四是实行所有权与经营权分离,有利于管理水平和效率的提高;五是本公司职工可以购买股票成为股东,有利于更好地调动职工的工作积极性。

股份有限公司的不足表现在:公司设立程序复杂,组建和歇业不像其他类型公司那样方便；公司要定期公布财务状况，保密性差；所有权与经营权的分离程度高，产生了较为复杂的委托–代理关系，股东流动性大，公司不易控制；等等。

第二节　管理与企业管理

一、管理概述

（一）管理的概念

管理起源于人们的共同劳动，自古就有。人类为实现共同目标进行分工协作，就必须进行管理以协调各成员的活动。所以，从原始人集体狩猎活动到当代各种组织群体的运作，无不渗透着管理的灵魂。

什么是管理？人们从不同的角度有着不同的理解，对管理的定义说法不一。古典管理学派代表人物弗雷德里克·泰勒（Frederick Taylor）认为，管理就是确切地知道你要别人去干什么，并使他们用最好的方法去干。现代管理理论的创始人亨利·法约尔（Henri Fayol）认为，管理就是实行计划、组织、指挥、协调和控制。行为科学学派代表人物埃尔顿·梅奥（Elton Mayo）认为，管理就是协调人际关系、改善人的情绪状态、激发人的积极性，以达到组织目标的一种活动。经验主义学派的代表人物彼得·德鲁克认为，首先，管理是一种工作，所以它有自己的技巧、工具和方法；其次，管理不仅是一门学科，还是一种文化；最后，管理还是一项任务，是一种实践，其本质不在于"知"，而在于"行"。决策学派的代表人物赫伯特·西蒙（Herbert Simmon）认为，管理就是决策，决策贯穿管理的全过程。管理过程学派的代表人物哈罗德·孔茨（Harold Koontz）认为，管理就是通过别人来使事情做成的一种职能。我国学者周三多教授认为，管理是指组织通过信息获取、决策、计划、组织、领导、控制和创新等职能的发挥来分配、协调包括人力资源在内的一切可以调用的资源，以实现单独个人无法实现的目标。

综合上述观点：管理是管理者或管理机构通过计划、组织、领导和控制等职能，对组织所拥有的资源进行合理配置和有效整合，实现组织预期目标的过程。

（二）管理的特征

管理作为一种处事的方法和手段，有如下特征：

（1）管理的载体是组织。在人类社会生产活动中，人们总是或多或少地组织起来，通过管理达到个人单独活动所不能达到的效果。

（2）管理的主体是管理者。既然管理是让别人与自己一道去实现既定的目标，管理者就该对管理的效果承担重大责任。

（3）管理的目的是实现预期的目标。管理是为实现组织目标而服务的，它是一个有意识、有目的的行为过程，世界上既不存在无目标的管理，也不可能实现无管理的目标。

（4）管理的对象是组织所拥有的资源。组织拥有的资源包括人、财、物、信息和时间等方面。其中，人是管理的主要对象，时间是管理最稀有、最特殊的资源，管理者合理配置和有效整合资源，实现既定目标。

（5）管理的核心是人本管理。管理是让别人与自己一道去实现既定的目标，管理者的工作或责任的很大一部分是与人打交道。

（6）管理的本质是协调。协调就是使个人的努力与集体的预期目标相一致。每一项管理职能、每一次管理决策都要进行协调，都是为了协调。

（7）管理的手段是多种职能的综合运用。管理者要通过计划、组织、领导、控制和创新等手段，来协调和配置资源，为实现组织目标服务。

（8）管理是一个过程。管理是一个以计划、组织、领导与控制等职能为要素而组成的活动过程。

（三）管理的性质

1. 管理的二重性

管理的二重性是马克思关于管理的基本观点，是马克思在《资本论》中首先提出来的。管理的二重性是指管理的自然属性和社会属性。

（1）管理的自然属性。管理是由许多人协作劳动而产生的，它是有效组织共同劳动所必需的，具有同生产力、社会化大生产相联系的自然属性。

管理的自然属性首先体现在管理具有不因生产关系、社会文化的变化而变化，只与生产力发展水平相关的属性。管理过程就是对人、财、物、信息、时间等资源进行组合、协调利用的过程，其中包含许多客观的、不因社会制度和社会文化的不同而变化的规律。管理理论提示了这些规律，并创造了与之相适应的管理手段、管理方法。管理活动只有遵循这些规律、利用这些方法和手段才能有效，才能保证生产等各种活动顺利进行。现代生产是社会化大生产，生产规模大，动用的资源多，这不仅使管理变得更加重要，也给管理提出了更高的要求。

管理的自然属性还体现为管理本身也是生产力。任何社会、任何企业，其生产力是否发达，都取决于它所拥有的各种经济资源、各种生产要素是否得到有效的利用，取决于从事社会劳动的人的积极性是否得到充分的发挥，而这两者都有赖于管理。在同样的社会制度下，企业外部环境基本相同，有不少企业的内部条件，如资金、设备、能源、原材料、产品及人员素质和技术水平基本类似，但经营结果、所达到的生产力水平相差悬殊。同一个企业，有时只是更换了主要领导，企业就可能出现新的面貌，其原因也在于管理，在于不同的领导人采用了不同的管理思想、管理制度和管理方法，从而产生了完全不同的管理效果。科学技术是生产力，但科学技术的发展本身需要有效的管理，并且也只有通过有效的管理，科学技术才能转化为生产力。

（2）管理的社会属性。管理的社会属性也叫管理的生产关系性质，它是指管理是一定生产关系的发展要求，是维护和巩固一定生产关系和社会制度的必要手段。在阶级社会中，管理者都是一定的阶级利益的代表，管理的权力来源于财产权利，掌握财产权利的管理者必须利用管理来为其所代表的财产所有者服务。而且，任何生产关系都必须通过生产、交换、分配和消费等活动来实现，这些活动的开展都离不开管理。可见，管理是社会生产关系的实现方式之一。

管理是人类的活动，而人都生存在一定的生产关系和一定的社会文化中，必然要受到生产关系的制约和社会文化的影响。不同的生产关系、不同的社会文化都会使管理思想、管理目的以及管理的方式、方法呈现一定的差别,从而使管理具有特殊性和个性。它既是生产关系和社会文化的体现与反映,又反作用于生产关系和社会文化。

2. 管理的科学性与艺术性

管理的科学性是管理作为一个活动过程,存在一系列基本客观规律。人们经过无数次的失败和成功,通过从实践中收集、归纳、检测数据,提出假设,验证假设,从中抽象、总结出一系列反映管理活动过程中客观规律的管理理论和一般方法。人们利用这些理论和方法来指导自己的管理实践,又以管理活动的结果来衡量管理过程中所使用的理论和方法是否正确,是否行之有效,从而使管理的科学理论和方法在实践中得到不断的验证并不断地丰富。因此,说管理是一门科学,是指它以反映管理客观规律的管理理论和方法为指导,有一套分析问题、解决问题的科学的方法论。

管理是一门科学,但不像自然科学那么精确,在实际运用时要具体分析,不能生搬硬套,要讲究艺术性。所谓管理的艺术性是指管理不应有一成不变的原则或模式,应因地制宜、因时制宜,有所创造、灵活地开展各项管理活动。这是因为一方面,管理活动总是在一定的环境条件下进行的,而环境总处在不断的变动之中;另一方面,管理的主要对象是不同的人,其受教育程度、所处环境、性格爱好等存在差异,不可能有"放之四海而皆准"的管理标准,必须根据不同的人、不同的环境灵活地采用多种管理方法,并对这些方法创造性地加以运用。

因此,管理既是一门科学,又是一门艺术,是科学与艺术的有机结合体。管理的这一特性,对于学习管理学和从事管理工作的主管人员来说也是十分重要的,它可以促使人们既注重管理基本理论的学习,又不忽视在实践中因地制宜地灵活运用,这一点,可以说是管理成功的一项重要保证。

(四)管理的职能

职能一般是指人、事物、机构具有的作用或功能。管理的职能也就是管理的作用或功能,即管理者在实施管理中所体现出的具体作用及实施程序或过程。

人类的管理活动具有哪些最基本的职能?这一问题经过了许多人近一百年的研究,至今还是众说纷纭。在20世纪初,法国工业家亨利·法约尔提出,管理者都行使五种管理职能:计划、组织、指挥、协调和控制。到20世纪50年代中期,美国加州大学洛杉矶分校两位教授哈罗德·孔茨和西里尔·奥唐奈(Cyril O'Donnell)在其有关管理学的教科书中,把管理的职能划分为计划、组织、人员配备、指导和控制等五种,大多数当今流行的教科书仍是按照这一体系编写的,只不过在这些教科书中,管理的职能一般被压缩为计划、组织、领导和控制四种。

(1)计划职能。计划是管理的首要职能。计划指的是制定目标并确定达成这些目标所需的行动,是管理者在实际行动之前预先对应当追求的目标和采取的行动方案做出的选择和具体安排。计划可以帮助管理者在目前所处的位置与将来预期达到的目标之间架起一座桥梁,从而将预期的目标转化为现实。虽然计划工作不可能完全准确地预测未来,而难以预见的情况又很可能干扰人们制订出最好的计划,但是,如果没有计划,组织活动往往就会陷入盲目。详尽、周密的计划，可以促进和保证管理者在今后的工作中进行有效的管理。

（2）组织职能。制订出计划以后，管理工作过程的下一步就是组织必要的人力和其他资源去执行既定的计划。组织是指确定所要完成的任务、由谁完成任务以及如何管理和协调这些任务的过程。组织工作的具体内容包括：将达成组织目标必须从事的各项活动进行分类组合，划分出若干部门，然后根据管理幅度原理划分出若干层次，并把监督每一类活动所必需的职权授予各层次、各部门的管理人员，以及规定上下左右的协作关系。此外，由于组织的外界环境与自身目标都在发生变化，组织工作还要根据组织内外条件的变化，不断对组织结构做出调整和变革，以确保组织目标的实现。

（3）领导职能。确定了计划、设置了组织结构、人员各就各位以后，管理人员才开始进行管理中的领导工作。领导就是要激励和引导组织中的全体成员同心协力去执行组织中的计划，实现组织目标。下属一般愿意服从和跟随那些善解人意并有较强的工作能力的领导者。领导的工作能力包括影响力、沟通能力、激励等手段和方法的运用能力。

（4）控制职能。控制是管理工作中的最后一个环节，随着组织内各项活动的开展，管理者需要检查下属人员工作的实际进展情况，以便采取措施纠正已经发生或可能发生的各种偏差，并保证计划目标的顺利实现。控制职能与计划职能相比较，计划偏重于事先对行动加以指导，控制则偏重于事后对行动进行监督。但这里所提到的"事后"并非指要等到行动完全结束后再加以控制，那样做就不可能也来不及纠正偏差了。有效的控制要求在偏离尚处于萌芽状态时就及时发现并给予妥善处理。

以上简单地介绍了管理的四种基本职能。这些职能从时间来看通常按照一定的先后顺序发生，即先计划，继而组织，然后领导，最后控制。但从不断进行的持续管理过程来看，在进行控制工作的同时，往往又需要制订新的计划或对原计划进行修改，并开展新一轮的管理活动。这意味着，管理过程是一个各职能活动周而复始的循环过程，而且由于管理工作过程的复杂性，实际的管理活动并不一定按照某种固定的模式进行。

二、企业管理

（一）企业管理的概念

企业管理是对企业生产经营活动进行计划、组织、指挥、协调和控制等一系列活动的总称，是社会化大生产的客观要求。企业管理是尽可能利用企业的人力、物力、财力、信息等资源，实现"多、快、好、省"的目标，取得最大的投入产出效率。随着生产精细化的发展，分工越来越细，生产专业化程度不断提高，生产经营规模不断扩大，企业管理也就越来越重要，科学化管理成为培育企业核心竞争力、实现企业可持续发展的重要途径。

企业的生产经营活动包括两部分的内容：一部分属于企业内部的活动，即以生产为中心的基本生产过程、辅助生产过程及生产前的技术准备过程和生产后的服务过程，对这些过程的管理统称为生产管理；另一部分属于企业外部的，关系到社会经济的流通、分配、消费等过程，包括物资供应、产品销售、市场预测与市场调查、对用户服务等，对这些过程的管理统称为经营管理，它是生产管理的延伸。随着现代商品经济的发展，企业管理的职能逐渐由以生产管理为中心转向以经营管理为中心。

现代企业管理，不再局限于企业的生产过程，还扩展到流通领域，更多地涉及市场情况、竞争对手和企业效益等因素。因此，企业管理的任务是，不仅要合理地组织企业内部的生产活动，而且必须把企业作为整个社会经济系统的一个组成部分，按照客观经济规律，科学地组织企业的经营活动。

（二）企业管理的基本特征

1. 企业管理是一种文化现象和社会现象

这种现象的存在必须具备两个条件：两个人以上的集体活动，一致认可的目标。在人类的社会生产活动中，多人组织起来进行分工都会达到单独活动所不能达到的效果。只要是多人共同活动（即朝着一个共同的目标努力），都需要通过制订计划、确定目标等活动来达到协作的目的，这就需要管理。因此，管理活动存在于组织活动中，或者说管理的载体是组织。

组织的类型、形式和规模可能千差万别，但其内部都具备五个基本要素，即人（管理的主体和客体）；物（管理的客体、手段和条件）；信息（管理的客体、媒介和依据）；机构（反映管理上下左右分工关系和管理方式）；目的（表明为什么要有这个组织）。外部环境对组织的效果与效率有很大影响，外部环境一般包含：行业，原材料供应，财政资源，产品市场，技术，经济形势，政治状况及国家法律、规章、条例，社会文化。一般认为，组织内部要素是可以控制的，组织外部要素是部分可以控制（如产品市场）、部分不可以控制的（如国家政策）。

2. 企业管理的主体是管理者

既然管理是让别人和自己一起去实现既定的目标，管理者就要对管理的效果负重要责任。管理者的第一个责任是管理一个组织，第二个责任是管理管理者，第三个责任是管理工作和工人。

企业管理者在企业生产活动中处于领导地位，具有特殊、重要的作用。他们独立于企业的资本所有者之外，自主地从事企业经营活动，是企业管理的最高决策者和企业各项经营活动的统一领导者，其职能可归纳如下。

（1）确立企业的目标与计划。企业管理都有其既定的最终目的。在一定时期内，为了实现企业的目的，就要使之具体化，形成企业的经营目标。企业的经营目标可分为长期目标与短期目标、总体目标与部门目标。企业经营者通过确立企业的目标和计划来统一企业全体成员的思想和行动，引导企业通过最有利的途径来实现其既定的目的。美国的大公司经营者大都非常重视制定相应的经营目标，因为这是执行其他各项职能的前提和依据。目标和计划正确与否决定着企业经营的成败，关系到企业的前途和命运，因此，它是企业经营者的首要职能。

对企业经营者来说，要制定正确的企业目标和计划，必须正确地分析和判断企业的各种环境因素，善于估量市场的需求趋势、竞争企业的特点和企业自身的优势与劣势，能及时抓住有利的投资机会，巧妙地回避可能出现的风险，并善于利用企业各级主管人员的经验和智慧，以便做出最佳决策。

（2）建立和健全企业的组织机构。建立和健全企业的组织机构，充分发挥其各自的作用，并保证企业整体发挥最大的效用，这是实现企业目标的手段。因此，任何企业的组织机构必须适应企业目标或任务，而且要不断地健全和完善。

（3）配备重要的企业主管人员。企业经营者必须充分重视人才的质量，首先，要重视人才的选拔；其次，必须充分重视人才的考核与评价，它是人才选拔、提升、确定报酬和奖励的依据，否则容易挫伤员工的工作积极性，并且此项工作必须经常化；最后，要充分重视人才的培训，它是人才选拔、提升的可靠基础。

（4）实现对企业全局的有效领导。一个优秀的经营者必须同时是一个优秀的领导者，这就要求经营者必须学会运用诱因去激励下属的行为动机，使其心甘情愿、满腔热忱地为企业的共同目标而努力。

（5）实现对企业经营全局的有效控制。企业经营者在确定企业的目标和计划后，就要发动和指挥企业全体成员去执行这些既定的目标和计划，其控制的职能就在于保证人们的执行活动始终不会偏离目标和计划的要求，从而保证目标得以顺利地实现。

（6）实现对企业经营整体的有效协调。企业的经营活动是由众多相互联系的部门、环节和因素构成的统一体，客观上存在一定的相互制约关系。在经营过程中，有可能出现这样或那样的矛盾，使这种相互关系出现不协调的现象。对经营者来说，其协调职能就是要设法解决这些矛盾，保证企业的生产活动始终处于协调状态，从而保证企业计划和预期目标能顺利实现。

3. 企业管理有其独特的职能、任务与层次

管理的职能即计划、组织、领导和控制，管理者的任务是设计和维持一种环境，使在这种环境中工作的人能够用尽可能少的支出实现既定的目标。一个组织通常划分为三个管理层次，即上层管理、中层管理和基层管理。

4. 企业管理的核心是处理好人际关系

人既是管理中的主体又是管理中的客体，管理的大多数情况是人和人打交道。管理的目的是实现多人共同完成任务，因此，在管理中一定要处理好人际关系。

第三节　管理理论的演变与发展

一、早期的管理思想的演变

（一）西方早期的管理思想

人类的管理活动有悠久的历史。远在奴隶社会时代，古巴比伦人、古埃及人、古罗马人就在指挥部队作战、治国施政和教会管理中采取了比较有效的管理方法。

18世纪下半叶从英国开始的工业革命导致了工厂制度的产生，带来了一系列新的问题，如工人的组织和相互间的配合问题，在机器生产条件下人与机、机与机的协调运转问题，劳资纠纷问题，劳动力的招募、培训与激励问题，等等。因此新兴的工厂制度所提出的管理问题完全不同于以前传统组织所遇到的管理问题，这些前所未有的管理问题都需要人们去研究，在这种情况下，管理理论研究开始出现。

英国经济学家亚当·斯密（Adam Smith）于1776年出版了《国民财富的性质和原因的研究》，即《国富论》。在这本著作中斯密以制造业为例详细分析了劳动分工带来的好处。斯密认为，通过劳动分工，工人只重复简单的操作，可以提高劳动的熟练程度，节省工序转换所需的时间，同时使工具专门化，有利于设计和改进工具设备，使劳动进一步简化和减少，这使得生产率大大提高。劳动分工的思想至今仍被人们广泛采纳。

剑桥大学的数学教授查尔斯·巴贝奇（Charles Babbage）在1832年的著作《论机器和制造业的经济》中继续了劳动分工的研究。他认为，分工不仅可以提高劳动效率，还可以为资本家减少工资支出，因为分工不同，劳动强度和技术要求不同，工资标准就不同，这样可以使工资总额减少。此外，巴贝奇也强调重视人的因素，认为企业与工人之间有一种共同的利益，主张实行分红制度，使提高了劳动效率的工人能分享一份利润，并对提出合理化建议者进行奖励。

罗伯特·欧文（Robert Owen）是英国著名的工业家和改革家，也是19世纪最有成就的实业家之一，他最早注意到了企业内人力资源的重要性。他认为工人是人而不是机器，他在自己的工厂里试行一系列的改革措施，如改善工人的工作和生活条件、禁止招收童工、缩短工作时间等。他认为通过改善员工的工作和生活条件，通常可以将生产率提高50%～100%。欧文成为现代人事管理的先驱者和创始人。

还有许许多多的代表人物，尽管他们从不同角度提出了一些先进的管理思想，但是由于历史背景以及人们认识的种种局限，有关研究并没有形成系统化的管理理论体系。这也与当时社会普遍只注重生产组织、减少浪费、增加产量、追求最大利润有关，人们注重的是具体方法而不是理论，这对于促进生产及科学管理理论的产生和发展都具有积极的作用。

（二）中国古代的管理思想

如果说西方管理学以"术"见长，那么中国传统的管理智慧则以"道"为尊，这是东方管理智慧的精髓。

中国是世界上历史悠久的文明古国之一。早在五千年前，中国就已经有了人类社会最古老的组织——部落和王国，有了部落的领袖和王国的帝王，因而也就有了管理。到了商、周时代，中国已经形成了组织严密的奴隶制和封建制的国家组织，出现了从中央到地方高度集权、等级森严的金字塔型的权力结构。

中国在两千多年前的封建社会中，对于中央集权的国家管理、财政赋税的管理、官吏的选拔与管理、人口田亩管理、市场与工商业管理、漕运驿递管理、文书与档案管理等方面，历朝历代都有新的文化发展，出现了许多杰出的管理人才，在军事、政治、财政、文化教育与外交等领域，展示了卓越的管理才能，积累了宝贵的管理经验。

随着历史的演进，以儒道佛（禅）为代表的中国古代文化留下了极为丰富的实践理性原则，我们可以而且应该从中汲取丰富的处世之道和管理智慧，体悟"亦儒亦道亦禅"的圆融境界，以儒养性、以道养身、以禅养心，其蕴含的智慧光芒在现代企业管理中将继续绽放。

二、管理理论的产生

（一）科学管理理论

随着工业革命从英国转向欧洲大陆及美洲，在19世纪最后数十年，工业得到了前所未有的发展，"发明热"使得工厂制度日益普及，生产规模不断扩大，竞争加剧，在这种情况下，提高劳动生产率成为企业在竞争中脱颖而出的关键，在早期研究和经验总结的基础上，科学管理理论应运而生。

科学管理理论又称为古典管理理论，代表人物主要有美国的泰勒、法国的法约尔等。

1. 泰勒的科学管理思想

19世纪末到20年世纪初，随着资本主义自由竞争逐步向垄断过渡，科技水平及生产社会化不断提高，市场和企业规模不断扩大，生产技术更加复杂，分工协作更加严密，对企业管理工作的要求越来越高。正是在这样的背景下，科学管理理论产生了。

泰勒在管理理论的形成历史上是一位具有划时代意义的人物。他于1856年出生于美国费城的律师家庭，曾不负众望考入哈佛大学，但是后因眼疾而辍学。他的一生做过钢铁厂的工人、总工程师，担任过公司的总经理，出任过美国工程师协会主席，也做过只宣传管理思想而不收取报酬的顾问。他的主要著作有《计件工资制》（1895）、《车间管理》（1895）和《科学管理原理》[⊖]（1911），在《科学管理原理》中他提出了通过对工作方法的科学研究来提高工人的劳动效率的基本理论与方法。泰勒在该书中提出的理论奠定了科学管理的理论基础，标志着科学管理理论的正式形成，泰勒也因此被称为"科学管理之父"。

科学管理的产生是管理从经验走向理论的标志，也是管理走向现代化、科学化的标志，其意义绝不亚于蒸汽机发明引发的工业革命。

科学管理的主要内容包括以下五点：

（1）标准化操作原则。泰勒认为必须使用最适合每项工作的标准化工具、机器、材料以及相应的作业环境；必须选择最适合做、同时又乐于做该项工作的工人，并对其进行标准化动作的培训，使其减少不必要的动作，尽快完成任务。

（2）工作定额原则。泰勒认为要根据对动作和时间的研究，制定出最适合干这项工作的工人的标准工作定额。标准定额要考虑到工人的劳动强度、休息时间、其他工作配合时间。

（3）实行差别计件工资制。按照标准的工作定额，确定两种工资率：对完成或超额完成工作定额的工人，以较高的计件工资率计算劳动报酬；对没有完成工作定额的工人，则以较低的计件工资率计算劳动报酬。雇主和工人之间通过提高劳动生产率的合作既实现了生产成本的降低，又提高了工人的工资。

（4）建立职能工长制，将计划、执行和控制的职能分开。设立计划部门，按照科学规律，制订计划，管理企业，同时改变过去那种把工作责任都推到作业人员头上的状况。

（5）能力与工作相适应原则。科学地挑选工人，安排一流的工人到工作岗位上去，并对工人进行培训和教育，从而最大限度地激发和利用他们的能力，使其取得最大的成绩。

当然，泰勒的科学管理也存在一定的局限性，主要表现在：泰勒对人的认识是片面

⊖ 本书中文版机械工业出版社已出版。

的，他认为工人是"经济人"，工人的工作动机只是追求经济利益；科学管理仅重视技术的因素，不重视人群的社会因素；他的理论仅解决了个别具体工作的作业效率问题，而没有解决企业作为一个整体如何经营和管理的问题。

与泰勒同时代的科学管理理论学派的著名代表人物还有甘特、"动作研究之父"吉尔布雷思和他的妻子、美国第一位心理学女博士莉莲·吉尔布雷思。

科学管理思想与经验管理思想相比，研究的重点是如何提高效率，主张运用科学管理来代替单纯的经验管理，主张管理专业化和职业化。

2. 法约尔的一般管理理论

与泰勒不同，法国工程师法约尔一直担任高级管理职务，因此他的理论侧重于以企业为整体进行经营管理研究。他的管理理论集中反映在他于1916年出版的《工业管理与一般管理》一书中。虽然法约尔的管理思想同泰勒的科学管理思想都是科学管理思想的代表，但法约尔的管理思想的系统性和理论性更强，他被誉为"经营管理之父"。

法约尔认为，企业无论大小，简单还是复杂，其全部活动都可以概括为六种：技术活动、商业活动、管理活动、会计活动、财务活动和安全活动，如图1-1所示。法约尔指出，无论是管理者还是执行者，都需要培养完成六种工作能力，特别是管理能力和技术能力。对于基层的工人，主要要求其具备技术能力。对于管理者，随着其在组织中职位的提高，他的技术能力重要性相对降低，而对管理能力的要求则不断地提高。

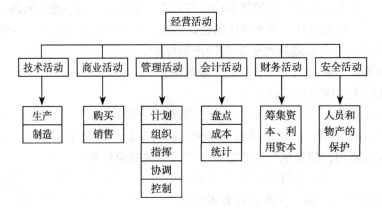

图1-1 企业经营活动示意图

法约尔管理思想的另一项重大贡献是，他首先提出将管理活动划分为五大职能：计划、组织、指挥、协调和控制，并对其进行了详细的分析和研究。他认为，计划就是探索未来和制订行动方案；组织就是建立企业的物质和社会的双重结构；指挥就是使其人员发挥作用；协调就是连接、联合、调和所有的活动和力量；控制就是注意一切是否按已经制定的规章和下达的命令进行工作。法约尔不但阐述了管理的各项职能的作用和相互关系，而且特别强调管理的五项职能是组织的管理者与全体成员共同的职责。他对管理的五大职能的分析为管理科学提供了一套科学的理论框架，后人根据这一框架建立了管理学并把它引入课堂。

法约尔根据自己长期的管理经验，提出了实施管理的14项原则。

（1）劳动分工。类似亚当·斯密的劳动分工原则，核心在于专业化可以提高生产率，从而增加产出。

（2）权责相当。管理者有发布命令并使人服从的权力，而此权力的前提是管理者遵从责权对等的管理思想。

（3）纪律严明。全体员工服从和遵守组织运作中的规则。

（4）统一指挥。任何一名员工只接受一位上级的指挥。

（5）统一领导。为达成同一目标而从事的各种活动，只能在一个领导和一个计划下进行。

（6）个人利益服从集体利益。个人利益不能置于集体利益之上，但应注意集体目标应包含员工的个人目标。领导者要以身作则，协调集体目标与个人目标，缓和两者之间的矛盾。

（7）员工报酬。报酬合理，能够奖励有益的工作成果和激发全体员工的工作热情。

（8）集权化。必须根据组织的客观情况，确定适度的决策权力和分配与集中的结构。

（9）等级制度。组织机构由最高层到最基层所形成的层次结构，实际上是一条权力线，它是自上而下和自下而上确保信息传递的必经途径。在一定条件下，允许跨越权力线而直接进行横向沟通，可以克服由于统一指挥而产生的信息传递延误（这一原则也称为"跳板原则"）。

（10）秩序。每位员工都必须以其忠诚和热心来对待下属。

（11）公平。公平是组织管理人员处理人际关系的一条道德价值准则。

（12）员工的稳定。人员的高度流动会造成效率损失，因此，管理应该提供合理的人事计划以确保工作的完成。

（13）创造性。在尽力完成工作目标的前提下，鼓励员工的首创精神。

（14）团队精神。鼓舞团队精神，以实现组织内部成员之间的协调和合作。

法约尔从理论上概括出了一般管理的理论、要素和原则，在学术上把管理科学提高到了一个新高度，为以后管理理论的发展奠定了基础。法约尔一般管理理论的主要不足之处是他的管理原则缺乏弹性，以致实际管理工作者有时无法完全遵守。

（二）行为科学管理理论

在以泰勒和法约尔为代表的科学管理理论阶段，管理完成了从经验到科学的转变，为西方管理理论的发展奠定了坚实的基础。泰勒所倡导的泰勒制和法约尔创立的一般管理理论，反映了大机器生产和大型管理组织出现后的客观要求，促进了社会生产力的发展。但是，他们强调物质因素的作用，却忽视了人的主观能动性；强调物质鼓励，却忽视了人的社会需要。事实上，仅仅依靠工程师的科学设计、奖金刺激、等级分明的指挥系统，并不能给企业带来持久的活力；相反，紧张而单调的劳动和日益严重的劳资矛盾，却容易激起工人越来越强烈的反抗。在这种情况下，科学管理理论已经不适应新的形势，需要有新的管理理论与方法来进一步调动工人的积极性，一些研究人员就把管理研究的角度调整到了对人类工作行为的研究上，行为科学管理理论很快便诞生了。

行为科学的创始人是哈佛大学的梅奥教授。1924年至1932年期间，梅奥应美国西方电气公司的邀请，在该公司设在芝加哥附近霍桑地区的工厂里，进行了长达数年的试验。

最初的目的是要研究企业中物质条件与工人劳动生产率之间的关系，但试验的结果却出人意料地促成了人际关系学说的诞生。霍桑工厂有完善的娱乐设施、医疗制度、养老金制度，但工人仍有很强的不满情绪，生产效率低下。为探求原因，梅奥进行了四个阶段的试验。

（1）照明试验。试验从改变工人工作现场的照明强度入手，以观察不同照明水平对生产效率的影响，结果显示照明强度的变化对生产效率的影响不大，说明工作的物理环境不是主要影响因素。

（2）继电器装配小组试验。为了有效控制影响工人生产的因素，试验中先是分期改善劳动条件和待遇，一年半后又逐步取消这些条件和待遇，发现产量仍维持在较高水平。试验研究人员分析后得出结论：似乎是监督和指导方式的改善，促使工人改变了工作态度，使产量增加。

（3）大规模访谈。从发放问卷的形式到自由交谈，试验研究人员两年内共访问了2万多人次，得出的结论与上一阶段吻合，即影响生产效率的最重要的因素是工作中形成的人群关系，而不是待遇和环境，工作效率不完全取决于员工自身，还受到组内其他同事的影响，随后试验进入第四阶段。

（4）对接线工作室的观察研究。这一阶段主要是进行观察试验，试验研究人员有许多重要发现，如员工会自行限制产量，以保护工作效率低的同事；工人对不同级别的上级持不同的态度，对职位高者尊敬，顾忌心理也重；工厂中存在非正式组织，有小派系，有内部行为规范。

根据霍桑试验，梅奥等人总结出的结论是：人们的生产效率不仅要受到物质条件和环境的影响，更重要的是受社会因素和心理因素等的影响。梅奥于1933年出版了代表作《工业文明中人的问题》，提出了与科学管理不同的观点，形成了人际关系论，主要有以下三方面。

（1）企业员工不仅是经济人，而且是社会人。企业管理者应当重视人的社会性，工人不仅仅是为了金钱去工作，他们还有精神与社会需要，他们需要尊重、彼此关心、互相帮助、有成就感。因此企业必须满足工人的这些需要，他们才会发挥其内在的积极性。

（2）企业中存在"非正式组织"。工人在长期的工作过程中，以人们之间的感情、爱好、性格为纽带形成区别于正式机构的团体，这种团体的不成文的习惯及行为左右着团体内成员的行为，这种团体就是非正式组织，它对于工作能否顺利实施有重大的影响。管理者应努力使非正式组织与企业具有目标一致性。

（3）生产效率主要取决于职工的工作态度以及他和周围人的关系。梅奥认为，提高生产效率的主要途径是提高工人的满意度，而工作条件、经济报酬是第二位的，企业要力争使职工在安全、归属感、友谊等方面的需要得到满足。

行为科学管理理论改变了人们对管理的思考方法，它把人看作是宝贵的资源，强调从人的作用、需求、动机、相互关系和社会环境等方面研究其对管理活动及其结果的影响，研究如何处理好人与人之间的关系、做好人的工作、协调人的目标、激励人的主动性和积极性以提高工作效率。但行为科学理论也存在一些局限性，主要表现为：①过分强调非正式组织的作用。实践证明，非正式组织并非经常地对每个人的行为有决定性的影响。②过多地强调感情的作用，似乎职工的行为主要受感情和关系的支配。事实上，关系好不一定使士气高，更不一定使生产效率高。③过分否定经济报酬、工作条件、外部监督、作业标准的影响。事实上，这些因素在人们的行为中仍然起着重要作用。④个人行为的复杂性，使得对行为进行准确的分析和预测非常困难，因此，行为科学管理思想要在实践中得到广泛的应用，尚有待于理论的进一步完善与发展。

三、现代管理理论的发展

随着二战后企业规模的不断扩大，跨国公司的大量出现，管理已不仅仅局限于车间和企业内部的生产组织及解决如何提高作业效率的问题，人们开始注重企业长期全局的发展问题，更加重视行为科学，以人为本；同时，现代理论知识如概率论、数理统计、系统论、信息论、控制论的发展，以及现代化工具，如计算机、电视监测系统、自动化生产线等的应用，使得先前的管理理论已不能适应新的形势发展的需要，这种理论与实践相脱节的矛盾，吸引了大量的专家、学者加入管理理论研究的队伍，出现了"百花齐放，百家争鸣"的局面，形成了"管理的理论丛林"。下面将主要介绍几种有代表性的学派。

1. 系统学派

美国高级经理、管理学家切斯特·巴纳德（Chester Barnard，1886—1961）于1938年出版了《经理人员的职能》[⊖]一书，从社会组织系统的角度分析了经理人员的职责和任务，探讨了组织形成的原因、正式组织与非正式组织之间的关系等，被认为是现代组织理论的创始人。丹尼尔·卡茨、罗伯特·卡恩和詹姆斯·汤普森等进一步发展了系统理论。系统理论认为，组织是一个系统，是由相互依存的众多因素所组成的，局部最优并不等于整体最优。同时组织是一个开放的系统，与周围环境相互影响、相互作用。

2. 决策理论学派

决策理论学派是以系统理论为基础，吸收了行为科学、系统理论、运筹学和计算机科学等学科的内容而发展起来的。它是由美国卡内基-梅隆大学教授、1978年诺贝尔经济学奖获得者西蒙等人创立的。其主要理论可以概括为以下五个方面。

第一，管理的中心问题就是决策。决策贯穿管理活动的全过程，抓住了决策问题，就是抓住了管理的核心与本质。

第二，"决策"的任务同"执行决策"的任务一样，也是渗透在组织中的。组织就是作为决策者的个人所组成的系统。

第三，决策是为了实现某一目标从若干可行方案中选定优化方案的过程。它至少应包括确定目标、寻求可供选择的多种行动方案、对若干个可行方案进行比较选择、选出最满意的方案等四个阶段。

第四，决策标准应以"满意标准"代替"最优标准"，即人们只能按照"足够好的"（"满意标准"）来选择方案。

第五，决策可分为程序化决策与非程序化决策两类。前者是指对日常管理中经常大量反复出现的问题所做出的决策；后者是指对偶然发生的、不重复出现的非例行活动所

⊖ 本书中文版已由机械工业出版社出版。

做出的决策。

3. 经验主义学派

经验主义学派的代表人物是美国管理学家彼得·德鲁克。该学派强调研究企业管理要从企业管理的实际经验出发,而不能从一般原则出发,即研究管理中的成功经验与失败教训,以解决企业中存在的实际问题。他们认为管理知识的真正源泉是大公司里管理者的经验。因此,管理科学应以大公司的管理者的经验为主要研究对象,并加以概括和理论化,再向企业管理人员提供实际的建议。

4. 权变理论学派

权变理论学派是20世纪70年代在西方形成的,并在美国等地风行一时。其代表人物是英国的琼·伍德沃德(Joan Woodward)。该学派认为企业管理没有一成不变的模式,要根据企业所处的内外环境条件而随机应变。他们主张通过对大量事例的研究和概括,把各种各样的情况归纳为几个基本类型,并给每一个类型找出一个模式。他们认为,环境同管理之间存在一种函数关系,其中环境是自变量,管理是因变量,权变管理就是依据环境自变量和管理因变量对具体情况进行分析。

5. 管理科学学派

管理科学学派形成于1939年,最先由英国物理学家、诺贝尔奖获得者帕特里克·布莱克特(P.M. S.Blackeet)领导的小组进行探索,后由美国的埃尔伍德·伯法(Elwoods Buffa)等人从事研究。该学派的主要思想是决策力求减少个人艺术成分,将定量方法运用于管理学科的研究中,用程序和数学模型增加决策的科学性,广泛使用计算机作为辅助管理手段。所以管理科学学派通常也称作数量学派或运筹学派。该学派发展了许多数量分析方法和决策技术,如盈亏平衡分析、决策树、网络计划技术、线性规划、动态规划、排队论、对策论等。

6. 企业文化管理

在20世纪70年代末,美国出现了管理文化(企业文化)学派,到80年代,企业文化学派已经成为管理理论中最有影响的学派之一。美国一直是世界上第一经济强国,但进入70年代后,美国遇到了日本的强大挑战。现实迫使美国人认真研究日本的成功之道。通过实地考察和对比研究,美国人发现在日本经营管理最成功的企业里,居第一位的并不是严格的规章制度,更不是计算机或任何一种科学管理技术,而是企业文化。1981年,以美国人迪尔和肯尼迪合著的一本关于企业文化的专著《企业文化:企业生存的世俗与礼仪》作为开端,管理进入了一个新的阶段。企业文化包括企业环境、价值、企业中的英雄、礼仪和文化网络这五大要素,其核心是组织成员的共同价值观。企业文化管理理论很快被世界各国所接受。

四、管理理论的发展趋势

管理理论随着社会经济发展和环境的变化而变化,这是近百年来管理理论和实践发展的一般规律。进入20世纪80年代以来,企业发展呈现新的特点:企业规模的巨型化和超小型化并存,生产技术复杂程度大大增加,产品升级换代周期大大缩短,知识在经济增长中的作用日益突出，企业与社会的联系更加紧密，经济活动国际化趋势明显。面对现代企业面临的管理上的新问题、新情况、新要求，企业界和管理学界积极投入与环境相适应的管理思想、方式与方法的研究与实践中。

进入 20 世纪 90 年代，现代管理理论的新思潮当属企业再造、学习型组织及虚拟企业。有人甚至认为这是管理的革命，将导致传统管理理论与实践出现全面革新，迎来管理的新天地。

1. 企业再造

美国人迈克尔·哈默（Michael Hammer）和詹姆斯·钱皮（James Champy）于 1994 年出版了《企业再造：企业革命的宣言书》，提出了企业再造理论。该书一出版便引起管理学界和企业界的高度重视，并迅速流传开来。哈默与钱皮认为，工业革命两百多年来，亚当·斯密分工理论始终主宰着当今社会中的一切组织，大部分的企业都建立在效率低下的功能组织上。而企业再造是要对企业的业务流程从根本上进行再思考、重新设计，使流程本身更简练，从而使企业赢得长期和全局的竞争优势。

企业再造的核心是突破传统的分工理论，强调一种流程思想。它与传统职能层级机制的区别在于：在传统的组织中，强调分工，整个任务被分解，在各个阶段，由拥有专门技能的人员完成相应部分的工作，这种功能分工的内在层级性导致组织的等级结构；而企业再造则针对为顾客创造价值的企业活动，以流程为中心去安排工作，创造性地重新设计业务流程，形成绩效的跃进式改变。再造不是对现有流程的改良，而是根本性的改变。

2. 学习型组织

彼得·圣吉（Peter M.Senge）在 1990 年出版了《第五项修炼：学习型组织的艺术与实践》一书，正式提出了学习型组织的概念，创立了学习型组织理论。圣吉认为，当今社会已经进入了信息时代，企业要想在社会变革和市场经济大潮中立于不败之地，成为学习型的企业组织是一种发展趋势。也就是说，每个企业必须比竞争对手学习得更快更好，才能在竞争中处于优势。

所谓学习型组织，是指通过培养整个组织的学习氛围，充分发挥员工的创造性思维能力而建立起来的一种有机的、高度柔性的、扁平化的、符合人性的、能持续发展的组织。这种组织具有持续学习的能力，具有高于个人效率总和的综合效率。学习型组织是愿景驱动型的组织，是善于学习和不断学习的组织，是"学习工作化、工作学习化"的组织，是民主和团结的组织，是善于应对各种复杂局势的具有创造能力的组织。学习型组织的核心实质在于拥有强大的组织学习能力，能够在组织与环境相互作用的过程中快速学习并成长，完善组织的运作方式，从而获取组织的成功。

3. 虚拟企业

20 世纪 90 年代以来，由于科技进步和社会发展，企业环境发生了重大变化。一方面，客户根据自己生产、工作和生活的需要以及经济承受力，对产品的品种与规格、花色式样等提出了多样化和个性化的要求；另一方面，企业面对客户不确定的多样化和个性化需求以及不断变化的市场，为求得生存与发展必须具有高度的柔性和快速反应能力，现代企业朝着组织结构简单化、扁平化方向发展，于是就产生了能将知识、技术、资金、原材料、市场和管理等资源联合起来的虚拟企业。

虚拟企业是指两个以上独立的实体，为了迅速向市场提供产品和服务，在一定时间内结成的动态联盟。虚拟企业不具有法人资格，也没有固定的组织层次和内部命令系统，而是开放的组织结构。这种动态联盟，是建立企业外部联系，进行业务协作的方式。虚拟企业由几个有共同目标和合作协议的企业组成，成员之间可以是合作伙伴，也可以是竞争对手，一改以往企业之间完全的你死我活的输赢关系为共赢的关系。虚拟企业通过集成各成员的核心能力和资源，在管理、技术、资源等方面拥有得天独厚的竞争优势，通过分享市场机会和顾客，实现共赢的目的。

本章小结

企业是一种特殊的社会经济组织，它是一个历史的概念，是商品生产和商品交换的产物。企业是指从事生产、流通或服务等活动，为满足社会需要进行自主经营、自负盈亏、承担风险、实行独立核算、具有法人资格的基本经济单位。企业的发展大致经历了手工业生产时期、工厂生产时期、企业生产时期、合伙企业的形成及公司制度的建立等阶段。企业有着多种属性与复杂形态，按照不同的划分标志，可将企业划分为多种类型。

管理起源于人们的共同劳动。管理是对一定组织所拥有的资源进行有效整合以达成组织既定目标与履行责任的计划、组织、领导和控制的过程。管理具有自然属性和社会属性，管理既是一门科学，又是一门艺术。学习管理非常重要。

企业管理是对企业生产经营活动进行计划、组织、指挥、协调和控制等一系列活动的总称，是社会化大生产的客观要求。管理理论发展的历程一般可分为三个阶段：科学管理理论、行为科学管理理论和现代管理理论。随着社会经济的发展和环境的变化，一些新的管理理论与方法出现，呈现新的趋势。

关键术语

企业　　管理　　企业管理　　管理职能　　科学管理理论　　行为科学管理理论
现代管理理论

思考题

1. 商店、饭店、学校、医院，哪些是企业？为什么？
2. 把工人定义为"经济人"在目前的环境中是否正确？
3. 请举例说明权变理论在企业管理实践中的具体应用。
4. 举例说明信息技术的发展对企业管理的影响。
5. 未来的企业将会是什么样的？

Chapter 2 第二章

企业战略管理

⚠ 教学目标

通过本章的学习，学生应养成战略性思维，关注与企业现实相关的战略问题，学会并利用战略管理的基本理论、基本方法和分析工具解决企业面临的实际战略问题，提高对战略方面的敏锐度与洞察力。

⚠ 教学要求

了解战略与战略管理的相关概念；理解战略的特征与重要性；掌握战略管理分析的过程；掌握战略环境分析的内容和方法；掌握不同类型战略的特点；了解战略的实施与控制过程。

📖 引导案例

Netflix 和百事达之间的竞争，谁是赢家

Netflix 开拓了在线电影租赁业务，向消费者提供不同的租赁计划，其中包括可以一次最多租赁三部电影并且每一部电影的归还没有时间限制。该企业在它开始的前 8 年发展迅猛。

一开始，Netflix 的成长是靠增加订购者来支撑的。在 2004 年晚些时候，Netflix 的创建者和 CEO 里德·黑斯廷斯决定降低产品的价格以增加订购者。这个价格战略被证实是有效的。因为该企业在 2004 年产品价格水平（这个水平基本上维持到 2007 年早期）上获得的利润非常可观，Netflix 的利润从 650 万美元增长到 2006 年的 4 900 万美元。但是，百事达，Netflix 的主要竞争对手，非常清楚 Netflix 采取的每一个竞争性行为。现在百事达用更激烈的方式回应 Netflix 的市场行动。在某些人看来，这些企业之间的竞争已经变得非常"丑陋"。更糟糕的是，也许这些企业现在"正处在相互破坏的竞争状态"。

有证据显示，当百事达 2006 年在它的在线租赁服务中采用一个新的选择时，Netflix 的收入出现显著的波动。该选择被称为"全通道"。订户每月只需要再支付 1 美元就可以在百事达的实体店内归还和借出电影，同时也可以在网上进行处理。这是 Netflix 不能为消费者提供的便利，因为它的产品只能通过邮寄的方式发送。充分意识到这个竞争性行

动后，Netflix 在 2007 年中期以降低其产品价格的方式回击百事达，较低的价格减少了企业的盈利。然而，在 2007 年，Netflix 也开始提供"即时观看"电影下载服务。这个服务利用高速网络连接使消费者既可以下载电影，也可以在自己的电视或电脑上观看。

在一场竞争者们互相非常清楚地知道观察对方的行动和反应的竞争中，人们也许想知道百事达会对 Netflix 的"即时观看"服务做何反应。因为看起来百事达可以很容易地模仿这个服务，这意味着对 Netflix 来说通过使用该服务来获得竞争优势将会很困难。并且这两个企业将不得不决定它们还要在这场竞争中对峙多久，因为这场竞争严重影响了它们的盈利能力。不过这场破坏性的竞争随即就结束了，在 2007 年中期，百事达在证券交易委员会的书面文件上称，它可以改变企业的在线服务，从而"在持续的订购者增长和之后的利润之间实现一种恰当的平衡"。

第一节 战略管理概述

战略管理的出现是社会经济发展的必然。在市场经济条件下，企业的经营环境发生巨大变化，竞争对手越来越多，市场竞争越来越激烈，不能在竞争中深谋远虑、运筹帷幄的话，企业的生存都会成问题，更不用说发展了。企业战略管理是企业可持续发展的关键。

一、企业战略与战略管理

（一）企业战略的含义

大约从 20 世纪 60 年代开始，西方企业把战略的概念和思想从军事领域引入企业的生产经营管理中。如今，企业战略思想和战略管理已受到中外企业的广泛关注和普遍重视，在企业经营管理中发挥着重要作用。

企业战略就是指企业为适应未来环境的变化，对生产经营和持续发展中的重大问题进行的全局性、长远性、纲领性的谋划和决策。

（二）战略的特征

（1）注重取舍。企业战略要明确什么是可做、该做、能做、想做、敢做与可选择的，什么是不可做、不该做、不能做、不想做、不敢做与别无选择的。在如今竞争激烈且资源有限的情况下，只有那些经过取舍、"有所为有所不为"而将战略定位于最能发挥自己特长与优势的企业才能取得成功。

（2）关注效能。关注"效能"即是关注"做正确的事"。企业战略关注的是"做正确的事"，强调的是"效能"而非"效率"，做对事情比把事情做得有效率更为重要。

（3）全局性。企业战略问题的核心是研究企业发展的规律，是指导整个企业一切活动的计划。战略作为企业最高管理者的首要职能，全局与整体是决策的出发点。由于各部门间的战略息息相关且环环相扣，企业战略正是贯穿并指导各部门职能战略的最高决策。

（4）长远性。企业战略通常着眼于未来 3 至 5 年乃至更长远的目标，是对企业未来一定时期生存和发展的统筹谋划。它着眼于对企业长期生存和长远发展的思考，通过确立愿景目标，谋求企业的长远利益而不是眼前利益。

（三）战略管理的含义

"战略管理"这一概念是安索夫于 1972 年首次提出来的，1975 年在其出版的《从战略规划到战略管理》一书中，将战略管理定义为"企业高层管理者为保证企业的持续生存和发展，通过对企业外部环境与内部条件的分析，对企业全部经营活动所进行的根本性和长远性的规划与指导"。

要正确理解战略管理的概念，应注意两点：一是战略管理不仅涉及战略的制定和规划，而且包含将战略付诸实施的管理，因此战略管理是一个全过程的管理；二是战略管理不是静态的、一次性的管理，而是一种循环的、往复性的动态管理过程，需要根据外部环境的变化和企业内部条件的改变，以及战略执行的反馈信息，不断进行调整。

（四）企业战略管理的特征

（1）管理的全局性。企业的战略管理是以企业的全局为对象，根据企业总体发展的需要而制定的。它所管理的是企业的总体活动，追求的是企业的总体效果，它通过制定企业的使命、目标和战略来协调企业各部门的活动。

（2）以企业的高层管理人员为主体。由于战略决策涉及企业活动的各个方面，虽然它也需要企业中下层管理者和全体员工的参与和支持，但最高层管理人员的介入是十分必要的。这不仅是由于他们能够统观全局，了解企业的全面情况，更重要的是他们具有对战略实施所需资源进行分配的权力。

（3）时间的长远性。战略决策是对企业未来较长时期（5 年以上）内，就企业如何生存和发展等问题进行统筹规划。战略管理是面向未来的管理，以经理人期望或预测将要发生的情况为决策基础。在迅速变化的竞争环境中，企业要取得成功必须对未来的变化采取预应性的态势，这就需要企业做出长期性的战略计划。

（4）企业外部环境影响因素众多。现今的企业都存在于一个开放的系统中，在未来竞争性的环境中，企业要是自己占据有利地位并取得竞争优势，就必须考虑与其相关的因素，这包括竞争者、顾客、资金供给者、政府等外部因素，以使企业的行为适应不断变化的外部环境，继续良好地生存下去。

二、企业战略的构成要素和层次

（一）企业战略的构成要素

（1）经营范围。经营范围是指企业从事生产经营活动的领域。它反映了企业与其外部环境相互作用的程度，也反映了企业计划与外部环境发生作用的要求。企业应该根据自己所处的行业、自己的产品和市场来确定自己的经营范围。

（2）资源配置。资源配置是指企业过去和目前对资源和技能进行配置、整合的能力与方式。资源配置的优劣差异极大地影响企业战略的实施能力。企业只有注重对异质战略资源的积累，形成不可模仿的自身特殊能力，才能很好地开展生产经营活动。

（3）竞争优势。竞争优势是指企业通过其资源配置模式与经营范围的决策，在市场上所形成的优于其竞争对手的竞争地位。竞争优势既可以来自企业在产品和市场上的地位，也可以来自企业对特殊资源的正确运用。

（4）协同作用。协同作用是指企业从资源配置和经营范围的决策中所能寻求到的各种共同努力的效果。它可以被看作资源配置与整合的规模优势，在企业管理中，协同作用主要表现为以下四个方面：投资协同作用、作业协同作用、销售协同作用和管理协同作用。

（二）企业战略的层次

企业的目标是多层次的，它包括企业的总体目标、企业内各个层次的目标以及各经营项目的目标，各层次目标形成一个完整的目标体系。一般来说，拥有多个战略业务单位的企业战略至少可以分为三个层次：公司层战略、业务层战略和职能层战略。

1. 公司层战略

公司层战略又称总体战略，是企业最高层次的战略，是企业最高管理层指导和控制企业的一切行动的最高行动纲领。公司层战略是涉及企业的全局发展的、整体性的、长期的战略计划，对企业的长期发展影响深远。所以，公司层战略主要由企业的最高层参与决策、制定和组织实施。

公司层战略可以分为发展战略、稳定战略和收缩战略。公司层战略的关注范围是由多个战略业务单位组成的、从事多元化经营的企业整体。从公司的经营发展方向到公司各经营单位之间的协调，以及从资源的充分利用到整个公司的价值观念、企业文化的建立，都是公司层战略的重要内容。它的侧重点包括：一是从企业全局出发，根据外部环境的变化和内部条件，选择企业应从事的经营范围和领域，即要回答"我们的业务是什么？我们在什么业务上经营？"等问题；二是在各项业务之间进行资源分配，以实现企业整体的战略意图。

2. 业务层战略

业务层战略又称经营单位战略，或事业部战略、竞争战略。一个战略经营单位一般有自己独立的产品和细分市场，它的战略主要是针对不断变化的环境，在各自的经营领域里有效地竞争。业务层战略是在公司层战略的指导下，就如何在某个特定的市场上成功地开展竞争而制订的战略计划。它是由分管各战略业务单位的管理者制定的，主要侧重于在特定的细分市场中获取竞争优势，包括进行准确的市场定位和选择有效的经营模式。

业务层战略着眼于企业整体中的有关事业部或子公司，影响着某一类具体的产品和市场，是局部性的战略决策，只能在一定程度上影响公司层战略的实现，所以参与制定业务层战略的主要是具体的事业部或子公司的决策层。为了保证企业的竞争优势，各经营单位要有效地控制资源的分配和使用，同时还要协调各职能层的战略，使之成为一个统一的整体。业务层战略主要有基本竞争战略、投资战略，以及针对不同行业和不同行业地位的经营战略。

3. 职能层战略

职能层战略又称职能部门战略，是属于企业运营层面的战略，是为了贯彻、实施和支持公司层战略与业务层战略而在企业特定的职能管理领域制定的战略，是由职能部门的管理人员在总部的授权下制定出来的。职能层战略的侧重点在于发挥各部门的优势，提高组织的工作效率和资源的利用效率，以支持公司层和业务层战略目标的实现。它较公司层战略更为具体，从某种角度来讲属于战术的范畴，是企业内各主要职能部门的短期战略计划，一般在一年左右，用于确定和协调企业短期的经营活动，一般可分为营销战略、人力资源战略、财务战略、生产战略、研发战略等。

如果说公司层战略和业务层战略是强调"做正确的事"，那么职能层战略则强调"正确地做事"。职能层战略实施的好坏会在很大程度上影响企业战略目标的实现，相比公司层战略和业务层战略，职能层战略更详细具体，更具有可操作性。

公司层战略、业务层战略和职能层战略共同构成了企业完整的战略体系，上一层次的战略构成下一层次的战略环境，下一层次的战略又为上一层次的战略目标的实现提供保障和支持。只有不同层次的战略彼此联系、相互配合，企业的经营目标才能实现，它们之间的相互关系如图 2-1 所示。值得注意的是，上述三个层次的战略中，只有公司层战略和业务层战略才真正属于战略范畴，而职能层战略是根据上一层次的战略制订的短期的、执行性的方案或步骤，因此属于战术范畴。

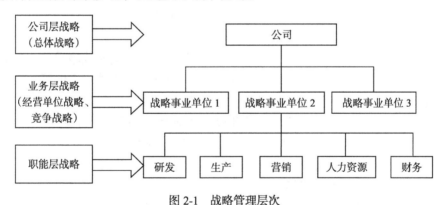

图 2-1　战略管理层次

三、战略管理的过程

战略管理是一个系统的决策和实施过程，这一过程一般可以分为以下几个步骤。

1. 企业使命和战略目标的确定

企业使命是企业组织存在的目的和理由。确定企业使命是企业开展生产经营活动的前提。创建一个新的企业或对企业的经营业务方向进行重大调整时，都要确定或重新界定企业的使命，这也是制定和实施企业战略的一项基础性工作。

企业战略目标是企业战略的一个重要组成部分，必须满足企业所处外部环境的长期要求，同时适应企业内部的各方面限制条件。一般来说，战略目标的制定过程因企业的不同而不同，不可能存在一套适合各种企业的标准模式，即使是两个几乎完全类似的企业，其战略目标也可能存在巨大的差异。因此，在制定战略目标时，应结合企业的具体情况，系统地分析、选择和评价企业的目标。企业战略目标的确定首先要以企业的经营方向为依据，此外，它还受到以下三方面因素的制约：企业外部环境，特别是外部环境中各方面竞争力量的变化消长；企业内部具有的和可能取得的资源；企业高层领导的价值观和企业的权力结构因素等。

2. 企业战略环境分析

企业战略环境分析，主要分析企业的外部环境和内部环境。对于企业来说，企业的外部环境因素属于不可控因素，但可以通过各种方法和途径认识它们，从而获得制定企业战略所需要的切实可靠的信息。外部环境分析包括所有可能影响企业行为的现实与潜在的因素，如政治、经济、文化和社会环境等。外部环境分析的目的是在企业外部环境中寻找可能会影响企业使命实现的战略机会和威胁，包括对宏观环境和产业与竞争环境的分析。宏观环境是指那些在广阔的社会环境中影响到一个产业或企业的各种因素，如经济、社会、法律等因素，产业与竞争环境则是指企业所处的产业的竞争结构，包括企业的竞争地位和主要竞争对手。

企业的内部环境因素是企业的可控因素，也被称为企业的内部条件。内部环境分析就是认识和评价企业各方面的资源条件及潜力，如企业的人力资源、物力资源、财力资源等。对内部资源与能力的分析是为了帮助企业确定自己在行业中的地位，找到优势和劣势，以便在制定战略时能扬长避短。内部环境分析包括确定企业资源和能力的数量及质量，利用企业的独特技能和资源，建立或保持竞争优势。

3. 战略方案的制订与选择

企业在战略环境分析的基础上，应确定企业长远的发展方向和战略重点，并拟订出战略方案，然后对拟订的战略方案进行具体的论证，对各个方案在技术上的可行性、经济上的合理性进行综合的评价，比较各个方案的优劣，确定出最终的战略方案并付诸实施。

战略制定，就是企业在正确认识外部环境的基础上，正确估计自身的资源转换能力，明确适合本企业实际情况的战略过程。主要内容包括：确定帮助企业在某一业务领域赢得竞争优势的竞争战略，确定将企业各项业务优化统筹的公司总体战略，以及确定面对经济全球化的大趋势的全球战略等。

战略选择包括三个阶段：制订备选方案、评估备选方案和选择方案。

（1）制订备选方案。在对企业的使命和愿景、外部环境和内部条件分析的结果的基础上，企业要拟订多种备选方案。参与备选方案制订的人员需要充分掌握企业内外部的情况，在一次或若干次会议中进行讨论和拟订。在这一过程中，企业领导者应鼓励方案制订者尽可能地发挥自己的创造性。

（2）评估备选方案。企业拥有的资源是有限的，在可供选择的战略方案中，企业战略制定者应了解每一种战略方案的长处和局限性，然后根据参与制定者的综合判断来对这些战略方案进行排序。评价战略方案的两个标准：一是选择的战略是否充分利用了环境中的机会，规避了威胁；二是选择的战略是否能使企业在竞争中获得优势地位。

（3）选择方案。在考虑战略方案的可能收益时，还要分析它的风险，确定这种战略在哪些情况下是不适用的，并考虑如果发生了意外情况，对整个战略方案的影响有多大，需要做出哪些调整或更换什么样的备选方案。

4. 战略的实施和控制

一个企业的战略方案确定后，必须通过具体化的实际行动，才能实现战略目标。为此，要将企业战略规定的目标分解为企业的各层次和各方面的战略目标，运用科学的方法和手段，利用合理的资源配置、建立有效的组织结构，分阶段、按步骤地来贯彻落实。战略实施就是将战略方案转化为实际行动并取得成果的过程，其主要应考虑以下三个关键问题：

（1）公司治理结构。公司治理结构主要是解决所有权和经营权分离条件下的代理问题。建立有效的公司治理结构能降低代理成本和代理风险，防止经营者与所有者的利益相背离，从而达到保护所有者的目的。

（2）组织结构。新战略实施时，一般要设计和调整组织结构，使组织结构与战略相互适应和匹配。

（3）资源配置。企业的资源是有限的，如何在不同层次和部门间分配资源是战略实施的一个关键问题。

成功的战略实施离不开企业最高领导层的支持和理解。由于战略实施的主体是人，因此对人的管理就格外重要，协调不同部门和人员的活动需要管理者具备良好的激励和领导才能，战略实施的成功与否取决于管理者激励雇员能力的大小。企业的管理者除了需要在物质方面激励员工，还需要建立一种与战略相匹配的组织文化，在组织内部形成一种良好的工作氛围。

为了使实施中的战略达到预期目的，实现既定的战略目标，还必须对战略的实施进行控制，战略控制贯穿战略管理的整个过程。所谓战略控制，就是将战略实施的结果与预期的目标进行比较，发现差异，查明原因，采取措施，予以纠正。同时由于战略管理过程是一个动态发展的过程，在外部环境与企业的内部资源及能力的动态平衡正在发生或将要发生变化时，需要对企业经营范围、核心资源与经营网络等战略内涵重新定义，进行战略变革。通过战略变革，企业可以灵活地适应不断变化的环境，从而保持或提高其在市场竞争中的地位。

第二节 战略环境分析

任何一个组织都不是孤立存在的，总要与它周围的环境发生这样或那样的联系。企业作为一个开放的系统，在企业内部以及在企业和它的外部环境要素之间发生着物质和信息的交换，通常企业的活动受到它内部和外部环境的影响。因此，企业在正确地制定战略目标和达成这些目标的战略之前，必须对企业的外部环境进行分析，以识别环境变化带给企业的机会与威胁，同时也要对企业自身的内部环境和资源条件进行分析，以确定企业在整个行业竞争中的优势与劣势。

一、企业外部环境分析

（一）宏观环境分析

宏观环境也就是企业活动所处的大环境，是指存在于企业之外，影响企业经营活动及其发展的各种客观因素和力量，主要由政治法律环境（political）、经济环境（economic）、社会与自然环境（social）、技术环境（technological）等因素构成，即 PEST 分析。宏观环境对处在该环境中的所有相关组织都会产生影响，而且这种影响虽然通常间接地、潜在地影响企业的生产经营活动，但其影响是根本的、深远的。宏观环境分析的意义在于，确认和评价各宏观环境要素对企业战略目标和战略选择的影响。

1. 政治法律环境

政治法律环境是指对企业经营活动具有实际和潜在影响的政治力量以及相关的法律、法规。政治法律环境的变化显著地影响着企业的经营行为和利益。这些因素对企业的生产经营活动具有控制和调节的作用。它们规定了企业可以做什么，不可以做什么，同时也保护企业的合法权益和合理竞争，促进公平交易。

2. 经济环境

对于企业来说，经济环境是影响组织行业诸多因素中最关键、最基本的因素。经济环境主要是指构成企业生存和发展的社会经济状况，主要包括社会经济结构、经济体制、宏观经济发展水平、宏观经济政策等要素。其中影响最大的是宏观经济发展水平和政府所采取的宏观经济政策。

3. 社会与自然环境

企业存在于一定的社会环境中，同时企业又是由社会成员所组成的一个小的社会团体，不可避免地要受到社会环境的影响和制约。社会环境因素包括社会文化、社会习俗、宗教信仰、社会道德观念、社会公众的价值观念、职工的工作态度以及人口统计特征与地理分布等。

自然因素是指一个国家或地区的客观环境因素，对企业来说，主要的自然环境因素有地理位置、气候条件、资源状况等。环境保护的要求对企业的生产经营活动有着极为重要的影响。

4. 技术环境

技术环境是指与企业生产经营活动相关的科学技术要素的总和，它既包括推动社会发展的、革命性的产业技术进步，又包括与企业生产直接相关的新技术、新工艺、新材料的发明情况、应用程度和发展趋势，还包括国家和社会的科技体制、科技政策和科技水平。

技术环境不仅体现在技术进步对生产力、产品发展速度、就业类型变化等企业经营要素的改变上，而且表现在技术进步对个人消费观念和消费习惯的影响所引起的对企业产出要求的改变上。此外，由于技术的巨大进步，理论成果转化为可应用产品的间隔期已大大缩短，但是企业研究和开发费用急剧增加。

（二）行业环境分析

行业是由一些企业构成的群体，它们的产品有众多相同的属性，以至于它们为了争取同样的一个买方群体而展开激烈的竞争。一个行业的经济特性和竞争环境以及它们的变化趋势往往决定了该行业未来的利润和发展前景。与宏观环境因素相比，行业环境因素对企业经营活动的影响更为直接和明显，宏观环境对企业的影响常常通过行业环境因素的变化对企业产生作用。因此,行业环境分析是企业外部环境分析的核心和重点。

行业环境分析的主要内容有行业的主要经济特征分析、行业的市场结构分析、行业内战略群体分析等。

(1) 行业的主要经济特征分析。行业的主要经济特征包括行业的性质、行业在国民经济中的地位和作用、行业发展所处的阶段、行业的市场容量及发展前景等,这些特征是企业选择行业及企业在行业中如何经营要考虑的重要因素。因为不同的行业在特征和结构方面有很大的差别,所以行业环境分析往往首先应从整体上把握行业中最主要的经济特征。

(2) 行业的市场结构分析。行业的市场结构是指行业中相互作用的基本竞争力量以及它们之间的相互作用程度。根据迈克尔·波特(M.E. Porter)教授的观点,在一个行业中,存在五种基本的竞争力量,即潜在竞争者、替代品、购买者、供应者以及行业内现有竞争者间的抗衡,彼此之间相互作用(见图2-2)。

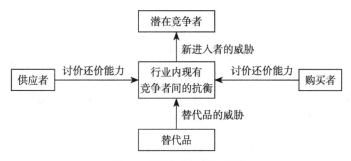

图 2-2 波特五力竞争模型

在一个行业中,这五种基本竞争力量的状况及其综合程度,可以引发行业内在经济结构上的变化,从而决定行业内部竞争的激烈程度,决定行业中获得利润的最终潜力。从战略制定的角度来看,五种竞争力量共同决定一个行业的竞争强度和盈利能力。

(3) 行业内战略群体分析。所谓战略群体,是指行业内执行同样或类似战略,并具有类似战略特性的一组企业。因为各个战略群体内部的竞争程度不同,各个群体所服务的主要客户群的增长率不一样,所以驱动因素和竞争力量对各个群体的作用并不相同,各个战略群体之间往往存在利润上的差异。

(三) 竞争对手分析

竞争对手是指那些对企业现有市场地位构成直接威胁或对企业目标市场地位构成主要挑战的竞争者。竞争对手是企业经营行为最直接的影响者和被影响者,这种直接的互动关系决定了竞争对手分析在外部环境分析中的重要性。力求更加深刻地理解竞争对手甚至比了解自己更加重要。分析竞争对手的目的在于了解每个竞争对手可能采取的战略行动以及其他公司的反应。通过对本企业最直接和最主要的竞争对手进行分析,企业可以认清竞争对手的情况及其下一步的行动和目标,从而可以有针对性地制定相应的对策,在市场竞争中取得优势。对主要竞争对手的分析包括四个方面:主要竞争对手的目标、战略假设、现行战略、资源和能力。

二、企业内部环境分析

所谓企业内部环境分析是指对企业能够加以控制的影响因素进行分析。企业内部环境是相对于企业宏观环境与行业环境而言的企业内部资源状况的总称,是企业生存和发展的内部因素,也是企业管理者通过管理活动可以控制的因素,它可以通过管理者的实践加以优化。企业战略目标的制定及选择不但要知彼,即客观地分析企业外部环境,而且要知己,即对企业内部资源、能力等进行正确的估计,从而清晰地了解企业所具有的优势和劣势,以使企业的战略目标得以实现。所以说,企业内部环境或条件是企业经营的基础,是制定战略的出发点、依据和条件,是企业在竞争中取胜的根本。

(一) 企业的内部资源分析

资源是指被投入到企业生产过程的生产要素,如资本、设备、员工的技能、专利、财务状况以及经理人的才能等,这些都可以被看成资源。企业资源可以是有形的,也可以是无形的。有形资源是指那些可见的、可量化的资源,包括企业的财务资源、组织资源、实物资源和技术资源四个方面。无形资源是指那些根植于企业的历史、长期积累下来的资源,因为它们是以一种独特的方式存在的,所以非常不容易被竞争对手了解和模仿。知识、员工之间的信任、员工的思想、创新能力、管理能力和企业的品牌、声誉等,这些都是无形资源。由于无形资源更难被竞争对手了解、购买、模仿或替代,因此企业更愿意把无形资源作为它们的能力和核心竞争力的基础。无形资源还有另一个特点,就是它们的价值可以被更深入地挖掘。

企业资源是企业经营活动的基础,资源就犹如组织的"血液",保证组织正常运作。企业的资源总的来说分为五类:财力资源、人力资源、物力资源、技术资源、管理资源。对企业内部条件的分析也就从企业内部的这几项资源的分析开始。

(二) 企业能力分析

企业能力是指整合企业资源,使价值不断增加的技能。一般而言,资源本身并不能产生竞争能力和竞争优势,竞争优势和竞争能力源于对多种资源的特殊整合。就像一支球队拥有大量的大牌球星,但是整支球队的战斗力不一定很强,所以说,企业拥有了资源不代表拥有了能力,企业拥有了能力也不代表企业一定具有核心竞争力。对企业的各种资源进行有效的组合,不断提高自身的生产能力、研发能力、营销能力、财务能力、管理能力等基本能力,才是形成企业核心能力的基础。

(三) 企业核心能力分析

核心能力的最早提出者普拉哈拉德和哈默认为:核心能力是组织中的积累性学识,特别是关于如何协调不同的生产技能和有机结合多种技术流的学识。从本质上讲,核心能力就是企业发展独特技术、开发独特产品和创造独特营销手段的能力。

与企业的一般能力相比,企业核心能力具有四个基本特征:第一,有价值,是指核心能力能为顾客创造顾客所重视的价值;第二,独特,是指那些现有的和潜在的竞争对手很少拥有的能力;第三,难以模仿,是指其他企业不能轻易模仿和建立的能力;第四,持续性，是指企业的核心能力能够不断地持续发展。只有具备了上述四个特征的企业能力才能称为企业的核心能力。这种核心能力是本企业独创的，是企业最根本、最关键的经营能力，凭借这种竞争能力与优势，企业才能拥有自己的市场和效益。

三、战略环境分析工具

企业战略环境的分析需要运用各种模型对内、外部环境的关键因素对企业的影响及其相互关系进行综合分析。这种分析的目的是要了解这些关键因素对企业的影响的性质以及它们的相对重要性。

常用的战略环境分析工具有战略环境要素评价模型、行业关键战略要素评价矩阵、SWOT 分析等。这里简单介绍一下 SWOT 分析法。

SWOT 分析法就是对企业内部的优势（strength）、劣势（weakness）和企业外部环境中存在的机会（opportunity）与威胁（threat）进行综合分析，据此对备选的战略方案做出系统的评价，最终选出最佳的竞争战略。具体做法是：根据企业的总体目标和总体战略的要求，找出对企业发展有重大影响的内部及外部环境因素，确定标准，进行评价，判断这些环境因素对企业的发展和战略制定分别是优势还是劣势，是机会还是威胁，然后将以上四个方面的要义按其重要程度分别列在一个表格中，处于不同位置的采取不同的相应策略。

第三节　战略制定及选择

如前所述，企业战略分为三个层次，即总体战略、经营单位战略和职能战略。不同层次的战略解决的问题不同，包含很多类型。企业需借助科学的方法来选择合适的战略，以期达到利用外部环境的机会、发挥企业内部优势、获取竞争优势的目的。

一、企业总体战略

企业的总体战略就是对企业整体的发展目标和发展方向所做出的谋划和方略。按照战略态势的不同，企业的总体战略可分为三种：稳定型战略、发展型战略和紧缩型战略。

（一）稳定型战略

稳定型战略是指受外部环境和内部条件的约束，企业在战略规划期内资源配置和经营状况基本保持在战略起点的范围和水平上的战略。它是对产品、市场等方面采取以守为攻、以安全经营为宗旨、不冒较大风险的一种战略。

稳定型战略主要有两种类型：一是无增长战略，即企业不进行大的战略调整，企业的各项工作都按照原有经营方针办理，各项经营指标保持在原有水平，企业的战略地位保持不变；二是微增长战略，即企业在保持稳定的基础上略有增长和发展。

稳定型战略的经营风险相对较小，对于那些处于需求平稳上升的行业和稳定环境中的企业来说，这是一种有效的战略，也有可能是企业资源状况不足以使其抓住外部环境的机会而不得已采用的相对保守的战略。稳定型战略的优点主要表现在：企业可以充分利用原有的产品和市场领域中的各种资源，避免开发新产品和新市场的巨大资金投入与开发失败的巨大风险；能够保持战略的连续性，避免因改变战略而重新分配资源的成本；可以保持人员安排上的相对稳定，减少人员调整、安置所造成的各种矛盾及招聘、培训等费用；能够保持企业经营规模和经营资源、能力的平衡协调，防止过快、过急而导致的重大损失；等等。

但是，稳定型战略也蕴涵着一定的风险：如果企业因对外部环境判断失误而采用了这种战略，就很可能会错过良好的发展机遇，被竞争者超越或拉大距离；稳定型战略容易使企业的风险意识减弱，甚至形成惧怕风险、回避风险的企业文化，大大降低企业对风险的敏感性和适应性，也会导致管理者墨守成规、不求变革。因此，稳定型战略只能是企业在一定的内外部条件约束下，在一定时期内实施的阶段性战略，而不能作为企业的长远选择。

(二) 发展型战略

发展型战略是企业充分利用外部环境的机会，充分发掘企业内部的优势，以求得企业在现有的战略基础上向更高一级目标发展的战略。常见的发展型战略主要有集中性战略、多元化战略、一体化战略等类型。

1. 集中性战略

集中性战略是指企业在原有生产范围内，充分利用在产品和市场方面的潜力来求得发展的战略。集中性战略一般包括市场渗透、市场开发和产品开发等形式。

（1）市场渗透战略。市场渗透战略是指企业以现有产品渗透现有市场，扩大市场占有率，增加销量。在现有市场上如何扩大现有产品的销量主要取决于两个因素：产品使用人的数量和每个使用人的使用频率。因而，可以采用的经营策略主要有增加现有顾客、吸引竞争对手的顾客、开发潜在的顾客、增加产品的新用途、改进产品特性等。

（2）市场开发战略。市场开发战略是指企业用现有产品去开发新市场的战略。它是通过发展现有产品的新顾客群或新的地域市场来扩大产品销量的战略。当现有产品在原有市场上已无进一步渗透的余地，而新市场发展潜力大、竞争形势相对缓和时，企业可以采用市场开发战略。市场开发的主要途径有扩大新的市场范围、进入新的细分市场、增加新的销售渠道等。

（3）产品开发战略。产品开发战略是指企业开发出新产品来增加企业在原有市场上的销量，以扩大市场占有率的发展战略。这就需要企业对原有的顾客有比较透彻的了解，能够提供满足顾客需要的其他产品。这种战略具有一定程度的创新开拓性，它鼓励企业积极开展研发活动，可以提高企业对技术进步的适应能力。

2. 多元化战略

多元化战略也称多角化、多样化战略，是指企业在两个或两个以上的行业里进行经营的一种战略。企业出于分散经营风险、逃避业务萎缩、提高资源配置效率等方面的考虑会采取多元化战略。根据现有业务领域和新业务领域之间的关联程度，多元化战略可以分为相关多元化战略和不相关多元化战略两种类型。

（1）相关多元化战略。相关多元化是指虽然企业发展的业务具有新的特征，但它与企业的现有业务具有战略上的适应性，技术、工艺、销售渠道、市场营销等方面具有共同的或相近的特点。根据新老业务关联内容的不同，相关多元化又可以分为同心多元化和水平多元化两种类型。

（2）不相关多元化战略。不相关多元化是指企业通过收购兼并其他行业的业务，或者在其他行业投资，把业务领域拓展到其他行业中，新产品、新业务与企业现有的业务、技术、市场毫无关系。不相关多元化战略是实力雄厚的大企业集团采用的一种经营战略。

多元化战略的优势主要体现在如下方面：增强企业的盈利能力，分散经营风险，获取范围经济的好处，增强企业对市场的控制力或影响力，等等。

3. 一体化战略

一体化战略是指企业充分利用自己在产品、技术、市场上的优势，使其经营业务向纵向和横向发展的战略。一体化战略主要有两种类型：第一种是纵向一体化，也称垂直一体化，是指企业的活动范围沿着价值链向前或向后延伸。其中，向供应源方向的延伸叫后向一体化，向靠近最终用户方向的延伸叫前向一体化。第二种是横向一体化，也称水平一体化，是指与处于相同行业、生产同类产品或工艺相近的企业实现联合，其实质是资本在同一行业和部门内的集中，目的是扩大生产经营规模，降低产品成本，巩固市场地位。

实行一体化战略能为企业带来多方面的战略利益：它有利于企业的技术开发，有利于企业进入高回报行业，提高产品差异化的能力，确保企业的供给和需求；它可以实现范围经济，降低经营成本，提高进入障碍，为企业带来较大的经济利益；等等。

（三）紧缩型战略

紧缩型战略是指企业从目前的战略经营领域和基础上收缩和撤退，且偏离战略起点较大的一种经营战略。它是企业对没有发展前景或前景渺茫的业务单位所采用的战略，如放弃某些市场和某些产品线系列、削减各项费用支出等。企业采用紧缩型战略的基本原因是企业现有的经营状况、资源条件不能适应外部环境的变化，难以为企业带来较好的收益，以至于威胁企业的生存，阻碍企业的发展。企业只有采取紧缩的措施，才能降低损失，抵御对手的进攻，避开环境的威胁，保存企业的实力，谋求更好的发展机会，实现企业的长远发展。但实行紧缩型战略的尺度难以把握，可能会扼杀具有发展前途的业务和市场，也可能会导致企业内部人员情绪低落。

二、经营单位战略

经营单位战略所涉及的问题是在给定的一个经营业务或行业内，经营单位如何才能在竞争中取胜的问题，即是在什么基础上取得竞争优势。由于不同的经营单位处于不同的行业，具有不同的特点，所以经营单位战略涉及的问题较多，在此主要讨论基本竞争战略。

基本竞争战略，又称一般竞争战略，是指无论什么行业或什么企业都可以采用的竞争性战略。美国著名的战略管理学家迈克尔·波特在其著作《竞争战略》中提出了三种基本竞争战略：成本领先战略、差异化战略和集中化战略。波特认为，企业要获得竞争优势，一般有两条途径：一是在行业中成为成本最低的生产者；二是在企业的产品和服务上形成与众不同的特色。企业可以在或宽或窄的经营目标内使用这两种战略。

（一）成本领先战略

成本领先战略是指企业通过在内部加强成本控制，使企业的全部成本低于竞争对手的成本，从而获得竞争优势的一种战略。企业要实现成本优势这一目标主要有两个途径：一是比竞争对手更有效地开展内部价值链管理活动，以降低成本；二是改造企业的价值链，削减一些高成本的价值链活动，从而降低成本。具体来讲，就是简化产品，改进设计，节约原材料，降低管理费用，减少研发、推销、广告等方面的开支，等等。企业采用成本领先战略，尽管面对着强大的竞争对手，但仍能在其所处行业中获得高于行业平均水平的收益。

成本领先战略是运用非常普遍的一种战略。采用成本领先战略的优势主要体现在保持领先的竞争地位、增强讨价还价的能力、形成进入障碍、降低替代品的威胁等方面。正因为成本领先战略具有上述明显的优势，因而企业很愿意采用成本领先战略进行竞争。价格战就代表了这样一种倾向。企业实施成本领先战略可以通过以下方式：一是控制成本，即企业对已有的成本支出进行控制。控制成本的重点应放在占整个产品成本比重较大的成本项目上，或与标准成本（计划成本）偏差（超支）较大的成本项目上。二是采用先进设备。企业采用先进的专用设备，可以大幅度提高劳动生产率，但是要求企业具备足够的资金以及获得市场的支持，只有企业生产和销售的产品批量足够大，形成规模效益，才能最终降低产品的单位成本。

虽然采用成本领先战略有较多优势，但是也存在很大的风险。首先，技术的迅速变化可能使过去用于扩大生产规模的投资或大型设备失效；其次，由于实施成本领先战略，高层管理人员可能将注意力过多地集中在成本的控制上，以致忽略了消费者需求的变化；最后，为降低成本而采用的大规模生产技术和设备过于标准化，因而可能会使产品生产缺乏足够的柔性和适应能力。

（二）差异化战略

差异化战略是指企业向顾客提供独具特色的产品或服务的一种战略。由于企业产品或服务独具特色，因而它们可以带来额外的收益。差异化也是企业广泛采用的一种战略。因为每个企业都可以在产品或服务的某些特征上与竞争对手的产品和服务不同，所以企业产品或服务差异化的机会几乎是无限的。差异化战略并不是简单地追求形式上的特点与差异，企业必须了解顾客的需要和选择偏好是什么，并以此作为差异化的基础。企业所能提供的独特性与顾客需要相吻合是取得差异化竞争优势的基础和前提。为了保证差异化有效性的实现，企业必须深入了解顾客的需要和选择偏好，并确定自己所拥有的资源和能力能创造出怎样独特的产品或服务。

实施差异化战略，可以很好地防御行业中的五种竞争力量，获得超过行业平均水平的利润。具体来说，差异化战略的优势主要表现在形成进入障碍、避开行业内竞争者、增强企业对供应者的讨价还价能力、削弱购买者的讨价还价能力、防止替代品的威胁等方面。

在某些条件下，追求差异化的企业也会遇到一定的风险。首先，顾客选择差异化产品或服务，不仅取决于产品或服务的差异化程度，也取决于顾客的相对购买力水平。当经济环境恶化，人们的购买力水平下降时，顾客将把注意力从产品或服务的差异化特色转移到一些实用价值和功能上来；其次，竞争对手的模仿可能会降低产品或服务的差异化程度，从这点来讲，企业能否通过差异化取得竞争优势，在一定程度上取决于其产品或服务是否易于被模仿。

（三）集中化战略

集中化战略是指企业的经营活动集中于某一特定的购买者集团、产品线的某一部分或某一地域上的市场的一种战略。如同差异化战略一样，集中化战略也可呈现多种形式。成本领先战略和差异化战略是在整个行业范围内达到取得竞争优势的目的的，但集中化战略的目的是很好地服务于某一特定的目标，它的关键在于能够比竞争对手提供更为有效或效率更高的服务。因此，企业既可以通过差异化战略来满足某一特定目标的需要，又可以通过低成本战略服务于这个目标。尽管实施集中化战略的企业不寻求在整个行业范围内取得低成本或差异化竞争优势，但它是在较窄的市场目标范围内来取得低成本或差异化竞争优势的。

同其他两种基本竞争战略一样，集中化战略也可以防御行业中的五种竞争力量，使企业获得高于行业平均水平的收益。集中化战略的优势主要表现在：集中化战略便于集中使用企业的各种资源，更好地服务某一特定的目标市场；企业可以更有针对性地调查技术、市场、顾客及竞争对手等方面的情况；战略目标集中明确，战略过程易于控制。考虑到中小企业在规模、资源等方面的特点，集中化战略可以说是对中小企业最适宜的战略。

但集中化战略也有相当大的风险，主要表现在三个方面：第一，由于企业把全部力量和资源都投入到一种产品或服务上或某个特定的市场中，当顾客偏好发生变化、技术出现创新或有新的替代品出现时，就会发现这部分市场对产品或服务的需求下降，企业就会受到很大的冲击；第二，竞争对手有可能会打入企业选定的部分市场，并且采取了优于企业的集中化程度更高的战略；第三，产品销量可能变少，产品需要不断更新，造成生产费用增加，使得采取集中化战略的企业的成本优势得以削弱。

三、职能层战略

职能层战略是在总体战略和经营单位战略的统率下，由企业各个职能部门制定的战略，如市场营销战略、生产战略、研究与开发战略、人力资源战略、财务战略等。职能层战略在整个战略管理过程中起着非常重要的作用，制定职能层战略可使总体战略和经营单位战略具体化，将战略目标和任务落到实处。职能层战略是按不同的专业职能划分的，它包括很多类型，下面简要分析主要的若干职能层战略。

（一）市场营销战略

市场营销战略是指为实施企业总体战略，在综合考虑外部市场机会及内部资源状况等因素的基础上，确定目标市场，选择相应的市场营销策略组合，并在予以有效实施和控制的过程中进入、占领和扩大市场所做出的长远性谋划与方略。市场营销战略是企业重要的职能战略，有效的市场营销战略是企业成功的基础。市场营销战略的基本内容包括市场细分战略、市场选择战略、市场进入战略及市场营销竞争战略。

(二) 生产战略

生产是企业的核心职能，它是将输入（原材料、人力、动力、机器运作）转变为输出（产品或服务）的过程。生产战略是指依据企业总体战略的要求，为适应市场环境变化而对产品的生产模式进行的长远性谋划。生产战略在企业战略中占据重要地位。企业总体战略及企业其他职能战略的实施，必须建立在生产战略正确实施的基础上。生产战略面临下述两个问题：一是企业生产系统的基本性质，以及如何寻求资源输入和产品输出之间的最大平衡；二是短期的设施布局、设备设计和工艺计划。生产战略的具体内容包括产品、设施和设备、采购、计划和控制。

(三) 人力资源战略

人力资源是企业最重要的经营资源，正确地制定和选择人力资源战略，努力开发人力资源，充分发挥各类人才资源的积极作用，是企业长期稳定发展的关键。人力资源战略是指根据企业总体战略的要求，为适应企业生存和发展的需要，对企业人力资源进行开发，提高职工队伍的整体素质，从中发现和培养大批优秀人才而进行的长远性的谋划。人力资源战略主要包括编制人力资源计划、招聘员工、人力资源的开发、员工的使用和考评等内容。

(四) 研究与开发战略

研究与开发战略就是围绕企业战略所确定的产品和市场战略，通过科学的调查与分析而制定的产品开发和工艺开发战略，为企业产品的更新换代、生产效率的提高和生产成本的降低提供科学的基础和技术保证。研究与开发战略的内容涉及市场、技术、产品、生产、组织等多方面，其中主要是技术、产品和生产方面的研究与开发。

(五) 财务战略

企业的财务战略管理贯穿企业全部战略活动的全过程，详尽的财务战略的制定与高效的执行是企业总体战略顺利实施的根本保证。企业财务战略的主要任务，就是根据企业的宗旨确定财务战略的总体目标，根据总体战略、经营单位战略及其他职能层战略的要求，分析企业资金的需求数量，确定融资渠道和融资方法，调整企业内部财务结构，保证企业经营活动对资金的需要，提高资产管理的能力，以最佳的资金利用效果来促进企业战略目标的实现。

四、战略选择

在战略选择的过程中，企业应借助科学的战略评价方法或工具来达到选择理想战略的目的。战略评价方法有很多，这里只介绍常用的市场增长率-市场占有率矩阵法。

该方法首先由波士顿咨询公司（BCG）提出，也称为 BCG 增长率-市场占有率法。该方法主张一个经营单位的相对竞争地位和市场增长率是决定整个经营中每一个经营单位应当奉行什么样的战略的两个基本参数。相对竞争地位以经营单位相对于其主要竞争对手的相对市场占有率来表示，决定了该经营单位获取现金的速度。市场增长率代表对经营单位的市场吸引力的大小，它决定了投资机会的大小。以这两个参数为坐标，可以形成一个具有四个象限（明星类、现金牛类、问题类、瘦狗类）的网格图，如图2-3所示。相对竞争地位和市场增长率这两个参数高低的划分界限并不是绝对的，可根据不同的行业需要，采取不同的划分界限。波士顿咨询公司认为，一个企业的所有经营单位都可以列入任一象限中，并依据它所处的地位采取不同的战略。

对现金牛类的经营单位，应采取维护现有市场占有率、保持经营单位地位的维护战略，或采取收获战略，获得更多的现金收入。对瘦狗类的经营单位，一般采用清算或放弃战略。对问题类的经营单位，一是对其进行必要投资，以扩大市场占有率使其转变为明星类，当市场增长率降低后，明星类就转变为现金牛类；如果认为某些问题类不可能转变成明星类，应采取放弃战略。对明星类的经营单位，需要对其进行必要投资，维护或改进其有利的竞争地位。

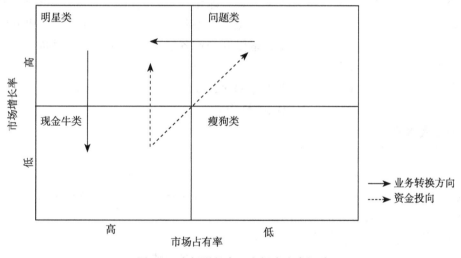

图 2-3　市场增长率-市场占有率矩阵

第四节　战略实施与控制

一、战略实施

（一）战略实施的重要性

所谓战略实施就是执行达到战略目标的战略计划或战略方案，这是将战略付诸实践的过程。企业不仅需要制定战略，还需要将战略有效地付诸实施。

战略实施涉及大量的工作安排、资金和时间。在战略实施过程中，企业中的每一个人，从高层管理者到作业人员都参与战略的实施。即便是处于最佳运作状态中的企业，因为在战略实施中会遇到很多难题，如出现不可控的外部环境因素、出现没有预料到的问题、员工能力不足、信息系统缺乏足够的监测活动等，即便是一个合适的战略，如果不能很好地实施，也会导致整个战略的失败。有效的战略实施不仅可以保证一个合适的战略成功实施，而且可以挽救一个不合适的战略或者减少它对企业造成的损害。

（二）战略实施的过程

将企业战略转化为战略行动的过程一般可分为以下四个相互联系的阶段。

1. 战略发动阶段

在这一阶段，企业领导者要研究如何将企业战略的目标转化成为企业大多数员工的实际行动，调动大多数员工实施新战略的积极性和主动性。领导者向员工灌输新思想、新观念，提出新口号、新概念，以使大多数员工逐步接受这一新战略，充分地认识与理解新战略，直到拥护与支持新战略。只有大多数人理解并支持了新战略，这一战略才能得以实施。

2. 战略实施计划阶段

战略实施计划就是将企业经营战略方案具体化，依据战略方案和战略重点，规定出任务的轻重缓急，进一步明确工作量和期限。不编制具体的实施行动计划，再好的战略也是无法实施的。在制订计划时，要尽量做到企业各层次的管理者都应对企业内部组织进行全面的考察，在企业总体战略的指导下，提出具体实施的项目方案，编制出方案的成本预算，制定执行工作方案的详细工作程序，要求包括所提方案的时间进展、资源条件、经营预算、企业能力等方面的可操作性内容。

3. 战略实施阶段

在战略实施阶段，根据企业经营战略，设计相适应的组织结构，为战略实施提供一个有利的环境；确定企业资源的规划和配置方式；挑选合适的企业高层管理者，使其素质和能力与所执行的战略相匹配；建设良好的企业文化，有利于战略的成功实施；建立控制及激励制度，以及良好的内部沟通体制。

4. 战略执行过程的控制与评价阶段

战略是在变化的环境中实践的，企业只有加强对战略执行过程的控制与评价，适时调整战略计划，才能适应内外部环境与条件的改变，使企业总体战略得以成功实施，实现企业目标。

二、战略控制

（一）控制类型及控制过程

在企业中有三种类型的控制：战略控制、战术控制和作业控制。战略控制涉及与环境的关系、企业基本的战略方向或态势等方面。与此相对照的是，战术控制基本涉及战略计划的实施和执行，作业控制涉及短期的企业活动。

如同战略结构中有公司层战略、业务层战略和职能层战略一样，企业中也存在控制的结构。在公司层战略结构中，控制的重点是使公司内各种各样的活动保持一个整体的平衡，在这一层次，战略控制和战术控制是最重要的控制。在业务层战略结构中，控制的作用主要是维持和改进经营单位的竞争地位，在这一层次，战术控制占主导地位。在各职能部门中，控制的作用是开发和提高以职能为基础的显著优势和能力。由于其时限较短，因此在这一层次上，作业控制和战术控制是最重要的控制。依据控制的这种层次结构，战略管理人员应确保控制的这三个层次能够一体化地融合在一起，并正确地运作，依据不同的管理角度或范围，侧重于不同的控制方式。

无论是哪一种类型的控制，控制的过程基本上都是一样的，即将实际工作成绩与评价标准进行对比，如果二者的偏差没有超出允许的范围，则不需采取任何修正行动；反之，如果实际工作成绩与评价标准的偏差超出了规定的界限，则应找出发生差距的原因，并采取纠正措施，以使实际工作成绩回到标准范围之内。

（二）战略控制过程的三要素

战略控制过程有三个基本要素：确定评价标准、评价工作成绩、反馈。这三个要素对保证有效的控制是必不可少的。

1. 确定评价标准

评价标准是企业工作成绩的规范，它用来确定战略措施或计划是否达到战略目标。一般来说，企业的战略目标是整个企业的评价标准；此外，在较低的组织层次上，个人制定的目标或生产作业计划都应是评价标准。评价标准同战略目标一样，也应当是可定量的，易于衡量的。选择合适的评价标准体系主要取决于企业所确定的战略目标及其战略。

2. 评价工作成绩

评价工作成绩是指将实际成绩与确立的评价标准相比较，找出实际活动成绩与评价标准的差距及其产生的原因。这是发现战略实施过程中是否存在问题和存在什么问题，以及为什么存在这些问题的重要阶段。

在评价工作成绩时，企业不仅将实际成效与评价标准或目标相比较，而且应当将自己的实际工作成绩与竞争对手的相对照。这样的比较使企业更能发现自身的长处或弱点，以采取适当的纠正措施。

3. 反馈

对通过评价工作成绩所发现的问题，必须针对其产生的原因采取纠正措施，这是战略控制的目的所在。如果制定了评价标准，并对工作成绩进行了评价，但并未接着采取恰当的行动，则最初的两步将收效甚微。当然，如果工作成绩评价标准恰好令人满意地得到满足，那么完全可以不采取必要的纠正行动。但如果评价标准没有被满足，管理人员就必须找出偏差的原因并加以纠正。

三、战略变革

由于内外部环境的变化，企业战略状态需要改变。当企业从现在的战略状态转变到预期未来的战略状态，而没有给该企业或其他成员带来额外的损失时，就实现了有效的战略变革。

激发战略变革通常需要三个阶段。首先，企业高层管理者意识到现在的情况已经不能适应企业的发展，必须以全新的做法打破现有模式。在此过程中，企业高层管理者特别要注意采取措施打破过去的企业文化，必须让员工认识到原来的某些思维方式、感知方式以及行为方式已经过时了，最有效的方式是让员工认识到业绩的差距。其次，在转变的过程中，可以通过战略的、结构的变革，文化的变革以及个人的变化，来实现建立起有关企业发展愿景的目标。最后，当变革在企业内得到传播并达到稳定状态时，企业要强化支撑变革的行为，并给予支持和奖励。

在变革的过程中，企业管理者要通过多种方法对员工施加影响，应对抵触情绪，争取合作，主要的方法有教育和沟通、参与和投入、提供便利和支持、协商、操纵拉拢和强制等。在此过程中，企业应注重在稳定中求发展。

有效的战略变革需要积极引导，包括树立危机感、建立领导联盟、制定愿景和战略、沟通变革愿景、广泛授权、计划并夺取短期胜利、巩固成果、深化变革以及将新方法融入文化等。

本章小结

企业战略是企业为适应企业未来环境的变化，对生产经营和持续发展中的重大问题进行的全局性、长远性、纲领性的谋划和决策。战略管理是一个动态、全过程的管理，包括企业使命和战略目标的确定、企业战略环境分析、战略方案的制订与选择、战略的实施与控制等步骤。

战略环境分析包括内部环境分析和外部环境分析。内部环境分析主要是分析企业资源、能力和核心能力。外部环境分析主要是进行宏观环境因素、行业环境因素和竞争环境因素分析。

企业战略分为总体战略、经营单位战略和职能层战略三个层次。企业的总体战略可分为三种：稳定型战略、发展型战略和紧缩型战略。基本竞争战略主要有成本领先战略、差异化战略和集中化战略等。战略实施的过程包括战略发动、战略实施计划、战略实施、战略执行过程的控制与评价等阶段。要保证实际的成果符合预先制定的目标的要求，还需进行战略控制。战略控制过程有三个基本要素：确定评价标准、评价工作成绩、反馈。由于内外部环境的变化，企业需进行战略变革及管理。

关键术语

战略　　战略管理　　战略管理过程　　战略环境　　公司战略　　竞争战略
战略实施　　战略控制

思考题

1. 如何理解企业战略？

2. 企业战略具有哪些特征？包括哪几个层次？
3. 战略管理的过程包括哪些主要环节？
4. 总体战略包括哪几种战略？
5. 分析影响某行业进入障碍的主要因素。
6. 多元化战略具有哪些优势？
7. 基本竞争战略有哪几种？
8. 找出几家国内外著名的公司，从公司层和业务层两个方面分析它们主要采用何种战略。

Chapter3
第三章

企业组织管理

⚠ 教学目标

通过本章的学习,学生应能够对企业组织理论、组织结构、组织设计、组织变革与学习型组织有一定的认识,并能利用企业组织相关理论知识来分析企业的组织结构演化。

⚠ 教学要求

了解组织理论、组织结构的发展,学习型组织的扩展;理解组织的分类、组织结构的定义、组织结构设计原则、组织变革的原因、学习型组织的特征;掌握组织结构的形式、组织结构的设计程序、组织变革模式和学习型组织的创建。

📚 引导案例

老王的烦恼

老王是一家汽车销售分销公司的中层领导,后来他承包了公司的一家分销处——腾达公司。在头几年,新公司主要采取原公司的管理模式与方法。

当新公司规模尚小时,一切都运转顺利,当新公司销售量增加、规模扩大时,先并购了一家汽车出租公司,不久又兼并了一家汽车代理公司。规模的扩张导致老王的工作量增加了,也让他花费了大量的时间和精力。但新公司的运行仍是按照以前的一套,组织结构也没有变化,结果有些事情不能得到很好的解决,有些会议通过的决议也没有得到执行,许多重要的项目被推迟。老王意识到,必须在尽可能短的时间内重新建立起精简高效的组织结构。对于组织的一些概念他也听说过,可是,应该怎样设置部门?管理幅度与层次是怎么回事?有哪些可供选择的组织形式?这些问题弄得老王一头雾水。

第一节 组织概述

一、组织的含义

一般说来,关于组织通常有静态和动态两个方面的含义。

（一）静态上组织是一个实体

组织是按照管理目标和任务的要求，对管理要素和管理环节进行配置和协调的有机载体。也就是说组织是一个由两个或更多的人在相互影响和相互作用的情况下，为达成共同目标而组合起来的人群结合体。如企业、学校、医院等都是一个组织。静态的组织具有三种共同的特征。

1. 具有明确的目的

每个组织都有一个明确的目的，这个目的通常是以一个目标或者一组目标来表达的，它反映了组织所希望达到的状态。

2. 由两名以上人员组成

独自一个人工作是不能构成组织的，组织借助人员来完成工作，这对于实现组织的目标是必不可少的。

3. 具有精细的结构

所有的组织都发展出一些深思熟虑的结构，以便其中的人员能够从事他们的工作，并且不管组织结构安排采用何种类型，它都要求具有某些精细的特征，以便使组织成员的工作关系是明确的。

（二）动态上组织是一系列工作

组织是按照管理目标和任务的要求，对管理要素和管理环节进行配置和协调的活动。也就是说组织是按共同目标的要求，建立组织结构，确定职位，明确职责，交流信息，协调关系，在实现既定目标中获得最大效率的组合工作。

本书中的组织主要指的是静态的组织，动态意义上的组织将用组织工作或者组织设计来表述。

二、组织的构成要素

组织作为一个具有活力、能动的有机整体，是由一些基本的要素构成的，这些要素可以分为有形要素和无形要素两种。

（一）构成组织的有形要素

1. 人员

人员是组织构成的核心要素。组织是靠人来推动的，也是为了满足人的需要而成立和发展的，离开了人，就谈不上组织。

2. 职务

组织中的人员必须从事一定的工作，承担一定的义务。需要的工作没人做或者人浮于事，都会降低组织效率。人员从事的工作和承担的义务必须是实现组织目标所必需的。

3. 职位

同一种工作或业务由一个人不能完成的，就需要设置多个从事相同工作或业务的岗位，即职位。

4. 关系

担任不同职务、职位的人员存在必然的联系，即相互关系。组织成员之间的关系主要是责权利关系。当一个组织达到一定规模后，人员之间的责权利关系日趋复杂，就要求划分部门、建立制度，以此来规范人们的行为，处理多种关系。

5. 必要的资金和物质条件

工作场所、工具、资料、灯光、机器设备、资金等，是组织工作人员顺利完成工作任务的物质保证。

（二）构成组织的无形要素

1. 共同目标

共同目标是组织的最基本要素。组织作为一个整体，要有共同的目标，才能统一指挥、统一意志、统一行动。这种共同目标不仅要得到组织各个成员的理解，而且必须为各个成员所接受。

2. 协作意愿

协作意愿是指组织成员愿意互相合作，为实现共同目标而做出贡献的意志品质。没有协作的意愿，就无法把各个成员的努力统一起来，也无法使个人的努力持续下去，共同目标再好也只能是纸上谈兵。成员协作意愿的强度主要取决于组织成员对于自己在协作中所做的贡献与所得到的报偿之间的比较，如果其贡献得到报偿，则激发其继续做出贡献的热情，反之则趋于消极，甚至使协作意愿消失，导致组织关系失衡。

3. 信息沟通

信息沟通是组织存在和发展的一个重要因素。组织的共同目标和个人的协作意愿只有通过信息沟通将两者联系和统一起来才具有意义和效果。信息沟通是组织成员理解共同目标、相互沟通、协同工作的条件。有组织目标而缺少沟通，将无法统一和协调组织成员为实现组织目标所采取的合理行动。因此，信息沟通是组织内一切活动的基础。

三、组织的分类

组织是以各种各样的形式存在的，不同类型的组织，其功能和特性也不同。要深入了解组织及其发展的规律，有效地对组织进行科学分类是十分必要的。但划分组织类型的标准很多，面对社会生活中复杂多样的社会组织，人们可以从不同角度对它进行分类。

（一）按组织的性质分类

按组织的性质，组织可以分为经济组织、政治组织、文化组织、群众组织和宗教组织。

（二）按组织的规模程度分类

按组织的规模程度，组织可分为小型组织、中型组织和大型组织。比如，同是企业组织，就有小型企业、中型企业和大型企业。

（三）按组织的范围分类

当今经济全球化的出现，导致许多组织的规模都受到了影响，研究者的视野进一步拓宽，将全球化时代的组织划分为国内组织、国际组织、跨国组织和全球组织。

（四）按组织目标与受益关系分类

按组织目标和受益关系，组织可分为营利组织和非营利组织。营利组织是指通过销售产品或提供服务为组织所有者带来利润的企业组织，如海尔公司、联想公司等；非营利组织是指不以营利为目的的组织，如环保局、大学等。

（五）按组织的形成方式分类

在以往的组织理论研究中，西方普遍盛行的组织分类思想是按组织内部是否有正式分工关系将组织分为正式组织和非正式组织。

（1）正式组织。马克斯·韦伯提出正式组织是按照科层制建立起来的。科层制就是按组织的不同职能划分成各科，再按权力大小分层，确定上下级关系。即如果一个社会组织内部存在正式的组织任务分工、组织人员分工和组织制度，那么它就属于正式组织，如政府机关、军队、学校、工商企业等。他认为这样的组织系统才是最符合理性原则的、效率最高的，在精确性、稳定性、纪律性和可靠性等方面都是很好的。

（2）非正式组织。非正式组织最早出现在美国著名人际关系学家埃尔顿·梅奥等人做的霍桑试验中，但首次从理论上给予概括的是美国管理学家切斯特·巴纳德。后来的研究者又对其不断完善，最终将非正式组织概括为：非正式组织是组织内若干成员由于生活接触、感情交流、情趣相近、利害一致，未经人为的设计而产生的交互行为和共同意识，并由此形成自然的人际关系。非正式组织可以是一个独立的团体，比如学术沙龙、文化沙龙、业余俱乐部等，也可以是一种存在于正式组织之中的无名而有实的团体。

非正式组织的优点主要有：第一，有助于加强组织的信息沟通；第二，有助于增强工作满意感；第三，有助于增强组织的凝聚力，减少离职率；第四，有助于制造良好的舆论环境，提高士气；第五，有助于及时解决成员的困难，增强组织成员对组织的安全感。当非正式组织与正式组织的目标和利益一致时，非正式组织就能成为正式组织的辅助力量，对组织起到一定的积极作用。

但当非正式组织与正式组织在组织目标、利益等方面发生冲突时，非正式组织将会成为正式组织的异己力量，阻碍正式组织的正常运行，影响组织目标的实现，产生消极作用。具体表现在：第一，对领导产生抵触情绪；第二，影响工作效率；第三，抵制变革；第四，传播谣言。

在企业组织管理中，管理者应注意利用非正式组织的优点，抑制其消极的因素，主要体现在以下四个方面：①利用非正式组织的积极因素为实现组织的总体目标服务。②对不同类型的非正式组织采取不同的策略，如支持和保护积极型非正式组织，信任中间型的非正式组织，积极引导消极型非正式组织，坚决取缔破坏型非正式组织。③做好非正式组织的核心人物的工作。④加强正式组织的力量，削弱非正式组织的影响。

四、组织理论

组织理论的发展，大致经历了传统组织理论、行为组织理论和现代组织理论三个发展阶段。

（一）传统组织理论

传统组织理论是 19 世纪末到 20 世纪初形成的，其代表人物有泰勒、韦伯、法约尔、古利克等。该理论主要的依据和原则是：分工原则、专业化原则、统一指挥原则、控制幅度原则。

传统组织理论的基本内容包括：①认为权力是绝对的，把绝对权力看作是推动组织发展的动力，认为行使权力是为了工作需要，其方法是强迫他人绝对服从。②认为决策权必须高度集中。组织的决策权高度集中于最高领导者的手中，只有他才有发布命令的权力，下属成员只能绝对服从和执行。③宝塔式的组织结构，教条式的监督。因为传统组织理论把权力看作是绝对的，必须由最高领导者掌握决策权，所以就要建立相应的宝塔式的组织结构。④组织的普通成员只能被各级管理者所支配，好像机器上的一个零件，根据需要服从指挥，消极被动地进行工作。

这一理论的中心思想是强调工作效率，以工作需要为中心，以努力完成任务为唯一目标，主要依靠权力来维系组织成员之间的相互关系。其不足之处在于它没有考虑人的心理需要，将人看成"机器人"，没有考虑组织外部的环境、竞争、市场等状况，把组织看成是一个封闭的系统。

（二）行为组织理论

行为组织理论是 20 世纪 30～60 年代形成的，其代表人物是梅奥、麦格雷戈。该理论是以人为中心的一种组织理论，强调人际关系和信息沟通。其主要原则和依据是：发挥人的主观作用；人员录用和组织安排时，考虑人的需要和特点；重视和发挥非正式组织的作用；以信息沟通代替指挥监督。

行为组织理论的要点如下：①认为人是组织的主宰，尽量满足人的需要，发挥人的主导作用。②根据人的兴趣、爱好分配工作，因事择人，量才而用。③根据人的需求和特点设置组织单位和组织层次。④重视非正式组织的作用，充分发挥人的主动性和创造性。⑤要求组织内部的领导者与下属成员建立比较融洽的关系。

这一理论强调人的因素，重视发挥人的作用，其不足之处在于过分强调搞好人际关系、满足人们的社会心理需要、满足人们的工作丰富化和扩大化的需要，从而降低了专业优越性的发挥，使工作效率受到一定的影响。

（三）现代组织理论

现代组织理论是 20 世纪 60 年代以来逐步发展起来的，其代表人物有巴纳德、西蒙和明茨伯格等。该理论是在传统组织理论和行为组织理论的基础上，为了适应各种情况的巨大变化而发展起来的系统权变性组织理论。其中，巴纳德用人与人相互合作的系统观念来解释组织，提出了激励的新观点，认为经济收入不是唯一要素，提出应注意信息交流和"权威接受论"等观点。西蒙则认为组织是为了实现共同目标而协作的人群活动系统，管理就是决策。

现代组织理论的要点是：①领导人的首要作用在于塑造和管理好组织中的有共同价值观的人，强调个人的独创精神和组织的战略。②对人的基本需求的看法是人们需要生活得有意义，人们需要对自己有一定的节制。③把组织中的人的行为作为分析的对象，而不是把组织的表面结构作为分析对象。④把决策作为主要认识对象，而不是把操作作为主要认识对象。⑤领导不应建立在权力的基础上，而应建立在领导与被领导相互影响的基础上。⑥注重信息沟通。

现代组织理论从更深层次上研究组织，比传统组织理论和行为组织理论更加全面和系统。

第二节　企业组织结构

一、组织结构的定义

组织结构就是组织内部各要素发生相互作用的联系方式或形式，或者说是组织中划分、组合和协调员工活动和任务的框架。组织结构体现了组织各部分的排列顺序、空间位置、聚集状态、联系方式和相互关系。组织结构是组织生存和发展的根本依据，管理的组织职能就是建立、维护并不断改进组织结构的过程。

组织结构有三个核心内容，即组织结构的复杂性、规范性和集权与分权。

组织结构的复杂性是指组织内部各要素之间的差异性，包括组织内部专业化分工程度，横向与纵向的管理幅度与管理层次数，以及组织内部人员及各部分的地理分布情况等。一个组织劳动分工越细，纵向等级层次越多，组织各部分的地理分布越广泛，则组织协调员工及其活动就越困难。

组织结构的规范性是指组织内部行为规范化的程度，包括组织内部员工的行为准则、规章制度、工作程序以及标准化程度等。一个组织使用的规章制度越多，标准化程度越高，则组织结构就越具有规范性。

组织结构的集权与分权是指组织内决策权的分布状态，主要是指集权与分权的问题。集权意味着决策权主要集中在组织的高层，分权则意味着决策权分散在组织结构的各管理层次。

组织结构的这三点内容决定着组织结构的外在表现形式，即组织结构的形式。

二、企业组织结构的形式

（一）直线制组织结构

直线制组织结构是一种最早也是最简单的组织结构形式。直线制组织结构的特点是管理的一切职能基本上完全由行政领导者自己执行，各种职位均按直线排列，一个下属只接受一个上级领导者的指令。直线制组织结构如图3-1所示。

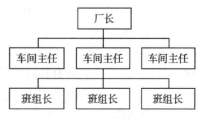

图3-1　直线制组织结构

直线制组织结构的优点是：结构简单，权力集中，指挥统一，决策迅速，工作效率高，责任明确。

直线制组织结构的缺点是：要求主管负责人通晓多种专业知识及技能，能够亲自处理各种事务。在组织规模扩大、业务复杂、技术要求高的情况下，这种结构就不适用了。

因此，直线制组织结构只适用于规模较小、生产技术比较简单的企业。

（二）职能制组织结构

在组织内除了直线主管外还相应地设立一些职能机构，这些职能机构有权在自己的业务范围内，向下级单位下达命令和指示，因此，下级直线主管除了接受上级直线主管的领导外，还要接受上级各级职能机构的领导和指令。职能制组织结构如图 3-2 所示。

职能制组织结构的优点是：能够适应现代组织技术比较复杂和管理分工精细的特点，能够发挥职能机构的专业管理作用，减轻上层主管人员的负担。

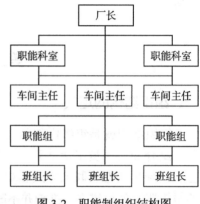

图 3-2　职能制组织结构图

职能制组织结构的缺点是：它妨碍了组织必要的集中领导和统一指挥，造成多头领导，不利于明确划分直线人员和职能科室的职责权限，容易造成管理的混乱。

由于职能制组织结构具有明显的缺陷，现代企业一般都不采用职能制组织结构。

（三）直线－职能制组织结构

直线－职能制组织结构形式是在"直线制"和"职能制"的基础上，取长补短而建立起来的一种组织结构形式，是目前广泛采用的组织结构形式。这种组织结构形式把企业管理机构和人员分成两套系统：一套是按命令统一原则组织的指挥系统，在职权范围内行使决定权和所属下级的指挥权，并对自己部门的工作负全部责任；另一套是按专业化原则组织的智能系统，是直接人员的参谋，只能对下级进行专业指导，不能进行直线指挥和命令。直线－职能制组织结构如图 3-3 所示。

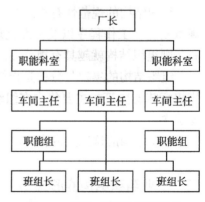

图 3-3　直线－职能制组织结构

直线－职能制组织结构的优点是：既保证了企业管理体系的集中统一，又可以在各级行政领导者的领导下，充分发挥各专业管理机构的作用，职责分明，工作效率高，工作秩序井井有条，整个企业有较高的稳定性。

直线－职能制组织结构的缺点是：各职能参谋部门和直线指挥部门之间易产生矛盾，职能部门的许多工作要直接向上层领导报告请示才能处理，使其主动性和积极性不易发挥；各职能部门之间互通情报少，因此协作和配合性较差；难以从企业内部培养全面型管理人员。

直线－职能制组织结构在我国企业中是采用得比较多的组织结构形式。

（四）事业部制组织结构

事业部制最早是由美国通用汽车公司总裁斯隆于1924年提出的。它是一种"集中政策、分散经营"的形式，是一种高度集权下的分权管理体制。企业组织按照产品类别、地区或经营部门分别成立若干事业部。

事业部必须具备三个要素：①具有独立的产品和市场，是产品责任或市场责任单位。②只有独立的利益，实行独立核算，是一个利益责任单位。③是一个分权单位，具有足够的权力，能自主经营。也就是说，事业部的经营活动在不违背公司的总目标、总方针的前提下独立经营、独立核算、自负盈亏。企业的最高管理层是企业的最高决策管理机构，集中力量来研究和制定公司的总目标、总方针、总计划以及各项政策。事业部制组织结构如图3-4所示。

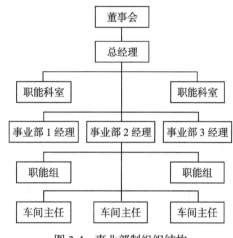

图3-4 事业部制组织结构

事业部制组织结构的优点是：①有利于总公司最高领导层集中精力搞好经营决策和长远规划，并使各个事业部发挥经营管理的主动性，增强各事业部领导者的责任心。②使各事业部组成一个相对独立的经营管理系统，增强了企业的经营灵活性和市场适应性。③是培养全面管理型人才特别是高层管理人才的最好的组织方式之一。

事业部制组织结构的缺点是：①对事业部一级的管理人员水平要求高。每个事业部相当于一个单独的企业，事业部经理要全面熟悉业务和全面掌握管理知识才能胜任。②横向联系差，事业部实行独立核算，各事业部只考虑自身的利益，影响了事业部之间的协作。③职能机构重复设置，管理人员相应增加，导致企业各类人员的比例不合理。④事业部领导权力下放过大，容易产生本位主义。

事业部制组织结构一般适用于规模庞大、品种繁多、技术复杂和市场广阔多变的大型企业，通常是较大的联合公司或大型企业集团采用这种组织结构形式。

（五）模拟分权制组织结构

模拟分权制组织结构形式是一种介于直线－职能制和事业部制之间的组织结构形式。有许多大企业，比如，连续生产的化工企业由于产品品种或生产过程根本无法分解成几个独立的事业部门，然而企业的规模又是如此之大，以至于高层管理人员感到采用其他组织形态都无法管理，这时就出现了模拟分权制的组织结构。模拟分权制组织结构如图3-5所示。

所谓模拟，就是模拟事业部制的独立经营、单独核算，而不是真正的事业部，实际分工是一个个"生产单位"。这些生产单位有自己的管理层，享有尽可能大的自主权；有自己的利润指标，这种指标是按整个企业的内部价格确定的，而不是来源于市场，各个生产单位在生产上具有连续性，一个生产单位出现问题，可能导致其他生产单位的生产中断，很难将它们截然分开。以连续生产的石油化工业为例，甲生产单位生产出来的"产品"直接就成为乙生产单位的原料，这当中不能停顿。因此，它们都没有自己独立的外部市场，它们之间的经济核算依据的是企业内部的价值，而不是市场价格。这也是模拟分权制与事业部制的差别所在。

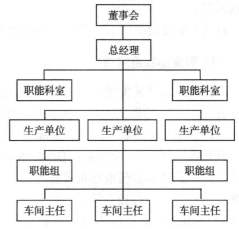

图3-5　模拟分权制组织结构

模拟分权制组织结构的优点是：调动了生产单位的积极性；解决了企业规模过大不易管理的问题，因为高层管理人员将部分权力分给生产单位，减少了自己的行政事务，从而把精力集中到战略层面上来，使管理更加有效。

模拟分权制组织结构的缺点是：不易为模拟的生产单位明确任务，造成考核上的困难；各生产单位领导者不易了解企业的全貌；信息沟通和决策方面也存在缺陷。

尽管模拟分权制结构有一定的缺陷，但对于大型材料企业，如玻璃、造纸、钢铁、化工等企业解决组织结构问题，是最有效的形式。

（六）矩阵制组织结构

矩阵制组织是为了完成某一特别任务，由有关职能部门派人参加，力图做到条块结合、协调各部门活动，以保证完成任务。而对于参加项目的有关人员，一般要接受两方面的领导，即在执行日常工作任务时，接受本部门的垂直领导；在执行具体规划任务时，接受项目负责人的领导。所以该组织形式是由纵横两套管理系统组成的。一套是纵向的职能系统，是在职能部门经理领导下的各职能或技术科室；另一套是为完成各项任务而组成的横向项目系统，一般是产品、工程项目或服务项目组成的专门项目小组或委员会，并设立项目小组经理，全面负责项目方案的综合工作。矩阵制组织结构如图3-6所示。

矩阵制组织结构的优点是：①加强了管理部门之间的纵向和横向联系，有利于各职能部门之间的配合，即沟通信

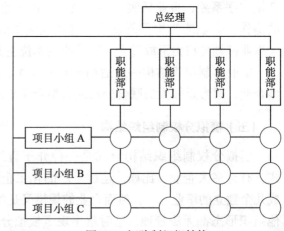

图3-6　矩阵制组织结构

息，共同决策，提高了工作效率。②把不同部门的专业管理人员组织在一起有助于激发人们的积极性和创造性，使专业人员发挥自己的工作能力，提高了技术水平和管理水平。③把完成某项任务所需的各种专业知识和经验集中起来，加速完成某一特定项目，从而提高管理组织的机动性和灵活性。

矩阵制组织结构的缺点是：①由于这种组织形式实行纵向、横向双重领导，如果处理不当，就会由于意见分歧而造成工作中的扯皮现象和矛盾。②组织关系比较复杂，对项目负责人的要求较高。③由于项目完成后，项目小组即告解散，人员仍回到原单位，因此易产生临时观念，会导致人心不稳。

这种组织结构非常适用于横向协作和攻关项目，企业可用来完成涉及面广的、临时性的、复杂的重大工程项目或管理改革任务。

三、组织结构的发展趋势

进入 20 世纪 80 年代以来，在全球化、市场化和信息化三大时代大潮的背景下，组织环境一方面呈现复杂多变的发展趋势，另一方面又为组织应付这种趋势提供了一定的技术工具。组织结构总的发展趋势表现出非层级制的趋势，具体表现为扁平化、柔性化、分立化和网络化四个基本趋势。

（一）组织结构的扁平化趋势

经过长期的演变过程，企业逐渐形成了一套等级森严的层级管理组织体系，层级层次越来越多，信息梳理和传递要经过若干环节，导致整个组织对外部环境变化的反应迟钝，而且内部管理难度大，工作效率低。20 世纪 80 年代以来，美国不少企业开始对这种传统模式进行大胆的改革，减少管理层次，扩大管理幅度，组织结构呈现扁平化的发展趋势。20 世纪 90 年代初期，西方国家出现了一场声势浩大的"企业再造"运动，核心思想是使原来的金字塔式组织结构扁平化。

组织结构的扁平化是为了应对组织环境日益复杂多变所提出的挑战。它的顺畅运作需要具备两个重要条件：一是现代信息处理和传输技术的巨大进步，能够对大量复杂信息进行快捷而及时的处理和传输，致使多数中间组织如经纪人、批发商失去存在的必要，以致某些零售商的作用逐步弱化，生产者与消费者之间的鸿沟缩小，界限模糊，它们可以直接联系和接触，相互掌握对方的信息。二是组织成员的独立工作能力大大提高，管理者向员工大量授权，组建各种团队，员工承担较大的责任，普通员工与管理者、下级管理者和上级管理者之间的关系由传统的被动执行者和发号施令者的关系转变为一种新型的团队成员之间的关系。

（二）组织结构的柔性化趋势

组织结构柔性化的目的是一个让组织的资源得到充分利用，增强组织对环境动态变化的适应能力。

组织结构的柔性化表现为集权化和分权化的统一。为了避免过分分权所带来的消极影响，柔性化组织结构在进行分权的同时，要求进行必要的集中。集权就是最高管理层确定整个组织的战略发展方向，规定上级和下级之间的权限关系，分权则是中下级管理部门和一线生产经营人员具有处理一些突发性事件的权力。集权和分权统一的关键是上级和下级之间通过一些直接和间接的交流渠道，及时进行信息的沟通，适当地调整权限结构，保证组织的战略发展目标和组织的各项具体活动之间形成有机的联结关系。

组织结构的柔性化还表现为稳定性和变革性的统一。为适应组织结构不断变革的需要，组织结构分为两个组成部分：一部分是为了完成组织的一些经常性任务而建立的组织结构，这部分组织结构比较稳定，是组织结构的基本组成部分；另一部分是为了完成一些临时性任务而建立的组织结构，是组织结构的补充部分，如各种项目小组等。

柔性化的典型组织形式是临时团队、工作团队、项目小组等。

（三）组织结构的分立化趋势

分立化，是指从一个大公司里再分离出几个小的公司，把公司总部与下属单位之间的内部性的上下级关系变为外部性的公司与公司之间的关系。这种分立化与那种划小经营单位的方式相比，最大的区别是分立化是以一种市场平等关系来联结公司总部与所属各个分公司和子公司之间的关系，而划小经营单位仍然是以一种企业内部的层级关系进行管理；分立化是在产权关系上进行的改革，公司总部对分离出的各个子公司和分公司通过股权渗透进行控制，而划小经营单位是在管理权限上的调整，公司总部对划小的各个经营单位通过一系列的内部行政管理手段进行控制；通过分立化所形成的各个分公司和子公司是独立的法人实体，拥有完全的独立经营地位，而通过划小经营单位所形成的各个基层经营单位并不是一个独立的法人，不具有完全的独立经营地位。

分立化分为两种方式：一种方式是横向分立，按照产品的不同种类进行分立。企业将一些有发展前途的产品分离出来，成立独立的公司，选派有技术、懂管理的人去经营。通过横向分立可以最大限度地提高单个产品经营单位的自主权，在一个又一个单位产品市场上形成自己的优势地位。另一种方式是纵向分立，按照同一产品的不同生产阶段进行分立。纵向分立是对同一类别产品进行上下游的分离，通过纵向分立可以进一步集中企业的力量，提高企业的专业化生产经营水平。

（四）组织结构的网络化趋势

随着市场竞争的日趋激烈，越来越多的大公司认识到，庞大的规模和臃肿的机构设置不利于企业竞争力的提高。因此，许多大公司在大量裁员、精简机构和缩小经营范围的基础上，对企业的组织结构进行重新构造，突破层级制组织类型的纵向一体化的特点，组建了由小型、自主和创新的经营单元构成的，以横向一体化为特征的网络制组织形式。

企业组织结构的网络化具有两个根本特点：①用特殊的市场手段代替行政手段来联结各个经营单位之间及其与公司总部之间的关系，如各种企业集团和经济联合体以网络制的形式把若干命运息息相关的企业紧密联结在一起。层级制组织形式的基本单元是在一定指挥链条上的层级，而网络制组织形式的基本单元是独立的经营单位，因此，这种特殊的市场关系与一般的市场关系不同，一般的市场关系是一种并不稳定的单一的商品买卖关系，而网络制组织结构中的市场关系则是一种以资本投放为基础的包含产权转移、人员流动和较为稳定的商品买卖关系在内的全方位的市场关系。②在组织结构网络化的基础上形成了强大的虚拟功能。传统企业组织形式是高度实体化的。传统的企业管理是对实体企业的管理，这种管理要负责企业的各种实物的保存和管理。而现如今，经济活动的数字化、网络化，一方面使空间变小，世界成为"地球村"，另一方面又使空间扩大，除物理空间外，还有媒体空间的存在，虚拟企业应运而生，比如虚拟商店、虚拟书店、虚拟银行等。处于网络制组织中的每一个独立的经营实体，都能以各种方式借用外部的资源进行重新组合。也就是说，通过虚拟，企业可以获得诸如设计、生产和营销等具体的功能，但并不一定是与上述功能相对应的实体组织，它是通过外部的资源和力量去实现上述具体功能的。

第三节　企业组织设计

企业组织设计是在企业目标已经确定的情况下，将实现目标所必须进行的各项业务活动加以分类组合，并根据管理幅度原则，划分出不同的管理层次和部门，将控制各类活动所必需的职权授予各层次、各部门的主管人员，以及规定这些层次和部门间的相互配合关系。

一、企业组织设计原则

（一）组织结构服从战略原则

组织从其诞生开始，就是为实现目标服务的，而组织的目标又是受企业所处的环境的影响，企业往往采用针对性的战略适应和影响环境。因此，在进行组织的设计或变革时应坚持"组织结构服从战略"的原则。正如组织理论的权变学派所指出的，组织是有机的，而且对任一特定的企业来说，组织都是独特的。组织结构是一种手段，通过它来达到一个组织的目标，如果要使组织结构有效和健全，我们必须从组织的目标、战略开始设计组织结构。我们所要设计的组织实际上是一种"目标导向"型组织。

（二）组织适应环境原则

（1）组织适应环境。组织创新设计的首要目标是提高组织的环境适应能力，在不断变化的环境中求得生存和发展。

（2）组织成员适应环境。组织创新设计不仅要求组织适应环境变化，而且要求组织成员也要适应环境的变化，因为组织中的人是决定组织发展的重要因素。在组织中，组织成员应能够随着环境的变化更新自己的观念、态度及行为方式，这是组织创新设计所试图达到的目的。

（三）分工与协作原则

分工与协作是社会化大生产的客观要求。因此，在组织设计中要坚持分工与协作的原则，即做到分工要合理、协作要明确。

在分工中要强调：①必须尽可能按专业化的要求来设置组织结构；②工作上要有严格分工，每个员工在从事专业化工作时，应力争达到较熟悉的要求；③要注意分工的经济效益。

在协作中要强调：①明确各部门之间的相互关系，找出容易发生矛盾之处，加以协调。协调搞不好，分工再合理也不会获得整体的最佳效益。②对于协调中的各项关系，应逐步走上规范化、程序化，应有具体可行的协调配合方法以及违反规范后的惩罚措施。

（四）统一指挥、分级管理原则

统一指挥原则，是指命令的统一、指挥的统一和垂直性系统。贯彻统一指挥原则，必须遵守以下四点要求：①从最上层到最基层，这个等级链不能中断。②任何下级只能有一个上级领导，不允许多头领导。③不允许越级指挥。④职能机构是参谋，只有提出建议之权，无权过问该组织的上级指挥下属的工作。

统一指挥原则规定不能越级指挥，这意味着必须实行分级管理。分级之后就要正确处理上下级之间的关系，即集权和分权的关系。

（五）管理幅度和管理层次相结合原则

正确处理管理幅度与管理层次的关系，涉及如下因素：

（1）工作能力的强弱。撇开领导者的工作能力，若下级工作能力强，经验丰富，则上级处理上下级关系所需的时间和次数就会减少，这样就可扩大管理面。反之，如果上级委派的任务下级不能胜任，则上级指导和监督下级的工作所花的时间无疑要增加，这时管理面势必要缩小。

（2）信息交流的方式和难易程度。信息交流的方式和难易程度也会影响到管理幅度。在管理活动中，如果上下级能及时交流意见，左右关系能协调配合，就有利于扩大管理面。

（3）检查手段的快慢。如果任务目标明确，职责和职权范围划分清楚，工作标准具体，上级能通过检查手段迅速地控制各部门的活动和客观、准确地测定其成果，则管理面可适当扩大；反之，则管理面要缩小。

除上述因素外还有各级管理者的素质、管理活动的复杂性和相似性、新问题的发生率、管理业务的标准化程度、机构在空间上的分散程度等都会影响管理幅度和管理层次。

（六）集权和分权相结合原则

集权就是把权力相对集中于组织最高层领导，使其统管所属单位和人员的活动。分权与集权恰好相反，它使领导的直接控制面扩大，减少了从最高层到基层的管理层次，使最高层与基层之间的信息沟通较为直接。集权与分权的关系是辩证的统一，一般是通过统一领导、分级管理表现出来的。集权的程度，应以不妨碍基层人员积极性的发挥为限；分权的程度，应以上级不失去对下级的有效控制为限。集权与分权是相对的，不是一成不变的，应根据不同情况和需要加以调整。从当今国内外组织管理的实际情况来看，侧重于分权管理是组织发展的主要趋势。

（七）权责对等和才职相称原则

权责对等原则也就是权责一致原则。权力总是与职位相联系的，因此，习惯上也称职权。职权就是人们在一定职位上拥有的权力,主要是指决策或执行任务时的决定权。

责任就是在接受职位、职务时所应尽的义务,它也是同职位、职务联系在一起的,所以也称职责。职责就是在一定职位上完成任务的责任。有多大权力就必须承担多大责任,职权与职责相对应,这是理所当然的。权责对等虽然很难从数量上画等号,但从逻辑上来说,这是必然的结果。

才职相称原则,亦称因职设人原则,即什么样的职务应安排什么样的人去担任,做到才职相称,人尽其才,才得其用,用得其所,各尽所能。才职相称原则,既是组织设计原则之一,也属领导者用人原则之列。

二、企业组织设计的内容

企业组织设计的内容包括两个方面:组织结构设计和运行制度设计。

(一) 组织结构设计

组织结构设计是组织结构本身的设计,主要包括以下三个方面的设计。

(1) 职能的设计。企业从事生产、经营都应设置其具体职能,这是一项最基本的工作。

(2) 框架设计。这是结构设计的最主要部分,可分为:纵向的、垂直面的设计,如企业管理层次的设计;横向的、水平面的设计,如部门的设计,包括各层次各部门的设计,形成企业管理的框架。

(3) 协调方式的设计。管理系统是一个整体,要实现整个管理系统的功能,需要横向联系、横向协调,否则就是一盘散沙,要从管理的整体目标出发,将这些部门的工作联系起来。

(二) 运行制度设计

运行制度设计包括以下三方面的设计。

(1) 管理规范的设计。通俗来讲,叫作规章制度的设计,管理工作的进行要有规章制度来规范。

(2) 人员配备和人员培训的设计。按照机构的要求,定量、定职地配备人员,而且要经过培训,达到素质要求。

(3) 激励制度的设计。用以调动人们工作的积极性,它包括工资制度及奖惩、考评制度等的设计。

三、企业组织设计的程序

组织设计是一个动态的工作过程,包含了众多的工作内容。科学地进行组织设计,要根据组织设计的内在规律性有步骤地进行,才能取得良好的效果。组织设计的程序一般如下:

(1) 设计原则的确定。根据企业的目标和特点,确定组织设计的方针、原则和主要参数。

（2）职能分析和设计。确定管理职能及其结构，层层分解到各项管理业务和工作中，进行管理业务的总设计。

（3）结构框架的设计。设计各个管理层次、部门、岗位及其责任、权力，具体表现为确定企业的组织系统图。

（4）联系方式的设计。进行控制、信息交流、综合、协调等方式和制度的设计。

（5）管理规范的设计。主要设计管理工作程序、管理工作标准和管理工作方法，作为管理人员的行为规范。

（6）人员配备和培训。根据结构设计，定质、定量地配备各级管理人员并进行培训。

（7）运行制度的设计。设计管理部门和人员绩效考核制度，设计精神鼓励和工资奖励制度，设计管理人员培训制度。

（8）反馈和修正。将运行过程中的信息反馈回去，定期或不定期地对上述各项设计进行必要的修正。

第四节　企业组织变革

一、企业组织变革的概念

企业内外部环境的变化，企业资源的不断整合与变动，都给企业带来了机遇与挑战，这就要求企业关注组织变革。

企业组织变革是指运用行为科学和相关管理方法，对企业组织的权力结构、组织规模、沟通渠道、角色设定、组织与其他组织之间的关系，以及对组织成员的观念、态度、行为和成员之间的合作精神等进行有目的的、系统的调整和革新，以适应组织所处的内外部环境、技术特征和组织任务等方面的变化，提高组织效能。

二、企业组织变革的原因

一般来说，企业组织变革的原因在于以下三点。

1. 企业经营环境的变化

企业经营环境的变化包括国民经济增长速度的变化、产业结构的调整、政府经济政策的调整、科学技术的发展引起产品和工艺的变革等。企业组织结构是实现企业战略目标的手段，企业外部环境的变化必然要求企业组织结构做出适应性的调整。

2. 企业内部条件的变化

企业内部条件的变化主要包括：

（1）技术条件的变化，如企业实行技术改造，引进新的设备要求技术服务部门的加强，以及技术、生产、营销等部门的调整。

（2）人员条件的变化，如人员结构和人员素质的提高等。

（3）管理条件的变化，如实行计算机辅助管理，实行优化组合等。

3. 企业本身成长的要求

企业处于不同的生命周期时对组织结构的要求也各不相同，如小型企业成长为中型或大型企业，单一品种企业成长为多品种企业，单厂企业成长为企业集团等。

三、组织变革的程序

弗里蒙特·E.卡斯特（Fremont E. Kast）提出了组织变革过程的六个步骤：
（1）审视状态：对组织内外部环境现状进行回顾、反省、评价、研究；
（2）觉察问题：识别组织中存在的问题，确定组织变革需要；
（3）辨明差距：找出现状与所希望的状态之间的差距，分析所存在的问题；
（4）设计方法：提出和评定多种备择方法，经过讨论和绩效测量做出选择；
（5）实行变革：根据所选方法及行动方案实施变革行动；
（6）反馈效果：评价效果，实行反馈，若有问题，再次循环此过程。

四、企业组织变革模式

对于企业组织变革的必要性，有这样一种流行的认识：企业要么实施变革，要么就会灭亡。然而事实并不总是如此，有些企业进行了变革，反而加快了灭亡。这就涉及组织变革模式的选择问题。这里将比较两种典型的组织变革模式：激进式变革和渐进式变革。激进式变革力求在短时间内，对企业组织进行大幅度的全面调整，以求彻底打破初态组织模式并迅速建立目的态组织模式。渐进式变革则是通过对组织进行小幅度的局部调整，力求通过一个渐进的过程，实现初态组织模式向目的态组织模式的转变。

1. 激进式变革

激进式变革能够以较快的速度达到目的态，因为这种变革模式对组织进行的调整是大幅度的、全面的，可谓是超调量大，所以变革过程就会较快；与此同时，超调量大会导致组织的平稳性差，严重的时候会导致组织崩溃。这就是许多企业的组织变革反而加速了企业灭亡的原因。

激进式变革的一个典型实践是"全员下岗、竞争上岗"。改革开放以来，为了适应市场经济的要求，许多国内企业进行了大量的管理创新和组织创新。"全员下岗、竞争上岗"的实践即是其中之一。为了克服组织僵化、保守的弊端，一些企业在组织实践中采取全员下岗，继而再竞争上岗的变革方式。这种方式有些极端，但其中体现了深刻的系统思维。稳定性对于企业组织至关重要，但是当企业由于领导者的超前意识差、员工安于现状而陷于超稳定结构时，企业组织将趋于僵化、保守，会影响企业组织的发展。此时，小扰动不足以打破初态的稳定性，也就很难达到目的态。只有通过全员下岗，粉碎长期形成的关系网和利益格局，摆脱原有的吸引子，才能彻底打破初态的稳定性。然后再通过竞争上岗，激发企业员工的工作热情和对企业的关心，只要竞争是公平、公正、公开的，就有助于形成新的吸引子，把企业组织引向新的稳定态。此类变革如能成功，其成果具有彻底性。

2. 渐进式变革

渐进式变革则是通过局部的修补和调整来实现。美国一家飞机制造公司原有产品仅包括四种类型的直升机。每一种直升机有专门的用途。从技术上来看，没有任何两架飞机是完全相同的，即产品间的差异化程度高，标准化程度低。在激烈的市场竞争条件下，这种生产方式不利于实现规模经济。为了赢得竞争优势，该公司决定变革组织模式。其具体措施是对各部门进行调整组合。首先，由原来各种机型的设计人员共同设计一种基本机型，使之能够与各种附件（如枪、炸弹发射器，电子控制装置等）灵活组合，以满足不同客户的需求。然后将各分厂拥有批量生产经验的员工集中起来从事基本机型的生产。原来从事各类机型特殊部件生产的员工，根据新的设计仍旧进行各种附件的专业化生产。这样，通过内部调整，既有利于实现大批量生产，也能够满足市场的多样化需求。这种方式的变革对组织产生的震动较小，而且可以经常性地、局部地进行调整，直至达到目的态。这种变革方式的不利之处在于容易产生路径依赖，导致企业组织长期不能摆脱旧机制的束缚。

关于企业组织变革的两种典型模式，企业在实践中应当加以综合利用。在企业内外部环境发生重大变化时，企业有必要采用激进式变革以适应环境的变化。但是采用激进式变革不宜过于频繁，否则会影响企业组织的稳定性，甚至导致组织的毁灭，因而在两次激进式变革之间，在更长的时间里，组织应当进行渐进式变革。

第五节 学习型组织

一、学习型组织概述

1. 学习型组织的含义

著名学者罗宾斯在他的《组织行为学》中讲道：20 世纪 70 年代，企业热衷于全面质量管理理论的应用，80 年代企业开始热衷于企业再造，90 年代中期积极推广学习型组织管理理论。当今世界，大概每 8 个月就会产生一种新理论，但是真正对人类社会产生重大影响的理论 100 年来只有 35 种。而学习型组织管理理论可称得上是当今世界较前沿的管理理论。1990 年美国麻省理工学院的彼得·圣吉在出版的《第五项修炼：学习型组织的艺术与实践》一书中提出企业应建立学习型组织。

彼得·圣吉认为学习型组织，是指通过培养弥漫于整个组织的学习氛围、充分发挥员工的创造性思维能力而建立起来的一种有机的、高度柔性的、扁平的、符合人性的、能持续发展的组织。他认为，在这种组织里，你不可能不学习，因为学习已经完全成了生活中不可分割的一部分。同时，在学习型组织里大家得以不断突破自己的能力上限，培养全新的、具有前瞻性的、开阔的思考方式，全力实现共同的抱负，以及不断学习如何共同学习。

考夫曼和圣吉进一步阐述道："学习型组织里每个人一直在成长、学习和创造；学习型组织里大家互相尊重，愿意检视自己的看法和假设，愿意尝试新的试验，并且认知失败有时是冒险的代价。"

派得乐认为:"学习型公司是促使公司中的每一个成员都努力学习,并不断改革自身的组织。"

加尔文指出:"学习型组织是指善于获取、创造、转移知识,并以新知识、新见解为指导,勇于修正自己行为的一种组织。"

马奎特指出:"系统地看,学习型组织是能够有力地进行集体学习,不断改善自身收集、管理与运用知识的能力,以获得成功的一种组织。"

鲍尔·沃尔纳认为:"学习型组织就是把学习者与工作系统地、持续地结合起来,以支持组织在个人、工作团队及整个组织系统这三个不同层次上的发展。"

综合以上观点,所谓学习型组织,指的是能够敏锐地观察到内外部环境的各种变化,通过制度化的机制或有组织的形式捕获信息,管理和使用知识,从而增强群体的能力,对各种变化进行及时调整,使得群体作为一个整体系统能够不断适应环境变化而获得生存和发展的一种新型组织形式。

学习型组织的定义具有如下三个方面的含义。

(1)感知变化:学习由感知开始,组织必须能够敏锐地观察到内外部环境的变化。

(2)有意识的集体学习:能够通过制度化的或有组织的形式进行集体学习;如果是一种自发的或零散的学习状态,就不能称为学习型组织。

(3)运用学到的知识:学习本身不是目的,要能将学习到的东西用于组织的运作之中,提升整个组织的能力,并能对各种变化及时做出调整,从而提高组织适应环境变化的生存和发展的能力。

为了实现上述三个层面的学习效能,一个学习型组织应当具备六种基本的条件:①拥有终身学习的理论和机制;②建有多元反馈和开放的学习系统;③形成学习共享与互动的组织氛围;④具有实现共同愿景的不断增长的学习动力;⑤工作学习化,使成员领悟出生命意义;⑥学习工作化,使组织不断地创新发展。

2. 彼得·圣吉的"五项修炼"模型

(1)自我超越(personal mastery):能够不断理清个人的真实愿望、集中精力、培养耐心、实现自我超越。

(2)改善心智模式(improving mental model):心智模式是看待旧事物形成的特定的思维定式。在知识经济时代,这会影响我们看待新事物的观点。

(3)建立共同愿景(building shared vision):就是组织中人们所共同持有的意象或愿望,简单地说,就是我们想要创造什么。

(4)团队学习(team learning):是发展成员整体搭配能力与实现共同目标能力的过程。

(5)系统思考(systems thinking):要求人们用系统的观点看待组织的发展。

二、学习型组织的特征

根据"五项修炼"模型,学习型组织具有以下几个特征。

1. 组织成员拥有一个共同的愿景

"共同的愿景"是指组织中所有员工共同期望的景象,是他们的共同理想,它能使不同个性的人凝聚在一起,朝着组织共同的目标前进。

2. 组织与个人均善于学习

这是学习型组织的本质特征。它主要有四点含义：终身学习、全员学习、全过程学习、团体学习。尤其是团体学习，意味着组织既重视个人学习和个人智力的开发，又强调组织成员的合作学习和群体智力（组织智力）的开发。

3. 组织结构扁平化

传统的企业组织通常是金字塔式的，学习型组织的组织结构则是扁平化的。这样的体制，能够加强上下级的持续沟通，形成互相理解、互相学习、整体互动思考、协调合作的群体。

4. 组织结构弹性化

学习型组织边界的界定建立在组织要素与外部环境要素互动关系的基础上，因而与传统组织根据职能或部门划分"法定"边界的界定方式有很大的不同，比较而言，学习型组织的组织结构是一种柔性的、具有很高适应性的结构形式。

5. 具备不断自我创造的能力

组织由多个创造性个体组成，在学习型组织中，团体是最基本的学习单位，团体本身应理解为彼此需要他人配合的一群人。

6. 能够实现充分的自主管理

学习型组织理论认为"自主管理"是使组织成员能边工作边学习，并使工作和学习紧密结合，团队成员在"自主管理"的过程中，能以开放求实的心态互相切磋，不断学习新知识，不断进行创新。

三、学习型组织的创建

1. 学习型组织的创建策略

曾任匹兹堡大学教授、管理科学研究院院长的威廉·金提出了创建学习型组织的六条策略，这些策略同样可以用来为组织的学习活动注入新的活力。

（1）信息系统基础设施策略。信息系统基础设施对于与知识有关的任何其他企业战略的实施都是至关重要的。企业如果采用信息系统基础设施这一策略来创建学习型组织，就要建立数据库及其他信息系统基础设施元素。这类企业通常会建立一个先进的信息系统基础设施，以保障和促进集体学习、信息共享、合作解决问题以及创新的实现。当然，大多数实施信息系统基础设施策略的企业会激励企业的员工去熟悉和使用新的软件和系统。它们还通过正式和非正式的培训、用户支持等手段，以提高员工和小组使用信息系统基础设施的能力。这种做法实际上是营造一种良好的学习环境，而非直接追求学习目标的实现。

（2）知识产权管理策略。知识产权管理是指有效地利用企业现有的显性（编码化的）知识资产，如专利、品牌、产品配方、研究报告、商标等，以创造附加价值的活动。实施知识产权管理策略需要对显性知识进行提炼与传送，并建立知识库。推行知识产权管理策略以创建学习型组织的企业会实行一种财务上的激励，以鼓励个人或小组创造知识产权的价值并有效加以利用。与信息系统基础设施策略相类似，知识产权管理策略并不注重发展某种具体的学习方法，而是注重通过建立一套激励机制和系统来奖励个体员工创造和有效利用知识产权的行为。

（3）个人学习策略。个人学习策略强调个人的培训与教育。其重点在于提升一个组织的人力资本的价值。通过企业所属大学教育、管理开发培训、在职培训、学徒培训或是建立各类非正式的指导项目等机制，企业可以实现其正式和非正式学习机会的最大化。个人学习策略的概念基础是：显性知识可以通过正规渠道传播，而隐性知识的传播"无法被编码，只能通过其应用来了解、通过实践来获得"，特别是存在于专家思想中的那部分知识。这一策略通常既包括正式培训，也包括能使个人学习者通过观察、模仿及实践来获取知识的在职培训。其实施过程和系统由一系列经特别设计的教育和培训项目构成，目的在于使成人学习的效果最大化。

（4）组织化学习策略。组织化学习的重点是学习活动。学习活动注重"社会系统学习"，使企业在知识、价值观、规范的标准、行为模式等方面进行共享，以使企业适应外部环境中眼前及将来可能出现的变化。因而这种策略也可以被理解为是一种创建"社会资本"的过程，适用于组织化学习策略的绩效评估包括产品开发、项目实施、订单处理等。确保这一策略取得成功的文化，应该是一种习惯于变化、甚至渴望变化的文化，一种将"未来震荡"最小化的文化，一种强调"成人教育式"的文化。

（5）知识管理策略。知识管理策略的重点在于对基于特定任务的专业知识的获取、解释及传播。这类专业知识具有针对性、相关性和时效性的特点，对于组织成员而言，它在本质上主要是隐性的。"核心"知识管理的一个基本前提，就是隐性知识可以部分地显性化。确保知识管理策略取得成功的文化是一种知识共享的文化。而这种知识共享的文化也许是一种最难创建的文化，因为它要求将"知识就是力量"这一社会共识转化为欣赏与鼓励知识共享。

（6）创新策略。支持这一策略的文化是一种创新文化。创新文化具有下述特性：容忍创新过程中不可避免的小的失败，重视新点子的产生（即使不加以实施），"跳出思维框框"的意愿，推迟新主意的评价直到其发展成熟。

2. 创建学习型组织的实践过程

（1）建立共同愿景与确立核心价值观。建立共同愿景需要让组织的领导者、员工和尽可能多的利益相关者参与进来，使大家达成共识，致力于成为学习型组织。

首先，应当对组织的现状进行客观的理解，并对未来进行积极的展望。组织成员应当共同探寻组织的历史、理想、限制因素、机会、外部环境发展趋势以及资源条件等。在共同探寻的过程中，组织成员应该努力做到不通过强迫和妥协来达成共识，强调正视而不是调和不同意见，关注共同的发展；要加强学习，并通过理解和利用整个环境和所有系统的资源来推行和维持学习；创造有助于促进相互关系的结构。

其次，应该确立组织的核心价值观。核心价值观对于个人的作用是毫无疑问的，同样，它在组织实践中也具有举足轻重的地位。事实证明，任何一个获得并保持伟大成功的企业都有坚定的共同信念。

一旦组织确定创建学习型组织的目标，那么在组织内外广泛传播这个愿景和相关的价值理念就显得非常重要。可供选择的方法有宣告、海报、即时通信、录像以及符号标志等。同时，为创建学习型组织，企业应该提供必要的财务和人力资源，从而使得这一构想成为现实。高层管理者不仅仅要塑造公司愿景,还要率先成为积极实践它的参与者。高层管理者对组织学习的大力倡导为其他员工传达了一个明确的信息,是鼓舞他们积极进行学习的最为有力的手段。

(2) 进行组织变革。对组织进行变革既是创建学习型组织的目的,也是创建学习型组织的手段与方法。在前面关于学习型组织的特征中我们提到过,学习型组织的结构特点是弹性化和扁平化。具体而言,学习型组织变革包括界定流动的边界(无固定的组织界限);系统性发挥协同效应;创建项目型组织(组织由一系列项目小组组成);组织单元小型化、网络化;根除官僚制;等等。

(3) 改善人力资源管理。发挥人的积极性与创造性是促进与保障组织学习的重要内容,而人力资源部门作为管理企业知识载体的重要机构,在创建学习型组织的过程中要承担重要职责。

在这方面,企业必须设立适当的人力资源管理准则,加强培训。各级领导改变领导风格与管理模式,引导全体员工学习,并创造和维护适宜组织学习的环境。

(4) 加强教育与培训。在学习型组织的发展过程中,要使员工能够较好地学习、应用新知识,就必须加强对员工的教育、培训,提高组织的人力资源整体素质,使知识型人才建立动态的知识结构,能够主动汲取有关知识,开阔视野,综合运用知识进行创新、开发。而这些能力的形成都有待于组织人力资源素质的提高。因此,对员工的培养和对知识资源的开发是人才管理的当务之急。

(5) 创造一种持续学习的组织氛围。创建学习型组织是一个严酷的过程,面临着很多挑战,而建立起一种支持和奖励学习的组织环境,可以鼓励员工以满腔热忱投入其中。此外,创造良好的学习氛围的一个重要的关联行动是将学习融入所有的政策和程序中,包括生产、市场营销、管理、财务和人力资源等,使学习成为其中的一个有机组成部分。

(6) 对员工充分授权。学习型组织应当对员工进行授权和教育,并为他们提供与财务、技术等相关的数据,以便他们可以做出更为明智的决策。组织相信他们的成员愿意追求成功,从而让他们承担起这一责任。事实上,真正实行授权的组织已经意识到了应尽可能地把决策权下放到行为发生的地方。他们让员工一起参与制订计划,做出评价,并确定职责与收益。

(7) 重塑组织文化。文化是组织的黏合剂。组织文化对于每一个员工都有重要的内在约束力,它是规章制度、程序的必要补充。在组织内营造良好的企业文化氛围,对于促进和保证组织学习来说有着特别重要的意义。组织文化中的价值观是对组织的经营理念和管理方式、社会环境和内部人际关系等因素的总结、提炼和升华,是一种能够引起企业内部成员的情感共鸣、使他们能够内化为内在行为准则的观念,所以也就不难理解为什么一个学习型组织中的全体成员都以共同的理念和饱满的热情、多样的方式不断进行着学习的实践。因此,在创建学习型组织过程中,重塑组织文化与建立共同愿景可能需要做一些相同的工作。

四、学习型组织的扩展

学习型组织管理理论是一种宏观的管理理论,这主要是因为"组织"的范围非常广泛。学习型组织管理理论适用的范围大到一个国家，小到一个家庭。

1. 国家管理学习型组织

管理理论的应用首先表现在国家管理中。新加坡和欧盟都是这方面的典型。新加坡一直致力于将自己的国家建设成学习型的国家，将自己的政府建设成学习型的政府；而欧盟在 1998 年就已经提倡将欧盟各国都建设成为学习型的社会。时任国家主席江泽民在 2001 年亚太经合组织人力资源能力建设高峰会议上也提出了构造终身教育体系、创建学习型社会的主张。一个国家的管理一定要学会本着一种不断学习的原则，只有这样，国家才能不断地进步。

2. 学习型城市

早在 1999 年，当时的上海市市长就明确提出要把上海建设成一个学习型的城市。正是得益于这样的指导方针，上海这几年在很多方面都走在全国前列。近几年，我国很多城市也积极向着发展为学习型城市的方向努力。

3. 学习型企业

学习型组织管理理论同样能为企业的成功提供动力。美国微软公司的股票市值大于美国三大汽车公司股票市值的总和，这种成功在很大程度上得益于其创建学习型组织理论的实施。我国有很多企业也实现了向学习型企业的转变，如内蒙古伊利集团、山东莱芜钢厂、江苏油田、南京凤凰台饭店等。

4. 学习型学校

当今国际上较有影响的专门研究学习型组织的机构有三个，分别是美国的 MIT、上海同济大学、台湾"中山大学"。这些研究机构积极致力于把自己的学院建设成学习型学院。这些学院的员工工作积极性很高，他们对建设学习型学院充满了热情。

5. 学习型家庭

上海市现在每年都要评出一批学习型家庭。学习型家庭的出现不仅有利于改善社会风气，而且可以为创建学习型企业奠定基础。

本章小结

组织通常有静态和动态两个方面的含义。从静态角度分析，组织是按照管理目标和任务的要求，对管理要素和管理环节进行配置和协调的有机载体；从动态角度分析，组织是按照管理目标和任务的要求，对管理要素和管理环节进行配置和协调的活动。组织作为一个具有活力、能动的有机整体，是由一些基本的要素构成的，这些要素可以分为有形要素和无形要素两种，其中有形要素包括人员、职务、职位、关系、必要的资金和物质条件；无形要素包括共同目标、协作意愿和信息沟通。可以从不同角度对组织进行分类，其中主要的分类是按组织的形成方式分成正式组织和非正式组织。组织理论的发展，大致经历了传统组织理论、行为组织理论和现代组织理论三个发展阶段。

组织结构就是组织内部各要素发生相互作用的联系方式或形式，或者说是组织中划分、组合和协调员工活动和任务的框架。组织结构的形式有直线制组织结构、职能制组织结构、直线-职能制组织结构、事业部制组织结构、模拟分权制组织结构和矩阵制组织结构，各种组织结构形式均有其优缺点和适用条件。在全球化、市场化和信息化三大时代大潮的背景下组织结构有扁平化、柔性化、分立化和网络化四个基本发展趋势。

企业组织设计应坚持组织结构服从战略，组织适应环境，分工与协作，统一指挥、分级管理，管理幅度和管理层次相结合，集权和分权相结合，权责对等和才职相称等原则。企业组织设计内容包括组织结构设计和运行制度设计两大方面，并且企业组织设计应遵循一定的程序。

企业组织变革是指运用行为科学和相关管理方法，对企业组织的权力结构、组织规模、沟通渠道、角色设定、组织与其他组织之间的关系，以及对组织成员的观念、态度、行为和成员之间的合作精神等进行有目的的、系统的调整和革新，以适应组织所处的内外部环境、技术特征和组织任务等方面的变化，提高组织效能。组织变革源于企业内外部环境的变化，并遵循一定的程序；组织变革的模式各有优缺点，应根据实际情况选用。

学习型组织指的是能够敏锐地观察到内外部环境的各种变化，通过制度化的机制或有组织的形式捕获信息，管理和使用知识，从而增强群体的能力，对各种变化进行及时调整，使群体作为一个整体系统能够不断适应环境的变化而获得生存和发展的一种新型组织形式。创建学习型组织应采取一定的策略。

🕐 关键术语

组织　　正式组织　　非正式组织　　组织结构　　组织设计　　组织变革
学习型组织

🔍 思考题

1. 如何对待企业中的非正式组织？
2. 组织结构的形式有哪些？它们分别有哪些优缺点，适用的条件是什么？
3. 如何看待组织变革的模式？
4. 为什么学习型组织理论近年来得到广泛的认可和应用？

Chapter4
第四章

企业经营决策

⚠ 教学目标

通过本章的学习，学生应能够对企业经营决策的相关概念、分类、原则、程序以及方法有较深刻的理解，借助本章知识，可以对企业经营过程中遇到的经营决策问题有一个简单的认识，并能针对具体问题提出一定的解决方法，逐步领悟企业经营决策的技巧。

⚠ 教学要求

本章要求学生掌握企业经营决策的概念、分类以及基本原则；熟悉决策的科学程序；掌握经营决策的主要定性和定量方法，如德尔菲法、头脑风暴法、量本利分析法、线性规划法、决策表法、决策树法、不确定型决策的五种决策方法等。

📖 引导案例

索尼公司与巨人集团的"棋招"

棋界有句俗语："一着不慎，满盘皆输；一着占先，全盘皆活。"其实不只是下棋，我们无论做什么事情，成功与失败其实就在一念之间，这"一念"就是决策。很多企业的发展都验证了这一点。

早在 1956 年，美国的一家公司发明了盒式电视录像装置，可是这家美国公司只用它来生产一种非常昂贵的广播电台专用设备，而日本索尼公司的经营者发现了这种电视录像装置，并通过分析论证看到了它的市场前景。索尼公司认为这种盒式电视录像装置一旦形成大批量生产，其价格势必降低，许多家庭就可以买得起，这样一来，家用电子产品这个市场就会扩大。如果马上研究开发家用电视录像装置，企业肯定会获得很好的经济效益和社会效益。果然，家用电视录像装置一经投入市场，就取得了巨大的成功。而且由于索尼公司这一决策的成功，家用电视录像装置的市场一度被日本占去了超过 90%，而美国则长期处于劣势。

巨人集团曾是中国最著名的企业之一。它的建立者史玉柱为公司取名为"巨人"，就是希望它成为中国的 IBM。从 1989 年史玉柱孤身一人下海，到 1991 年成立巨人集团，再到 1992 年巨人集团资本超过 1 亿元，快速的发展堪称企业界的奇迹，有人甚至形容史玉柱是中国的"比尔·盖茨"。1994 年初，想在房地产业大展宏图的巨人集团开工兴建巨人大厦。但是后来，拟建的巨人科技大厦设计一变再变，楼层节节拔高，从最初的 18 层一直涨到 72 层，投资也从最初的 2 亿元涨到 12 亿元，最终导致了 1996 年巨人大厦的资金告急。而此时史玉柱又错误地决定将保健品方面的全部资金调往巨人大厦，使保健品业务因资金"抽血"过量，再加上管理不善，迅速盛极而衰。到了 1997 年初，巨人大厦终因资金链断裂未能按期完工。于是国内购楼花者天天上门要求退款，媒体也地毯式报道巨人集团的财务危机。不久，只建至地面三层的巨人大厦停工，辉煌一时的巨人集团名存实亡。

这两个例子都喻示了一个道理，无论是何种企业，其经营的成功与失败都取决于决策的正确与否。决策正确，则企业兴旺发达，逐步壮大；决策错误，则企业陷入被动，甚至濒临险境。

第一节　企业经营决策概述

一、经营决策的概念

决策是人类最重要的一项活动。我们每天都要进行很多决策，从早上决定吃什么样的早餐，到晚上决定几点钟休息。虽然有些决策像是一种习惯，但在这些活动进行中，人们的确做出了一种选择。所以说，决策就是选择的过程。决策者则是"能在关键抉择时刻，在十字路口选定最佳路线的人"。

决策作为一项基本活动，它是随着人类社会的产生而产生的，它涉及人类生活的各个领域，小到日常生活，大到企业里的经营管理、军事上的指挥，甚至国家的政策、世界范围的总体行为等。尽管决策对象在具体工作内容上有着明显的差别，但就其本质来说则是相同的，即都是一个从思维到做出决定的运筹过程，这个过程集中体现了人们在全面认识客观事物及其本质的基础上驾驭事物发展的一种能力。

20 世纪 30 年代，美国学者切斯特·巴纳德和斯特思最早将决策的概念引入管理理论中。而决策论作为现代管理科学中的一门学科和一个学派，兴起于 20 世纪 70 年代，其代表人物是美国卡内基－梅隆大学的著名经济学家和管理学家赫伯特·西蒙和詹姆斯·马奇（J. C. March）等人。而且西蒙由于在决策理论研究上做出了贡献，还获得了 1978 年的诺贝尔经济学奖。

根据决策论的思想，企业经营决策是指实现一定的目标、解决一定的问题，有意识地寻求多种实施方案，按决策者的智慧、经验、胆识和决策标准进行比较分析，从中选出一个最满意的方案予以实施及控制的过程。这个概念包括以下五层含义：

（1）企业经营决策是一个动态过程。
（2）企业经营决策的目的是实现企业的目标或解决发展中的某一问题。
（3）企业经营决策的核心问题是如何进行多方案的选择。
（4）企业经营决策要有科学的标准和依据。

(5)企业经营决策的结果一般应是较理想的方案。

二、经营决策的分类

企业的经营活动涉及的范围非常广泛,因此其决策内容也是复杂多样的,可以根据不同的标准分为不同类型的决策。

(一)按照决策的层次划分,可分为战略决策、战术决策和日常决策

1. 战略决策

战略决策,是指解决企业未来发展的全局性、长远性、战略性的重大决策问题的决策,如企业的扩张或收缩,是否进入一个新的地区市场或产品市场等问题。它关系到企业的生存和发展,是企业经营成败的关键。战略决策的时间跨度最长,从一年至五年,或者更长。由于战略决策具有重要的地位,因此其一般多由高层决策者做出。

2. 战术决策

战术决策又称为管理决策、策略决策,是指企业在实现战略决策过程中,对具体经营问题、管理问题、业务问题、技术问题的决策,如企业原材料和机器设备的采购,生产、销售的计划,商品的进货来源,人员的调配等。战术决策要为战略决策服务,其时间范围从几个星期到几个月,一般由企业中层管理人员做出。

3. 日常决策

日常决策又称为业务决策、作业决策,是指企业为了解决日常工作中的业务问题,提高工作效率和经济利益所做出的决策,如作业计划的制订,生产、质量、成本以及日常性控制等方面的决策。日常决策属于局部性、短期性、业务性的决策,一般由基层人员做出。

(二)按照决策影响的时间划分,可分为长期决策和短期决策

1. 长期决策

长期决策是指与确定企业经营战略目标和发展方向有关的重大决策。此种决策往往与长期规划有关,并较多地注意企业的外部环境,如投资方向的选择、人力资源的开发和组织规模的确定等。但由于长期决策的数据信息缺乏准确性和及时性,所以长期决策较宏观,并不细致。

2. 短期决策

短期决策是指为实现长期战略目标而采取的短期策略手段,如对企业日常营销、物资储备以及生产中的资源配置等问题的决策。短期决策比长期决策更具体,考虑的时间也短一些,主要着眼于企业内部。

(三)按照决策的形态性质划分,可分为程序化决策和非程序化决策

1. 程序化决策

程序化决策是指可按一套常规的处理方式进行的例行性的决策,决策者可根据以往的经验或惯例来制订决策方案。一般来说,企业的日常业务性工作和管理工作所做出的决策都是程序化的,如生产方案决策、采购方案决策、库存决策、设备选择决策等。

2. 非程序化决策

非程序化决策是指针对那些不常发生的或例外的非结构化问题而进行的决策，这种决策常常要依靠决策者的知识、经验、信息和对未来发展的判断能力来做出。管理者随着地位的提高，面临的不确定性增大，因此非程序化决策的数量和重要性也在逐步提高。

（四）按照决策应用的方法划分，可分为定性决策和定量决策

1. 定性决策

定性决策是不用或少用数据与模型，主要根据所掌握的信息和对事物规律的分析，凭借决策者的经验和判断力在众多可行方案中寻找满意方案的决策过程。

2. 定量决策

定量决策是运用数学工具，建立反映各种因素及其关系的数学模型，并通过对这种数学模型的计算和求解，选出最佳的决策方案的决策过程。对决策问题进行定量分析，可以提高常规决策的时效性和决策的准确性。定量决策中，按照决策的确定性程度划分，又可分为确定型决策、风险型决策和不确定型决策。

（1）确定型决策。确定型决策是指影响决策的因素或自然状态是明确的、肯定的，某一行动方案的结果也是确知的，因而比较容易判断与选择。

（2）风险型决策。风险型决策又称随机型决策，是指某一行动方案的结果不止一个，即多种自然状态，究竟哪一种自然状态出现不能确定，但其出现的概率可知，在这类问题的决策中，企业无论采用何种方案都存在风险问题。

（3）不确定型决策。不确定型决策是指某一行动方案可能出现几种结果，即多个自然状态，且各种自然状态的概率也不确知，企业是在完全不确定的情况下进行决策的。

（五）按照决策目标的数量划分，可分为单目标决策与多目标决策

1. 单目标决策

单目标决策是指只有一个决策目标的决策。决策的目的是满足某个指标要求。

2. 多目标决策

多目标决策是指决策所追求的目标有多个，这些目标之间相互作用、相互矛盾，使决策过程相当复杂，使决策者常常很难轻易做出决策。

三、经营决策的基本原则

决策是一项十分复杂的工作，为了实现经营决策的科学化，决策时应当遵循以下原则。

1. 信息性原则

企业经营决策的基础是信息，信息越充分、越准确、越及时，企业决策就越可能是正确的。但这种理想的信息环境只能是企求，而不是现实。因此，科学决策要求信息必须是尽量准确、适用和及时的，使之对决策有用。

2. 前瞻性原则

前瞻是指预测未知的情况。预测是经营决策的前提和依据。科学决策，就是必须采

用科学的预见来克服没有科学根据的主观臆测，取决于决策者对未来后果判断的正确程度。不知道决策后的结果怎样，通常会造成决策失误。

3. 全面性原则

全面性是指从全局和整体出发，全面系统地研究、分析决策目标和决策方案，力求完整无缺，不轻易放过任何一种可能方案，这样可以使决策者从多方位思考，并有相互比较各种决策方案的优劣的余地。

4. 可行性原则

决策成功与否，与决策事件所面临的主、客观条件密切相关。一个成功的决策不仅要考虑到需要，还要考虑到可能；不仅要估计到有利因素和成功的机会，还要预测出不利条件和失败的风险；不仅要静态地计算需要与可能之间的差距，而且要对各种影响因素的发展变化进行定量的动态分析。因此，决策者需要既敢于承担责任和风险，又不盲目冒险，他们通常在确认方案具有可行性时，才最后拍板。

5. 满意原则

由于决策者身处复杂的环境之中，要对未来做出绝对理性的判断是不可能的，因此决策只能是相对比较满意的、符合环境要求的决策，而绝非最优化的决策。

6. 效益性原则

决策的目的在于提高经济效益。进行决策时，要研究经营决策所付出的代价和取得的收益的关系，既要以经济效益为核心，又要把经济效益同社会效益结合起来，尽量以较少的劳动消耗和物资消耗来取得最大的成果。如果一项经营决策所付出的代价远远超过其所得，那么这项决策就不是成功的决策。

7. 反馈性原则

反馈就是对决策所导致的后果进行调整。由于环境和需要的不断变化，最初的决策必须根据变化了的情况做出相应的改变和调整，使决策更合理、更科学。

8. 民主性原则

决策问题十分复杂，影响因素众多，作为决策者个体，由于受知识结构、决策经验等方面的限制，无法完全避免判断上的主观性和片面性，因此，决策者要充分发扬民主作风，调动决策参与者甚至包括决策执行者的积极性和创造性，一起参与决策活动，并能够集中和依靠集体的智慧与力量来进行决策。

四、经营决策的科学程序

决策工作是一个动态的、完整的过程，一般划分为四个阶段，即确定决策目标、方案设计、方案选择、方案实施。经营决策的科学程序如图4-1所示。

（一）确定决策目标

1. 提出问题

企业经营问题可能存在两种情况：第一种是企业经营管理中现存的问题，主要是企业在经营管理中实际达到的状况与应当或期望达到的状况之间的差异。第二种是企业的发展问题，主要是随着社会经济的发展，企业现有经营现状可能会与社会实际需要存在差距，因此企业需要不断调整自己的经营方针与对策。

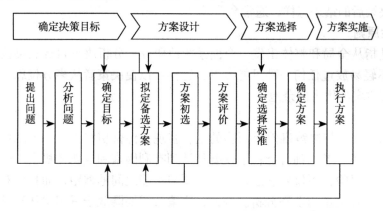

图 4-1　经营决策的科学程序

2. 分析问题

只有知道产生问题的"原因"，才能提出相应的解决之道。因此在提出企业经营问题之后，还应该找出产生问题的原因。而这一原因才是科学决策真正着眼的实施点。

3. 确定目标

决策目标是经营决策的出发点和归结点，是根据决策所要解决的问题来确定的。在确定决策目标时必须注意以下几个问题：①要把目标建立在需要与可能的基础上，要和企业目标相一致；②要使目标明确、具体，并尽可能数量化，解决本质的问题，以便于衡量决策的实施效果；③要明确目标的约束条件；④决策目标可能是单一的，也可能有多个，如果是多目标，应分清主次，明确主要目标。

确定目标是科学决策程序的重要阶段，它的工作成效直接关系到整个决策的成败。

（二）方案设计

1. 拟定备选方案

备选方案是指可供进一步选择用的可能方案，其数量和质量对于最后做出合理的选择有重大影响。决策者应根据企业内外部条件，拟定出众多的具备实施条件的可行方案，并注意方案的整体详尽性和相互排斥性。对于一些新问题、非常规问题，由于没有任何经验和案例可循，决策者必须充分发挥想象力和创造力，并发挥集体智慧集思广益，才能取得最佳效果。

2. 方案初选

方案初选主要是通过对一些比较重要的限定因素的分析，比较各备选方案实现的可能性和效果，淘汰掉那些对解决问题基本无用或用处很小的方案以及那些主客观条件不允许的方案，减少可行方案的数目，以便进行更深入的分析和比较。

3. 方案评价

方案评价是对方案执行结果的估计。进行方案评价时，应忽略各方案的共同问题，而专注于不同因素的分析。对一些无形因素，可以用预测方法将其定量化，与有形因素一起考虑。

（三）方案选择

方案选择是决策的关键阶段。

1. 确定选择标准

标准是衡量方案优劣的尺子，对方案的取舍影响极大。一个具有共性的标准是价值标准。在单目标决策情况下，价值标准是十分明确的，而对于多目标决策的情况，价值标准只有当各个目标的重要性明确后才能确定。

2. 确定方案

确定方案是在方案评价的基础上，按标准进行执行方案的选择。进行方案选择时主要依据满意原则，即选择在目前情况下比较满意的、适宜可行的方案。方案选定后，必须注意决策带来的影响，采取一些预防性措施或制订应变计划，以保证决策方案能按计划组织实施。

（四）方案实施

决策的目的在于付诸实施。执行已选择的决策方案，是将决策变为现实的关键。决策的正确与否和效果如何，都要根据具体的执行结果来验证。决策的执行结果，不仅取决于决策方案的选择，而且取决于执行过程中的工作质量。因此，制定相应的实施办法是至关重要的。同时，方案实施过程也是一个信息反馈过程，通过反馈，主动寻找问题，补充、修改决策，以争取满意的决策效果。此外，在执行中还会出现新问题，从而需要做出新的决策后再付诸实施，这就开始了一个新的决策过程。

第二节 经营决策的定性方法

定性决策法又称主观决策法，是一种"软技术"。决策科学的发展，特别是电子计算机在决策中的应用，为定量方法解决复杂的决策问题创造了条件，决策的科学性与可靠性不断提高，但这并未阻碍定性决策方法的发展。定性决策方法仍是经常使用的决策方法之一，它弥补了定量方法的很多缺陷，如不可能包容系统内的所有影响因素，尤其是对于人和社会因素等难以奏效，需要大量的统计资料等。尽管定性决策很重要，但也不能片面强调定性决策的重要性而忽略定量决策，两者是相辅相成的。一般凡是可以用数量来表示决策条件及决策结果的问题，都应当力求用定量决策，以辅助决策者的决策；但定量决策不能取代决策者的观念和逻辑思维能力，只有定性、定量两类技术配合使用，取长补短，才能使决策更为有效。

定性决策方法有很多种，常用的有专家会议法、德尔菲法、头脑风暴法、戈登法和电子会议法等，其中以德尔菲法和头脑风暴法最常用。

一、专家会议法

（一）概述

专家会议法是指根据规定的原则选定一定数量的专家，按照一定的方式组织专家会议，发挥专家集体的智能结构效应，对预测对象未来的发展趋势及状况做出判断的方法。

运用专家会议法，必须确定专家会议的最佳人选、人数和会议进行的时间。

专家会议的人选应按下述三个原则选取：①如果参加者相互认识，就要从同一职位（职称或级别）的人员中选取，领导人员不应参加，否则可能对参加者造成某种压力；②如果参加者互不认识，就可从不同职位（职称或级别）的人员中选取，但不论成员的职称或级别的高低，都应同等对待；③参加者的专业应力求与所论及的预测对象的问题一致，且参加者的经验要丰富。

专家会议的规模以 8～12 人为宜，也可略有增减，与会者人数太少不利于信息交流、激发思维；而人数太多则不容易掌握，并且每个人发言的机会相对减少，会影响会场气氛。

会议时间一般以进行 20～60 分钟效果最佳，但不宜在会前定死。时间太短与会者难以畅所欲言，太长则容易产生疲劳感，影响会议效果。经验表明，创造性较强的设想一般要在会议开始 10～15 分钟后逐渐产生。美国创造学家帕内斯指出，会议时间最好安排为 30～45 分钟，倘若需要更长的时间，就应把议题分解成几个小问题分别进行专题讨论。

（二）优缺点

专家会议有助于专家们交换意见，通过互相启发，可以弥补个人意见的不足；通过信息的交流与反馈，能够在较短的时间内得到富有成效的成果，为决策提供预测依据。

但是专家会议也有不足之处，如由于参加会议的人数有限，因此代表性不充分；易受表达能力的影响，而使一些有价值的意见未得到重视；易屈服于权威或大多数人的意见；有时受心理因素影响较大，易受劝说性意见的影响；由于受自尊心等因素的影响，不愿意轻易改变自己已经发表过的意见；等等。

二、德尔菲法

（一）概述

德尔菲法是专家会议法的一种发展，是依据系统的程序，由专家采用匿名发表意见的方式，通过调查人员反复征询、归纳、修改专家对问卷所提问题的看法，最后汇总成基本一致的意见的一种专家集体判断方法。德尔菲是古希腊传说中的神谕之地，城中有座阿波罗神殿，传说中阿波罗具有预见未来的能力，因此这种方法被命名为德尔菲法。它是在 20 世纪 40 年代由 O. 赫尔姆和 N. 达尔克首创的，1946 年兰德公司开始用这种方法进行预测，后来被各界广泛采用。

德尔菲法的实施过程大致如下：

（1）拟定决策提纲。先把决策的内容写成几个要提问的问题，问题的含义必须十分明确，不论谁回答，对问题的理解都不应有分歧，而且最好只能以具体明确的形式回答。

（2）选定专家小组。按照决策内容所需要的知识范围，确定专家，一般不超过 20 人，一些重大问题的决策可选择 20 人以上。

（3）征询专家意见。向专家邮寄第一次征询表，提出所要预测的问题及有关要求，并附上有关这个问题的所有背景材料，同时请专家提出还需要什么材料。然后由各个专家根据他们所收到的材料，给出自己的书面决策意见，并说明其决策理由。

（4）修改决策意见。决策的调查人员对第一次决策的结果及资料进行综合整理、归纳，使其条理化后，发出第二次征询表，同时把汇总的情况一同寄去，让每一位专家看到全体专家的意见倾向，据此对所征询的问题提出修改意见或重新做一次评价。也可以把各位专家的意见加以整理，或请身份更高的其他专家加以评论，然后把这些意见再分送给各位专家，以便他们参考后修改自己的意见。

（5）确定决策结果。征询、修改以及汇总反复进行三四轮，专家的意见就逐步集中和收敛，从而确定出专家们趋于一致的决策结果。

（二）优缺点

德尔菲法能发挥专家会议法的集思广益，准确性高，能把各位专家意见的分歧点表达出来，取各家之长避各家之短的优点。同时，其匿名性又能避免专家会议法受权威人士影响、碍于情面不发表不同意见以及出于自尊心而不愿意修改自己原来不全面的意见的缺点。但是由于德尔菲法的"背靠背"以及几轮征询，所以过程比较复杂，花费时间较长，这是德尔菲法的主要缺点。

德尔菲法具有一定的科学性和实用性，既可以收集每个人的观点，不会忽视重要观点，又可以使大家发表的意见较快收敛，而且参加者也易接受结论，可以在一定程度上客观地综合各方的意见。在长期战略决策中，由于内外部条件的不确定性，德尔菲法特别适用。

（三）案例

某公司开发了一种新产品，现聘请了9位专家对新产品投放市场1年的销售额进行预测，以便为以后产品投产经营做准备。在专家做出预测前，公司将产品的样品、特点、用途、用法进行了相应的介绍，并将同类产品的价格、销售情况作为背景资料，以书面的形式发给专家参考。而后采用德尔菲法，请专家各自做出判断。经过3次反馈之后，专家意见大体接近，得出销售额预测结果如表4-1所示。

表4-1 专家预测意见表

销售额（百万元）\ 专家编号	第1次判断			第2次判断			第3次判断		
	最低销售额	最可能销售额	最高销售额	最低销售额	最可能销售额	最高销售额	最低销售额	最可能销售额	最高销售额
1	9	14	18	12	16	18	11	13	18
2	5	9	12	6	10	13	8	10	13
3	8	12	16	10	14	16	10	9	16
4	14	18	29	12	15	30	10	12	25
5	2	6	7	4	8	10	6	10	12
6	6	10	15	6	10	15	6	11	15
7	5	6	9	5	8	10	8	10	12
8	6	8	10	7	8	12	7	8	12
9	8	15	19	10	10	20	6	9	12
平均值	7	11	15	8	11	16	8	10	15

对9位专家预测结果的统计处理有以下几种方法：

（1）简单平均法。将9位专家第3次判断的简单平均值作为预测值，则预测销售额为（8+10+15）/3=11（百万元）。

（2）加权平均法。将第3次判断的最可能销售额、最低销售额和最高销售额按0.5、0.2、0.3进行加权平均，则预测销售额为（8×0.2+10×0.5+15×0.3）/（0.2+0.5+0.3）=11.1（百万元）。

（3）三点估计法。三点估计法的概念起源于计划评审技术（PERT），通过考虑预测的最高销售额、最低销售额和最可能销售额三点，然后取加权平均，使计算出来的销售额更加准确。三点估计法的计算公式为

$$\bar{X} = \frac{X_{max} + 4\tilde{X} + X_{min}}{6}$$

将相应数值代入上式得

$$\bar{X} = (15 + 4 \times 10 + 8)/6 = 10.5(百万元)$$

（4）中位数法。根据中位数计算公式分别计算第3次判断的最低销售额、最可能销售额和最高销售额的中位数得到8、10.5和15.5。将最可能销售额、最低销售额和最高销售额按0.5、0.2、0.3进行加权平均，则预测销售额为

（8×0.2+10.5×0.5+15.5×0.3）/（0.2+0.5+0.3）=11.5（百万元）

通过几种方法的测算，可以看出，该项新产品投放市场销售，1年后销售额可达到11～12（百万元）。

三、头脑风暴法

（一）概述

头脑风暴法（brain storming）又称智力激励法、BS法、自由思考法、思维共振法，是通过有关专家之间的信息交流，引起思维共振，产生组合效应，从而导致创造性思维，其也是专家会议法的一种重要的发展形式。头脑风暴法出自"头脑风暴"一词。头脑风暴最早是精神病理学上的用语，指精神病患者的精神错乱状态而言的，后来引申为无限制的自由联想和讨论，其目的在于产生新观念或激发创新设想。它是由美国创造学家A.F.奥斯本于1939年首次提出并于1953年正式发表。此法经各国创造学研究者的实践和发展，至今已经形成了一个发明技法群，如奥斯本智力激励法、默写式智力激励法、卡片式智力激励法等。

头脑风暴法的实施过程大致如下：

（1）准备阶段。组织人员应事先对所议问题进行一定的研究，弄清问题的实质，找到问题的关键，设定解决问题所要达到的目标。一般而言，比较具体的议题能使与会者较快产生设想，主持人也较容易掌握；比较抽象和宏观的议题引发设想的时间较长，但设想的创造性也可能较强。同时选定参加会议人员，最好由不同专业或不同岗位人员组成。然后将会议的时间、地点、所要解决的问题、可供参考的资料和设想、需要达到的目标等事宜一并提前通知与会人员，让大家做好充分的准备。

（2）热身阶段。这个阶段的目的是创造一种自由、宽松、祥和的氛围，使大家得以放松，进入一种无拘无束的状态。主持人宣布开会后，先说明会议的规则，然后随便谈点有趣的话题或问题，让大家的思维处于轻松和活跃的境界。如果所提问题与会议主题有着某种联系，人们便会轻松自如地导入会议议题，效果自然更好。会场可适当布置，座位排成圆环形的环境往往比教室式的环境更为有利。

（3）明确问题阶段。一个好的头脑风暴法从对问题的准确阐明开始。主持人扼要地介绍有待解决的问题，介绍时须简洁、明确，不可过分周全，否则过多的信息会限制人的思维，干扰思维创新的想象力。

（4）畅谈阶段。畅谈是头脑风暴法的创意阶段。为了使大家能够畅所欲言，需要制定的规则是：第一，不要私下交谈，以免分散注意力。第二，不妨碍他人发言，不去评论他人的发言，每人只谈自己的想法。第三，集中注意力积极投入，不消极旁观。第四，发表见解时要简单明了，一次发言只谈一种见解。第五，与会者之间相互尊重，平等相待，切忌相互褒贬。主持人首先要向大家宣布这些规则，随后引导大家自由发言、自由想象、自由发挥，使彼此相互启发，相互补充，真正做到知无不言，言无不尽，畅所欲言，然后将会议发言记录进行整理。

（5）筛选阶段。会议结束后的一两天内，主持人应向与会者了解大家会后的新想法和新思路，以此补充会议发言记录，然后将大家的想法整理成若干方案，经过多次反复比较和优中择优，最后确定 1～3 个最佳方案。这些最佳方案往往是多种创意的优势组合，是大家的集体智慧综合作用的结果。

（二）优缺点

实践经验表明，头脑风暴法可以排除折中方案，对所讨论的问题通过客观、连续的分析，找到一组切实可行的方案，因而头脑风暴法在军事决策和民用决策中得出了较广泛的应用。例如在美国国防部制定长远科技规划时，曾邀请 50 名专家采取头脑风暴法开了两周会议。参加者的任务是对事先提出的长远规划提出异议。通过讨论，原规划文件中只有 25%～30% 的意见得到保留。由此可以看到头脑风暴法的价值。当然，头脑风暴法实施的成本（时间、费用等）是很高的，另外，头脑风暴法要求参与者有较好的素质。这些因素是否满足会影响头脑风暴法实施的效果。

（三）案例

有一年，美国北部天气格外寒冷，大雪纷飞，电线上积满冰雪，大跨度的电线常被积雪压断，严重影响通信。过去，许多人试图解决这一问题，但都未能如愿以偿。后来，电信公司经理应用头脑风暴法尝试解决这一难题。他召开了一种能让头脑卷起风暴的座谈会，参加会议的是不同专业的技术人员，大家纷纷地讨论开来。有人提出设计一种专用的电线清雪机；有人想到用电热来化解冰雪；也有人建议用振荡技术来清除积雪；还有人提出能否带上几把大扫帚，乘坐直升机去扫电线上的积雪。对于这种"坐飞机扫雪"的设想，大家心里尽管觉得滑稽可笑，但在会上也无人提出批评。相反，有一工程师在百思不得其解时，听到"坐飞机扫雪"的想法后，大脑突然受到冲击，一种简单可行且高效率的清雪方法冒了出来。他想，每当大雪过后，可以出动直升机沿积雪严重的电线飞行，依靠高速旋转的螺旋桨即可将电线上的积雪迅速扇落。他马上提出"用直升机扇雪"的新设想，顿时又引起其他与会者的联想，有关用飞机除雪的主意一下子又多了七八条。不到一小时，与会的 10 名技术人员共提出 90 多条新设想。

会后，电信公司组织专家们对设想进行分类论证。专家们认为，设计专用清雪机，采用电热或电磁振荡等方法清除电线上的积雪，在技术上虽然可行，但研制费用大，周期长，一时难以见效。那种因"坐飞机扫雪"激发出来的几种设想，倒是一种大胆的新方案，如果可行，将是一种既简单又高效的好办法。现场试验证明用直升机扇雪真能奏效，一个悬而未决的难题终于在头脑风暴会中得到巧妙的解决。

第三节　经营决策的定量方法

定量决策方法是利用数学模型进行优选决策方案的决策方法，是一种"硬技术"。由于任何经营方案都需在未来实施，而人们对未来的认识程度也不尽相同，经营方案未来的实施效果的确定程度也不同。根据这些标准，定量决策方法分为确定型、风险型、不确定型三种。

一、确定型决策

（一）概述

什么是确定型决策？我们来看这个例子：某企业可向三家银行借贷，但利率不同，分别为 8%、7.5% 和 8.5%。企业需决定向哪家银行借款。很明显，向利率最低的银行借款为最佳方案。这就是一个确定型决策。所以确定型决策亦称标准决策或结构化决策，是指决策者根据所掌握的科学知识和技术手段，在肯定性的主观要求和客观条件下，对各种备选方案做出完全科学、正确的判断。

确定型决策看起来似乎很简单，但在实际决策中并不都是这样。决策者面临的备选方案可能很多，从中选出最优方案就很不容易。例如：一部邮车要从一个城市到另外十个城市巡回一次，其路线就有 $10 \times 9 \times 8 \times \cdots \times 3 \times 2 \times 1 = 3\,628\,800$（条），从中选出最短路线就不容易，必须运用线性规划的数学方法才能解决。

一般说来，确定型决策方法的应用应具备如下四个条件：

（1）存在决策者希望达到的一个明确目标；
（2）只存在一个决策者不可控制的自然状态；
（3）存在可供决策者选择的两个或两个以上的备选方案；
（4）不同的行动方案在确定状态下的损益值可以计算出来。

由于确定型决策面对的自然状态是确定的，决策问题的结构往往是比较清楚的，因此决策者可以利用决策因素与决策结果之间的数量关系建立数学模型，并运用数学模型进行决策，比如量本利分析法、线性规划法、投资报酬率法等。下面我们分别介绍其基本原理。

（二）确定型决策方法

1. 量本利分析法

量本利分析法，全称为产量成本利润分析，也叫保本分析或盈亏平衡分析，是进行产量决策常用的方法。它是通过分析生产成本、销售利润和产品数量这三者的关系，掌握盈亏变化的规律，指导企业选择能够以最小的成本生产出最多产品并可使企业获得最大利润的经营方案。

量本利分析法的基本原理是：当企业的销售收入与生产成本相等时，企业就实现了保本经营，即盈亏平衡，而此时利润为零。企业利润是销售收入扣除生产成本以后的剩余。其中销售收入是产品销售数量及其销售价格的函数，生产成本可分成固定成本和变动成本。变动成本是随着产量的增加或减少而提高或降低的费用，而固定成本则在一定时期、一定范围内不随产量的增减而变化。当然，"固定"与"变动"只是相对的概念，从长期来说，由于企业的经营能力和规模是在不断变化的，因此一切费用都是变动的，从短期来看，就单位产品来说，单位"变动成本"是固定的，而单位"固定成本"则随着产品数量的增加而减少。

量本利分析法的基本原理也可以用图 4-2 来表示。

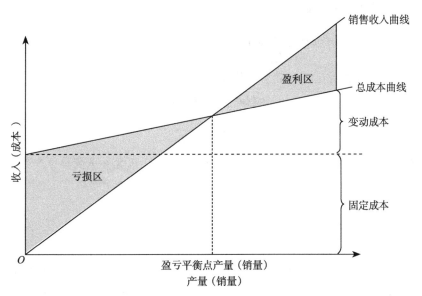

图 4-2　线性盈亏平衡关系示意图

如果设 P 为产品价格，C_f 为总固定成本，C_v 为单位变动成本，Q^* 为盈亏平衡点产量（销量），则其基本原理也可以写为下列公式：

$$PQ^* = C_v Q^* + C_f$$

变形得到：

$$Q^* = \frac{C_f}{P - C_v}$$

如果企业的目标利润不为 0，而是一个固定值 B 时，也可以采用量本利分析法来计算实现这一利润值的产量或销量。此时需在计算时将 B 看成是一种固定成本。其计算公式为：

$$Q^* = \frac{C_f + B}{P - C_v}$$

例题 4-1

某公司生产某产品的固定成本为 50 万元，单位变动成本为 11 元/件，产品单位售价为 16 元/件。其盈亏平衡点的产量为多少？若该公司需实现利润 15 万元，则该企业至少应达到的产量为多少？

解析：

该公司盈亏平衡点的产量为：

$$Q^* = \frac{C_f}{P - C_v} = \frac{50 \text{ 万元}}{16 \text{ 元/件} - 11 \text{ 元/件}} = 100\,000 \text{ 件}$$

若该公司需实现利润 15 万元，该企业至少应达到的产量为：

$$Q^* = \frac{C_f + B}{P - C_v} = \frac{50 \text{ 万元} + 15 \text{ 万元}}{16 \text{ 元/件} - 11 \text{ 元/件}} = 130\,000 \text{ 件}$$

如果设企业的设计生产能力为 Q_c，则盈亏平衡生产能力利用率为：

$$E^* = \frac{Q^*}{Q_c} \times 100\% = \frac{C_f}{(P - C_v)Q_c} \times 100\%$$

如果按设计能力进行生产和销售，则变形得盈亏平衡销售价格为：

$$Q_c P^* = C_v Q_c + C_f$$

$$P^* = C_v + \frac{C_f}{Q_c}$$

如果按设计能力进行生产和销售，且销售价格已定，则盈亏平衡单位产品变动成本为：

$$C_v^* = P - \frac{C_f}{Q_c}$$

例题 4-2

某工业项目年设计生产能力为生产某种产品 3 万件，单位产品售价为 3 000 元，总成本费用为 7 800 万元，其中固定成本 3 300 万元，总变动成本与产品产量成正比例关系，求以产量、生产能力利用率、销售价格、单位产品变动成本表示的盈亏平衡点。

解析：

单位产品变动成本为：

$$C_v = \frac{C_\text{总} - C_f}{Q_c} = \frac{7\,800 \text{ 万元} - 3\,300 \text{ 万元}}{30\,000 \text{ 件}} = 1\,500 \text{ 元/件}$$

盈亏平衡产量为：

$$Q^* = \frac{C_f}{P - C_v} = \frac{3\,300 \text{ 万元}}{3\,000 \text{ 元/件} - 1\,500 \text{ 元/件}} = 22\,000 \text{ 件}$$

盈亏平衡生产能力利用率为：

$$E^* = \frac{Q^*}{Q_c} \times 100\% = \frac{C_f}{(P-C_v)Q_c} \times 100\%$$

$$= \frac{3\,300\,万元}{(3\,000\,元/件 - 1\,500\,元/件) \times 30\,000\,件} \times 100\% = 73.33\%$$

盈亏平衡销售价格为：

$$P^* = C_v + \frac{C_f}{Q_c} = 1\,500\,元/件 + \frac{3\,300\,万元}{30\,000\,件} = 2\,600\,元/件$$

盈亏平衡单位产品变动成本为：

$$C_v^* = P - \frac{C_f}{Q_c} = 3\,000\,元/件 - \frac{3\,300\,万元}{30\,000\,件} = 1\,900\,元/件$$

通过计算盈亏平衡点，结合市场预测，可以对投资方案发生亏损的可能性做出大致判断。在例题 4-2 中，如果未来的产品销售价格及生产成本与预期值相同，则项目不发生亏损的条件是年销售量不低于 22 000 件，生产能力利用率不低于 73.33%；如果按设计能力进行生产并能全部销售，生产成本与预期值相同，则项目不发生亏损的条件是产品价格不低于 2 600 元/件；如果销售量、产品价格与预期值相同，则项目不发生亏损的条件是单位产品变动成本不高于 1 900 元/件。

因此，量本利分析的目的就是找出企业成本与收益平衡关系的临界值，以判断投资方案对不确定因素变化的承受能力，为决策提供依据。盈亏平衡点越低，说明企业盈利的可能性越大，亏损的可能性越小，企业有较大的抗经营风险能力。

在生产实践中，由于产量扩大到一定水平，原材料、动力供应价格会上涨等造成项目的生产成本并非与产量呈线性关系；由于市场容量的制约，当产量增长后，产品价格也会下降，价格与产量呈某种函数关系。因此，销售收入与产量就可能成非线性关系，如图 4-3 所示。

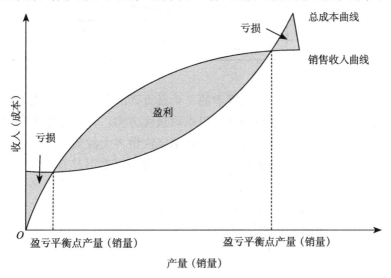

图 4-3 非线性盈亏平衡关系示意图

如果设 $R(x)$ 为产品的收入函数，$C(x)$ 为产品的成本函数，则其基本原理也可以写为下列公式：

$$R(x)=C(x)=C_v(x)+C_f$$

例题 4-3

某地拟建造一个生产充油式电暖器的项目，预计项目投产后年销售收入为 $R(x)=900x-0.03x^2$，年变动成本为 $C_v(x)=300x+0.02x^2$，年固定成本为 $C_f=1\,000\,000$ 元，试对该项目进行盈亏平衡分析。

解析：

$$R(x)=C(x)=C_v(x)+C_f$$
$$900x-0.03x^2=300x+0.02x^2+1\,000\,000$$

解得 $x_1=2\,000$（个），$x_2=10\,000$（个）。

为了判定企业经营是否安全，可以用企业经营安全率来考核。企业经营安全率是指企业的经营规模（一般是以销售量来表示）超过盈亏平衡点的程度。它是反映企业经营状况的一个重要指标，是从企业利润相对大小的角度评价企业目前的经营状况。若设产品实际销售量为 Q，则企业经营安全率计算公式如下：

$$r=\frac{Q-Q^*}{Q}\times 100\%$$

当销售量越大时，企业经营安全率越接近 100%，说明企业经营越安全，经营状况越好，亏损风险越小。当销售量越小时，企业经营安全率越接近于 0，经营状况越差，企业亏损风险就越大。一般可根据以下数据来将企业经营安全状态分 5 级进行分析判断，如表 4-2 所示。

表 4-2　企业经营安全状态

经营安全率	0.3 以上	0.25～0.3	0.15～0.25	0.1～0.15	0.1 以下
经营安全状态	安全	较安全	不太好	要警惕	危险

2. 线性规划法

什么是线性规划？线性规划是运筹学的一个最重要的分支，是在满足规定的约束条件下，寻求目标函数的最大值或最小值，以求取最优方案，其主要用于研究有限资源的最佳分配问题。线性规划最早起源于美国。在第二次世界大战最为紧张的阶段，为了抵御纳粹德国的进攻，美军指挥部委托六位科学家研究如何动用其有限的军用物资来获得最大战果，从而形成了最早的线性规划问题。后来经过了一系列的发展，线性规划的方法被广泛用于企业的决策中。由于线性规划牵涉线性方程求解的问题，比较复杂。但该方法的最大优点是可以处理多品种问题。

线性规划方法的数学模型目标函数：

$$\text{Max}Z=\sum_{i=1}^{n}(p_i-c_i)x_i$$

约束条件：

$$\begin{cases} x_i \geqslant L_i \quad (i=1,2,3,\cdots,n) \\ x_i \leqslant U_i \quad (i=1,2,3,\cdots,n) \\ \sum_{i=1}^{n} a_{ik}x_i \leqslant b_k \quad (k=1,2,3,\cdots,K) \\ U_i > 0, \ L_i \geqslant 0, \ x_i \geqslant 0 \end{cases}$$

式中：x_i 为第 i 种产品的计划产量；p_i 为第 i 种产品的单价；c_i 为第 i 种产品的单位成本；L_i 为第 i 产品的最低需求量；U_i 为第 i 种产品的最高需求量；a_{ik} 为每生产一个第 i 种产品所需第 k 种资源的数量；b_k 为第 k 种资源的拥有量。

运用线性规划建立数学模型的步骤是：首先，确定影响目标的变量；其次，列出目标函数方程；再次，找出实现目标的约束条件；最后，找出使目标函数达到最优的可行解，即为该线性规划的最优解。我们举例简单介绍线性规划的具体实施步骤。

例题 4-4

某企业生产两种产品，甲产品每台利润 5 万元，乙产品每台利润 9 万元，有关生产用料如表 4-3 所示，试求企业利润最大时两种产品的产量。

表 4-3　某企业甲、乙产品生产用料表

资源名称	单位产品消耗总额		可利用资源
	甲产品	乙产品	
原材料（千克）	60	40	1 200
设备（台时）	450	150	6 750
劳动力（工时）	100	200	2 500

解析：

（1）确定影响目标的变量。

假设企业利润最大时两种产品的产量分别为甲产品的生产数量 x_1，乙产品的生产数量 x_2。

（2）列出目标函数方程：

$$\text{Max}Z = 5x_1 + 9x_2$$

（3）找出实现目标的约束条件：

$$\begin{cases} 60x_1 + 40x_2 \leqslant 1\,200 \\ 450x_1 + 150x_2 \leqslant 6\,750 \\ 100x_1 + 200x_2 \leqslant 2\,500 \\ x_1 \geqslant 0, \ x_2 \geqslant 0 \end{cases}$$

（4）找出使目标函数达到最优的可行解，即为该线性规划的最优解。

可以采用作图法，分别以 x_1，x_2 为横纵坐标，将约束方程绘制于表中，由于有三个约束方程，因此有三条直线。三条直线共同构成的区域为可行解的区域。目标函数的最大值一定在由约束方程构成的可行解区域的凸点上。如图 4-4 所示。

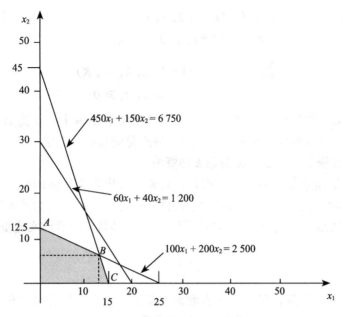

图 4-4 某企业产品产量线性规划的作图法示意图

通过计算三个凸点 $A(0, 12.5)$、$B(13, 6)$、$C(15, 0)$ 所对应的目标函数值分别为 $Z_A=112.5$ 万元，$Z_B=119$ 万元，$Z_C=75$ 万元，则满足使目标函数最大值的点为 B 点，即当生产甲产品 13 台、乙产品 6 台时企业获得的利润最大，为 119 万元。

虽然线性规划方法可以对有限的资源做出最佳调配和最有效的使用，但是在使用时也可能会遇到很多问题：线性规划模型考虑的因素可能不全面，实际中有些情况没有被考虑到，或者虽然一些因素或约束条件被考虑到了，但这些因素或约束条件不易量化或求得，这就使得线性规划模型的运用和有效性因而受到了一定的限制；目标函数中的产量成本系数实际上是个变量，其随计划的数量结构和品种结构而变，如果处理不好，求得结果的可靠性会很低。因此线性规划方法对于产品结构简单、工艺路线短的企业或者零件加工企业有较大的应用价值。

3. 投资报酬率法

投资报酬率法是通过测算各投资方案的投资报酬率来评价投资方案优劣的一种方法。投资报酬率又称为投资回报率，是指某一投资方案达产期正常年度利润或年均利润占投资总额的百分比，是反映投资项目的获利能力的一个相对数指标。其计算公式为：

$$\text{投资报酬率} = \frac{\text{年利润或年均利润}}{\text{投资总额}} \times 100\%$$

采用投资报酬率法的决策标准是：只有高于必要的投资报酬率的方案才能入选，而在多个方案选优时，则选用投资报酬率最高的方案。

例题 4-5

某企业准备将 100 万元资金对外进行固定资产投资，有效期为 5 年，无残值。现有两个方案可供选择，其净现金流量如表 4-4 所示。

表 4-4 投资方案净现金流量表

方案	利润（万元）					
	第 1 年	第 2 年	第 3 年	第 4 年	第 5 年	合计
A 方案	25	25	25	25	25	125
B 方案	30	28	25	22	20	125

解析：

$$A \text{ 方案投资报酬率} = 25 \div 100 \times 100\% = 25\%$$
$$B \text{ 方案投资报酬率} = (30+28+25+22+20) \div 5 \times 100\% = 25\%$$

从以上计算结果来看，两个方案的投资报酬率相同，故选哪一个方案都可以。

投资报酬率法的优点是计算简单易于掌握，并能说明各投资方案的收益水平；缺点是没有考虑资金时间价值因素，不能正确反映建设期长短及投资方式不同和回收额的有无等条件对各方案的影响，该指标的分子是时间指标，分母是时点指标，分子、分母计算口径的可比性较差，无法直接利用净现金流量信息。只有投资报酬率指标大于或等于无风险投资报酬率的投资项目才具有财务可行性。

二、风险型决策

（一）概述

人们做一项决策，可能成功也可能失败，也就是会面临风险，对于企业经营管理工作也是如此。例如某企业经过市场调查和预测得知，某新产品在今后 5 年中在市场上的销售情况可能为畅销、一般、滞销，其概率分别 0.3、0.5 和 0.2。为使该新产品投产，该企业有两种可供选择的行动方案：一种方案是投资 16 万元新建一车间，按这种方案，市场畅销、一般和滞销三种情况下的利润情况分别为获利 50 万元、25 万元和亏损 5 万元；另一种方案是投资 3 万元扩建原有车间，在这种方案下，市场畅销、一般和滞销三种情况下的利润情况分别为获利 35 万元、20 万元和 5 万元，则该企业应确定哪一种行动方案较为合适？这就是一个典型的风险型决策。

风险型决策是指决策者根据几种不同自然状态可能发生的概率所进行的决策。由于这些自然状态受到政治、经济、技术、法律及消费者等诸多因素的影响，具有一定的随机性，故又称为随机型决策。在多数情况下，要获得较高收益的决策往往要冒较大的风险。

一般说来，风险型决策所处理的决策问题，通常应具备下列五个条件：

（1）存在决策者希望达到的一个明确目标；
（2）存在两个或两个以上的不以决策者主观意志为转移的自然状态，如市场销售情况的好、中等、不好；
（3）存在可供决策者选择的两个或两个以上的备选方案；
（4）不同方案在各种自然状态下的损益值，可以预先确定出来；

（5）各种自然状态发生的概率可以预先计算或估计出来。

由此可见，风险型决策是以概率为基础的，决策结果在实施过程中可能实现，也可能无法实现，这正是其风险性的体现。但是具有一定的风险性并不是说风险型决策就不能用，正是因为应用了统计规律，成功的决策还是占大多数，具有一定的科学性和可靠性。因此，风险型决策方法是应用较广泛的有效决策技术。风险型决策方法主要有决策表法、决策树法、最大可能决策法、效用分析决策法、马尔可夫决策法、贝叶斯决策法、灵敏性分析决策法等。虽然风险型决策方法有很多，各种方法都有一定的应用场合，但是有时几种方法可以同时应用于同一决策问题上，并且由于随机性或决策准则的不同而得到不同的决策结果。因此，在实际应用中，可以采用不同方法分别进行计算，然后再进行综合分析，以便减小决策的风险性。在这些方法中，最经常使用的是决策表法和决策树法，我们重点介绍一下这两种方法。

（二）风险型决策方法

1. 决策表法

决策表也叫决策矩阵表，它是采用结构矩阵来表述各种自然状态、可供选择的方案以及各方案的损益值，并计算出个方案的损益期望值，然后比较选出损益期望值最佳的方案为决策方案。决策表是风险型决策的常用基本工具，它的基本结构如表 4-5 所示。

表 4-5　决策表的基本结构

决策方案	自然状态			
	S_1	S_2	…	S_m
	概率 P_j			
	P_1	P_2	…	P_m
	损益值 x_{ij}			
A_1	x_{11}	x_{12}	…	x_{1m}
A_2	x_{21}	x_{22}	…	x_{2m}
⋮			⋮	
A_n	x_{n1}	x_{n2}	…	x_{nm}

从表 4-5 中可以看出，决策表内容包括：

（1）决策问题的各种备选方案，如表中第一列的 A_1，A_2，…，A_n。

（2）各种不同方案可能遇到的自然状态，如表的上部第二行的 S_1，S_2，…，S_m；每种自然状态可能发生的概率值，如表的上部第四行的 P_1，P_2，…，P_m，它是人们根据各种状态发生的历史统计资料统计得到的，其和等于 1。

（3）收益值或损失值，如表的主体部分 x_{11}，x_{12}，…，x_{n1}，x_{n2}，…，x_{nm}，它是根据有关信息资料，应用数量化方法计算出来的可量度的值。不同的决策问题，其收益值或损失值的含义不同，如销售利润、产值等。

决策表法是以损益期望值的大小为标准进行决策。对于一个方案 A_i，它的数学期望为：

$$E(A_i) = \sum_{j=1}^{m} x_j P_j$$

损益期望值标准可分为最大收益期望值标准和最小损失期望值标准两类。下面我们分别介绍这两种标准的决策表法的应用。

例题 4-6

某店 2019 年夏天主要销售新鲜水果，平均每箱水果进价为 40 元，销售价为 60 元。若当天进货的水果卖不完，由于要冷藏及折价处理，平均每箱亏损 10 元。已知该店 2018 年夏天同期每天水果销售情况如表 4-6 所示，请对该店今年夏天每天应进货多少箱水果做出决策？

表 4-6 该店 2018 年夏天同期每天水果销售情况表

日销售量（箱）	完成日销售量的天数（日）
120	18
140	27
160	36
180	9
合计	90

（1）以最大收益期望值标准来决策。

1）根据 2018 年同期水果销售资料，估算各种市场销售量的概率如表 4-6 所示。

从表 4-6 中可知，2018 年夏天每天销售水果 120 箱的概率为 18÷90=0.2，销售 140 箱的概率为 0.3，销售 160 箱的概率为 0.4，销售 180 箱的概率为 0.1。

2）拟定各种进货的备选方案。

根据以往销售资料，拟定 2019 年夏天每天水果进货方案：A_1 方案为 120 箱，A_2 方案为 140 箱，A_3 方案为 160 箱，A_4 方案为 180 箱，则拟定的决策表如表 4-7 所示。

表 4-7 该店 2019 年夏天水果进货方案收益值决策表

决策方案	市场销售状态			
	120 箱	140 箱	160 箱	180 箱
	概率			
	0.2	0.3	0.4	0.1
	收益值			
A_1 120 箱	2 400	2 400	2 400	2 400
A_2 140 箱	2 200	2 200	2 200	2 200
A_3 160 箱	2 000	2 000	2 000	2 000
A_4 180 箱	1 800	1 800	1 800	1 800

各方案的收益值计算方法如下：若当天进货为 A_1 方案 120 箱，遇到市场销售状态为 120 箱，收益值为 120×（60-40）=2 400（元），遇到市场销售状态为 140 箱、160 箱、180 箱，其收益值均为 120×（60-40）=2 400（元）。若当天进货为 A_2 方案为 140 箱，遇到市场销售状态为 120 箱，则收益值为 120×（60-40）+（140-120）×（-10）=2 200（元），遇到市场销售状态为 140 箱，则收益值为 140×（60-40）=2 800（元），遇到市场销售状态为 160 箱、180 箱，收益值均为 2 800 元。其余方案的计算，依此类推。

3）计算各方案的期望收益值。

A_1 方案期望收益值为：

$$2\,400×0.2+2\,400×0.3+2\,400×0.4+2\,400×0.1=2\,400（元）$$

同理 A_2，A_3，A_4 方案期望收益值分别为 2 680 元，2 780 元和 2 640 元，如表 4-8 所示。

表 4-8　该店 2019 年夏天水果进货方案最大收益期望值决策表

决策方案	市场销售状态				期望收益值
	120 箱	140 箱	160 箱	180 箱	
	概　率				
	0.2	0.3	0.4	0.1	
	收　益　值				
A_1 120 箱	2 400	2 400	2 400	2 400	2 400
A_2 140 箱	2 200	2 800	2 800	2 800	2 680
A_3 160 箱	2 000	2 600	2 600	2 600	2 780
A_4 180 箱	1 800	2 400	3 000	3 600	2 640

4）选择收益期望值最大的方案为决策的行动方案。

A_3 方案收益期望值最大，故为决策选择方案。

（2）以最小损失期望值标准来决策。

最小损失期望值标准是以追求销售损失最小为决策目标选择方案。这里的销售损失，既包括进货量高于市场需求量而折价处理的损失，也包括进货量低于市场需求量造成缺货而失去销售机会的利润损失。

其步骤与最大收益期望值标准法相同：

1）根据 2018 年同期水果销售资料，估算各种市场销售量的概率。

2）拟定各种进货的备选方案。

同样拟定 2019 年夏天每天水果进货方案为 A_1，A_2，A_3，A_4，具体如表 4-9 所示。

表 4-9　该店 2019 年夏天水果进货方案损失值决策表

决策方案	市场销售状态			
	120 箱	140 箱	160 箱	180 箱
	概　率			
	0.2	0.3	0.4	0.1
	损　失　值			
A_1 120 箱	0	400	800	1 200
A_2 140 箱	200	0	400	800
A_3 160 箱	400	200	0	400
A_4 180 箱	600	400	200	0

各方案的损失值计算方法如下：若当天进货为 A_1 方案 120 箱，遇到市场销售状态为 120 箱，损失为 0，如遇上市场销售状态为 140 箱，损失值为（140-120）×（60-40）= 400（元），遇上市场销售状态为 160 箱，损失值为（160-120）×（60-40）=800（元），遇上市场销售状态为 180 箱，损失值为（180-120）×（60-40）=1 200（元）。若当天进货为 A_2 方案为 140 箱，遇到市场销售状态为 120 箱，则损失值为（120-140）×（-10）=200（元），遇上市场销售状态为 140 箱，损失值为 0，遇上市场销售状态为 160 箱，损失值为（160-140）×（60-40）=400（元），遇上市场销售状态为 180 箱，损失值为（180-140）×（60-40）=800（元）。其余方案的计算，依此类推。

3）计算各方案的损失期望值。

A_1 方案的损失期望值为：

$$0×0.2+400×0.3+800×0.4+1\,200×0.1=560（元）$$

同理 A_2，A_3，A_4 方案损失期望值分别为 280 元，180 元和 320 元，如表 4-10 所示。

表 4-10　该店 2019 年夏天水果进货方案最小损失期望值决策表

决策方案	市场销售状态				损失期望值
	120 箱	140 箱	160 箱	180 箱	
	概　率				
	0.2	0.3	0.4	0.1	
	损　失　值				
A_1　120 箱	0	400	800	1200	560
A_2　140 箱	200	0	400	800	280
A_3　160 箱	400	200	0	400	180
A_4　180 箱	600	400	200	0	320

4）选择损失期望值最小的方案为决策的行动方案。

比较各方案的损失期望值，A_3 方案的损失期望值最小，所以，选择 A_3 方案为决策的行动方案。这一决策结果与最大收益值标准法的决策结果是一致的。

2. 决策树法

决策树法是指将决策的问题以树状图形来表达，并通过对图形的计算分析来选择决策行动方案的方法。这里的树状图形就称为"决策树"，它是对决策局面的一种图解，可以使决策问题形象化。

决策树一般由节点、方案分枝、概率分枝和收益值四个要素组成，按书写的逻辑顺序从左向右横向展开。节点分为方块节点和圆形节点，方块节点称为决策点，圆形节点称为状态点。由决策点引出若干条细枝，每条细枝代表一个方案，称为方案分枝。由状态点引出若干条细枝，每条细枝表示不同的自然状态，称为概率分枝。每条概率分枝上标明客观状态的内容和其出现的概率。概率分枝的末梢是一个小三角形，其标明该方案在该种自然状态下所达到的结果（收益值或损失值）。这样树状图形就由点到面、由简到繁展开，组成一个树状网络图，如图 4-5 所示。

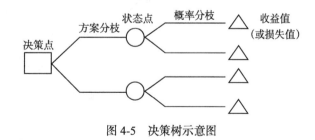

图 4-5　决策树示意图

应用决策树进行决策的具体步骤如下：

第一步，绘制决策树。绘制决策树的过程就是拟定各种方案，进行状态分析和估算方案条件结果的过程。首先对决策问题的发展进行分析，然后按决策树图的结构规范将各个方案由左向右来推画出决策树图，即其分析和绘制的逻辑顺序为：树根—树干—树枝—树梢。

第二步，计算期望值。将各自然状态的收益值或损失值分别乘以概率分枝上的概率，并将这些值相加，求出状态节点和决策节点的收益期望值或损失期望值。期望值的计算方法，从图的右边向左边逐步进行，即树梢—树枝—树干—树根，反推决策树。一般把计算结果标示在相应的节点的上方。

第三步，修枝选定方案。根据不同方案期望值的大小，从右向左进行修枝优选。舍去收益期望值小的方案，留下收益期望值最大的方案。在较复杂的决策问题中，此步骤常与计算收益期望值步骤交叉进行。修枝时要把修枝符号画在图上，最后便可得出最优方案。

决策树分析法的主要特点是运用决策树图使整个决策分析过程更加直观、简要、清晰。它既可用于单阶段的决策，也可用于多阶段的复杂决策。下面，我们通过简单的例子说明一下决策树的具体应用。

（1）单阶段决策。单阶段决策指的是在整个决策过程中只决策一次，就能选出行动方案。

例题 4-7

某企业为增加销售，拟定开发一个新产品。有两个方案可供选择。方案一：投资300万元，建大厂。建成后，如果销路好，每年获利100万元；如果销路差，每年将亏损20万元。方案二：投资180万元，建小厂。建成后，如果销路好，每年获利40万元；如果销路差，每年将获利20万元。各方案的使用年限为10年。据市场调查预测，新产品10年内销路好的概率是0.7，销路差的概率是0.3。该企业应如何决策？

解析：

1）绘制决策树。依据题意，画出决策树图，如图4-6所示。

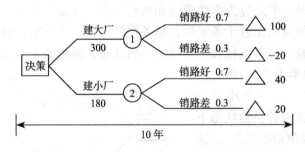

图4-6 某企业开发新产品的单阶段决策树示意图

2）计算期望值。从右到左，计算各节点期望值。

节点①收益期望值：[100×0.7+（-20）×0.3]×10=640（万元）

节点②收益期望值：（40×0.7+20×0.3）×10=340（万元）

将这一结果标在状态点的上方，如图4-7所示。

3）修枝选定方案。建大厂的总收益期望值为640-300=340（万元），建小厂的总收益期望值为340-180=160（万元），比较方案①、②，舍去②，最后决策结果为选择建大车间的方案，将其标在决策点的上方，并划掉方案②，如图4-8所示。

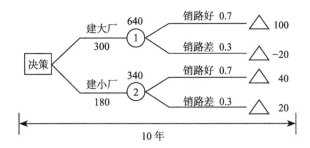

图 4-7 某企业开发新产品的单阶段决策树收益期望值计算图

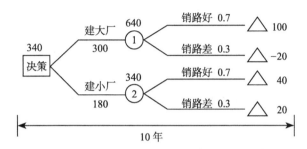

图 4-8 某企业开发新产品的单阶段决策树选定方案示意图

（2）多阶段决策。多阶段决策指的是决策问题较复杂，一次决策不能解决问题，需要进行多次决策才能确定决策的行动方案。

例题 4-8

某企业为增加销售，拟定开发一个新产品，有三个方案可供选择。方案一：投资 300 万元，建大厂。建成后，如果销路好，每年获利 100 万元；如果销路差，每年将亏损 20 万元。方案二：投资 180 万元，建小厂。建成后，如果销路好，每年获利 40 万元；如果销路差，每年将获利 20 万元。方案三：先投资 180 万元建小厂，建成后试销 3 年，若销路好再投资 120 万元扩建，扩建成大厂后，若销路好，每年盈利可增至 100 万元，如果销路差，每年将亏损 20 万元。各方案的使用年限均是 10 年。根据市场预测，这种新产品在今后 10 年内销路好的概率是 0.7，销路差的概率是 0.3。又预计如果前 3 年销路好，后 7 年销路好的概率是 0.9，如果前 3 年的销路差，后 7 年的销路肯定差。该企业应如何决策？

本例题实际上是上例的进一步扩展，即在原来两个方案的基础上，又增添了方案三，使决策问题更加复杂。这一决策包括两个问题的决策：一是建大厂好，还是建小厂好？二是建小厂 3 年后扩建好，还是不扩建好？故这一问题属于多阶段决策。

其步骤与单阶段决策一样。

解析：

1）绘制决策树。依据题意，画出决策树图，如图 4-9 所示。
2）计算期望值，并修枝选定方案。从右到左，计算各节点期望值。
节点⑦期望值：（40×0.9+20×0.1）×7=266（万元）
节点⑥期望值：[100×0.9+（-20）×0.1]×7=616（万元）

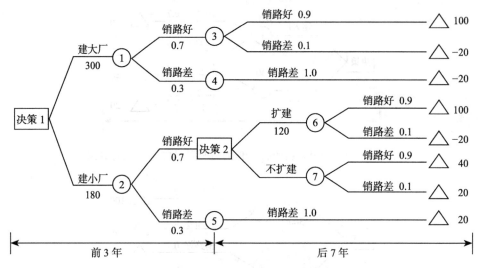

图 4-9 某企业开发新产品的多阶段决策树示意图

因此,若开始建小厂,后遇 3 年销路好的情况下,扩建成大厂的总收益期望值为 616-120=496(万元),不扩建的总收益期望值为 266 万元,比较方案⑥、⑦,舍去⑦,选择⑥。

节点⑤期望值:$20 \times 1.0 \times 7 = 140$(万元)

节点④期望值:$(-20) \times 1.0 \times 7 = -140$(万元)

节点③期望值:$[100 \times 0.9 + (-20) \times 0.1] \times 7 = 616$(万元)

节点②期望值:$(496 + 40 \times 3) \times 0.7 + (140 + 20 \times 3) \times 0.3 = 491.2$(万元)

节点①期望值:$(616 + 100 \times 3) \times 0.7 + [(-140) + (-20) \times 3] \times 0.3 = 581.2$(万元)

因此,建大厂的总收益期望值为 581.2-300=281.2(万元),建小厂的总收益期望值为 491.2-180=311.2(万元),比较方案①、②,舍去①,选择②。

将这一结果标在状态点和决策点的上方,如图 4-10 所示。

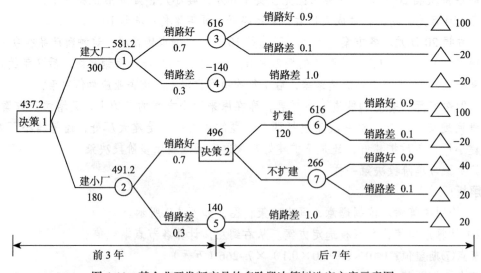

图 4-10 某企业开发新产品的多阶段决策树选定方案示意图

综合以上收益期望值计算与剪枝过程可知，该问题的决策方案应该是：选择方案三，即先建小厂，若前3年销路好，再扩建成大厂。

三、不确定型决策

（一）概述

不确定型决策是决策者对决策因素的未来状态和决策后可能出现的结果虽有所了解，但不是肯定的，并且对各种可能结果没有客观的概率作依据，也无经验统计数据可循，因此这是一种既非确定型，也非风险型的决策。例如某人需要对一部分闲散资金进行投资，并希望能获得一定的收益，于是他设定了三个可操作的决策方案：一是投资股票；二是投资商业项目；三是购买彩票。这三种方案都有可能获得收益，但是也存在不同程度的风险，且这种风险难以评估。因此在进行不确定型决策时，决策者一般以自己的风险偏好以及以往的经验作为决策参考。

一般说来，不确定型决策所处理的决策问题，通常应具备下列五个条件：

（1）存在决策者希望达到的一个明确目标；

（2）存在两个或两个以上的不以决策者主观意志为转移的自然状态，如市场销售情况的好、中等、不好；

（3）存在两个或两个以上的备选方案；

（4）不同方案在各种自然状态下的损益值可以预先确定出来；

（5）各种自然状态发生的概率不可以预先计算或估计出来。

由于不确定型决策所采用的标准主要取决于决策者的素质和特点，因此不确定型决策方法主要有乐观法、悲观法、等可能法、乐观系数法和最小最大后悔值法。

（二）不确定型决策方法

1. 乐观法

乐观法又称"好中求好"法、大中取大法、最大的最大收益法。决策者不知道各种自然状态中任一种可能发生的概率，但是其对未来形势比较乐观，认为未来会出现最好的自然状态，因此在决策时，决策目标是获得最大收益。采用乐观法，决策者首先要确定各种状态下每个方案的最大收益值，然后再从中选择最大者，并以其相对应的方案作为所要选择的方案。由于根据这种方法决策也能有最大亏损的结果，因而也称之为冒险投机的准则。

例题 4-9

某企业准备生产一种新产品，对市场需求状态出现的概率无法确切得知，只知道可能出现高需求、一般需求、低需求三种状态。现在有 A_1、A_2、A_3 三种方案可供选择，各方案在不同需求状态下的收益如表 4-11 所示。试采用乐观法选择合适的生产方案。

解析：

该项目每种方案共有 3 种自然状态，根据乐观法的原则，先选出每个方案下的最大收益值,即:A_1 方案,20万元;A_2 方案,16万元;A_3 方案,12万元。乐观法方案选择如表 4-12 所示。

表 4-11　备选方案收益表

方案	各需求状态下的收益值(万元)		
	高需求	一般需求	低需求
A_1	20	12	7
A_2	16	16	10
A_3	12	12	12

表 4-12　乐观法方案选择表

方案	各需求状态下的收益值(万元)			乐观法方案收益值(万元)
	高需求	一般需求	低需求	
A_1	20	12	7	20
A_2	16	16	10	16
A_3	12	12	12	12

然后再从这三个收益值中选出最大收益值,即 20 万元。其对应的是 A_1 方案,因此应选取 A_1 方案作为最优方案。

2. 悲观法

悲观法也称瓦尔德决策准则、小中取大法、"坏中求好"法、最大的最小收益值准则。它正好与乐观法相反,决策者不知道各种自然状态中任一种发生的概率,但是其对未来形势比较悲观,认为未来会出现最差的自然状态,因此在决策时,决策目标是避免最坏的结果,力求风险最小。采用悲观法进行决策时,首先要确定各种状态下每一可选方案的最小收益值,然后从这些最小收益值中选出一个最大值,并以其相对应的方案作为所要选择的方案。由于根据这种方法决策,不论采取哪种方案,都只能获取该方案的最小收益,因而也称之为保守法。

例题 4-10

同例题 4-9 的题干,试采用悲观法选择合适的生产方案。

解析:

该项目每种方案共有 3 种自然状态,根据悲观法的原则,先选出每个方案下的最小收益值,即:A_1 方案,7 万元;A_2 方案,10 万元;A_3 方案,12 万元。悲观法方案选择如表 4-13 所示。

表 4-13　悲观法方案选择表

方案	各需求状态下的收益值(万元)			悲观法方案收益值(万元)
	高需求	一般需求	低需求	
A_1	20	12	7	7
A_2	16	16	10	10
A_3	12	12	12	12

然后再从这三个收益值中选出最大收益值,即 12 万元。其对应的是 A_3 方案,因此应选取 A_3 方案作为最优方案。

3. 等可能法

等可能法也称拉普拉斯决策准则、机会均等法。这种方法是在决策过程中,决策者不知道各种自然状态中任一种发生的概率,不能肯定哪种状态容易出现,哪种状态不容易出现时,可以一视同仁,认为各种状态出现的可能性是相等的。如果有 n 个自然状态,那么每个自然状态出现的概率即为 $1/n$,然后通过选取收益期望值最大的或损失期望值最小的方案进行决策。

例题 4-11

同例题 4-9 的题干,试采用等可能法选择合适的生产方案。

解析:

该项目每种方案共有 3 种自然状态,根据等可能法的原则,每种自然状态出现的概率都为 1/3,则各方案平均收益值如下:

A_1 方案:(20+12+7)÷3 = 13(万元)
A_2 方案:(16+16+10)÷3 = 14(万元)
A_3 方案:(12+12+12)÷3 = 12(万元)

等可能法方案选择如表 4-14 所示。

表 4-14 等可能法方案选择表

方案	各需求状态下的收益值(万元)			等可能法方案收益值(万元)
	高需求	一般需求	低需求	
A_1	20	12	7	13
A_2	16	16	10	14
A_3	12	12	12	12

然后再从这三个收益值中选出最大收益值,即 14 万元。其对应的是 A_2 方案,因此应选取 A_2 方案作为最优方案。

4. 乐观系数法

乐观系数法又称赫威茨决策准则、折中法。它是介于乐观法和悲观法之间的一种决策方法,这种方法认为,决策者对未来的形势既不应该盲目乐观,也不应过分悲观。因此就不应在所有的方案中只选择收益最大的方案,也不应该从每一个方案的最坏处着眼进行决策,而是应该在极端乐观和极端悲观之间,根据经验和判断确定一个乐观系数,通过乐观系数确定一个适当的值作为决策依据。若以 α 表示乐观系数,则 α 应介于 0 和 1 之间,而 $1-\alpha$ 就是悲观系数。以 α 和 $1-\alpha$ 为权重对每一个方案的最大收益值和最小收益值进行加权平均,得到每一个方案的收益期望值,然后通过选取各方案的收益期望值中最大或损失期望值中最小的方案进行决策。

例题 4-12

同例题 4-9 的题干，又根据调查确定乐观系数为 $\alpha=0.7$，试采用乐观系数法选择合适的生产方案。

解析：

根据题意，决策者的乐观系数为 $\alpha=0.7$，因此其悲观系数为 $1-\alpha=0.3$。

该项目每种方案共有 3 种自然状态，根据乐观系数法的原则，选出每个方案下的最大和最小收益值，并与乐观系数和悲观系数进行加权平均，则得到各方案的期望收益值如下：

A_1 方案：$20\times0.7+7\times0.3=16.1$（万元）

A_2 方案：$16\times0.7+10\times0.3=14.2$（万元）

A_3 方案：$12\times0.7+12\times0.3=12$（万元）

乐观系数法方案选择如表 4-15 所示。

表 4-15 乐观系数法方案选择表

方案	各需求状态下的收益值（万元）			乐观系数法方案收益值（万元）
	高需求	一般需求	低需求	
A_1	20	12	7	16.1
A_2	16	16	10	14.2
A_3	12	12	12	12

然后再从这三个收益期望值中选出最大收益值，即 16.1 万元。其对应的是 A_1 方案，因此应选取 A_1 方案作为最优方案。

但是，应用乐观系数法需要注意的是，乐观系数 α 取值不同，可以得到不同的决策结果。到底 α 取什么值合适，这要视具体客观情况而定。如果当时的情况比较乐观，则 α 可取得大些；反之，α 应取得小些。

5. 最小最大后悔值法

最小最大后悔值法也称萨凡奇决策准则、极小极大损益值法、大中取小法。这种方法是在决策过程中，决策者不知道各种自然状态中任一种发生的概率，其决策目标是确保避免较大的机会损失。因此，后悔值又称为机会损失值，即由于决策失误而造成的其实际收益值与最大可能的收益值的差距。运用最小最大后悔值法时，首先要将决策矩阵从利润矩阵转变为机会损失矩阵，然后确定每一可选方案的最大机会损失，最后通过选取各方案的最大机会损失中最小机会损失值的方案进行决策。

例题 4-13

同例题 4-9 的题干，试采用最小最大后悔值法选择合适的生产方案。

解析：

该项目每种方案共有 3 种自然状态，根据最小最大后悔值法，首先计算每个方案在每种自然状态下的机会损失值。

在市场高需求的情况下，采用 A_1 方案可获得最大收益，故此种自然状态下的最大收益值为 20 万元，因此如果出现高需求状态，则各方案的机会损失值为：

A_1 方案：20-20=0（万元）

A_2 方案：20-16=4（万元）

A_3 方案：20-12=8（万元）

同理可以计算出在市场存在一般需求的情况下和市场低需求的情况下各方案的机会损失值。然后确定每一种可选方案的最大机会损失值，如表 4-16 所示。

表 4-16 最小最大后悔值法各方案机会损失值

方案	各需求状态下机会损失值（万元）			最小最大后悔值法方案机会损失值（万元）
	高需求	一般需求	低需求	
A_1	0	4	5	5
A_2	4	0	2	4
A_3	8	4	0	8

然后再从这三个损失值中选出最小机会损失值，即 4 万元。其对应的是 A_2 方案，因此应选取 A_2 方案作为最优方案。

本章小结

在日常经营过程中，企业会面临各种各样的管理问题，管理者需要做出大量的决策。决策正确与否直接关系到一个企业的成败。但是经营决策绝不是一个"拍脑袋"的行为，而是为了实现一定的目标、解决一定的问题，有意识地寻求多种实施方案，按决策者的智慧、经验、胆识和决策标准，进行比较分析，从中选出一个经济上最优（或最满意）的方案，并予以实施及控制的过程。因此，我们在进行决策时需要遵循一定的原则，采用科学的程序，根据决策问题的具体情况，选择合适的定性和定量的决策方法，只有这样才能做出正确的决策。

关键术语

经营决策　　确定型决策　　风险型决策　　不确定型决策　　德尔菲法

专家意见法　　头脑风暴法　　量本利分析法

思考题

1. 某企业生产某产品，预计产量 700 吨，年总固定成本 100 万元，单价 4 000 元/吨，单位变动成本 2 000 元，求盈亏平衡产量和经营安全率，并判断该产品是否可生产。

2. 某饲料公司用甲、乙两种原料配制饲料，甲、乙两种原料的营养成分及配合饲料中所含各营养成分最低量由表 4-17 给出。已知单位甲、乙原料的单价分别为 10 元和 20 元，求满足营养需要的饲料最小成本配方。

表 4-17　甲、乙两种原料营养成分含量及最低需要量　　（单位：克/千克）

营养成分	甲原料	乙原料	配制饲料的最低含量
钙	1	1	10
蛋白质	3	1	15
热量	1	6	15

3. 某企业由于生产工艺较落后，产品成本高，在价格保持中等水平的情况下无利可图，在价格低落时就要亏损，只有在价格较高时才能盈利。鉴于这种情况，企业管理者有意改进其生产工艺，即用新的工艺代替原来旧的生产工艺。现在，取得新的生产工艺有两种途径：一是自行研制，但其成功的概率是 0.6；二是购买专利，估计谈判成功的概率是 0.8。如果自行研制成功或者谈判成功，生产规模都将考虑两种方案：一是产量不变；二是增加产量。如果自行研制或谈判都失败，则仍采用原工艺进行生产，并保持原生产规模不变。据市场预测，该企业的产品今后跌价的概率是 0.1，价格保持中等水平的概率是 0.5，涨价的概率是 0.4。表 4-18 给出了各方案在不同价格状态下的损益值。试问：对于这一问题，该企业应该如何决策？

表 4-18　某企业各种生产方案下的损益值

损益值（万元）\方案　价格状态（概率）	按原工艺生产	改进工艺成功			
		购买专利成功（0.8）		自行研制成功（0.6）	
		产量不变	增加产量	产量不变	增加产量
价格低落（0.1）	−100	−200	−300	−200	−300
价格中等（0.5）	0	50	50	0	−250
价格上涨（0.4）	100	150	250	200	600

4. 某企业计划开发新产品，有三种设计方案可供选择。不同的设计方案制造成本、产品性能各不相同，在不同的市场状态下的损益值也不同。有关资料如表 4-19 所示。试用乐观法、悲观法、等可能法、乐观系数法和最小最大后悔值法分别选出最佳方案（假设乐观系数值为 0.7）。

表 4-19　备选方案损益表

方案	各市场状态下的收益值（万元）		
	畅销	一般	滞销
方案 A	150	100	50
方案 B	180	80	25
方案 C	250	50	10

Chapter5
第五章

企业营销管理

⚠ 教学目标

通过本章的学习，学生应能够对市场营销的相关概念、观念演变以及市场营销组合策略有较深刻的理解，并对市场细分和市场定位有一定的了解。借助本章的知识，学生可以对企业经营过程中遇到的有关营销问题有一个初步的认识，并能针对具体营销问题做出相应的分析和判断，使企业的营销策略可以更好地为企业发展出力。

⚠ 教学要求

本章要求学生了解市场营销的概念及市场营销观念的演变，理解市场细分的概念、市场细分的标准、目标市场的选择及目标市场营销策略，了解市场定位的概念，掌握市场营销组合策略、产品的整体概念，理解影响定价的因素，掌握定价方法、分销渠道的类型、掌握促销的概念及促销的基本方式。

📚 引导案例

搜索引擎营销在奥巴马及其竞选团队中的运用

2008年1～4月，美国总统候选人奥巴马及其竞选团队，为了宣传其竞选战略和竞选主张，在网络营销方面投入了347万美元，其中82%（280多万美元）用在了搜索引擎营销方面。

因为考虑到公众可能根本不关心选举，但他们一定会关心自己的工作、油价、伊拉克战争、金融危机、医疗改革、刺激经济计划等，所以除了选用大量与奥巴马竞选有关的关键词（如"Obama""change""Barack Obama"等）外，还选用了大量当时美国人非常关心的关键词（如油价、伊拉克战争、金融危机、医疗改革、刺激经济计划等）。一旦公众上网查询他们所关注的这类信息，候选人奥巴马的政治主张就会铺天盖地而来。

对于奥巴马的竞选团队的做法，社会上有一些不同的看法：有的人对此大为叫好，认为此举是促进他最后获胜的关键举措之一；也有人对此并不认同，认为如果将这些钱用于多办几场竞选晚会，效果同样很好。

这是一个团队要把一个人营销出去，在采用传统的营销方法的同时加入了网络营销的方法和工具的典型案例。

第一节　市场营销概述

进入 21 世纪，企业所处的环境发生了巨大的变化，使得市场营销在现代企业中的作用日益重要，这种变化表现在以下五个方面：经济全球化进程加快，全球市场逐渐形成，竞争加剧；全球范围内收入水平提高，收入分配不平衡，收入差距扩大；信息技术飞速发展，知识经济已见端倪，人类正由工业社会向信息社会、服务社会转变；买方市场逐渐形成，消费者的选择在交易中的作用提高；顾客需求多样化、个性化，需求水平提升，需求层次丰富。以上这些变化，都对现代企业的生存和发展提出了新的要求。企业需要加强市场营销的职能，改变传统观念，重新组织和调配企业的各种资源，只有这样才能适应环境的变化，实现企业的目标。

一、市场营销的概念

市场营销是指个人或群体通过创造并同他人交换产品和价值，以满足需求和欲望的一种社会管理过程。这一概念可从以下几点来理解。

（1）市场营销的主体是人和群体。
（2）市场营销的目标是满足个人或群体的需求和欲望。
（3）市场营销活动的方式是创造和交换。这反映了市场营销活动是营销者面对竞争把握市场机会、创造市场机会、主动适应市场、顺利实现交换的过程。
（4）市场营销的本质是社会管理过程。这个过程从生产之前的市场调研开始到分析市场机会，进行市场细分，选择目标市场，规划实施产品策略、价格策略、分销渠道策略、促销策略，到销售后开展售后服务。

二、市场营销观念的演变

市场营销观念是企业在开展市场营销活动的过程中，处理企业、顾客和社会三者利益方面所持的态度和指导思想。任何市场营销活动都是在一定的营销观念指导下进行的。随着社会经济的发展和市场形势的不断变化，支配企业市场营销活动的观念也经历了不断的演变过程，从"我们生产什么，就销售什么"的生产观念到"消费者喜欢高质量、多功能和有特色的产品"的产品观念，而这两种观念都属于以生产为中心的经营思想，都没有把市场需求放在首位；再到"我们卖什么，就让消费者买什么"的推销观念，这里企业是被动地应对市场；继而到"消费者需要什么，企业就生产或经营什么""哪里有消费者需求，哪里就有市场营销"的市场营销观念和社会营销观念等。

其中市场营销观念与传统营销观念的根本区别可归纳为以下几点：
（1）出发点不同。传统营销观念从企业出发；市场营销观念则从市场出发。
（2）中心不同。传统营销观念以产品为中心，企业围绕产品的数量和结构来安排生产和购销计划；市场营销观念以顾客为中心，按照顾客需求来安排生产和购销计划。

（3）手段不同。传统营销观念以推销和促销活动为主要手段；市场营销观念则以整体市场营销为主要手段。

（4）目的不同。传统营销观念注重通过扩大销售量来获取利润；市场营销观念强调通过满足需求来获取利润。

三、市场营销管理

市场营销管理是指为了实现企业目标，创造、建立和保持与目标市场之间的互利交换的关系，而对设计方案进行的分析、计划、执行和控制。市场营销管理的实质是需求管理。

（一）市场营销管理的任务

企业通常都有一个预期的目标市场交易水平，即预期的需求水平，而实际需求水平可能低于、等于或高于预期的需求水平。这样就会导致多种不同的需求情况，而企业的市场营销管理必须善于应付这些不同的需求情况，调整、缩减、限制与供给相协调。因此在不同的需求情况下，市场营销管理就有不同的任务。

（1）负需求。负需求是指绝大多数人对某个产品感到厌恶，甚至愿意出钱回避它的一种需求状况。在负需求情况下，市场营销管理的任务是改变市场营销，即分析市场为什么不喜欢这种产品，以及是否可以通过产品重新设计、降低价格和积极促销的市场营销方案来改变市场的信念和态度，将负需求转变为正需求。

（2）无需求。无需求是指目标市场对产品毫无兴趣或漠不关心的一种需求状况。无需求状况下的产品通常是那些新产品或新的服务项目，或是那些非生活必需的装饰品、赏玩品等。在无需求情况下，市场营销管理的任务是刺激市场营销，即通过大力促销及其他市场营销措施，努力将产品所能提供的利益与人们的各种需要和兴趣联系起来。

（3）潜伏需求。潜伏需求是指相当一部分消费者对某种产品或服务有强烈的需求，而现有产品或服务又无法使他们满足的一种需求状况。在潜伏需求情况下，市场营销管理的任务是开发市场营销，即开展市场营销研究和潜在市场范围的测量，进而开发有效的物品和服务来满足这些需求，将潜伏需求变为现实需求。

（4）下降需求。下降需求是指市场对一个或几个产品的需求呈下降趋势的一种需求状况。在下降需求情况下，市场营销管理的任务是重振市场营销，即分析需求衰退的原因，进而开拓新的目标市场，改进产品特色和外观，或采用更有效的沟通手段来重新刺激需求，使老产品开始新的生命周期，并通过创造性的产品再营销来扭转需求下降的趋势。

（5）不规则需求。不规则需求是指某些产品或服务的市场需求在一年的不同季节，或一周的不同日子，甚至一天的不同时间上下波动很大的一种需求状况。在不规则需求情况下，市场营销管理的任务是协调市场营销，即通过灵活定价、大力促销及其他刺激手段来改变需求的时间模式，使产品或服务的市场供给与需求在时间上协调一致。

（6）充分需求。充分需求是指某种产品或服务目前的需求水平和时间等于预期的需求水平和时间的一种需求状况。这是企业最理想的一种需求状况。但是，在动态市场上，消费者的偏好会不断变化，竞争也会日趋激烈。因此，在充分需求情况下，市场营销管理的任务是维持市场营销，即努力保持产品质量，经常测量消费者满意程度，通过降低成本来保持合理价格，并激励推销人员和经销商大力推销，千方百计地维持目前的需求水平。

（7）过量需求。过量需求是指某种产品或服务的市场需求超过了企业所能供给或所愿供给的水平的一种需求状况。在过量需求情况下，市场营销管理的任务是降低市场营销，即通过提高价格、合理分销产品、减少服务和促销等措施，暂时或永久地降低市场需求水平，或者是设法降低来自盈利较少或服务需要不大的市场的需求水平。需要强调的是，降低市场营销并不是杜绝需求，而是降低需求或欲望的水平。

（8）有害需求。有害需求是指市场对某些有害产品或服务的需求。对于有害需求，市场营销管理的任务是反市场营销，即采取劝说喜欢有害产品或服务的消费者放弃这种爱好和需求、大力宣传有害产品或服务的严重危害性、大幅度提高价格、停止生产供应等措施杜绝需求。降低市场营销与反市场营销的区别在于：前者是采取措施减少需求，后者是采取措施将需求降为零。

(二) 市场营销管理过程

所谓市场营销管理过程，就是企业识别、分析、选择和发掘市场营销机会，以实现企业的战略任务和目标的管理过程。它包括发现和评价市场营销机会、研究和选择目标市场、设计市场营销组合与管理市场营销活动四个步骤。

1. 发现和评价市场营销机会

市场营销机会就是未满足的需求。在任何经济制度下，在任何市场上，都存在一些未满足的需求。企业可以运用询问调查法、德尔菲法、课题招标法、头脑风暴法，以及通过阅读报刊、参加展销会、召开座谈会、研究竞争者的产品、进行市场细分化等方法来寻找与识别市场营销机会。然而，客观存在的市场营销机会还只是"环境机会"，并不等于某一企业的"企业营销机会"。"环境机会"成为"企业营销机会"是有条件的，那就是：它必须与企业的任务与目标相吻合；企业具有利用该机会的资源、经济实力和能力；利用该机会能较好地发挥企业的竞争优势，且使企业获得较大的差别利益。因此，企业的营销人员必须对已发现的环境机会进行分析评估，从中选出最适合本企业的营销机会。

2. 研究和选择目标市场

市场是由多种类型的顾客构成的，这些顾客在需求和欲望、购买动机与购买行为、地理位置及经济收入等方面显然存在差异。任何企业无论规模多大、技术多先进、实力多雄厚、营销管理能力多强，都不可能满足整个市场所有购买者的所有需求，也不可能为所有购买者提供服务。因此，企业在寻找、识别和选择了恰当的市场机会之后，还要进一步细分市场、确定目标市场和确立市场定位。

3. 设计市场营销组合

在选择了目标市场和确立市场定位以后，企业需要制定市场营销组合策略。所谓市场营销组合，是企业对自己可控制的各种市场手段优化组合的综合运用，以便更好地实现营销目标。关于市场营销组合理论，最有代表性的是 4P 理论。近年来又出现了 4C 和 4R 理论。

（1）4P 理论。4P 即产品（product）、价格（price）、分销渠道（place）、促销（promotion）。市场营销组合就是这 4 个"P"的适当组合与搭配，它体现了现代市场营销观念中的整体营销思想。

（2）4C理论。随着市场竞争日趋激烈，媒介传播速度越来越快，4P理论越来越受到挑战。到20世纪80年代，美国营销专家针对4P存在的问题提出了4C营销理论。4C即customer, cost, convenience, communication，分别指顾客的需求、顾客为满足需求所需付出的成本、如何使顾客更方便地购得产品、正确有效地与顾客沟通。4C理论是一种彻底的以顾客为导向的营销理论。在当前互联网时代，这一理论的意义尤为显著，企业通过互联网可以与顾客直接沟通联系，那么顾客需要什么样的商品、顾客满意什么样的价格、如何更方便有效地沟通与购买等，企业都能了如指掌。企业要想在激烈的市场竞争中获得胜利，4C理论是其在互联网环境下首先要考虑的理论。

4. 管理市场营销活动

管理市场营销活动包括市场营销计划的制订、实施和控制。

市场营销计划是企业整体战略规划在营销领域的具体化，是企业的一种职能计划。切实可行的市场营销计划是在企业的营销部门深入调研的基础上，根据企业的营销目标和营销战略的要求，结合企业本身的有关情况，运用适当的方法而制订的。市场营销计划的制订只是营销工作的开始，更重要的在于市场营销的实施与控制。

市场营销的实施包括五个方面：一是要建立合理的营销组织，使营销组织系统中的各个子系统协调运转；二是企业营销部门与其他部门密切配合，协调一致；三是企业营销部门应该制订更为详细的行动方案，明确应完成的任务、由谁来完成及何时完成；四是要合理地调配人才资源，提高营销工作效率；五是要建立行之有效的管理制度及科学的管理程序，充分调动营销人员的积极性，以有利于圆满地完成企业的市场营销计划。由于受内外部环境变化的影响，企业在实施市场营销计划的过程中，可能会出现许多预料不到的情况。因此，企业需要运用营销控制系统来保证市场营销目标的实现。营销控制系统主要包括年度计划控制系统、盈利率控制系统和战略控制系统三种，通过这些控制系统，企业可及时发现计划实施中存在的问题或计划本身的问题，诊断产生问题的原因并及时反馈给有关的决策者和管理者，以便采取适当的纠正措施。

第二节　市场细分与市场定位

对企业而言，其大多数产品面对的是一个由人数众多的消费者组成的大市场，一个复杂多变、购买者众多、分布广泛、需求多样的市场。对任何企业而言，它们都受到自身实力和资源的限制，很难去满足所有的市场需求，因此企业必须对市场进行细分，选择目标市场，制定合适的市场定位以获取最大的利润。市场细分、目标市场选择和市场定位是现代市场营销的重要内容，也是实施各项具体营销策略的基本前提。

一、市场细分

（一）市场细分的概念和作用

市场细分，是依据消费者需求和购买行为等方面的明显差异性，把某种产品的整体市场划分为不同类型的消费群即若干同质细分市场或子市场的过程。一个企业不可能在所有的市场上都取得成功，只有识别一部分消费者的详细需求，并集中为这一部分消费者提供优质产品和服务，才能获得消费者满意，保持企业的竞争优势。

市场细分有利于企业分析、发掘新的市场机会，形成新的富有吸引力的目标市场；有利于企业集中使用资源，增强企业的市场竞争能力；有利于企业制定和调整市场营销组合策略，实现企业市场营销战略目标；有利于企业集中资源进行针对性营销，提高经济效益。

（二）市场细分的标准

市场细分是建立在市场需求差异性基础上的，因而形成需求差异性的因素就可以作为市场细分的标准或依据。由于市场类型不同，市场细分的标准也有所不同。

1. 消费者市场的细分标准

（1）地理因素。地理细分是指依据消费者居住的地理位置与自然环境不同来进行市场细分，具体变量包括国别、城市、乡村、气候、地形地貌等。以地理因素作为市场细分的标准，是因为处于不同地区的消费者的消费需求和消费行为特征有明显差别。

（2）人口因素。人口细分是指依据人口统计变量所反映的内容，如年龄、性别、家庭人数、家庭生命周期、收入、职业、文化水平、宗教信仰等来细分市场。人口因素对消费者需求的影响是直接的、明显的。

（3）心理因素。心理细分是指依据消费者心理因素，即根据消费者的个性、生活方式、购买动机、消费习惯等进行市场细分。

（4）行为因素。行为细分是指依据消费者购买行为的不同来细分市场的，例如，消费者购买或使用某种产品的时机、消费者所追求的利益、使用者情况、使用频率、对品牌的忠实程度等。

2. 组织市场的细分标准

由于组织市场的购买者及其购买目的与消费者市场不同，所以组织市场细分的标准有所区别。

（1）用户的行业类别。用户的行业类别包括轻工、食品、纺织、机械、电子、冶金、汽车、建筑等行业。用户的行业不同，其需求有很大差异，企业应在市场细分的基础上采取不同的营销策略。

（2）用户规模。按规模不同，组织市场的用户可分为大型、中型、小型企业，或者大用户、小用户等。不同规模的用户，其购买力、购买批量、购买频率、购买行为和购买方式各不相同。一般来说，大用户数目少，但购买量大，对企业的销售有着举足轻重的作用，应予以特殊重视，可保持直接的、经常的业务联系；小用户则相反，数目众多但单位购买量较少，企业可以更多地利用中间商进行产品营销工作。

（3）用户所处的地理位置。用户所处的地理位置对于企业的营销工作，特别是上门推销、运输、仓储等活动有很大的影响。按用户所处的地理位置细分市场，有助于企业将目标市场选择在用户集中的地区，有利于提高销售量，节省营销费用，节约运输成本。

二、目标市场选择

目标市场的选择就是根据细分市场来确定企业的服务对象。

(一) 评价细分市场

企业对细分市场进行评价时，要考虑的因素有以下四个。

(1) 存在尚未满足的需求。这是选择目标市场时首先要考虑的因素。需求是企业生产经营之本，只有企业选择的目标市场存在尚未得到满足的需求，才有进入的价值。

(2) 有足够的销售量。企业选择的目标市场不仅要有需求，而且要有足够的销售量，也就是说，要有足够的消费者愿意并能够通过交换来满足这种需求。

(3) 未被竞争者完全控制，有进入的余地。企业选择的目标市场，应该是没有完全被竞争者控制的市场。一般来说有两种可能性：一是竞争尚不激烈，有进入的余地；二是表面上完全控制，但实际上仍有缝隙可钻。

(4) 企业具备进入目标市场的能力。企业选择目标市场既要考虑外部条件，即目标市场情况，又要考虑企业自身的主观条件，即是否具备足以满足目标市场需求的企业经营资源和市场营销能力等。

(二) 选择目标市场的模式

在对细分市场评价的基础上，企业可以有不同的选择目标市场的模式，以决定进入哪些目标市场以及如何进入。一般有以下五种基本模式可以选择。

(1) 单一市场集中化。这是最简单的模式，即企业选择一个细分市场。企业对目标市场采用集中化营销策略，既可以更清楚地了解目标市场的需求，树立良好的声誉，巩固在目标市场的地位，又可以充分利用生产、销售的专业化优势，取得较好的投资收益。但是，高度集中化又会带来较高的市场风险。

(2) 选择性专业化。这种模式是指企业有选择地进入几个细分市场。这些细分市场都符合企业的目标和资源条件的要求，都具有吸引力，可以为企业带来收益，且市场之间相互影响较小。这种选择多个分散目标市场分别专业化的模式可以减少企业的市场风险和经营风险。

(3) 产品专业化。这种模式是指企业同时向几个细分市场提供一种产品。这种模式，可以充分发挥产品生产的专业化优势，提高质量，降低成本，从而提高企业的盈利能力。但是，这种模式会受到竞争者对目标市场的挑战，影响企业市场的稳固。

(4) 市场专业化。这种模式是指企业针对目标市场提供多种产品，满足顾客的各种需求。其优点是能满足顾客不同层次的需求，提高顾客的满意水平。但是，由于市场比较集中，企业的经营和盈利受市场规模的限制较多。

(5) 全面进入。这种模式是指企业为所有顾客群提供他们所需要的所有产品。只有实力雄厚的大企业才能做到这一点，才适合采取这种模式。

(三) 目标市场营销策略

目标市场一旦确定，就需要根据目标市场的需求特点制定相应的市场营销策略。概括起来，目标市场营销策略可分为三个类型。

（1）无差异市场营销策略。无差异市场营销策略就是企业不考虑细分市场的差异性，把整体市场作为目标市场，对所有的消费者只提供一种产品，采用单一市场营销组合的目标市场策略。这种策略的优点是产品的品种、规格、款式简单，有利于标准化与大规模生产，有利于降低研发、生产、存储、运输、促销等过程中的成本费用。其主要缺点是单一产品要以同样的方式广泛销售并受到所有购买者的欢迎几乎是不可能的，企业一般不宜长期采用该策略。

（2）差异性市场营销策略。差异性市场营销策略是在市场细分的基础上，企业以两个以上乃至全部细分市场为目标市场，分别为之设计不同的产品，采取不同的市场营销组合，满足不同消费者的需求的目标市场策略。差异性市场营销策略的优点在于：第一，针对不同的目标市场，制订不同市场营销方案，进行针对性较强的市场营销活动，能够分别满足不同顾客群的需求，易于收到较好的效果；第二，选择两个以上目标市场可以使企业取得连带优势，提高企业的知名度。当然，实行差异性市场营销策略，会使企业的生产成本、管理费用、销售费用等大幅度增加。因此，实施差异性市场营销策略要求所带来的收益超过所增加的成本费用，并且要求企业具有较为雄厚的财力、物力和人力条件。

（3）集中性市场营销策略。集中性市场营销策略是指在市场细分的基础上，选择其中一个细分市场作为企业的目标市场，集中力量为该市场开发一种理想的产品，实行高度专业化的生产和销售。这种市场营销策略主要适用于资源有限的中小企业。中小企业无力与大企业抗衡，在一些大企业尚未或不愿涉足的小细分市场上全力以赴，往往易于取得成功。这一策略的不足之处是风险较大，一旦目标市场发生变化，有时会对企业产生致命的打击。因此，采用这一策略的企业要密切注意目标市场的动向，提高应变能力。

三、市场定位

（一）市场定位的概念

市场定位是指根据消费者对产品或品牌的心理知觉来确定产品或品牌在其心目中的地位并塑造良好形象。定位的目的是使目标市场能够识别出企业独特的产品或形象。具体来说，就是企业根据竞争对手现在的产品在市场上的定位，针对消费者对该种产品某一属性或特征的重视程度，为自己的产品创造、培养一定的个性或形象，并通过一系列营销努力把这种个性或形象强有力地传递给消费者，从而使自己的产品在消费者心目中占据适当的位置。

（二）市场定位策略

市场定位策略实际上是一种竞争策略，即根据产品的特点及消费者对产品的认知，确定本企业产品与竞争对手之间的竞争关系。企业常用的市场定位策略主要有以下三种。

（1）对抗定位。对抗定位是指与在市场上居支配地位的，亦即最强的竞争对手对着干的定位方式。这种策略风险较大，但一旦成功就会取得巨大的市场优势，因此对某些实力较强的企业有较大的吸引力。企业实行对抗定位，一方面要知彼知己，尤其要清醒地估计自己的实力，另一方面还要求市场有较大的容量。例如，百事可乐与可口可乐持续百年的针锋相对的"可乐大战"。

（2）避强定位。避强定位是指避开强有力的竞争对手的市场定位。其优点是：能避开与强大竞争对手的直接冲突，并在消费者心目中迅速树立起自己的形象。由于这种定位策略风险相对较小，成功率较高，常常为很多企业所采用。例如，七喜推出了非可乐的"汽水"的定位。

（3）重新定位。重新定位是指企业变动产品特色，改变目标顾客对产品原有的印象，使目标顾客对其产品的新形象有一个重新认识的过程。市场重新定位对于企业适应市场环境、调整市场营销战略是必不可少的。企业产品在市场上的定位即使很恰当，在出现下列情况时也需考虑重新定位：一是竞争对手推出的产品市场定位与本企业产品的定位相近，侵占了本企业产品的部分市场，使本企业产品的市场占有率有所下降；二是消费者的偏好发生了变化，从喜爱本企业的某品牌转移到喜爱竞争对手的某品牌。

第三节 市场营销组合策略

市场营销组合策略，是指企业通过市场细分，在选定目标市场以后，将可控的产品、价格、分销渠道、促销等因素进行最佳组合，使它们互相协调、综合地发挥作用，从而实现企业市场营销的目标。

一、产品策略

产品是企业最重要的市场营销要素，是市场营销组合因素中的核心因素。产品的好坏决定着市场营销活动的内容，也决定着企业的销售额、利润和市场占有率等。

(一) 产品的整体概念

现代市场营销学认为，产品是指提供给市场的、用于满足人们欲望和需要的一切物品和劳务。所以，产品是一个整体概念，主要包括五个层次，如图5-1所示。产品整体概念的五个层次清晰地体现了以顾客为中心的现代营销观念。企业没有产品整体概念，就不可能真正贯彻现代营销观念。

1. **核心产品**

核心产品是指向顾客提供的基本效用或利益。如人们购买电视机并不是为了得到装有某些电子零部件的物体，而是为了丰富文化生活；人们购买牙膏，并不是为了获得它的某些化学成分，而是为了通过使用牙膏起到洁齿、防蛀的效用。因此，营销人员向顾客销售的任何产品，都必须具有反映顾客核心需求的基本效用或利益。核心产品是产品整体概念中最基本、最主要的部分。

2. **形式产品**

形式产品是指产品的基本形式，或核心产品借以实现的形式，或目标市场对某一需求的特定满足形式。形式产品由五个特征构成，即商标、品质、包装、式样、特色等。营销人员应努力寻求更加完善的外在形式以满足顾客的需要。如奔驰轿车就是由其著名的品牌名、精美的造型、高质量、合理的结构、乘坐舒适感及其他属性巧妙地构成的，从而给予顾客一种核心利益得以实现的满足感和高成就感。

3. 期望产品

期望产品是指顾客在购买该产品时，期望得到的与产品密切相关的一整套属性和条件。比如旅馆的客人期望旅馆提供清洁的床位、洗浴香波、浴巾等。

4. 延伸产品

延伸产品是指顾客购买形式产品和期望产品时，附带获得的各种利益的总和，包括产品说明书、保证书、送货、安装、维修、技术培训等。国内外许多企业的成功，在一定程度上应归功于他们更好地认识到服务在产品整体概念中所占的重要地位。

5. 潜在产品

潜在产品是指现有产品包括所有附加产品在内的，其中可能发展成为未来最终产品的处于潜在状态的产品，它指出了现有产品可能的演变趋势和前景，如彩色电视机可发展为电脑终端机等。

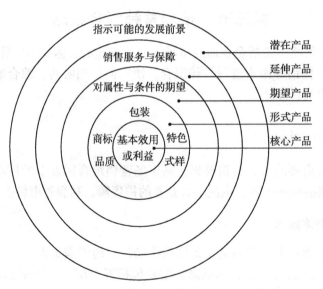

图 5-1　产品整体概念构成图

（二）产品组合策略

1. 产品组合的相关概念

产品组合是指一个企业生产或经营的全部产品线和产品项目的结合方式，也即全部产品的结构。在这里，产品线是指同一产品种类中密切相关的一组产品，又称产品系列或产品类别。所谓密切相关，是指这些产品或者能满足同类需求，或者售与相同的顾客群，或者通过统一的销售渠道出售，或者属于同一价格范畴等。产品项目是指在同一产品线或产品系列下不同型号、规格、款式、质地、颜色的产品。例如，海尔集团生产冰箱、彩电、空调、洗衣机等，这就是产品组合；而其中冰箱或彩电等大类就是产品线，每一大类里包括的具体的型号、规格、颜色的产品，就是产品项目。

产品组合包括四个变数：产品组合的宽度、长度、深度和关联度。产品组合的宽度又称产品组合的广度，指产品组合中所拥有的产品线的数目。产品组合的长度是指一个企业的产品组合中产品项目的总数。产品组合的深度是指每一条产品线中包括的不同品种、规格的产品项目数量。产品组合的关联度是指各条产品线在最终用途、生产条件、分销渠道或其他方面关联的程度。

产品组合的宽度越大，说明企业的产品线越多；反之，宽度越小，则产品线越少。同样，产品组合的深度越大，说明企业产品的规格、品种就越多；反之深度越小，则产品的规格、品种就越少。产品组合的深度越小，宽度越小，则产品组合的关联度越大；反之，则关联度越小。

2. 产品组合策略

产品组合策略是指企业根据市场状况、自身资源条件和竞争态势对产品组合的宽度、广度、深度和关联度进行不同的组合。主要包括产品项目的增加、调整或剔除，产品线的增加、伸展和淘汰，以及产品线之间关联度的加强和简化等。企业可供选择的产品组合策略有以下三种。

（1）扩展产品组合策略。扩展产品组合策略是指扩大产品组合的宽度或深度，增加产品系列或产品项目，扩大经营范围，生产经营更多的产品以满足市场需要。对生产企业而言，扩展产品组合策略的方式主要有平行式扩展、系列式扩展和综合利用式扩展三种。

（2）缩减产品组合策略。缩减产品组合策略是指缩减产品组合的宽度或深度，删除一些产品系列或产品项目，集中力量生产经营一个系列的产品或少数产品项目，提高专业化水平，力图从生产经营较少的产品中获得较多的利润。

（3）产品线延伸策略。产品线延伸策略是指全部或部分地改变原有产品的市场定位，具体有向下延伸、向上延伸和双向延伸三种实现方式。

（三）产品生命周期策略

产品生命周期是指一种产品从进入市场开始，直到最终退出市场为止所经历的全部时间。产品的生命周期是产品的经济寿命，即在市场上销售的时间，而不是使用寿命。产品的使用寿命是指产品的自然寿命，即具体产品实体从开始使用到消耗磨损废弃为止所经历的时间。

产品生命周期一般分为四个阶段：引入期、成长期、成熟期、衰退期。由于产品生命周期各个阶段具有不同的市场特征，因此应当采取不同的营销策略。

1. 引入期

引入期又称介绍期、试销期，一般指产品从发明、投产到投入市场试销的阶段。这一阶段的主要特征是：生产批量小，试制费用大，制造成本高；由于消费者对产品不熟悉，广告促销费较高；产品售价常常偏高；销售量增长缓慢，利润少，甚至发生亏损。对进入引入期的产品，企业总的策略思想是迅速扩大销售量，增加盈利，缩短引入期，尽快进入成长期。

2. 成长期

成长期又称畅销期，指产品通过试销阶段以后，转入成批生产和扩大市场销售的阶段。其主要特征是：销售量迅速增长；由于大批量生产经营，生产成本大幅度下降，利润迅速增长；同类产品、仿制品和代用品开始出现，市场竞争日趋激烈。产品进入该阶段，其销售额和利润都呈现迅速增长的势头，故企业的策略思想是尽可能延长成长期时间，并保持畅销的活力。

3. 成熟期

成熟期又称饱和期，指产品在市场上的销售已经达到饱和状态的阶段。其主要特征是：销售额虽然仍在增长，但速度趋于缓慢；市场需求趋于饱和，销售量和利润达到最高点，后期两者增长缓慢，甚至趋于零或负增长；竞争最为激烈。产品进入该阶段，销售额和利润出现最高点。

4. 衰退期

衰退期又称滞销期，指产品不能适应市场需求，逐步被市场淘汰或更新换代的阶段。其主要特征是：产品需求量、销售量和利润迅速下降；新产品进入市场，竞争突出表现为价格竞争，且价格压到极低的水平。

（四）品牌策略

品牌是用以识别某个销售者或某群销售者的产品或服务，并使之与竞争对手的产品或服务区别开来的商业名称及其标志，通常由文字、标记、符号、图案和颜色等要素或这些要素的组合构成。它包括品牌名称和品牌标志两部分。企业常用的品牌策略有以下几种。

（1）品牌设计。商品为了吸引顾客去认知，需要取个动听、别致的名字。在品牌设计过程中，需要注意几个基本原则：简洁醒目，易读易记；构思巧妙，暗示属性；富有内涵，情意浓重；避免雷同，超越时空。

（2）品牌组合。品牌组合是品牌运营中的重要策略。

（3）品牌更新。品牌更新作为全部或部分调整或改变品牌原有的形象使品牌具有新形象的过程，实际上是对品牌重新定位、重新设计、塑造品牌新形象的过程。品牌重新定位的目的是使现有产品具有与竞争对手的产品不同的特点，诱发消费需求，以增强品牌竞争力。

（4）品牌扩展。品牌扩展是指企业利用其成功品牌的声誉来推出改良产品或新产品的过程。

（5）品牌保护。品牌是一种无形资产，品牌保护方式主要有注册商标、申请认定驰名商标、注册互联网域名和打假等。

（6）品牌管理。品牌管理的实质就是品牌资产管理。

（五）包装策略

包装是指为某一品牌的产品设计并制作容器或包扎物的一系列活动。包装是产品生产过程在流通领域的延续，产品通过包装可以实现其价值和使用价值。产品包装按其在流通过程中作用的不同，可以分为运输包装和销售包装两种。包装作为商品的重要组成部分，其营销作用主要表现为：保护商品、便于储运、促进销售、增加盈利。

二、价格策略

价格是企业促进销售、获取效益的关键因素之一。价格是否合理直接影响产品或服务的销售，是竞争的主要手段，关系到企业营销目标的实现。

（一）影响定价的因素

企业进行价格决策时，首先要对影响定价的因素进行分析。影响定价的因素是多方面的，包括产品成本、市场需求、竞争状况、消费心理、政策法规等。

（二）定价方法

企业的定价方法很多，这里从价格制定的依据出发，把定价方法分为成本导向定价法、需求导向定价法、竞争导向定价法三种基本类型。

1. 成本导向定价法

成本导向定价法是以产品成本为主要定价依据的方法，这种方法比较简单，应用范围比较广。成本导向定价法在具体运用中包括成本加成定价法、目标利润定价法和盈亏平衡定价法三种。

（1）成本加成定价法。成本加成定价法又称完全成本定价法，即在单位产品成本上附加一定比例的利润作为单位产品价格。

（2）目标利润定价法。目标利润定价法也称投资收益定价法，即根据企业的总成本和预计销售量，以按投资收益率确定的目标利润额作为定价基础的一种方法。

（3）盈亏平衡定价法。盈亏平衡定价法即以企业总成本与总收入保持平衡为依据制定价格的一种方法。

2. 需求导向定价法

这种方法是以顾客需求和可能接受的价格作为定价依据的定价方法，主要有以下两种。

（1）认知价值定价法。认知价值定价法又称理解价值定价法，即企业根据顾客对产品的认知价值来制定价格。企业必须进行市场调查和研究，准确地把握市场的认知价值，并以此为依据确定产品的价格。

（2）差别定价法。差别定价法是指企业根据顾客的购买能力、对产品的需求状况、产品的型号及式样、购买时间和地点的不同，对同一产品定出不同的价格，包括地点差价、时间有效期差价、款式差价、顾客差价等。

3. 竞争导向定价法

竞争导向定价法就是以市场上主要竞争对手的同类产品的价格为定价依据的一种定价方法，包括随行就市定价法、投标定价法等。

（三）定价策略

1. 新产品定价策略

（1）撇脂定价。撇脂定价是指新产品投放市场之际，即产品生命周期的最初阶段，针对一些顾客追求时髦、猎奇的求新心理，把价格定得很高，以尽快取得最大利润，犹如从鲜奶中撇取奶油。

（2）渗透定价。渗透定价是指企业对其新产品制定相对较低的价格，以吸引大量顾客，提高市场占有率。

（3）合理定价。合理定价是指介于撇脂定价和渗透定价之间的新产品定价，是一种居中价格策略。具体来讲，就是当企业新产品刚投放市场时，企业所定价格使企业利润很少，或者有少量的亏损，一旦市场销路打开，就能转亏为盈。

2. 心理定价策略

心理定价策略是指根据顾客的心理需求特征，制定适合顾客心理需求的价格，以激发顾客的购买动机，引发顾客的购买行为。常见的心理定价策略有以下几种形式：①尾数价格；②整数价格；③声望价格；④招徕价格。

3. 折扣定价策略

折扣定价是指企业以折扣折让的形式，降低产品价格，以刺激顾客大量购买、长期购买、及时付款。该策略主要有以下几种形式：①现金折扣；②数量折扣；③交易折扣；④季节折扣；⑤价格折让。

4. 地理定价策略

地理定价也称为地区定价，是指企业根据产销地的远近、交货时间的长短和运杂费用的分担所制定的不同的价格策略。这一定价策略主要有以下几种形式：①产地交货价格；②买主所在地价格；③统一交货价格；④区域定价；⑤基点定价；⑥运费免收定价。

三、分销渠道策略

（一）分销渠道的类型

分销渠道是指某种货物和劳务从生产者向消费者转移时取得这种货物和劳务的所有权或帮助转移其所有权的所有企业和个人。它由位于起点的制造商和位于终点的用户（包括产业市场的用户），以及位于两者之间的中间商组成。根据中间商数目的多少，分销渠道可以分为不同的层次：零层渠道是没有中间商的渠道；一层渠道是有一个中间商的渠道；两层渠道包括两个中介机构，如一个批发商和一个零售商。

（二）分销渠道的选择与管理

1. 影响分销渠道选择的因素

选择分销渠道是一项繁杂的工作，制造商在选择分销渠道时，通常要考虑以下因素：①目标市场因素；②产品因素；③企业因素；④中间商因素；⑤环境因素。

2. 分销渠道的选择方案

分销渠道选择包括三个方面的决策：确定渠道的长度、确定渠道的宽度、确定渠道成员的权利和责任。

（1）确定渠道的长度。制造商根据影响渠道选择的因素、渠道目标，决定采取哪种类型的分销渠道,是长渠道还是短渠道。现实中,很多企业并不乐于采用自己的销售分支结构,而宁愿选择中间商来分销。这是因为对于较长的分销渠道或不同类型的中间商,他们可以优势互补,更好地满足目标市场消费者群的需求,有效地提高营销绩效。

(2)确定渠道的宽度。确定渠道的宽度即确定每个渠道层次使用多少中间商,有密集性分销、独家分销和选择性分销三种策略。

(3)确定渠道成员的权利和责任。制造商在决定使用间接渠道时,必须同渠道成员在价格政策、销售条件、区域权利以及双方履行的义务等方面达成共识。

3. 分销渠道的管理

渠道方案一旦确定,企业还必须对渠道进行有效的管理,才能更好地发挥渠道的效用。

(1)渠道成员的选择。渠道成员的选择影响企业分销效率与分销成本,也影响企业在消费者和用户心目中的品牌形象与产品定位。选择渠道成员一般要遵循实力优先、业务对路、形象吻合和文化认同的原则。

(2)渠道成员的激励。渠道成员一经选定,为了使他们有良好的表现,应建立一套相对完善的激励机制以求得整体利益最大化。

(3)对渠道成员的绩效评估。对渠道成员的绩效评估是为了及时了解中间商的履约情况,肯定并鼓励先进、努力的中间商,鞭策落后的中间商。企业通过对渠道成员的绩效评估,发现问题、分析原因并采取相应的改进措施。对渠道成员的绩效评估标准有:销售额和销售增长率、平均存货水平、交货速度、对损坏与遗失货品的处理、对顾客服务的表现、对厂商促销和训练方案的合作程度等。

四、促销策略

(一)促销的概念

促销是促进产品销售的简称,是指企业以各种有效的方式向目标市场传递有关信息,以启发、推动或创造顾客对企业产品或服务的需求,并引起顾客的购买欲望和购买行为的一系列综合性活动。促销的本质是企业同目标市场之间的信息沟通。

(二)促销的基本方式及其组合

促销的基本方式有人员推销、广告、公共关系及销售促进四种。企业根据促销的需要,对各种促销方式进行适当的选择和综合编配称为促销组合。

1. 人员推销

人员推销是企业运用推销人员直接向顾客推销产品或服务的一种促销活动。在人员推销活动中,推销人员、推销对象和推销品是三个基本要素。推销人员通过与推销对象接触、洽谈,让推销对象购买推销品,达成交易,实现既销售产品又满足顾客需求的目的。

2. 广告

广告是广告主以促进销售为目的,付出一定的费用,通过特定的媒体传播产品或服务等有关经济信息的大众传播活动。广告是一门带有浓郁的商业性的综合艺术。广告是一种十分有效的信息传递方式。进行广告投放决策主要涉及五个方面：广告的目标、广告的费用、广告的信息决策、广告的媒体决策以及广告的效果评价。

3. 公共关系

企业在生产经营过程中，会与各方产生一定的联系，如顾客、供应商、政府、中间商、股东、金融机构、其他组织等，这些组织构成了企业的社会公众，它们对企业实现自己的目标具有现实或潜在的影响，这些影响可能是积极的，也可能是消极的。因此，企业需要处理好与社会公众之间的关系，树立企业在社会公众中的良好形象。现代企业一般都设有专门的公共关系部门，负责处理公关事务。公共关系已经成为市场营销促销中的一种重要工具，发挥着重要作用。

4. 销售促进

销售促进也叫营业推广，是运用多种激励工具，如有奖销售、赠优惠券、减价、免费试用等，刺激顾客更多、更快地购买某种产品或服务。近十多年来，销售促进得到了较快发展，用于销售促进的经费的增长快于广告预算的增长。

（三）影响促销组合的因素

1. 产品类型

顾客对于不同类型的产品具有不同的购买动机和购买行为，因此企业必须采用不同的促销组合策略。一般来说，由于消费品的顾客多、分布广、购买频率高，因此，消费品的促销主要依靠广告，然后是营业推广、公共关系和人员推销。工业品每次的订货量相对较大，买主注重的是产品的技术、性能、售后服务、购买手续的复杂程度等，所以对他们的促销应以人员推销为主，然后才是营业推广和公共关系。

2. 市场特点

企业目标市场的不同特征也影响不同促销方式的效果。在地域广阔、分散的市场，广告有着重要的作用。如果目标市场窄而集中，则可使用更有效的人员推销方式。此外，目标市场的其他特性，如消费者的收入水平、风俗习惯、受教育程度等也都会对各种促销方式产生不同的影响。

3. 促销预算

促销预算的多少直接影响促销手段的选择，预算少就不能使用费用高的促销手段。预算开支的多少要视企业的实际资金能力和市场营销目标而定。不同的行业和企业，促销费用的支出也不相同。

4. 产品生命周期

在不同的产品生命周期阶段，企业的营销目标及重点不一样，因此，促销方式也不尽相同。在引入期，要让消费者认识、了解新产品，可利用广告与公共关系进行宣传，同时配合使用营业推广和人员推销，鼓励消费者试用新产品；在成长期，要继续利用广告和公共关系来扩大产品的知名度，同时使用人员推销来降低促销成本；在成熟期，竞争激烈，要用广告及时介绍产品的改进，同时使用营业推广来增加产品的销量；在衰退期，营业推广的作用更为重要，同时配合少量的广告来保持消费者的记忆。

第四节　网络营销方法及工具

一、网络营销概述

（一）网络营销的产生与发展

1. 网络营销的产生

现代电子技术与通信技术的应用与发展是网络营销产生的技术基础，消费者价值观的变革是网络营销产生的观念基础，商业竞争的日益激烈化是网络营销产生的现实基础。总之，网络营销的产生有其技术基础、观念基础和现实基础，是多种因素综合作用的结果。网络市场上蕴藏着无限的商机，正如时代华纳集团下的新媒体公司的科技与行政副总裁诺尔顿所言："虽然目前我们还不知道该怎样赚钱，但必须现在就看好网络上的无限商机。"

2. 网络营销的发展

网络营销的发展经历了五个阶段："山东农民网上卖大蒜"网络营销的传奇与萌芽阶段（2000年前），2000年后全球互联网泡沫经济爆发的网络营销的发展与应用阶段（2001～2004年），网络营销的市场形成阶段（2005～2009年），网络营销的社会化转变阶段（2010～2015年），网络营销的多元与生态阶段（2016年以后）。

（1）2004年之后的网络营销市场形成阶段的主要特点有：网络营销服务市场继续快速增长，新型网络营销服务不断出现（企业需求完整的网站推广整体方案，网站优化思想和方法诞生）；企业对网络营销的认识和需求层次提升；搜索引擎营销呈现专业化、产业化趋势；更多有价值的网络资源为企业网络营销提供了新的机会；网络营销服务市场直销与代理渠道模式并存；Web 2.0等新型网络营销概念和方法受到关注。

（2）2010年之后网络营销社会化转变阶段的特点有：网络营销从专业知识领域向社会化普及知识领域发展演变，这是互联网应用环境发展演变的必然结果，这种趋势反映了网络营销主体必须与网络环境相适应的网络营销社会化实质。需要说明的是，正是由于网络营销的社会化趋势，加之移动互联网对社会化网络营销的促进，网络营销逐渐从流量导向向粉丝导向演变，尤其是微博、微信等移动社交网络的普及，为粉丝经济环境的形成提供了技术和工具基础。

（3）2016年以后呈现的网络营销的多元与生态阶段的主要特点有：从应用环境来看，新的网络营销平台和资源不断涌现；从网络营销方法来看，传统的PC网络营销与移动网络营销方法日益融合，移动网络营销方法渐成主流；从网络营销指导思想来看，流量和粉丝地位同样重要，同时又都具有进一步发展演变的趋势。

（二）网络营销的定义

网络营销（online marketing或E-marketing）与许多新兴学科一样，同样也没有一个公认的、完善的定义。广义地说，凡是以互联网为主要手段进行的、为达到一定营销目标的营销活动，都可称之为网络营销（或叫网上营销），也就是说，网络营销贯穿企业开展网上经营活动的整个过程，从信息发布、信息收集，到开展网上交易为主的电子商务阶段，网络营销一直都是一项重要内容。

(三）网络营销的职能

网络营销的职能包括八个方面：网络品牌建设、网站推广、信息发布、销售促进、网上销售、在线顾客服务、顾客关系、网上调研。网络营销的职能不仅表明了网络营销的作用和网络营销的工作内容，同时也说明了网络营销应实现的效果。

1. 网络品牌建设

网络营销的重要任务之一就是在互联网上建立并推广企业的品牌，以及让企业的网下品牌在网上得以延伸和拓展。无论是大型企业还是中小型企业，其他机构或个人都可以用适合自己的方式展示品牌形象。传统的网络品牌建设是以企业网站建设及第三方平台信息发布为基础，通过一系列的推广措施，达到让顾客和公众认知和认可企业的目的。移动互联网络的发展为网络品牌提供了更多的展示机会，如建立在各种社交平台的企业账户、企业 App 等。网络品牌价值是网络营销效果的表现形式之一，通过网络品牌价值的转化，企业可以实现持久的顾客忠诚度和更多的直接收益。

2. 网站推广

网站推广是网络营销最基本的职能之一。企业网站获得的必要的访问量是网络营销取得成效的基础，尤其对于中小企业，由于经营资源的限制，中小企业利用发布新闻、投放广告、开展大规模促销活动的机会比较少，因此通过互联网手段进行网站推广就显得更为重要。同时开展企业网站推广活动也是非常必要的。

3. 信息发布

网络营销的基本方法就是将发布在网络上的企业营销信息以高效的互联网传播手段传递给目标用户、合作伙伴、公众等群体，离开有效的企业网络信息源，网络营销便失去了意义。发布信息的渠道包括企业资源（如官方网站、官方博客、官方 App、官方社交网络等）以及第三方信息发布平台（如开放式网络百科平台、文档共享平台、B2B 信息平台等），充分利用企业内部资源及外部资源发布信息，是扩大企业信息网络可见度、实现网络信息传递的基础。

4. 销售促进

市场营销的基本目的是为最终增加销售提供支持，网络营销也不例外。各种网络营销方法大都具有直接或间接地促进销售的作用。这些促销方法并不局限于为网上销售提供支持，事实上，网络营销对于促进线下销售同样很有价值，这也是一些没有开展网上销售业务的企业一样有必要开展网络营销的原因。

5. 网上销售

网上销售渠道是企业实体销售渠道在互联网上的延伸，也是直接的销售渠道。一个企业无论是否拥有实体销售渠道，都可以开展网上销售。网上销售渠道包括企业自建官方网站、官方商城、官方 App、建立在第三方电子商务平台上的网上商店，开办通过社交网络销售及分销的微店，参与团购，加盟某 O2O 网络成为供货商，等等。与早期网络营销中网上销售处于次要地位相比，当前的网上销售发挥着越来越重要的作用，许多新兴的企业甚至完全依靠在线销售。

6. 在线顾客服务

互联网提供了方便的在线顾客服务手段，从形式简单的 FAQ，到电子邮件、邮件列表，以及聊天室、在线论坛、即时信息、网络电话、网络视频、SNS社交网络等，均具有不同形式、不同功能的在线沟通和服务的功能。在线顾客服务具有低成本、高效率的优点，在提高顾客服务水平、降低顾客服务费用方面具有显著作用，同时也直接影响网络营销效果，因此在线顾客服务成为网络营销职能的基本组成内容。

7. 顾客关系

网络营销的基础是连接，尤其是在网络营销的粉丝思维及生态思维模式下，维护顾客是社交关系网络中最重要的环节，对于促进销售及开发顾客的长期价值具有至关重要的作用。建立顾客关系的方式，从早期的电子邮件、邮件列表、论坛等到目前的微博、微信、微社群等社会化网络，连接更为紧密，沟通更加便捷。顾客关系资源是企业网络营销资源的重要组成部分，也是创造顾客价值、发挥企业竞争优势的基本保证。

8. 网上调研

网上调研具有调查周期短、成本低的特点。网上调研不仅为制定网络营销策略提供支持，也是市场研究活动的辅助手段之一，合理利用网上调研手段对应的市场营销策略具有重要价值。网上调研与网络营销的其他职能具有同等地位，既可以依靠其他职能的支持来开展，同时也可以相对独立进行，网上调研的结果反过来又可以为其他职能更好地发挥作用提供支持。

网络营销的各个职能之间并非相互独立的，而是相互联系、相互促进的，网络营销的最终效果是各项职能共同作用的结果。只有各项职能充分发挥各自的作用，相互协调，才能使网络营销的整体效益最大化。

二、网络营销方法体系

网络营销方法体系可以按照应用目的划分为四种，分别是网络服务营销方法、信息宣传营销方法、口碑宣传营销方法和综合型营销方法，如表5-1所示。

表5-1 网络营销方法体系

名称	网络服务营销方法	信息宣传营销方法	口碑宣传营销方法	综合型营销方法
内容	邮件列表营销 IM营销 RSS营销 数据库营销 会员制营销	搜索引擎营销 Wiki营销 企业博客营销 交换链接营销 网络广告营销 电子书营销 微信营销	网络社区营销 "病毒式"营销 微博营销	网络活动营销 网络事件营销 网络视频营销 网络软文营销

（一）网络服务营销方法及工具

就网络服务营销方法而言，主要是指企业通过网络为用户提供服务，增强用户的黏性，实现营销效果。企业一般可以通过以下几个方面为用户提供服务。

1. 邮件列表营销

邮件列表营销是许可E-mail营销的一种具体表现形式，是指在用户自愿加入的前提下，为用户提供有价值的信息，同时附带一定数量的商业信息，实现网络营销的目的。

亚马逊网上书店运用的就是邮件列表营销策略，即用户只要告诉网站对哪个作者的新书感兴趣，那么一旦该作者有新书到货，用户就会收到亚马逊网上书店发来的通知。企业通过提供这种服务可以收到提高客户忠诚度和保持企业的长期利益的良好效果。

2. IM 营销

IM 营销又叫即时通信营销，是通过即时通信工具帮助企业推广产品和品牌的一种手段方法。企业以网络为媒介，以专业知识为基础，运用心理学方法和技术，帮助用户发现问题并解决问题，通过回复用户的咨询，打造企业的良好口碑，为企业树立良好的形象，实现口碑营销效果。即时通信工具如 QQ、MSN、百度 Hi、阿里旺旺、中国移动飞信和电子邮件等应用形式，为网络咨询服务提供了方便的沟通平台，能在企业与用户之间建立即时、便捷的网络咨询通道，为用户提供网络咨询服务。

3. RSS 营销

RSS（really simple syndication，简易信息聚合）营销是指企业在开发网站时，可利用 XML 技术添加 RSS 订阅功能，这样用户在访问网站时就可以点击或订阅企业新闻，当网站有新内容发布时，用户的 RSS 阅读器就可以接收并显示链接。因此不断更新新闻内容是 RSS 营销的关键，企业可以对订阅者进行跟踪分析，收集用户的点击信息，分析用户的爱好、阅读习惯等，为定制网络营销策略提供数据基础。

4. 数据库营销

数据库营销是在信息技术、互联网技术与数据库技术发展的基础上逐渐兴起并成熟起来的一种市场营销推广手段，是企业通过收集和积累会员（用户或消费者）信息，经过分析、筛选后有针对性地使用电子邮件、短信、电话、信件等方式进行客户深度挖掘与关系维护的营销方式。数据库营销的核心是数据挖掘，通过对用户数据的分析，准确地预测市场反应，进而实现精准营销的目的。电子邮件营销和短信营销都是以数据库营销为基础发展起来的。

5. 会员制营销

会员制营销就是企业通过发展会员、提供差异化的服务与精准营销，以提高顾客忠诚度、长期增加企业利润。如今，网络会员制已经成为电子商务网站推广的主要手段，该营销方法在一定程度上留住了企业的部分固定客源，同时通过老会员的宣传与推广，可以不断吸引新会员加入。

（二）信息宣传营销方法及工具

信息宣传营销方法是指通过在网络上提供企业相关介绍信息，让客户了解企业文化、经营理念、服务项目等，增强客户对企业的认识，加深客户对企业的整体印象，实现营销的目的。

1. 搜索引擎营销

搜索引擎营销是根据用户使用搜索引擎的方式，利用用户检索信息的机会尽可能将营销信息传递给目标用户。搜索引擎营销的目标层次的原理认为在不同的发展阶段，搜索引擎营销具有不同的目标，最终的目标在于将浏览者转化为真正的顾客，从而实现销售收入的增加。常用的搜索引擎营销方式主要有：竞价排名、分类目录登录、搜索引擎优化、关键词广告、网页内容定位广告等。通过优化,企业产品的信息能够出现在搜索引擎靠前的位置,从而吸引浏览者的目光。

2. **Wiki 营销**

Wiki 营销是一种建立在百科这种多人写作工具的基础上的新型营销手段。它以关键字为主,将关键字作为入口,建立产品或公司品牌的相关链接,面向的人群更加精准,提供更好的广告环境。著名的 Wiki 平台有百度百科、维基百科、互动百科、搜搜百科。企业可以利用 Wiki 平台进行企业介绍,有助于客户进一步了解企业。

3. **企业博客营销**

企业博客营销是指企业通过博客这种网络平台进行企业或产品宣传、企业信息发布、品牌营销等,以达到企业营销、宣传的目的。企业博客营销大大降低了营销成本,与搜索引擎营销无缝对接,并且容易吸引年轻受众的注意力,提升企业的宣传力度。近些年,微博产生的营销效力不容小觑,越来越多的企业建立起自己的官方微博平台开展微博营销。

4. **交换链接营销**

交换链接营销,也称为友情链接营销、互惠链接营销、互换链接营销等,是具有一定资源互补优势的网站之间的简单合作形式,即分别在己方的网站上放置对方网站的 Logo 或网站名称,并设置对方网站的超级链接,使得用户可以从合作网站中发现己方的网站,达到互相推广的目的。

5. **网络广告营销**

网络广告就是在网络上做的广告。狭义的网络广告是利用网站上的广告横幅、文本链接、多媒体等方法刊登或发布广告,通过网络传递给互联网用户的一种高科技广告运作方式。网络广告是企业进行网络营销的最简单且有效的途径,不仅成本低、宣传范围广,而且企业可以通过发布网络广告进行品牌推广、产品促销、在线调研、信息发布等营销活动。

6. **电子书营销**

电子书就是某一主体(个人或企业)以电子信息技术为基础,借助电子书这种媒介和手段进行营销活动的一种网络营销方式。企业、站长或者网店店主可以通过制作实用电子书并嵌入广告内容,然后发布供人免费下载来传递产品或网站信息。电子书以其方便性、永久性的特点成为新一代阅读工具。企业利用电子书进行网络营销比软文营销的时效性长,由于读者会经常阅读,因此营销效果会更好。

7. **微信营销**

正是由于微信的迅速发展,许多商家看到了无限商机,微信营销便应运而生。微信营销是网络经济时代企业对营销模式的创新。微信不存在距离限制,用户注册微信后,可与周围同样注册的"朋友"形成一种联系,用户可订阅自己所需的信息,商家通过提供用户需要的信息推广自己的产品,因此微信营销是一种点对点的营销方式。

(三)口碑宣传营销方法及工具

口碑宣传营销方法是指用户通过体验或者了解之后,以相互转告、相互推荐的方式进行营销。这种营销方式需要企业为用户提供一定的利益，或者企业在用户群中已经树立了良好的口碑，使得用户愿意主动为企业进行宣传。

1. 网络社区营销

网络社区营销就是把具有共同兴趣的访问者或互相熟悉的人群集中到一个虚拟空间，达到成员相互沟通、资源相互分享的目的，进而达到商品的营销效果。其主要形式有论坛、聊天室、讨论组、贴吧、QQ群、社会性网络服务等。

网络社区营销一方面可以由企业发起，组建论坛或讨论组等，不仅能增进企业和访问者或客户之间的关系，也能直接促进网上销售。例如，乐事公司与人人网联合，将品牌植入人人网知名的游戏——"开心农场"中。"开心农场"这个以种植为主的社交游戏一度引发了全民热潮，乐事公司与人人网合作，将乐事薯片作为"开心农场"的农作物，供网友种植与收获，并通过"好友新鲜事"、人人网登录页面的广告以及开心农场的讨论组等方式大力宣传，取得了前所未有的效果。乐事公司网络社区营销策略的效果评估如表5-2所示。

表5-2　乐事公司网络社区营销策略的效果评估

乐事策略	宣传前	宣传后
产品核心信息——对100%天然土豆的认知度	25.5%	57.4%
获取乐事公司信息的来源	互联网等其他渠道（36.2%）	人人网"开心农场"（60.2%）
品牌偏好度	39.0%	72.4%
用户主动宣传	19.2%	50.5%
产品预购意向	47.5%	83.5%
实际购买	45.6%	65.6%

2. "病毒式"营销

"病毒式"营销是通过用户的口碑宣传，使信息像病毒一样传播和扩散，利用快速复制的方式传向数以千计至数以百万计的受众。一旦用户对企业的产品或服务满意了，就会主动为企业进行宣传，从而使企业的影响力在用户之间迅速扩大。我们经常看到的免费邮箱、免费空间、免费域名等，都采用了"病毒式"营销。微软公司的操作系统病毒式地占领了操作系统市场，而占领市场份额比一时的小范围盈利要重要得多。

3. 微博营销

微博，是微博客的简称，是一个基于用户关系的信息分享、传播以及获取的平台，用户可以通过Web、WAP以及各种客户端组建个人社区，以大约140个文字更新信息，并实现即时分享。尽管微博是从博客的基础上发展起来的，但是微博绝对不是缩小版的博客。两者的本质区别是：微博更多地需要依赖社会网络资源的广泛传播，更注重时效性和趣味性。由于微博的传播力度很强，因此成为很多企业进行网络营销的新宠儿。企业以微博为营销平台，通过向每一名粉丝（潜在的营销对象）传播企业及其产品的信息，树立良好的企业形象和产品形象。

（四）综合型营销方法及工具

综合型营销方法，即企业以互联网为传播平台，通过策划活动，借助新闻事件，以视频、图片、新闻等形式，间接地宣传企业。与以往硬性的宣传方式不同，综合型营销方法通常为隐形的，潜移默化地影响着人们的观念。

1. 网络活动营销

网络活动营销是指通过精心策划的，具有鲜明主题、能够引起轰动效应、具有强烈新闻价值的单一或系列性组合的营销活动，达到更有效的品牌传播和销售促进的目的。网络活动营销以其不受空间限制、互动性、经济性、大众性、延伸性以及创新性的特点，帮助企业塑造网络品牌、发布产品信息、促进网络销售、培养顾客忠诚度，以提升企业核心竞争力。

2008年奥运会在中国首都北京举办，奥运会圣火采集仪式是中国乃至全球都关注的盛事，可口可乐作为奥运会火炬赞助商，于奥运圣火在雅典点燃的同一天，与腾讯公司合作在网上举办了一场规模宏大的"在线奥运火炬传递活动"。这场活动受到了众多腾讯用户与可口可乐消费群体的大力追捧，可以说可口可乐的"在线奥运火炬传递活动"是一次成功的、精准的"受众参与体验，品牌蔓延扩散"的营销2.0活动，取得了企业宣传的预期效果。

2. 网络事件营销

网络事件营销是指企业、组织主要以网络为传播平台，通过精心策划、实施可以让公众直接参与并享受乐趣的事件，达到吸引或转移公众注意力，改善、增进与公众的关系，塑造企业、组织良好形象的目的，以谋求企业的长久、持续发展。

网络事件营销做得相当成功的企业当属加多宝。2008年汶川地震发生后，加多宝集团捐款1亿元赈灾，被网友称为"最有良心的企业"。该消息更是被各大知名论坛相继转载，直接激发了网友对加多宝旗下产品的购买热情。加多宝集团的这次网络事件营销十分成功，不仅树立了企业形象，还提升了消费者对品牌的忠诚度。

3. 网络视频营销

网络视频营销指的是通过数码技术将产品营销现场实时视频、图像信号和企业形象视频信号传输至互联网上。企业将各种视频短片以各种形式放在互联网上，能达到一定的宣传目的。网络视频广告的形式类似于电视视频短片，不同的是其平台在互联网上。"视频"与"互联网"的结合，让这种创新营销形式具备了两者的优点。

继微博、微小说、微访谈之后，短视频、微电影开始大行其道。微电影即微型电影，是指专门在各种新媒体平台上播放的、适合在移动状态和短时休闲状态下观看的、具有完整策划和系统制作体系支持的、具有完整故事情节的"微时短片"，是网络视频的新兴产物。

4. 网络软文营销

网络软文营销又叫网络新闻营销，是通过网络上的门户网站、地方或行业网站等平台传播一些具有阐述性、新闻性和宣传性的文章，包括网络新闻通稿、深度报道、案例分析等，把企业、品牌、人物、产品、服务、活动项目等相关信息以新闻报道的方式，及时、全面、有效、经济地向社会公众广泛传播的新型营销方式。网络软文营销通常从吸引人的题目入手，抓住浏览者的眼球，并通过贴近生活的故事让读者坚持浏览，在文章或新闻中的某些片段穿插企业及其产品的信息，使读者在不知不觉中了解企业及其产品。例如，茅台企业通过撰写和发表的《茅台酒与健康》《世界上顶级的蒸馏酒》《告诉你一个真实的陈年茅台酒》《国酒茅台，民族之魂》等文章，不仅详细介绍了茅台酒的历史、制作过程、特点、好处等，更重要的是宣传了茅台产品，达到了网络软文营销的目的。

第五节　营销管理发展趋势

一、移动商务及应用

移动商务的兴起及迅猛发展并非偶然，其动因有：移动通信技术的成熟和广泛商业化为移动商务提供了通信技术基础，而功能强大、价格便宜的移动通信终端的普及为移动商务提供了有利的发展条件；移动商务的发展不但有利于更加充分地发挥互联网的潜力，它还提供了许多新的服务内容。

1. 移动商务的含义及特点

移动商务是指通过移动通信网络进行数据传输，并且由移动信息终端参与各种商业经营活动的一种新型电子商务模式，它是新技术条件与新市场环境下的新型电子商务形态。

移动商务的迅速崛起给电子商务以及人们的生活带来了变革性的营销，它的主要特点如下：①移动性；②即时性；③个性化；④定位性；⑤可识别性。

2. 移动商务的创新模式

作为一种新兴业务，移动技术与服务方式的深度融合以及用户对移动商务需求的增加都不断地挖掘着移动商务市场的机会与潜力，促使新型移动商务模式的产生。WAP 门户、手机应用、手机广告、移动办公、合作运营等都是目前发展较为成熟的电子商务模式。在成熟的电子商务模式应用完善和深化的同时，一批创新的移动商务模式也应运而生，如刷手机支付模式、本地消费模式、社交网络模式、跨行业利益共享模式以及产业垂直整合模式等，这里重点介绍前三种模式。

（1）刷手机支付模式。移动商务的刷手机支付可以实现用户进店消费的实时支付。支付服务提供商与移动终端制造商合作，使用户可以使用手机钱包；移动终端制造商从移动终端制造支持商处获取 NFC 标签，将其植入手机中；银行和第三方支付机构等支付服务提供商为手机钱包提供充值功能。用户只需持有带 NFC 标签的手机靠近商家的 POS 机，即可完成支付。此模式还可以应用于公共交通、停车场等场合。

（2）本地消费模式。移动商务打破了传统电子商务仅在网上浏览、网上支付的模式，用户可以在移动商务平台随时随地进行定位签到，搜索附近的商家，或被附近的商家搜索到，并接收产品或服务的推送消息及优惠券。平台提供商为商家进行了很好的宣传，也为顾客的消费带来了方便。这种模式特别适用于用户的本地化、临时性消费，如餐饮、购物、娱乐等。

（3）社交网络模式。在社交网络模式中，平台提供商将为用户和商家提供社交平台网络，以供用户与用户、用户与商家实现信息的交互，新浪微博就是典型的例子。此外，有的社交平台网络还融合了商品交易平台，如淘江湖。

在移动商务的实际应用中，往往是三种模式综合在一起的。用户先通过移动商务平台随时随地进行定位签到，搜索附近的商家（本地消费模式），随后，用户在平台上查找其他用户对商家的评论和分享（社交网络模式），最后，用户在商家消费，并用手机钱包进行支付（刷手机支付模式）。在这一过程中，平台提供商、移动运营商、内容/服务提供商三者作为价值网的核心组织者，帮助用户实现了整个消费过程，即时满足了用户的需求。如"饿了么"的移动端就是三种商务模式的综合应用。

3. 移动商务的行业应用

（1）移动金融服务。金融业作为应用新技术的先锋，与移动商务技术相结合，实现了"移动金融"的典型应用。在家庭银行、企业银行大发展时代，人们要求不受时间、地点的限制，交互式地进行金融活动，移动金融应用的产生无疑满足了此类要求，并提供了契机。移动金融主要包括移动支付、移动银行、移动证券、移动保险等多种类型。

（2）移动购物。CNNIC 第 43 次《中国互联网络发展状况统计报告》显示，截至 2018 年 12 月，我国网络购物用户规模达到 6.10 亿，相较 2017 年年底增长 14.4%，网民使用比例为 73.6%。手机网络购物用户规模达到 5.92 亿，占手机网民的 72.5%，年增长率为 17.1%。2018 年上半年，我国网上零售交易额达到 40 810 亿元，同比增长 30.1%，继续保持稳健增长势头。目前中国移动网络购物市场的主要参与者以传统电商企业为主，独立移动电商以差异化的竞争占据小部分市场份额。

（3）移动电子娱乐。移动娱乐化是大势所趋，移动电子娱乐业务的种类分为移动游戏、移动视频、移动音乐等。以移动游戏为代表的移动电子娱乐业务能够为运营商、服务提供商和内容提供商带来附加业务收入。移动电子娱乐有机会成为移动产业最大的收入来源。

（4）移动教育。依托于无线移动网络、国际互联网以及多媒体技术，学生和教师使用移动设备通过移动教学服务器实现交互式的教学活动。一个实用的移动教育系统必须同时兼顾学生、教师和教育资源这三个方面，将他们通过该系统有机地结合起来。

（5）移动医疗。它为发展中国家医疗卫生服务提供了一种有效的解决方法，在医疗人力资源短缺的情况下，通过移动医疗可以解决发展中国家的医疗问题。因为移动应用可以高度共享医院原有的信息系统，并使系统更具移动性和灵活性，从而达到简化工作流程、提高整体工作效率的目的，还能有效地解决看病难的问题。

4. 移动商务发展趋势

艾瑞咨询根据对中国移动商务整体市场发展状况、发展环境的研究，并结合对典型企业的案例化分析，认为中国移动商务市场将迎来爆炸式增长。市场推动因素、产业链结构和市场主体服务模式将发生重大变化，总结起来，移动商务呈现以下几大趋势：PC 端与手机端将协同发展，移动商务覆盖范围增大，品牌与服务将主导交易，围绕手机支付和创新服务的产业链整合将继续深入。

二、基于个性化需求推荐的大数据营销将加入营销管理中

2012 年以后，大数据（big data）一词越来越多地被提及，人们用它来描述和定义信息爆炸时代产生的海量数据，并命名与之相关的技术发展与创新。哈佛大学社会学教授

加里·金将大数据营销定义为：利用海量数据和先进的数据挖掘技术，研究用户行为特征，进行精准营销。

大数据营销是指企业以用户为中心，依托强大的数据库资源，通过对数据的剖析整合，对客户进行准确的剖析定位，做到适宜的时间、适宜的所在、适宜的价钱、通过适宜的营销渠道，向精确的客户提供其需求的产品或服务，实现企业效益的最大化。基于个性化需求推荐的大数据营销的特征如下。

1. 以用户为导向

真正的营销历来都是以用户为中心的，而大数据把用户实实在在"画"在了面前，营销者能够依据数据库内的数据构建用户画像，来理解用户的消费习惯、年龄、收入等，从而对产品或服务、用户定位、营销做出指导性的分析。

2. 一对一特性化营销

许多企业营销者经常会遇到这样的问题：产品或服务是一样的，但是用户的需求是各不相同的，怎样把相同的产品或服务卖给差别的用户呢？这就需要我们进行"一对一"特性化营销。通过大数据剖析，企业能够构建完美的用户画像，理解消费者，从而做出精准的特性化营销。

3. 深度洞察用户

深度洞察用户，挖掘用户潜在需求，是大数据营销的根本。用数据构建人群画像，能够精确获知用户的潜在消费需求，例如：我们得知一名用户曾购置过奶粉，那么我们能够得知这名用户家里有小孩，相应地能够向他推送早教课程等适合婴幼儿的产品。洞察用户需求后再进行营销推广，营销的结果会比撒网式有效且更具成效。

4. 营销的科学性

实践证明，数据指点下的精准营销相对于传统营销来说更具有科学性。向用户"投其所好"，向意向用户引荐他们感兴趣的工具，远远比毫无方向的被动式营销更具成效。

随着互联网的推行和普及，大数据给企业营销带来的影响已然不容小觑，营销在迎来颠覆性变革的同时也证明了大数据的实际意义，未来几年内，数据营销将有望取代传统营销占据主导地位。对于企业及广大营销者来说，最重要的是如何把握这个大趋势，去面对机遇和挑战。

本章小结

市场营销是指个人或群体通过创造并同他人交换产品和价值，以满足需求和欲望的一种社会管理过程。市场营销观念经历了生产观念、产品观念、推销观念、市场营销观念和社会营销观念的演变。市场营销管理过程包括发现和评价市场营销机会、研究和选择目标市场、设计市场营销组合与管理市场营销活动四个步骤。

市场细分是建立在市场需求差异性基础上的，因而形成需求差异性的因素就可以作为市场细分的标准或依据。由于市场类型不同，市场细分的标准也有所不同。在对细分市场做出评价的基础上，企业可以有不同的选择目标市场的模式。定位的目的是使目标市场能够识别出企业独特的产品和形象。企业常用的市场定位策略主要有：对抗定位、避强定位和重新定位。

市场营销组合策略是指企业通过市场细分，在选定目标市场以后，将可控的产品、价格、分销渠道、促销等因素进行最佳组合，使它们互相协调、综合地发挥作用，从而实现企业市场营销的目标。其中，产品策略包括产品的整体概念、产品组合策略、产品生命周期策略、品牌策略和包装策略等。定价策略中定价方法分为成本导向定价法、需求导向定价法和竞争导向定价法三种基本类型。分销渠道策略中分销渠道选择包括三个方面：确定渠道的长度、确定渠道的宽度和确定渠道成员的权利和责任。促销策略中促销的基本方式有人员推销、广告、公共关系及销售促进四种。企业根据促销的需要，需要对各种促销方式进行适当的选择和综合编配。

随着电子商务的普及和应用的不断深入，网络营销的方法和工具也逐渐有章可循，网络营销方法按照应用目的划分为网络服务营销方法、信息宣传营销方法、口碑宣传营销方法和综合型营销方法。

最后从移动商务及应用和基于个性化需求推荐的大数据营销两个方面介绍了未来营销管理可能的发展趋势。

关键术语

市场营销　　市场细分　　目标市场　　市场定位　　市场营销组合策略
产品　　产品整体概念　　产品生命周期　　品牌　　包装　　定价
分销渠道　　促销　　网络营销　　移动商务

思考题

1. 传统营销观念与现代营销观念的区别是什么？
2. 市场营销管理过程包括哪些步骤？
3. 什么是市场细分？主要细分标准有哪些？
4. 什么是产品的整体概念？
5. 什么是产品的生命周期？产品生命周期各阶段企业相应的营销策略是什么？
6. 定价策略可以分为哪几类？每类各有哪几种具体定价策略？
7. 什么是分销渠道，主要类型有哪些？
8. 促销的基本方式有哪些？每种促销方式的特点是什么？
9. 网络营销有哪些常用的方法与工具？

Chapter6
第六章

企业生产运作管理

⚠ 教学目标

通过本章的学习，学生应能够对企业生产运作管理的基本概念和内容、计划的编制和控制、现代生产运作管理方式以及发展趋势有较深刻的理解，对企业生产运作中遇到的基本问题有一个简单的认识，并能针对相应问题提出一定的解决方法，逐步领悟企业生产运作的技巧。

⚠ 教学要求

掌握企业生产运作的概念和分类，生产运作管理的含义、目标及内容；熟悉企业生产运作的过程和生产运作系统的目标和内容；熟悉企业生产计划的编制和控制；掌握企业生产运作中的定性和定量方法以及典型生产运作管理方式的含义和特点。

📖 引导案例

丰田的生产管理模式

丰田的生产和管理系统长期以来一直是丰田公司的核心竞争力和其管理高效的源泉，同时也成为国际上企业经营管理效仿的榜样，例如，作为丰田生产管理一大特点的看板管理已被世界各地的企业所采用。如今，世界上很多大型企业都在学习丰田管理模式的基础上，建立了各自的管理系统，试图实现标杆超越，像通用电气公司、福特公司、克莱斯勒公司等世界著名企业都加入了这一行列。尽管丰田管理模式已为全球所认同和接受，但真正学习成功的企业却并不多，如今丰田公司每天都要迎来数以万计的企业高级管理者的参观，这些参观者将他们看到的管理方式带到自己的国家后，并没有得到理想的效果，为此，很多人认为丰田管理模式的成功源于其独特的文化因素。

其实，丰田管理模式并不是因为其独特的日本文化而难以为其他国家的企业所学习，之所以存在管理方法难以移植的情况，主要是因为参观者所看到的丰田管理模式只是其外在的东西，诸如它的活动、连接和生产流程等都是较为固定甚至死板的东西。但是，在这些看似简单的活动和流程后面，却蕴含着丰田公司巨大的柔性和适应性。正是这些看似简单却颇具柔性的管理特点，造就了丰田公司举世瞩目的经营业绩，也使得它的柔性化生产管理方式成为其管理思想的精髓，并使大规模定制模式下的敏捷产品开发和生产成为现实。

第一节　生产运作管理概述

一、生产运作的概念及分类

（一）生产运作的概念

生产是企业的一项最基本的活动，是企业一切活动的基础，是利用资源将输入转化为输出的活动过程。但是随着服务业的兴起和发展，生产不仅仅局限于工厂内部的活动了，其概念必须得到扩展。事实上，在当今社会中，已经很难将制造产品和提供服务完全分开，单纯制造产品而不提供服务的企业几乎是不存在的。因此，从一般意义来讲，生产运作的定义就是"一切社会组织利用资源将输入转化为输出的过程"。

这里的输入可以是原材料、劳动力、消费者以及机器设备等；输出可以是有形的产品和无形的服务。输入是由输出决定的，但是输入不同于输出，这就需要转化，转化是通过人的劳动实现的，转化的过程就是生产运作。

表 6-1 列出了典型的社会组织的输入、转化和输出的过程。

表 6-1　典型的社会组织的输入、转化和输出

社会组织	主要输入	转化	主要输出
生产企业	原材料	加工制造	产品
医院	病人	诊断与治疗	恢复健康的人
大学	高中毕业生	教学	高级专门人才
理发店	待理发的顾客	理发	整洁的顾客
咨询公司	问题	咨询	建议及解决方案

（二）生产运作的分类

不同形式的生产运作存在较大的差异，如从管理的角度，可以将生产运作分为两大类：制造性生产和服务性生产。

1. 制造性生产

制造性生产是通过物理和（或）化学作用将有形输入转化为有形输出的过程。例如：汽车制造、钢铁冶炼和石油开采等是通过物理或化学作用，将有形原材料转化为有形的产品的过程。

制造性生产按照不同的标准分类如下。

（1）连续性生产和离散性生产。按工艺过程的特点，制造性生产分为连续性生产和离散性生产。连续性生产是指物料均匀、连续地按一定工艺顺序运动，在运动中不断改变形态和性能，最终形成产品的生产。连续性生产又称作流程式生产，如化工（塑料、肥皂、药品、肥料等）、炼油、冶金、食品、造纸等的生产。离散性生产是指物料离散地按一定工

艺顺序运动,在运动中不断改变形态和性能,最后形成产品的生产,如轧钢和汽车制造。

(2)备货型生产和订货型生产。按照企业组织生产的特点,制造性生产分为备货型生产和订货型生产两种。制造性生产是由预测驱动的,指在没有接到用户订单时,经过市场预测按已有的标准或产品系列进行的生产,生产的直接目的是补充成品库存,通过维持一定量的成品库存来即时满足用户的需求。轴承、紧固件、小型电动机等产品的通用性强,标准化程度高,有广泛的用户,通常采用备货型生产。与备货型生产相反,订货型生产是以顾客的订单为依据,按用户特定的要求进行生产。生产的产品品种、型号、规格、花色完全符合顾客的要求,产品一旦生产出来,就可以直接发给顾客,不必维持成品库存,也不必经过分销渠道销售。

2. 服务性生产

服务性生产又称作非制造性生产运作或服务运作,它的基本特征是提供劳务,而不是制造有形产品。但是,不制造有形产品不等同于不提供有形产品。

(1)服务性运作按不同的标准分类如下。

1)按是否提供有形产品分类:纯劳务运作和一般劳务运作。

2)按顾客是否参与分类:顾客参与的服务运作和顾客不参与的服务运作。

3)按资本、劳动密集程度和顾客接触程度分类:大量资本密集服务、专业资本密集服务、大量劳务密集服务和专业劳务密集服务。

(2)服务运作的特征。服务是以提供劳务为特征,但服务业从事一些制造活动,只不过制造业处于从属地位,例如餐馆,它需要制作各种菜肴。由于服务业的兴起,提高服务运作的效率已日益引起人们的重视。然而,服务运作管理与生产管理有很大不同,不能把制造性生产管理的方法简单地搬到服务运作中。

与制造业相比,服务运作有以下几个特点:

1)服务运作的生产率难以测定。

2)服务运作的质量标准难以建立。

3)与顾客接触是服务运作的一个重要内容,但这种接触往往导致效率降低。

4)纯服务运作不能通过库存来调节。例如,理发师不能在顾客少的时候存储几个理过发的脑袋,以便顾客多的时候提供极快的服务。

因此,企业需要专门对服务运作管理进行研究。

二、生产运作的类型

产品或服务千差万别,产量大小相差悬殊,生产或服务的提供过程又十分复杂,如何按照其基本特征对其分类,以把握各种生产运作类型的特点和规律,是进行生产管理的基本前提。

(一)生产运作类型的划分

按产品或服务专业化程度的高低,生产运作可以划分为大量生产运作、单件生产运作和成批生产运作三种类型。

产品或服务的专业化程度可以通过产品或服务的品种数多少、同一品种的产量大小和生产运作的重复程度来衡量。显然，产品或服务的品种数越多，每一品种的产量越少，生产运作的重复性越低，则产品或服务的专业化程度就越低；反之，产品或服务的专业化程度越高。

（1）大量生产运作。大量生产运作品种单一，产量大，生产运作重复程度高。美国福特汽车公司曾长达 19 年始终坚持生产 T 型车一种车型，是大量生产运作的典型例子。

（2）单件生产运作。单件生产运作与大量生产运作相对立，是另一个极端。单件生产运作品种繁多，每种仅生产一台，生产的重复程度低。汽车公司冲模厂生产的汽车模具，法律上律师为每位当事人所做的辩护，都是典型的单件生产运作。

（3）成批生产运作。成批生产运作介于大量生产运作与单件生产运作之间，即品种不单一，每种都有一定的批量，生产运作有一定的重复性。

（二）不同生产运作类型的特征

不同生产运作类型的设计、工艺、生产组织和生产管理的影响是不同的，因而导致生产运作效率上的巨大差别。一般来讲，大量大批生产运作容易实现高效率、低成本与高质量，单件生产运作则难以实现高效率、低成本与高质量。不同生产运作类型的特点如表 6-2 所示。

表 6-2　不同生产运作类型的特点

比较项目	大批量生产运作类型	成批生产运作类型	单件生产运作类型
产品品种	单一或很少	较多	很多
产品产量	很大	较大	单个或很少
工作地工序数目	1 道或 2 道	较多	很多
设备布置	按对象原则，采用流水生产或自动线	既有按对象原则排列，又有按工艺原则排列	基本按工艺原则排列
生产设备	广泛采用专用设备	专用、通用设备并存	采用通用设备
设备利用率	高	较高	低
应变能力	差	较好	很好
劳动定额的制定	详细	有粗有细	粗略
劳动生产率	高	较高	低
计划管理工作	较简单	较复杂	复杂多变
生产控制	容易	难	很难
产品成本	低	较高	高

三、生产运作过程

（一）生产运作过程的概念及构成

1. 生产运作过程的概念

生产运作过程有狭义和广义之分。狭义的生产运作过程，是指从原材料投入生产开始，直到制成成品或完成劳务为止的全部过程；广义的生产运作过程是指从某种产品技术准备开始，直到生产出成品或完成劳务为止的全部过程。

生产过程主要是劳动过程，即劳动者在劳动分工和协作的条件下，利用劳动工具，按照一定的方法和步骤，直接或间接地作用于劳动对象，使之成为具有一定使用价值的产品的过程。但生产过程有时又表现为劳动过程和自然过程的统一，也就是指在某些生产技术条件下，生产过程的进行还要借助自然力的作用使劳动对象发生物理的或化学的变化，如铸件、锻件热处理后的自然冷却及油漆的自然干燥等。

2. 生产运作过程的构成

生产运作过程包括一系列相互联系的劳动过程和自然过程。劳动过程是指劳动者利用劳动工具，直接或间接地作用于劳动对象以生产产品或提供劳务的过程。例如，改变工件的几何形状、尺寸、表面状态、物理与化学属性的工艺过程，对原材料、零部件、产成品等进行的质量控制与检验过程，实现劳动对象工作地转移的运输过程等，都是劳动过程。自然过程是指借助自然力的作用使劳动对象发生物理或化学变化的过程，如食物发酵、自然冷却、自然失效等。

生产运作过程一般分为生产技术准备过程、基本生产过程、辅助生产过程、生产服务过程、附属生产过程等。

（1）生产技术准备过程。生产技术准备过程是指产品在投入生产前所进行的各种技术准备工作，如产品设计、工艺设计、工艺装备的设计和制造、标准化工作、物资定额和劳动定额的制定、设备的布置与调整、劳动组织的改善及新产品的试制与鉴定等工作。

（2）基本生产过程。企业产品包括基本产品和辅助产品。基本产品代表企业的专业方向。基本生产过程是指直接把劳动对象转变为企业基本产品的过程，如柴油机厂柴油机的生产、汽车制造厂汽车的生产，以及钢铁企业的炼钢、炼铁、轧钢等。

（3）辅助生产过程。辅助生产过程是指企业为保证基本生产过程的正常进行而从事的辅助产品的生产和劳动过程，如基本生产所需要的由本企业生产的电力、蒸汽、煤气、压缩空气，模具、夹具、刀具的制造及设备的维修与备件生产等。

（4）生产服务过程。生产服务过程是指为保证基本生产和辅助生产所进行的各种生产服务活动，如原材料及半成品的保管、运输等。

（5）附属生产过程。有的企业还从事附属产品和副业生产运作活动，如机械厂利用一些边角余料制作一些小纪念品等。

生产运作过程的五个组成部分是密切相关的。其中基本生产过程是核心，生产技术准备过程是前提，辅助生产过程和生产服务过程是围绕基本生产过程进行的，附属生产过程是基本生产过程的延续。

（三）合理组织生产运作的原则

1. 连续性原则

生产过程的连续性包括空间上的连续性和时间上的连续性。空间上的连续性是要求生产过程的各个环节在空间布置上合理紧凑，使加工对象所经历的生产流程路线缩短，没有迂回往返的现象；时间上的连续性是指生产对象在加工过程中各工序的安排上紧密衔接，消除生产中断和不应有的停顿、等待现象。

2. 比例性原则

生产过程的比例性是指生产过程各阶段、各工序之间在生产能力上要保持一定的比例关系，以适应产品生产的要求。这表现在各个生产环节的工人人数、设备数量、生产速率、开动班次等都必须互相协调配套。比例性是保证生产连续性的前提，并有利于充分利用企业的设备、作业空间、人力和资金。

3. 均衡性（节奏性）原则

生产过程的均衡性要求生产过程的各个基本环节和各个工序在相同的时间间隔内，生产相同或者稳定递增数量的产品，每个工作地的负荷经常保持均匀，不出现前松后紧或时紧时松的现象，保持有节奏的均衡生产。这有利于提高产品质量，降低产品成本，保证企业正常、安全生产；而生产不均衡会造成忙闲不均，既浪费资源，又不能保证质量，还容易引发设备、人身事故。

4. 平行性原则

生产过程的平行性是指物料在生产过程中实行平行交叉作业。平行作业是指相同的零件同时在数台相同的机器上加工。交叉作业是指同一批零件在上道工序还未加工完成时，将已完成的部分零件转到下道工序加工。也就是说，生产过程的各工艺阶段、各工序在时间上实行平行作业，产品各零部件的生产能在不同空间进行。平行交叉作业可以大大缩短产品的生产周期，在同一时间内生产更多的产品。

5. 准时性原则

保证零部件在生产过程中以最准确的时间、最准确的数量到达最准确的位置，并实现指定的加工。

6. 适应性原则

这是指企业生产过程能够适应外界环境变化的要求，及时调整生产组织形式。

7. 经济性原则

这是指在生产过程中，以最少的物化劳动和活劳动的消耗及资金的占用，获得尽可能多的符合社会需要的生产成果。因此，在生产环节要实现电子计算机控制和管理，提高设备自动化程度，以提高生产和管理的效率。

合理组织生产运作过程的各项原则是相互联系、相互影响的，在生产过程的组织、计划、控制过程中，要根据具体情况综合考虑时间、资金占用、有关费用等多项因素，统筹安排，提高经济效益。

四、生产运作系统

（一）生产运作系统的概念

从系统观点来考察生产运作，企业中从事生产运作活动的子系统称为生产运作系统。应强调的是，企业生产运作系统有狭义和广义之分。

狭义的生产运作系统，有时也称为制造系统，是指直接进行产品的生产加工或实现劳务的过程，其工作直接决定着产品或劳务产出的类型、数量、质量和生产运作费用。

广义的生产运作系统除上述内容外，一般还应包括企业中的研究开发、生产运作的供应与保证、生产运作计划与控制等子系统。

研究开发系统的作用是进行生产运作前的各项技术性准备工作以及产品的研究与开

发过程，在很大程度上预先决定了产品或劳务产出的效果。

生产运作的供应与保证系统的作用在于提供足以保证生产运作不间断进行所需的物料、能源、机器等各种要素，并使它们处于良好的状态，因此，将直接影响基本生产运作的正常运行。

生产运作计划与控制系统又称为生产运作管理系统，是对整个生产运作系统各方面的工作进行计划、组织、控制和协调，其作用类似于企业的大脑和神经系统。本书所指的生产运作系统是广义的生产运作系统。

（二）生产运作系统的功能

从本质上讲，生产运作系统是一个投入-产出系统，其功能就是将一系列投入转换为社会和用户所需要的产出，图6-1所示为生产运作系统模型。

生产运作系统体现为物质与能量的转换过程，即对投入的人、财、物、信息等各种资源进行加工转换以提供社会和用户所需要的产品或劳务的过程。

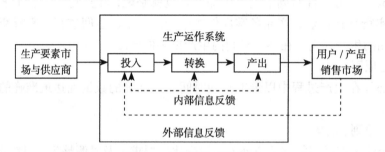

图6-1 生产运作系统模型

从图6-1来看，生产运作系统由投入、生产运作（转换）过程、产出和反馈四个基本环节构成。投入要素可分为两类：一类是加工对象，如原材料、零部件等，它们最终构成产品实体的一部分；另一类是虽不构成产品实体、但对生产运作系统运行起决定作用的人力资源、设备、土地、能源、信息资源等。

生产运作过程是直接进行加工、生产或服务，实现物质与能量的转换的过程，处于生产运作系统的核心地位。生产运作系统的产出主要是社会和用户需要的产品或劳务，但同时还存在一些"副产品"，有些副产品是有用的，如知识，而有些副产品则是有害的，如噪声、边角废料等。企业应努力减少有害副产品的产出。一般常从用户在品种、款式、质量、数量、价格、服务和交货期等方面需求的满足程度出发，衡量生产运作系统产出的好坏。生产运作系统的反馈环节执行的是控制职能，即收集生产运作系统运行的输出信息，并与输入的计划、标准等信息进行比较，发现差异，并分析差异及其原因，从而采取针对性的措施来消除差异。

（三）生产运作系统构成要素

生产运作系统包含两类要素：硬件要素和软件要素。

1. 生产运作系统的硬件要素

生产运作系统的硬件要素是指构成生产运作系统主体框架的那些要素。主要包括：①生产技术；②生产设施；③生产能力；④生产系统的集成。

硬件要素是形成生产运作系统框架的物质基础,建立这些要素需要的投资多,一旦建立起来并形成一定的组合关系之后,要改变它或进行调整是相当困难的。

2.生产运作系统的软件要素

生产运作系统的软件要素是指在生产运作系统中支持和控制系统运行的要素,主要包括:①人员组织;②生产计划;③生产库存;④质量管理。

生产运作系统的软件要素的改变和调整较为容易。因此,采用软件要素的决策风险不像采用硬件要素那样大。但在实施过程中,软件要素容易受其他因素的影响,因此,对这类要素的掌握和控制比较复杂。

五、生产运作管理的目标和基本内容

(一)生产运作管理的概念和目标

1.生产运作管理的概念

生产运作管理是对生产运作系统的设计、运行与维护过程的管理,它包括对生产运作活动进行计划、组织和控制。

传统生产管理学主要是以工业企业,特别是制造业为研究对象,其关注点主要是一个生产系统内部的计划和控制,一般称为狭义的生产管理学,其内容主要是关于生产的日程管理和在制品管理。

生产运作管理学的内涵和外延大大扩展了,它将凡是有投入—转换—产出的组织的活动都纳入其研究范围,不仅包括工业制造企业,而且包括服务业、社会公益组织及市政府机构,特别是随着国民经济中第三产业所占比重越来越大,对其运作的管理日益重要,也成为运作管理研究的重要内容。不仅如此,现代生产与运作管理的内涵范围不仅局限于生产过程的计划、组织与控制,而且包括运作战略的制定、运作系统设计、运作系统运行等多个层次的内容。

所以,从生产管理学到生产运作管理学不只是名称的变化,其研究的外延和内涵已有非常大的变化。

2.生产运作管理的目标

生产运作管理的目标可以用一句话来概括:高效、低耗、灵活、准时、清洁地生产合格的产品和提供满意的服务。

(1)高效是对时间而言,指能够迅速地满足用户的需要。在当前激烈的市场竞争条件下,谁的订货提前期短,谁就能争取到用户。

(2)低耗是指生产同样数量和质量的产品,人力、物力和财力的消耗最少。低耗才能低成本,低成本才有低价格,低价格才能争取到用户。

(3)灵活是指能很快地适应市场的变化,生产不同的品种或开发新品种,提供不同的服务或开发新的服务。

(4)准时是在用户需要的时间,按用户需要的数量,提供所需的产品和服务。

(5)清洁是指对环境没有污染。

(6)合格的产品和(或)满意的服务,是指质量。

生产运作管理的目标体现了 CQSTE 五方面的特征，即低成本（cost，C）、合格的质量（quality，Q）、满意的服务（service，S）、准时性（time，T）和清洁地生产（environment，E）。

（二）生产运作管理的基本内容

生产运作管理的内容可以分为四个层面。

（1）生产与运作战略制定：决定产出什么，如何组合不同的产品品种，为此需要投入什么，如何优化配置所需要投入的资源要素，如何设计生产组织方式，如何培养并发展企业的核心竞争力，等等。

（2）生产与运作系统设计：包括生产与运作技术的选择、生产能力的规划、系统设施规划和设施布置、工作设计等。

（3）生产与运作系统的运行：主要涉及生产与运作系统的日常运行决策问题，包括生产与运作计划、生产控制、生产系统的分析与改进等。

（4）生产与运作系统的综合模式：在实践中，要对生产运作设计和运行综合优化考虑，进而决定选择何种具体有效的生产系统综合模式，如准时制、制造资源计划等先进的管理模式。

第二节　设施选址与生产过程组织

一、生产/服务设施选址

（一）设施选址的概念及影响因素

1. 设施选址的概念

所谓设施，是指生产运作过程得以进行的硬件手段，通常由工厂、办公楼、车间、设备、仓库等物质实体构成。

而设施选址，是指如何运用科学的方法决定设施的地理位置，使之与企业的整体经营运作系统有机结合，以便有效、经济地达到企业的经营目的。

设施选址在企业运作管理中具有十分重要的地位。它直接关系到设施建设的投资和建设的速度，同时在很大程度上也决定了所提供的产品和服务的成本，从而影响整个企业的效益。错误的选址决策带来的损失也是无法弥补的。

2. 设施选址的影响因素

影响设施选址的因素很多，既要考虑顾客，又要考虑供应厂家，还要考虑产品特点和社会文化因素等。

（1）市场条件。将厂址选在靠近企业产品和服务目标市场的地区有利于接近用户，便于产品迅速投放市场，降低运输成本，减少分销费用，提供快捷服务。

（2）原材料供应条件。出于保证供应与成本方面的考虑，那些对原材料依赖性较强的企业应当尽可能靠近原材料产地。例如火力发电厂应尽可能建在煤矿附近地区以减少运输费用，而对新鲜蔬菜、水果进行冷藏或加工的企业更应靠近蔬菜、水果供应地，以避免长途运输既增加运输成本又会导致蔬菜、水果腐烂变质。

（3）交通运输条件。产品及原材料、零部件的运量大的企业，应尽量选择靠近铁路、海港、高速公路或其他交通运输条件较好的地区。例如运输量较大的企业（钢铁、煤炭、石油化工、造纸等工厂）则应考虑建在铁路、河流或高速公路等运输条件较为有利的地区。

（4）人力资源条件。不同地区的人力资源状况是有很大差别的，其教育水平、文化素质、劳动技能、工资费用都不同，也是企业在选址时必须考虑的重要因素之一。例如，某些高科技企业需要相当水平的科技人员，它们就应在这类人员高度集中的地区选址。工资成本对劳动密集型企业非常重要，这类企业在选址时就要考虑该地区既能提供符合要求的熟练劳动力，人力费用又要比较低。目前生产出现全球化的主要原因之一就是用低成本竞争的策略来占领市场。美国、日本和欧盟国家把许多成熟产品转移到发展中国家进行生产制造，正是出于这种考虑。

（5）基础设施条件。对于任何一个工厂来说，基础设施是在选址时需要予以认真考虑的必要条件。基础设施主要指企业生产运作所必需的供水、供电、供气、排水等的保证。从广义上讲，还包括"三废"处理、邮电通信、金融保险、生活服务设施等。如用水量大的造纸、化工、食品、电镀等企业，应优先选择在水源充足的地方建址。而电炉炼钢、电解铝厂的加工则要消耗大量的电力，显然应以在电力丰富且电价较低的地区建厂为宜。

（6）气候条件。温度、湿度、气压、风向等气候条件因素对某些产品制造会带来不利影响，企业在选址时对这些因素应当加以考虑。如精密仪器、半导体元器件、大规模集成电路对这方面的要求就比较高。许多企业愿意在气候适宜的地方建厂，不仅可以降低通风、采暖、除湿、降温的费用，还能避免由于气候变化所造成的停工待料、延误交货、无法正常生产的损失。

（7）社会文化及生活条件。显而易见，企业所在地区能给职工提供良好的居家、购物、教育、交通、娱乐、治安、消防和医疗保健服务的生活环境，无疑能使职工减少许多后顾之忧，提高工作效率，也会大大减轻企业和社会的负担。

（8）政治、经济、法律和政策条件。从全球化生产角度来看，选择政治稳定、经济发展速度快、市场潜力大的地区建厂是非常有利的。在某些国家和地区建厂办企业，还会得到法律法规和政策上的一些特殊的优惠待遇，如减免税收、低息贷款、土地使用费低、自由兑换外汇等，也是选址时要考虑的重要因素。

（二）设施选址的内容

设施选址包括两个层次的问题。

第一，选位，即选择什么地区（区域）设置设施，沿海还是内地，南方还是北方，等等。在当前经济全球化的大趋势之下，或许还要考虑是选择国内还是国外。

第二，定址，即地区选定以后，具体选择在该地区的什么位置设置设施。也就是说，在已选定的地区内选定一片土地作为设施的具体位置。

（三）设施选址方案的评价方法

对选址的方案进行评价，常用的方法有两种：

（1）因素分析法。选址涉及多方面因素，很多因素难以量化，且各因素影响的重要度不同，为综合考虑各因素及其重要度，可对各因素及重要度赋值，计算各方案总分，选择分值最高者为最优方案。

（2）重心法。重心法是一种布置单个设施的方法，这种方法要考虑现有设施之间的距离和要运输的货物量。其基本思想是所选厂址可使主要原材料或货物总运量距离最小。

二、生产/服务设施布置

（一）设施布置的基本内容

设施布置是指在已经选定的厂址范围内，对厂房、车间、设备、办公楼、仓库、公用设施等物质实体进行合理的位置安排，以便有效地为企业的生产运作服务，并获得良好的经济效果。设施布置不仅要根据厂址地形、地貌的特点，确定其平面或立体的位置，还要确定物料流程、运输方式和运输路线。

具体来讲，设施布置包括以下四个方面的内容。

（1）要明确应当包括哪些生产运作单位，这些生产运作单位需要多大的面积空间，形状如何，放在什么地方。显然，不同的企业，由于生产类型、生产规模、产品特点、企业的生产技术水平、生产专业化水平和协作化水平不同，其生产运作单位的构成是不相同的，占用的空间大小、形状、位置也有很大的区别。如生产协作化水平很高的企业，由于大量的零部件、工具、模具依靠协作方式取得，生产运作单位就比较少，有的就只设基本生产车间如装配车间而没有制造零部件的机加工车间，也没有制造工艺装备的工具车间。

（2）设施布置时应当满足哪些要求，遵循什么原则，选择哪种设施布置的类型。设施布置是企业生产运作的物质要素的有机组合，这种组合的合理性和有效性对生产运作系统的功能有决定性的影响，并在很大程度上决定生产成本、生产效率和经济效益。因此设施布置必须从系统分析入手，统筹兼顾，全面规划，合理部署，讲求整体的最优效果。而要达到这个目的，首先要明确设施布置的目标、要求和基本原则。而正确选择设施布置类型是至关重要的前提和保证条件。

（3）采用什么样的方法和步骤来进行布置。设施布置是一项复杂的系统工程活动，受到诸多因素的影响，既要考虑当前现实，又要考虑长远发展；既要满足生产要求，又要降低成本费用；既要做到整体协调，又要考虑各个生产运作单位之间的有机联系。因此设施布置工作应有严谨精细的态度，采用严密的程序步骤和科学的方法。

（4）如何对设施布置进行技术经济评价。设施布置是一项十分重要的决策，它是形成生产运作系统的物质基础，是由许多要素组合而成的。建立这些要素需要的投资很大，一旦建立起来形成一定的布局之后，要想改变它或进行调整是相当困难的，而且还会对生产成本、生产效率产生直接影响。因此，需要对不同的设施布置的方案进行技术和经济方面的分析、评价、比较，以选择最优化的布置方案。

（二）设施布置的类型

设施布置的类型在很大程度上取决于企业的生产运作组织方式。主要有以下五种类型。

1. 工艺对象专业化布置

这种布置是与工艺对象专业化的生产组织方式相适应的，是一种能够满足加工不同的产品或提供服务的布置。这种设施布置有明显的工艺专业化或工作专业化的特征，在某个生产运作单位中，集中同类型的设施，如设备、工具、仪器、人员等，进行相类似的生产加工或服务活动。在制造业中，工艺对象专业化布置的典型例子是机械制造厂，它是按照产品的工艺特征来设置车间或工段，把同类的设备集中在一起组成生产单位如车工车间、铣工车间、磨工车间，或在机械加工车间内设置车工工段、铣工工段、磨工工段等。在服务业中，工艺对象专业化的布置也相当普遍，如医院、银行、大学、航空公司及公共图书馆等。在医院中，分别设置外科、内科、放射科、眼科、耳鼻喉科，并布置相应的检查、治疗仪器设备，这些工作专门化的形式，其本质仍属于工艺对象专业化布置类型。

2. 产品对象专业化布置

这种布置是适应产品对象专业化的生产组织方式的。其特点是按照某种产品的加工路线或加工顺序来布置设施，常常称为生产线。产品对象专业化布置是在一个生产单位中集中加工同一产品的各种设备和工人，完成该产品的各种工艺加工。例如汽车装配线、电视机生产线、电冰箱生产线都是按产品对象专业化布置的。一些产量很大的零部件、标准件的生产可采用这种布置方式。如汽车制造厂的曲轴产量较大，可以把加工曲轴所需要的车床、铣床、磨床、钻床、热处理设备等按照曲轴加工的工艺顺序布置排列，形成一条曲轴生产线。

3. 混合式布置

混合式布置是指上述两类布置的混合。这种布置实际上是最常见的，它吸取了工艺对象专业化和产品对象专业化布置的长处。这种布置形成的生产单位，既对产品品种变化有一定的适应能力，又能缩短物流路程，达到提高效率、降低成本、缩短生产周期的目的。混合式布置有多种形式，例如在制造业中，零部件生产采用工艺对象专业化布置，装配车间采用产品对象专业化布置。

4. 固定布置

固定布置是指将加工的对象如产品、零部件的位置固定不变，而人员、设备、工具向其移动，并在该处进行加工制造的一种设施布置方式。这种布置与产品对象专业化布置正好相反，是一种特殊的布置方式，主要适用于体积大、重量也很大、难以移动的产品，如重型机床、船舶、飞机、机车、锅炉、发电机组等。大型建设项目如建筑房屋、修水坝、筑路、钻井都常用固定布置方式来进行生产。

5. 零售商店布置

上面介绍的几种设施布置多用于制造业，对服务业而言，设施布置有自身的特点。这里介绍一下如何进行零售商店的设施布置。研究表明，零售商店的销售量随着展示给顾客的商品的种类和数量而不断变化，当提供给顾客的产品越多，即展示率越高时，销售和投资回报率就越高。因此商店应合理安排各种商品的位置空间，以吸引顾客产生购买欲望。例如常购商品应布置在商店的四周，利润高的商品如装饰、美容、化妆品、酒类等放在醒目位置，将"能量商品"（能决定购物路径的商品）放置在过道两边。商店的进出口处也是不能忽视的，别具匠心的布置常常会有意想不到的效果，不少商店将食品、降价品放在进出口处，目的就是吸引那些追求低价及便利的顾客。

（三）设施布置的基本要求

企业是一个由许多生产运作单位构成的复杂系统，该系统的基本功能是生产产品和提供服务，其目的在于以最低的消耗获得最大的经济效果。因而，设施布置作为一项系统工程，其目标是十分明确的，就是如何建立一个优化的物质系统，以保证实现企业的既定目标。设施布置应满足如下基本要求。

1. 符合生产运作过程的要求

厂房、设施和其他建筑物的布置，特别是各车间和各种设备的布置，应当满足产品或服务的工艺过程的要求，能保证合理安排生产运作单位，便于采用先进的生产组织形式。

2. 符合环境条件的要求

环境条件是指企业所在地区的周边特征，如噪声、照明、温度等，特别是服务型企业，为顾客提供服务的部门应尽可能地布置在环境较好的位置。

3. 布置应尽可能紧凑合理，有效利用面积

设施布置要讲求经济实用、协调、紧凑、合理，最充分地利用地面和空间面积，提高建筑系数（指厂房、建筑物占地面积在全厂总面积中所占的比重）。这样不仅可以缩短道路及管道距离和物料流程，而且可以节约用地，减少建设工作量，降低基建投资费用。

4. 合理地划分区域

按照生产运作单位的功能要求和其他条件合理划分设施的区域位置，把功能相同或相近且条件要求接近的生产运作单位尽量布置在一个区域内，以便于联系、协作和管理。如机械制造厂，可以分为加工区、动力区、仓库区和办公区。

5. 充分利用外部环境提供的便利条件

设施布置时应充分考虑并利用外部环境提供的各种便利条件，如铁路、公路、港口、供水、供电、供气和公共设施。特别是厂外运输条件，要与厂内生产过程的流向和运输系统的配置结合起来，满足物料运输的要求。

6. 留有合理的扩展余地

企业的生产经营活动是动态发展变化的过程，当市场发生变化，产品结构和生产运作方法一有改变时，设施布置就要做出相应的调整。因此，除了考虑设施布置的柔性外，还要为企业将来的发展留有余地。当然留有余地不是盲目的，要在较为精确的预测基础上进行。

三、生产过程的时间组织

合理组织生产过程，不仅要求生产单位在空间上密切配合，而且要求劳动对象和机器设备在时间上紧密衔接，以实现有节奏的连续生产，达到提高劳动生产效率和设备利用率、减少资金占用、缩短生产周期的目的。生产过程在时间上的衔接程序，主要表现为劳动对象在生产过程中的移动方式。劳动对象的移动方式与一次投入生产的劳动对象数量有关。以加工零件为例，当一次生产的零件只有一个时，零件只能顺序地经过各道工序，而不可能同时在不同的工序上进行加工。当一次投产的零件有两个或两个以上时，工序间就有不同的移动方式。一批零件在工序间存在三种移动方式，这就是顺序移动、平行移动、平行顺序移动。

(一) 顺序移动方式

顺序移动方式是指一批零件在前一道工序全部加工完毕后,整批转移到下一道工序进行加工的移动方式。其特点是:一道工序在工作,其他工序都在等待。若将各工序间的运输、等待加工等停歇时间忽略不计,则该批零件的加工周期的计算公式 $T_顺$ 为:

$$T_顺 = n\sum_{i=1}^{m} t_i \qquad (6-1)$$

式中:n 为该批零件数量;m 为工序数;t_i 为第 i 道工序的单件加工时间。

顺序移动方式的优点是:一批零部件连续加工,集中运输,有利于减少设备调整时间,便于组织和控制。其缺点是:零件等待加工和等待运输的时间长,生产周期长,流动资金周转慢。

(二) 平行移动方式

平行移动方式是指一批零件中的每个零件在每道工序加工完毕以后,立即转移到后道工序加工的移动方式。其特点是:一批零件同时在不同工序上平行进行加工,因而缩短了生产周期。其加工周期 $T_平$ 的计算公式为:

$$T_平 = (n-1)t_K + \sum_{i=1}^{m} t_i \qquad (6-2)$$

式中:t_K 为各加工工序中最长工序的单件加工时间。

采用这种移动方式不会出现制件等待运输的现象,所以整批制件加工时间最短,但由于前后工序时间不等,当后道工序时间小于前道工序时间时,后道工序在每个零件加工完毕后,都有部分间歇时间。

(三) 平行顺序移动方式

平行顺序移动吸收了上述两种移动方式的优点,避开了其短处,但组织和计划工作比较复杂。其特点是:当一批制件在前道工序上尚未全部加工完毕,就将已加工的部分制件转到下道工序进行加工,并使下道工序能够连续、全部地加工完该批制件。为了达到这一要求,要按下面的规则运送零件:当前道工序时间少于后道工序的时间时,前道工序完成后的零件立即转送下道工序;当前道工序时间多于后道工序时间时,则要等待前道工序完成的零件数足以保证后道工序连续加工时,才将完工的零件转送后道工序。这样就可将人力及设备的零散时间集中使用。平行顺序移动方式的生产周期 $T_{平顺}$ 在以上两种方式之间,计算公式为:

$$T_{平顺} = n\sum_{i=1}^{m} t_i - (n-1)\sum_{i=1}^{m-1} t_{较短} \qquad (6-3)$$

式中:$t_{较短}$ 为每相邻两道工序中较短工序的单件加工时间。

在选择移动方式时,应结合具体情况来考虑,灵活运用。一般对批量小或重量轻,而且加工时间短的零件,宜采用顺序移动方式,反之宜采用另外两种移动方式;按对象专业化形式设置的生产单位,宜采用平行顺序移动方式或平行移动方式;按工艺专业化形式设置的生产单位，宜采用顺序移动方式；对生产中的缺件、急件，则可采用平行移动方式或平行顺序移动方式。

例题 6-1

某产品生产 3 件，经 4 道工序加工，每道工序加工的单件工时分别为 10 分钟、5 分钟、20 分钟、10 分钟，现按三种移动方式计算其生产周期，三种移动方式示意图如图 6-2、图 6-3 和图 6-4 所示。

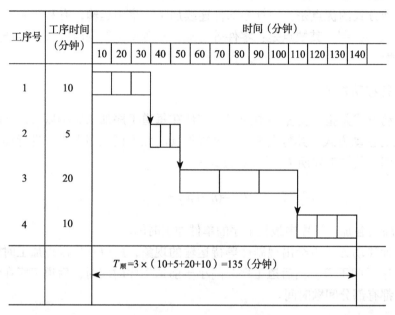

图 6-2　顺序移动方式示意图

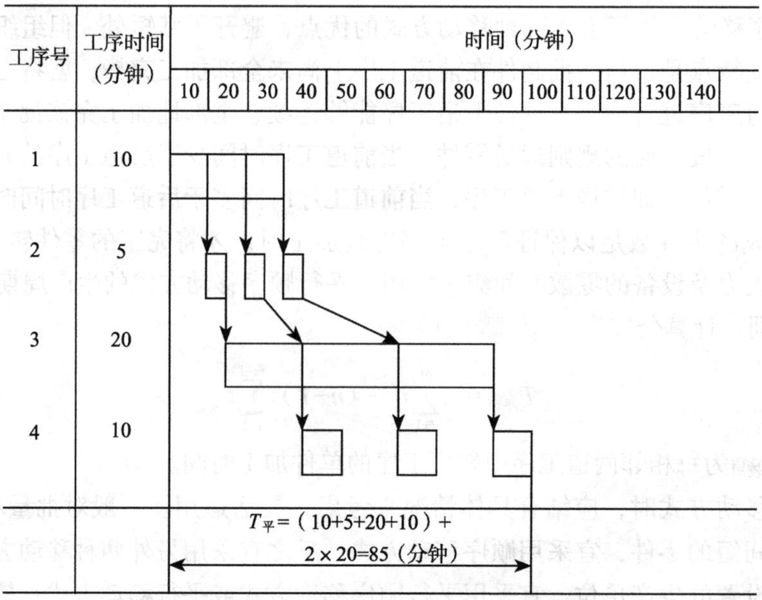

$T_{顺} = 3 \times (10+5+20+10) = 135（分钟）$

$T_{平} = (10+5+20+10) + 2 \times 20 = 85（分钟）$

图 6-3　平行移动方式示意图

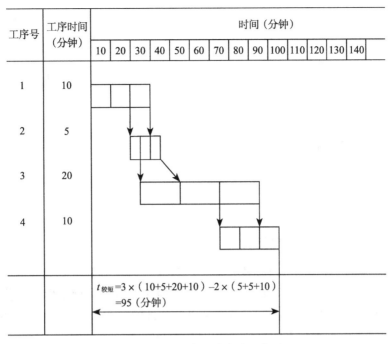

图 6-4 平行顺序移动方式示意图

四、生产过程的组织形式

研究分析生产过程的基本目的在于寻求高效、低耗的生产组织形式,将生产过程的空间组织与时间组织有机结合。企业必须根据其生产目的和条件,采用适合自己生产特点的生产组织形式。生产过程的组织形式有以下三种:流水生产线,成组技术和成组加工单元,柔性制造单元。

(一)流水生产线

流水生产线,又称流水作业线,简称流水线,是指劳动对象按照一定的工艺过程,顺序地、一件一件地通过各个工作地,并按照统一的生产速度和路线,完成工序作业的生产过程组织形式。它将对象专业化的空间组织方式和平行移动的时间组织方式高度结合,是一种先进的生产组织形式。

1. 流水线的特点

流水线有如下特点:①专业性;②连续性;③节奏性;④比例性;⑤封闭性。

2. 流水线的种类

为了充分发挥流水线的优越性,人们创造了多种形式的流水线。

(1)按照流水线的连续程度,可分为连续流水线和间断流水线。

(2)按流水线上生产对象的数目,可分为单一品种流水线和多品种流水线。

(3)按生产对象的移动方式,可分为对象固定流水线和对象移动流水线。

(4)按流水线节拍的方法,可分为强制节拍流水线和自由节拍流水线。

（5）按流水线的机械化程度，可分为手工流水线、机械化流水线和自动化流水线。

（6）按产品的运输方式，可分为普通运输设备的流水线和有专用运输设备的流水线。

3. 流水生产必须具备的条件

一个企业要建流水生产线，应进行充分的可行性分析与论证，建流水线一般应具备以下条件：

（1）市场需求大，产品品种稳定且量大，以保证流水线的正常负荷；

（2）产品的结构、加工工艺、性能等应比较先进；

（3）产品的加工过程能够细分，能分解成单个工序，以便组织生产；

（4）企业自身条件，如资金、生产面积、技术力量能达到要求；

（5）产品的检验工作能够在流水线上进行或通过工艺设备保证。

（二）成组技术和成组加工单元

随着社会经济的发展，社会需求出现了多样化、小批量和定制方向的趋势。为提高多品种、小批量生产的效率，出现了成组技术，使多品种、小批量生产能获得流水线生产的高效率和低成本效果。成组技术是一种以零部件的相似性（主要指零件的材质结构、工艺等方面）和零件类型分布的稳定性、规律性为基础，对其进行分类、归并成组并进行编码制作，以提高加工的批量，获得较好的经济效益的技术。在应用成组技术中，出现了一具多用的成组夹具。一组成组夹具一般可用于几种甚至几十种零件的加工。成组技术从根本上改变了传统的生产组织方法，它不以单一产品为生产对象，而是以"零件组"为对象编制成组工艺过程和成组作业计划。

成组加工单元，就是使用成组技术，以"组"为对象，按照对象专业化布局的方式，在一个生产单元内配备不同类型的加工设备，完成一组或几组零件的全部工艺的生产组织。采用成组加工单元，加工顺序可在组内灵活安排，多品种、小批量生产可获得接近于大量流水线生产的效率和效益。目前，成组技术主要应用于机械制造、电子、兵器等领域。它还可以应用于具有相似性的众多领域，如产品设计和制造、生产管理等领域。

（三）柔性制造单元

柔性制造单元，即以数控机床或数控加工中心为主体，依靠有效的成组作业计划，利用机器人和自动运输小车实现工件和刀具的传递、装卸及加工过程的全部自动化和一体化的生产组织。它是成组加工系统实现合理化的最高级形式。它具有机床利用率高、加工制造与研制周期短、在制品及零件库存量低的优点。柔性制造单元与自动化立体仓库、自动装卸站、自动牵引车等结合，由中央计算机控制进行加工，就形成柔性制造系统。柔性制造单元与计算机辅助设计功能的结合，则形成计算机一体化制造系统。

总之，上述技术的出现改变了单件小批量生产的生产过程组织形式和物流方式，使之获得了接近于大量流水线生产的技术经济效益，符合市场需求的多样化、小批量和定制方向的趋势，代表了现代制造技术的发展方向。

第三节 生产计划与控制

一、生产计划

（一）生产能力

企业的生产能力是指在一定时期内，企业参与生产的全部固定资产，在既定的组织技术条件下，所能生产的一定种类和一定质量的产品数量，或者能够处理的原材料数量。生产能力是反映企业所拥有的加工能力的一个技术参数，同时也反映了企业的生产规模。

实际运用中的生产能力有多种不同的表达方式，包括设计生产能力、查定生产能力和计划生产能力等。

（1）设计生产能力是企业建厂时在基建任务书和技术文件中所规定的生产能力，它是按照工厂设计文件规定的产品方案、技术工艺和设备，通过计算得到的最大年产量。企业投产后往往要经过一段熟悉和掌握生产技术的过程，甚至改进某些设计不合理的地方，才能达到设计生产能力。

（2）查定生产能力是指企业在没有设计生产能力资料或设计生产能力资料可靠性低的情况下，根据企业现有的生产组织条件和技术水平等因素，重新审查核定的生产能力。它为研究企业当前的生产运作问题和今后的发展战略提供了依据。

（3）计划生产能力也称为现实能力，是企业计划期内根据现有的生产组织条件和技术水平等因素所能够实现的生产能力。它直接决定了企业近期所做的生产计划。

（二）生产计划的三个层次

制造企业的生产计划一般分为综合计划、主生产计划和物料需求计划三种。

1. 综合计划

综合计划又称为生产大纲。它是为保持企业未来较长一段时间内资源和需求之间的平衡所做的概略性的设想，是根据企业所拥有的生产能力和市场需求预测对企业未来较长时间内产出内容、产出量、劳动率水平、库存投资等问题所做出的决策性描述。综合计划并不具体制定每一品种的生产数量、生产时间和每一车间及人员的具体工作任务，而是按照以下方式对产品、时间和人员做出安排。

（1）产品。按照产品的需求特性、加工特性、所需人员和设备上的相似性等，将产品综合为几大系列，以系列为单位来制订综合计划。例如，服装厂根据产品的需求特性分为女装、男装和童装三大系列。

（2）时间。综合计划的计划期通常是年，因此，有些企业也把综合计划称为年度生产计划或年度生产大纲。在该计划期内，使用的计划时间单位是月或季。采用滚动式计划方式的企业，还有可能未来3个月的计划时间单位是月，其余9个月是季等。

（3）人员。综合计划可用几种不同的方式来考虑人员安排问题。例如，将人员按照产品系列分成相应的组，分别考虑所需人员的水平，或将人员根据产品工艺的特点和人员所需的技能水平分组，等等。综合计划中还应考虑需求变化所引起的人员数量的变化，以决定是加班还是增加聘用人数。

2. 主生产计划

主生产计划要确定每一具体的最终产品在每一具体时间段内的生产数量。这里的最终产品是指对企业而言必须最终完成、可以马上出厂的完成品，它可以是直接用于消费的消费产品，也可以是企业其他产品的部件或配件。这里所指的"具体时间段"，通常以周为单位，有时也可能是日、旬或月。

3. 物料需求计划

主生产计划确定后，生产管理部门下一步要做的事情是，保证完成主生产计划所规定的最终产品所需的全部物料（原材料、零件、部件等）以及其他资源的供应。物料需求计划就是要制订这些原材料、零件、部件等的生产采购计划，外购什么，生产什么，什么物料必须在什么时候订货或开始生产，每次订多少、生产多少，等等。也就是说，物料需求计划所要解决的是与主生产计划规定的最终产品相关的物料的需求问题，而不是对这些物料的独立、随机的需求问题。

（三）生产计划的主要指标

制定生产计划指标是生产计划的重要内容。为了有效和全面地指导企业生产计划期内的生产活动，生产计划应建立以产品品种、产品质量、产品产量和产品产值等四类指标为主要内容的生产指标体系。

1. 产品品种指标

产品品种指标是指企业在报告期内规定生产产品的名称、型号、规格和种类。它不仅反映了企业对社会需求的满足能力，还反映了企业的专业化水平和管理水平。

产品品种指标的确定首先要考虑市场需求和企业实力，按产品品种系列平衡法来确定。

2. 产品质量指标

产品质量指标是衡量企业经济状况和技术发展水平的重要指标之一。产品质量指标包括两大类：一类是反映产品本身内在质量的指标，主要是产品平均技术性能、产品质量分等；另一类是反映产品生产过程中工作质量的指标，如质量损失率、废品率、成品返修率等。

产品质量受若干个质量控制参数控制。对质量参数的统一规定形成了质量技术标准，包括国际标准、国家标准、行业标准、企业标准、企业内部标准等。

3. 产品产量指标

产品产量指标是指企业在一定时期内生产的，并符合产品质量要求的实物数量。以实物量计算的产品产量反映企业生产的发展水平，是制定和检查产量完成情况、分析各种产品质检比例关系、进行产品平衡分配，以及计算实物量生产指数的依据。

确定产品产量指标主要采用盈亏平衡法、线性规划法等。

4. 产品产值指标

产品产值指标是指用货币表示的产量指标，能综合反映企业生产经营活动成果，以便进行不同行业间的比较。根据具体内容与作用不同，产品产值分为商品产值、总产值和净产值三种形式。

上述各项生产计划指标的关系十分密切。既定的产品品种、质量和产量指标，是计算各项产值指标的基础，而各项产值指标又是企业生产成果的综合反映。企业在编制生产计划时，应先落实产品的品种、质量与产量指标，然后据以计算产值指标。

(四) 生产计划工作的主要内容

1. 做好编制生产计划的准备工作

这项准备工作是预测计划期的市场需求、核算企业自身的生产能力，为确定生产计划提供外部需要和内部可能的依据。

2. 确定生产计划指标

企业在做好编制生产计划的准备工作后，要根据满足市场需要、充分利用各种资源和提高经济效益的原则，在综合平衡的基础上，确定和优化生产计划指标。

3. 安排产品的生产进度

在编制完生产计划，确定了全年总的产量任务后，企业要进一步将全年的生产任务具体安排到各个季度和各个月份，这就是安排产品的生产进度。安排产品生产进度的总原则是：保证交货期，实现均衡生产，注意和企业技术准备工作及各项技术组织措施的衔接。

企业在安排产品生产进度的同时，还要安排各车间的生产任务，即把全年的生产任务具体落实到各个车间，使各车间做好技术准备工作，平衡生产任务和生产能力，使企业内部各主要环节的生产任务在产品品种、数量和时间上相互协调，确保全厂产品生产进度按计划进行。

(五) 生产计划的编制步骤

生产计划的编制必须遵循四个步骤。

(1) 收集资料，分项研究。收集的资料主要是编制生产计划所需的资源信息和生产信息。

(2) 拟定优化计划方案，统筹安排。初步确定各项生产计划指标，包括产量指标的优选和确定、质量指标的确定、产品品种的合理搭配、产品出产进度的合理安排。

(3) 编制计划草案，做好生产计划的平衡工作。主要应做好：生产指标与生产能力的平衡；测算企业主要生产设备和生产面积对生产任务的保证程度；生产任务与劳动力、物资供应、能源、生产技术准备能力之间的平衡；生产指标与资金、成本、利润等指标之间的平衡。

(4) 讨论修正与定稿报批。通过综合平衡，对计划做适当调整，正确制定各项生产指标，报请总经理或上级主管部门批准。

此外，生产计划的编制要注意全局性、效益性、平衡性、群众性、应变性。

二、生产作业计划

(一) 生产作业计划的含义、形式和内容

1. 生产作业计划的含义

生产作业计划是生产计划工作的继续，是企业年度生产计划的具体执行计划。它是

协调企业日常生产活动的中心环节。它根据年度生产计划规定的产品品种、数量及大致的交货期的要求对每个生产单位在每个具体时期内的生产任务做出详细规定，使年度生产计划得到落实。

与生产计划相比，生产作业计划具有计划期短、计划内容具体、计划单位小三个特点。

2. 生产作业计划的形式

根据企业的具体情况，生产作业计划有厂部、车间和工段（班、组）三级作业计划形式。

（1）厂部级生产作业计划由企业生产科负责编制，确定各车间的月度生产任务和进度计划。

（2）车间级生产作业计划由车间计划调度室负责编制。

（3）工段级生产作业计划由工段计划调度员负责编制，分别确定工段（班、组）或工作地月、旬（或周）以及昼夜轮班的生产作业计划。

3. 生产作业计划的内容

其主要内容包括生产作业准备的检查；制定期量标准；编制各级、各种生产作业计划；生产能力的细致核算与平衡以及生产作业控制；等等。

（二）作业计划标准

作业计划标准又称期量标准，是指为制造对象（产品、部件、零件等）在生产期限和生产数量方面所规定的标准数据。期量标准是编制生产作业计划的重要依据和组织均衡生产的有力工具。企业的生产类型不同，生产过程的组织也不同，因而形成了不同的期量标准。

1. 批量和生产间隔期

批量是指一次投入（出产）相同制品的数量。生产间隔期是指相邻两批同种制品投入（出产）的时间间隔。其相互间的关系可以用下式表示：

$$批量 = 生产间隔期 \times 平均日产量 \tag{6-4}$$

$$生产间隔期 = 批量 / 平均日产量 \tag{6-5}$$

2. 生产周期

生产周期是指产品或零件从原材料投入生产起一直到成品出产为止所经历的全部日历时间。它是确定产品在各个工艺阶段的投入期和出产期的主要依据。产品的生产周期由各个工艺阶段的生产周期组成。

3. 生产提前期

生产提前期是指产品（或零件）在各个工艺阶段出产（投入）的日期比成品出产日期要提前的时间。生产提前期有投入提前期和出产提前期。提前期是编制生产作业计划、保证按期交货、履行订货合同的重要期量标准。

提前期是根据车间生产间隔期计算的，同时要考虑一个保险期。提前期是按反工艺顺序连续计算的，其计算公式如下：

$$某车间投入提前期 = 本车间出产提前期 + 本车间生产周期 \tag{6-6}$$

$$本车间出产提前期 = 后车间投入提前期 + 保险期 \tag{6-7}$$

4. 在制品定额

在制品定额是指在一定的技术组织条件下，为了保证生产连续而均衡地进行所必需的最低限度的在制品数量。一定数量的在制品是保证生产正常进行客观需要的，但在制品过多，就会增加生产面积和资金占用，影响经济效益；在制品过少，往往导致生产脱节，设备停歇。因此，必须把在制品定额控制在适当的水平上。

在制品、半成品定额计算公式如下：

$$车间在制品定额 = 平均每日出产量 \times 车间生产周期 + 保险储备量 \quad (6-8)$$

$$库存半成品定额 = 后车间平均每日需要量 \times 库存定额天数 + 保险储备量 \quad (6-9)$$

（三）生产作业计划的编制

编制生产作业计划包括编制分车间的作业计划及分工段或分小组的作业计划。这两步工作的方法原理是相同的，区别是计划编制的详细程度和责任单位有所不同。分车间的作业计划由厂部编制，它解决车间与车间之间生产数量及时间衔接等平衡问题。对于对象专业化车间，因各个车间平行地完成各种不同产品的生产任务，按照车间的产品分工、生产能力和各种具体生产条件直接分配给各车间。对于工艺专业化车间，因各个车间依次提供半成品，则应根据生产类型和其他情况采用下列方法编制生产作业计划。

1. 在制品定额法

在制品定额法适用于大量大批生产类型。这类企业生产品种比较单一，产量比较大，工艺和各车间的分工协作关系密切稳定，只要把在制品控制在定额水平上，就可以保证生产过程协调正常地进行。采用在制品定额法，就是运用预先制定的在制品定额，按照产品的反工艺顺序，从出产成品的最后车间开始，连续地计算各车间的出产量和投入量。其计算公式如下：

$$\frac{某车间}{出产量} = \frac{后车间}{投入量} + \frac{本车间半成品}{定额} + \left(\frac{库存半成品}{定额} - \frac{库存半成品期初}{预计结存量}\right) \quad (6-10)$$

$$\frac{某车间}{投入量} = \frac{本车间}{出产量} + \frac{本车间}{废品量} + \left(\frac{车间在制品}{定额} - \frac{车间在制品期初}{预计结存量}\right) \quad (6-11)$$

2. 提前期法

提前期法适用于成批生产的企业。这类企业各种产品轮番生产，各个生产环节结存的在制品的品种和数量经常不一致。但是各种主要产品的生产间隔期、批量、生产周期和提前期都比较固定，因此，可以采用提前期法来规定车间的生产任务。所谓提前期法，就是将预先制定的提前期标准转化为提前量，来规定车间的生产任务，使各车间之间由"期"的衔接变为"量"的衔接。其计算公式如下：

$$提前量 = 提前期 \times 平均日产量 \quad (6-12)$$

采用提前期法，对生产的产品应实行累计编号，所以又称累计编号法。所谓累计编号，是指从年初或从开始生产这种产品时起，依成品出产的先后顺序，为每一单位产品编上一个累计号码。最先生产的那一单位产品编为1号，以此类推，累计编号。因此，在同一时间，越是处于生产完工阶段的产品，其累计编号越小；越是处于生产开始阶段的产品,其累计编号越大。在同一时间,产品在某一生产环节上的累计号数同成品出产累计号数相比,相差的号数就叫提前量。

3. 生产周期法

生产周期法适用于单件小批生产企业。这类企业的生产任务多数是根据订货合同来确定的,生产的品种、数量和时间都很不稳定,产品是一次性生产或不定期重复生产。因此,各车间的生产在数量上衔接比较简单,关键是合理搭配订货,调整处理类似品种多变与保持车间均衡负荷之间的矛盾。

采用生产周期法规定车间的生产任务,就是根据订货合同规定的交货期限,为每一批订货编制出产品生产周期进度表,然后根据各种产品的生产周期进度表,确定各车间在计划月份应该投入和出产的订货项目,以及各项订货在车间投入和出产的时间。产品投入和出产进度表可以保证各车间的衔接,协调各种产品的生产进度和平衡车间的生产能力。

三、生产作业控制

(一)生产作业控制的含义

生产作业控制,是按照生产计划的要求,组织生产作业计划的实施,在产品投产前的准备到产品入库的整个过程中,从时间和数量上对作业进度进行控制,在实施中及时了解计划与实际之间的偏差并分析原因,认真调整生产进度,调配劳动力,合理利用生产能力,控制物料供应及运送,保质保量地完成任务。

生产作业控制是实现生产作业计划的重要保证,是整个生产过程的一个重要组成部分。

实施控制的两个重要环节是:产前控制和产中控制。

(1)产前控制。产前控制是生产过程控制的开始,主要指投产前的各项准备工作控制,包括技术、物资、设备、动力、劳动力等的准备,以保证投产后整个生产过程能均衡、协调、连续进行。

(2)产中控制。产中控制即投入产出控制,是在投料运行后对生产过程的控制。它具体分为投入控制和产出控制两个方面。

1)投入控制(又称投入进度控制)是指按计划要求对产品开始投入的日期、数量、品种的控制,是预先性的控制。

2)产出控制(又称出产进度控制)是指对产品(包括零件、部件)出产日期、生产提前期、出产数量、出产均衡性和成套性的控制。

投入控制和产出控制主要是从生产进度与计划进度的对比中发现偏差,观察生产运行状态,分析研究其原因,采取相应措施纠正偏差。通常是根据企业不同生产类型,通过一系列"进度控制图表"加以控制的。

(二)生产作业控制的内容和程序

1. 生产作业控制的内容

生产作业控制主要是在生产作业计划执行过程中,对产品(或零部件)的数量和生产进度进行的控制。它主要包括生产进度控制、在制品控制、生产调度、现场管理等内容。

2. 生产计划控制的程序

（1）制定标准。制定标准就是对生产过程中的人力、物力和财力，对产品质量特性、生产数量、生产进度规定一个数量界限。它可以用实物数量表示，也可以用货币数量表示，包括各项生产计划指标、各种消耗定额、产品质量指标、库存标准、费用支出限额等。控制标准要求制定得合理可行。制定标准的方法一般有如下几种。

1）类比法。类比法是指既可参照本企业的历史水平制定标准，也可参照同行业的先进水平制定标准。这种方法简单易行，标准也比较客观可行。

2）分解法。分解法是指把企业层的指标按部门、按产品层层分解为一个个小指标，作为每个生产单元的控制目标。这种方法在成本控制中起着重要作用。

3）定额法。定额法是指为生产过程中某些消耗规定标准，主要包括劳动消耗定额和材料消耗定额。

4）标准化法。标准化法是指以权威机构制定的标准作为自己的控制标准，如国际标准、国家标准，以及行业标准等。这种方法在质量控制中用得较多。当然，这种方法也可用于制定工作程序或作业标准。

（2）测量比较。测量比较就是以生产统计手段获取系统的输出值，与预定的控制标准做对比分析，以发现偏差。偏差有正负之分，正偏差表示目标值大于实际值，负偏差表示实际值大于目标值，正负偏差的控制论意义，视具体的控制对象而定。如对于产量、利润、劳动生产率等目标，正偏差表示没有达标，需要考虑控制。而对于成本、工时消耗等目标，正偏差表示优于控制标准。在实际工作中这些概念是很清楚的，不会混淆。

（3）控制决策。控制决策就是根据产生偏差的原因，提出用于纠正偏差的控制措施。控制决策一般的工作步骤如下。

1）分析原因。有效的控制必定是从失控的最基本原因着手的。有时从表象出发采取的控制措施也能有成效，但它往往是以牺牲另一目标为代价的。造成某个控制目标失控的原因有时会有很多，所以要做客观、实事求是的分析。

2）拟定措施。从造成失控的主要原因着手研究控制措施。传统观点认为控制措施主要是调节输入的资源，而实践证明对于生产系统这是远远不够的，还要检查计划的合理性，组织措施可否改进。总之，要全面考虑各方面的因素，才能找到有效的措施。

3）效果预期分析。生产系统是一个大系统，不能用实验的方法去验证控制措施。但为了保证控制的有效性必须对控制措施做效果分析。有条件的企业可使用计算机模拟方法，一般可采用推理方法，即在观念上分析实施控制措施后可能会产生的种种情况，尽可能使控制措施制定得更周密。

（4）实施执行。这是控制程序中的最后一项工作，由一系列的具体操作组成。控制措施贯彻执行得如何，直接影响控制效果。如果执行不力，则整个控制活动功亏一篑。所以在执行中要有专人负责，及时监督检查。

第四节　现代生产管理方式

一、精益生产方式

（一）精益生产的含义

精益生产（lean production，LP）又称精良生产，其中"精"表示精良、精确、精美；"益"表示利益、效益等。精，即少而精，不投入多余的生产要素，只是在适当的时间生产必要数量的市场急需产品（或下道工序急需的产品）；益，即所有经营活动都要有益有效，具有经济性。

具体来讲，精益生产方式是指运用多种现代管理方法和手段，以社会需要为依据，以充分发挥人的积极性为根本，有效配置和合理使用企业资源，以彻底消除无效劳动和浪费为目标，最大限度地为企业谋取经济效益的一种新型生产方式。

精益生产的概念是美国麻省理工学院詹姆斯·沃麦克等人在一项名为"国际汽车计划"（IMVP）的研究项目中提出来的。欧美学者在做了大量的调查和对比后，认为日本丰田汽车公司的成功是因为该公司采取了一种新的生产组织管理方式，即准时生产（just in time，JIT）方式，这种方式强调"只有在必要的时候，采取必要的手段，生产必要的产品""准时准量地生产"，它致力于消除生产中的浪费现象，消除一切非增值的环节，从而使企业兼顾了大批量生产的经济性和多品种生产的灵活性。

精益生产思想在丰田生产方式的基础上不断发展，从汽车行业到其他制造行业，进一步扩展到其他领域，不仅应用在包括汽车行业在内的制造、电子、计算机、飞机制造等各制造业中，还涉及供应链中的产品设计、生产供应、物流运输、产品销售等领域。它作为一种先进的管理理念对许多行业都有重要的指导作用。

精益生产既是一种以最大限度地减少企业生产所占用的资源和降低企业管理及运营成本为主要目标的生产方式，同时它又是一种理念、一种文化。实施精益生产就是决心追求完美的历程，也是追求卓越的过程，它是支撑个人与企业生命的一种精神力量，也是在永无止境的学习过程中获得自我满足的一种境界。其目标是精益求精，尽善尽美，永无止境地追求七个零的终极目标。其特点是去掉生产环节中一切无用的东西，每个工人及其岗位的安排原则是必须增值，撤除一切不增值的岗位。精简是它的核心，精简产品开发设计、生产、管理中一切不产生附加值的工作，旨在以最优品质、最低成本和最高效率对市场需求做出最迅速的响应。

（二）精益生产的主要内容

（1）在生产系统方面，精益生产一反大量生产方式下的作业组织方法，以作业现场具有高度工作热情的"多面手"（具有多种技能的工人）和独特的设备配置为基础，将质量控制融入每一道生产工序中；生产起步迅速，能够灵活敏捷地适应产品的设计变更、产品变换以及多品种混合生产的要求。

（2）在零部件供应方面，精益生产采取与大量生产方式截然不同的方法，在运用竞争原理的同时，与零部件供应厂家保持长期稳定的全面合作关系，包括资金合作、技术合作以及人员合作（派遣、培训等），形成一种"命运共同体"。

（3）在产品的研究与开发方面，精益生产以并行工程和团队工作方式为研究开发队伍的主要组织形式和工作方式，以"主查"负责制为领导方式，强调产品开发、设计、工艺、制造等不同部门之间的信息沟通和同时并行开发，这种并行开发还扩大至零部件供应厂家，充分利用它们的开发能力，以缩短开发周期、降低成本。

（4）在流通方面，实行精益生产的企业与顾客及零售商、批发商建立一种长期的关系，使订货与工厂生产系统直接挂钩；极力减少流通环节的库存，以迅速、周到的服务最大限度地满足顾客的需要。

（5）在人力资源的利用方面，实行精益生产的企业形成了一套劳资互惠的管理体制，并以QC小组、提案制度、团队工作方式、目标管理等一系列具体方法，调动和鼓励职工进行"创造性思考"的积极性，并注重培养和训练工人及管理人员的多方面技能，由此提高职工的工作热情和工作兴趣。

（6）从管理观念上说，实行精益生产的企业总是把现有的生产方式、管理方式看作是改善的对象，不断地追求进一步降低成本、降低费用、质量完善、缺陷为零、产品多样化等目标，追求尽善尽美。

总而言之，精益生产是一种资源节约型、劳动节约型的生产方式。

（三）精益生产的理论要点

如果把生产系统比喻成一个房屋，那么它的地基是系统的基本要素，包括供应链管理、一体化的产品与工艺设计、标准化作业及全员生产维护。支撑这个房屋的是两根"柱子"：及时生产与质量控制。房屋里活动着的是通过企业文化而融合在一起的一批灵活、熟练、有积极性的员工。房顶即精益生产方式要达到的目标：通过消除浪费、缩短生产时间来提高质量，降低成本，保证交货。

这个比喻实际上说出了精益生产的内容，即一个目标、两大支柱和一大基础。

1. 一个目标

一个目标是低成本、高效率、高质量地进行生产，最大限度地使顾客满意。这说明精益生产是以市场为导向、以用户为出发点的。

2. 两大支柱

两大支柱是准时化与人员自主化。

（1）准时化。准时化即我们常说的JIT，即以市场为龙头在合适的时间，生产合适的数量和高质量的产品。

JIT需要以拉动生产为基础，以平准化（leveling system）为条件。所谓拉动生产是以看板管理为手段，采用"取料制"，即后道工序根据"市场"需要进行生产，对本工序在制品短缺的量从前道工序取相同的在制品量，从而形成全过程的拉动控制系统，绝不多生产一件产品。平准化是指工件被拉动到生产系统之前要按照加工时间、数量、品种人为地进行合理搭配和排序，使拉动到生产系统中的工件流具有加工工时上的平稳性，保证均衡生产，同时起到对市场多品种、小批量需要的快速反应和满足的功能。

（2）人员自主化。人员自主化是人员与机械设备的有机配合行为。当生产线上的机械设备发生质量、数量、品种上的问题时，会自动停机，并有指示显示。任何人发现故障问题都有权立即停止生产线，主动排除故障，解决问题，同时将质量管理融入生产过程中，变为每一个员工的自主行为，将一切工作变为有效劳动。

3. 一大基础

一大基础是指改善（improvement），具体包括以下三点。

（1）永远存在改进与提高的余地。精益生产思想认为，从局部到整体永远存在改进与提高的余地。就像丰田英二当年考察美国福特公司时，尽管福特公司当时的生产效率比丰田公司的高几百倍，但是丰田英二并不以此为最终目标，他在考察报告中写道："此生产体制还有可改进的余地。"因此，精益生产思想认为，在工作、操作方法、质量、生产结构和管理方式上要不断地改进与提高。

（2）消除一切浪费。精益生产思想认为不能提高附加价值的一切工作（包括生产过剩、库存、等待、搬运、加工中的某些活动，多余的动作，不良品的返工等）都是浪费。这些浪费必须经过全员努力不断消除。

（3）持续改善。持续改善（continuous improvement）是与全面质量管理（total quality management，Tom）原则相似的管理思想。它是指以消除浪费和改进提高的思想为依托，对生产与管理中的问题，采用由易到难的原则，不断地改善、巩固和提高，经过不懈的努力以求长期的积累，获得显著效果。

需要指出的是，精益生产与准时生产、全面质量管理等管理思想及管理工具等有部分相似或相同的地方。比如精益生产强调的准时化支柱即准时生产，精益生产强调的持续改善和全面质量管理中的不断改进有相似之处。但是，虽然不同的管理思想会有相似的内核元素，然而它们各有侧重点，所涵盖的范围也有所不同。例如，精益生产强调的是持续改善，不仅包括质量的改进，还包括生产结构和管理方式等的改进。

（四）精益生产方式的主要特征

精益生产方式综合了大量生产方式和单件生产方式的优点，又避免和克服了这两种生产方式的缺点。精益生产主要有以下四个特征。

1. 精益生产以简化为手段，消除生产中一切不增值的活动

精益生产方式把生产中一切不能增加价值的活动都视为浪费。为杜绝这些浪费，它要求毫不留情地撤掉不直接为产品增值的环节和工作岗位，在物料的生产和供应中严格实行准时生产制。

2. 精益生产强调人的作用，充分发挥人的潜力

精益生产方式把工作任务和责任最大限度地转移到直接为产品增值的工人身上，而且任务分到小组，由小组内的工人协作承担。为此，要求工人精通多种工作，减少不直接为产品增值的工人，并加大工人对生产的自主权。当生产线发生故障时，工人有权自主决定停机，查找原因，做出决策。小组协同工作使工人工作的范围扩大，激发了工人对工作的兴趣和创新精神，更有利于精益生产的推行。

3. 精益生产采用适度自动化，提高生产的柔性

精益生产方式并不追求制造设备的高度自动化和现代化，而强调对现有设备的改造

和根据实际需要采用先进技术，按此原则来提高设备的效率和柔性。企业在提高生产柔性的同时，并不拘泥于柔性，以避免不必要的资金和技术浪费。

4. 精益生产不断改进，以追求"完美"为最终目标

精益生产把"完美"作为不懈追求的目标，即持续不断地改进生产，消除废品，降低库存，降低成本和使产品品种多样化。富有凝聚力、善于发挥主观能动性的团队、高度灵活的生产柔性、六西格玛的质量管理原则等一系列措施，都是追求完美的有力保证。完美就是精益求精，这就要求企业永远致力于改进和不断进步。

二、敏捷制造

（一）敏捷制造的产生背景

20世纪后半期，全球的竞争环境越来越严峻。新知识、新概念的不断涌现和新产品、新工艺的迅速更迭加速推动了市场的变化。企业面临着更严峻的挑战。在市场持续、高速变化的21世纪，企业不仅需要针对市场的变化迅速进行必要的调整（包括组织上和技术上的调整），对市场的变化做出快速响应，而且要有不断通过技术创新和产品更新来开拓市场、引导市场的能力，这样才能及时抓住一瞬即逝的市场机遇而立于竞争的不败之地。

相比日本的迅速发展，曾经领先的美国制造业风光不再。由于片面强调第三产业的重要而忽视了制造业对国民经济健康发展的保障作用，美国的制造业严重地衰退，逐步丧失了其世界霸主的地位，出现巨额的贸易赤字。1986年，在美国国家科学基金会（NSF）和企业界的支持下，美国麻省理工学院（MIT）的"工业生产率委员会"开始深入研究制造业的衰退原因和振兴对策。研究的结论是"一个国家要生活得好，必须生产得好"，重申作为人类社会赖以生存的物质生产基础产业和制造业的社会功能，提出以技术先进、有强大竞争力的国内制造业夺回生产优势，进而振兴制造业的对策。为了应对日本企业的挑战，重振美国制造业的雄风，1988年，美国通用汽车公司（GM）研究人员与美国里海大学的几位教授共同首次提出了一种新的制造企业战略——敏捷制造（agile manufacturing，AM）的概念。1991年，美国艾柯卡（Iacocca）研究所在美国国会和国防部的支持下，主持召开了21世纪发展战略讨论会，历时半年形成了一份著名的报告——美国《21世纪制造企业战略》，并向美国国会提交。这份报告对敏捷制造的概念、方法及相关技术做了全面的描述。研究者认为，这份报告是美国开展先进制造技术研究的重要里程碑。

这份报告提出了两个最重要的结论：

（1）影响企业生存、发展的共性问题是，目前竞争环境的变化太快而企业自我调整、适应的速度跟不上。

（2）依靠对现有大规模生产模式与系统的逐步改进和完善是不能实现重振美国制造业雄风的目标的。

该结论得到200多位来自美国工业界、政府机构和社会各界人士的认可和赞成。一种新兴的制造体系——敏捷制造的概念开始在美国得到广泛的研究和应用。美国人希望敏捷制造能够使美国的制造业于 2006 年以前重新恢复其在全球制造业中的领导地位。

(二)敏捷制造的概念

目前,敏捷制造还没有公认的定义。这里选用了美国学术界的定义方式。

美国 Agility Forum(敏捷制造的研究组织)将敏捷制造定义为:能在不可预测的持续变化的竞争环境中使企业繁荣和成长,并具有面对由顾客需求的产品和服务驱动的市场做出迅速响应的能力。

敏捷制造的创立者认为,随着人们生活水平的不断提高,人们对产品的需求和评价标准将从质量、功能和价格转为最短交货周期、最大客户满意、资源保护、污染控制等。市场是由顾客需求的产品和服务驱动的,而顾客的需求是多样的和多变的,因此企业需要具备敏捷性(agility)的特质,即必须能在无法预测、不断变化的市场环境中保持并不断提高企业的竞争能力。具备敏捷性的生产方式即敏捷制造。

敏捷制造依赖于各种现代技术和方法,而最具代表性的是敏捷虚拟企业(简称虚拟企业)的组织方式和拟实制造的开发手段。

虚拟企业,也叫动态联盟,是由一个公司内部的某些部门或不同公司在市场机会来临时,按照资源、技术和人员的最优配置,快速组成临时性企业,去提供市场需要的产品和服务。虚拟企业的存在时间可长可短,有的虚拟企业任务完成后即可宣告解散。对于复杂程度高的产品,由一个企业独立开发和制造是不经济的,也是不必要的,因此,组建虚拟企业能更有效地利用诸多外部资源。这种动态联盟的虚拟企业组织方式可以降低企业风险,使生产能力得到前所未有的提高,从而缩短产品的上市时间,减少相关的开发工作量,降低生产成本,提高企业对市场的响应速度。组成虚拟企业,利用各方的资源优势,迅速响应用户需求是 21 世纪生产方式——社会级集成生产方式的具体表现。需要指出的是,敏捷虚拟企业并不限于制造,但制造却往往是虚拟企业中重要的组成部分。

拟实制造,亦称拟实产品开发,它综合运用仿真、建模、虚拟现实等技术,提供三维可视交互环境,对产品从概念产生、设计到制造的全过程进行模拟实现,以期在真实制造之前,预估产品的功能及可制造性,获取产品的实现方法,从而大大缩短产品上市时间,降低产品开发、制造成本。其组织方式是由从事产品设计、分析、仿真、制造和支持等方面的人员组成"虚拟"产品设计小组,通过网络合作并进行工作;其应用过程是用数字形式"虚拟"地创造产品,即完全在计算机上建立产品数字模型,并在计算机上对这一模型产生的形式、功能等进行评审、修改,经过无数次对"虚拟模型"的改进和完善后,再制作最终的实物原型。这不仅仅节省成本,而且使新产品模型综合了各方面的考虑,做到了最大限度的完善,为产品的实际制造和上市销售打下了坚实的基础。拟实制造充分显示了信息技术和计算机技术的优势功能。

敏捷制造有以下三大组成要素。

(1)集成。具体来讲,就是要实现企业组织结构由金字塔式的多层次生产管理结构向扁平的网络结构转变;从以技术为中心向以人、组织、管理为中心转变;在企业物理集成、信息集成和功能集成的基础之上，实现企业过程的集成、部门的集成。

（2）高速。具体来讲，就是要实现企业对市场机会的迅速响应，能够缩短产品的开发时间，缩短交货期，加快产品的周转率，等等。

（3）各级工作人员的自信心和责任心。任何先进的制造系统都离不开实施人员的努力。离开了人的因素，根本谈不上先进思想的贯彻。员工不只要有熟练的劳动技能、专业知识，更重要的是要有责任心和自主意识。

敏捷制造模式强调将柔性的、先进的、实用的制造技术，熟练掌握生产技能的、高素质的劳动者，以及企业之间和企业内部灵活的管理，三者有机地集成起来，实现总体最佳，对千变万化的市场做出快速反应。

（三）敏捷制造的特点

敏捷制造的目标是快速响应市场的变化，抓住瞬息即逝的机遇，在尽可能短的时间内向市场提供高性能、高可靠性、价格适宜的环保产品。为了实现这一目标，实现敏捷制造的企业应具有如下特点。

1. 技术研发能力

信息时代的技术进步速度加快，互联网大大提高了信息传播速度和知识普及范围，新技术被全球各地的人迅速地吸收、掌握、应用。企业要保持领先地位，就要拥有强大的技术研发实力，确保新产品的及时更替。人们日益意识到，高技术含量的产品带来高附加值。技术成为决定产品利润的重要因素。这也正是美国企业抗衡日本企业赖以取胜的武器。日本人提出了精益生产模式。在长期的生产管理实践中，日本人发现决定产品成本和利润的主要因素是制造过程中的各种消耗，特别是人的工资消耗。于是日本汽车业就提出了精益生产，旨在优化生产组织结构，去掉一切不增值的生产过程和环节，通过降低成本的方法来提高利润。而美国人的敏捷制造模式认为，产品结构逐步向多元化、个体化变化，在未来的新经济模式下，决定产品成本、产品利润和产品竞争能力的主要因素是开发、生产该产品所需的知识的价值，而不是材料、设备或劳动力。对于工资成本高的发达国家企业而言，美国企业认识到它们无法和发展中国家的企业在人员工资和劳动力成本上竞争，于是它们希望尽可能地通过把知识融进产品使之产业化的方法，来获取利润。美国企业从高精尖武器、高端计算机、网络设备、大型管理软件等产品中得到了相当高的利润，也印证了技术实力对企业利润的有力支持。

2. 生产的柔性能力

要想抓住市场机遇，把实验室里新产品的研发模型转化为在成本和价格上具备经济性的商品，必须有相应的生产体系。过去的生产线是配合大规模生产，生产效率高，但是比较刚性。这种生产线要求产品部件化、部件标准化、加工工序规范化，然后应用泰勒的管理思想，把工人固定在以一定节奏运转的生产线旁，从事几项简单的、极易熟练掌握的加工工序。而现在生产潮流由大批量生产转向小批量、多品种的生产方式，因此刚性生产模式也要改成敏捷生产模式，即通过可重组的、模块化的加工单元，实现快速生产新产品及各种各样的变形产品，从而使生产小批量、高性能产品能达到与大批量生产同样的效益，达到同一产品的价格和生产批量无关。敏捷制造型企业在改造生产体系时，十分重视现代技术的应用。它们充分地利用各种信息和现代工程技术，能通过并行工程和仿真技术的应用、对全生产过程的仿真模拟来实现"第一个产品就是最优产品"的目标，从而彻底取消原型和样机的试生产过程。

3. 个性化生产

敏捷制造型企业按订单组织生产，以合适的价格生产顾客的定制产品或顾客个性化产品。这种方式取代了单一品种的生产模式，满足了顾客多种多样的要求。敏捷制造生产方式在我们的生活中已经随时可见。1 小时照片冲印和立等可取的配眼镜服务就是敏捷制造的范例。而且由于先进制造技术和优化思想的应用，这些产品和服务的价格与原来相比，并没有大幅度的增长。

4. 企业间的动态合作

敏捷制造要求企业对内部的生产工艺、流程、机构能迅速进行重组，以对市场机遇做出敏捷反应，生产出用户所需要的产品。当企业发现单独不能做出敏捷反应时，就要进行企业间的合作。敏捷制造型企业不强调全能，而强调企业间的动态合作；不要求企业"大而全"，而要求企业能"精而深"，拥有某个方面的核心竞争力。敏捷制造型企业较并行工程阶段的制造企业更强调企业结盟，企业利用以网络为基础的集成技术，包括异地组建动态联合公司、异地设计、异地制造等有关的集成技术，在信息高速公路中建立工厂子网，乃至全球企业网，通过互联网和其他企业进行合作，组织产品的设计、生产、组装、调试等活动，实现跨企业的动态联盟，对机遇做出快速响应。

5. 激发员工的创造精神

敏捷制造型企业建立一种能充分调动员工积极性、保持员工创造性的环境，以巩固和提升企业持续的创新能力。在步入知识经济和信息经济的今天，员工面临着技术进步带来的巨大压力，有的公司预测它们将以每年 20% 的速率淘汰它们的员工，因为这些员工掌握的技能过时了又没有及时更新。而且商品市场国际化的同时也创造了一个国际化的劳动力市场，教育的普及和发展使得原本相对专业的工作技能成为大众化的普通技能，发达地区的员工受到了发展中地区的同行的冲击，他们的技能相似，而后者的薪水更低。以美国为代表的发达国家的制造型企业开始提升本国员工的创造性，而不单单是培养他们的职业技能，以便保持企业的领先地位。有远见的领导者将具有创新能力的员工看成是企业的主要财富，而把对员工的培养和再教育作为企业的长期投资行为。

6. 新型的用户关系

敏捷制造型企业强调与用户建立一种崭新的"战略依存关系"，强调用户参与制造的全过程。制造型企业将发现，最好的产品不是他们为客户设计的，而是他们和客户一起设计的。要想满足客户越来越高的要求和期望，最好的方法是把客户吸收到产品设计和制造的流程中来。许多企业提供电子商务平台，根据用户在网络上提交的订单进行生产；还利用网络收集用户的意见和建议，加强产品客户化的程度。海尔公司的"左开门冰箱"即是一个很好的例子。当时，哈尔滨的一名用户因为家里空间的限制，希望冰箱能够是左开门，而不是标准冰箱的右开门。于是，他在海尔公司的电子商务网站上定制了左开门冰箱。由于海尔公司的冰箱生产部件是模块化的，可以根据不同需要进行组装，7 天后顾客就收到了产品。

三、6S 管理

（一）6S 管理的起源与发展

"6S 管理"由日本企业的 5S 扩展而来，是现代工厂行之有效的现场管理理念和方法，其作用是：提高效率，保证质量，使工作环境整洁有序，预防为主，保证安全。6S 的本质是一种强调执行力、纪律性的企业文化，强调不怕困难、想到做到、做到做好。作为基础性工作的 6S 工作一旦落实，就能为其他管理活动提供优质的管理平台。

6S 管理在塑造企业的形象、降低成本、准时交货、安全生产、高度的标准化、创造令人心旷神怡的工作场所、现场改善等方面发挥了巨大作用，逐渐被各国的管理界所认识。

（二）6S 管理的含义

所谓 6S 管理，是指对生产现场各生产要素（主要是物的要素）所处的状态不断进行整理、整顿、清扫、安全、清洁及提升人的素养的活动。6S 是日文 seiri（整理）、seiton（整顿）、seiso（清扫）、seiketsu（清洁）、shitsuke（素养）、safety（安全）这六个单词，因为六个单词前面的发音都是"S"，所以统称为"6S"。

6S 管理主要是针对企业中每名员工的日常行为提出要求，倡导从小事做起，力求使每名员工都养成事事"讲究"的好习惯。这种管理不但可以迅速提升企业的安全、卫生、品质、效率、形象及竞争力，还可控制成本开支、改善工作环境、创建良好的企业文化，更可树立科学的思考方式。事实上，日常工作中的许多问题可通过实施"6S 管理"迎刃而解。

1. 整理

整理是指将工作场所的任何物品区分为有必要的和没有必要的，除了有必要的留下来，其他的都消除掉。整理的目的是：腾出空间，活用空间，防止误用空间，将混乱的状态收拾成井然有序的状态，塑造清爽的工作场所。

2. 整顿

整顿是指把留下来的必要的物品依规定位置摆放，并放置整齐加以标示。整顿的目的是：让工作场所一目了然，减少寻找物品的时间，消除过多的积压物品。

3. 清扫

清扫是指将工作场所内看得见与看不见的地方清扫干净，保证工作场所干净、亮丽。清扫的目的是：稳定品质，减少工业伤害。

清扫的对象有：

（1）地板、天花板、墙壁、工具架、橱柜等；

（2）机器、工具、测量用具等。

4. 清洁

清洁是指将整理、整顿、清扫进行到底，并且制度化，目的是：使管理公开化、透明化。

5. 素养

企业的每名员工应养成良好的习惯，并遵守规则做事，培养积极主动的精神（也称习惯性)。提升员工的素养的目的是：培养有好习惯、遵守规则的员工，营造团队精神。

6. 安全

重视全员安全教育，每时每刻都让员工谨记安全第一，防患于未然。其目的是：建立起安全生产的环境，所有的工作应建立在安全的前提下。这就要求做到：

（1）在工作中严格执行操作规程，严禁违章作业；

（2）时刻注意安全，时刻注重安全。

(三) 6S 管理的主要作用

（1）让客户留下深刻的印象；

（2）节约成本，实施了 6S 管理的场所就是节约的场所；

（3）缩短交货期；

（4）可以使工作场所的安全系数十分有效地增大；

（5）可以推进标准化体系的建立；

（6）可以极大地提高全体员工的士气。

本章小结

生产是一切社会组织利用资源将输入转化为输出的过程。不同形式的生产在运作方式上存在较大的差异，本章从多角度对其进行分类。连续性、比例性、均衡性、平行性、准时性、适应性和经济性等原则是合理组织生产运作过程应遵循的原则。

生产运作系统包括两类要素：硬件要素和软件要素。

生产运作管理是对生产运作系统的设计、运行与维护过程的管理，其目标可概括为高效、低耗、灵活、准时、清洁地生产合格的产品和提供满意的服务。生产运作管理的内容可以分为四个层面：生产与运作战略制定、生产与运作系统设计、生产与运作系统的运行以及生产与运作系统的综合模式。

生产/服务设施选址的影响因素很多，选址方法主要有因素分析法和重心法。生产/服务设施的布置类型有：工艺对象专业化布置、产品对象专业化布置、混合式布置、固定布置以及零售商店布置。

在生产系统的运行方面，生产计划是主线。制造企业的生产计划一般分为综合计划、主生产计划和物料需求计划三种。实施控制的两个重要环节是产前控制和产中控制。

最后，本章系统地介绍了精益生产、敏捷制造和 6S 管理等现代生产管理方式的基本思想和相关概念。

关键术语

备货型生产　　订货型生产　　流水生产线　　主生产计划　　物料需求计划
精益生产　　敏捷制造

思考题

1. 什么是生产运作?举例说明生产运作的类型。
2. 简述合理组织生产运作过程的原则。
3. 什么是生产运作管理?生产运作管理的目标和内容有哪些?
4. 简述生产计划的编制步骤。
5. 简述现代生产管理方式的基本思想和内容。

Chapter7
第七章

企业质量管理

⚠ 教学目标

通过本章的学习,学生应能深刻理解全面质量管理的含义、工作方式等内容,运用质量管理控制的统计技术解决实际问题,提升质量管理意识。

⚠ 教学要求

了解质量管理发展历程、ISO9000 系列质量认证的分类及主要类型;了解质量管理、全面质量管理的概念,以及全面质量管理工作方式,即 PDCA 循环;掌握质量管理的特点及工作原则;了解质量管理常用的统计技术。

📚 引导案例

小问题酿成大事故

2003 年 2 月 1 日,美国"哥伦比亚"号航天飞机着陆前发生爆炸,7 名宇航员全部遇难,全世界为之震惊,美国国家航空和航天局相关负责人为此辞职,美国航空航天事业一度受挫。事后的调查结果也比较令人惊讶,造成此灾难的凶手竟是一块脱落的隔热瓦,"哥伦比亚"号航天飞机有 2 万多块隔热瓦,能抵御 3 000 ℃高温,避免航天飞机返回大气层时外壳被融化。航天飞机是高科技产品,许多标准是非常严格的,但就是一块脱落的隔热瓦,0.5% 的差错葬送了价值连城的航天飞机,还有无法用价值衡量的宝贵的 7 条生命。

第一节 质量管理概述

一、质量的概念

仅从字面意思来看,"质量"是大家非常熟悉的一个词,在日常生活中我们经常能够见到。但究竟如何定义质量呢,也就是质量的本质是什么?例如,一辆经检验合格的奔驰车和另一辆经检验合格的桑塔纳车摆放在你的眼前，你认为哪一辆质量更好？

回答这一问题需要我们准确理解质量的定义。事实上，随着社会的进步、技术经济的发展，人们对质量的理解和认识也在不断充实、完善和深化。

在相当长的一段时间里，人们普遍将质量理解为"符合性"，即产品符合规定的要求，这种定义是与低下的生产力水平相对应的。当时，生产力水平较低，可供使用的物资相对匮乏，人们为了维持基本生活，对产品的要求主要是能完成基本功能，在技术上符合设计参数。

20世纪60年代，美国质量管理专家朱兰把质量定义为"产品的适用性"。所谓适用性，就是产品或服务满足要求的程度，产品越能够满足用户的要求，说明质量越好。朱兰还对适用性作了进一步解释，认为适用性应包括设计质量（固有质量）、制造质量（符合性质量）、有效性（可靠性等）、现场服务质量四个方面。

ISO9000是国际标准化组织制定出来的全世界第一套关于质量管理的国际标准，它集中了各国质量专家和众多成功企业的经验，蕴含了质量管理的精华。ISO9001：2008从顾客的角度出发，将质量定义为：一组固有特性满足要求的程度，而且强调顾客和其他相关方对产品、体系或过程的质量要求是动态的、发展的和相对的。

质量的定义有广义和狭义之分。狭义的质量主要指产品质量，包括外观、强度、纯度、尺寸、寿命、合格率、包装等；广义的质量主要指全面质量管理，是产品、过程或服务满足规定要求的特征的综合，包括产品或服务质量、工程质量和工作质量等。

1. 产品质量

产品质量是指产品满足规定需要和潜在需要的特征和特性的总和。任何产品都是为满足用户的使用需要而制造的。对于产品质量来说，不论是简单产品还是复杂产品，都应当用产品质量特性或特征去描述。产品质量特性因产品的特点而异，表现的参数和指标也多种多样，反映用户使用需要的质量特性归纳起来一般有五个方面，即产品性能、产品寿命（即耐用性）、产品可靠性、产品安全性、产品经济性。

（1）产品性能，指产品具有适合用户要求的物理、化学或技术性能，如强度、化学成分、纯度、功率、转速等。

（2）产品寿命，指产品在正常情况下的使用期限，如房屋的使用年限，电灯、电视机显像管的使用时数，闪光灯的闪光次数等。

（3）产品可靠性，指产品在规定的时间内和规定的条件下使用不发生故障的特性，如电视机使用无故障，钟表的走时精确等。

（4）产品安全性，指产品在使用过程中对人身及环境的安全保障程度，如热水器的安全性，啤酒瓶的防爆性，电器产品的导电安全性等。

（5）产品经济性，指产品经济寿命周期内的总费用的多少，如空调器、冰箱等家电产品的耗电量，汽车的每百公里的耗油量等。

2. 工程质量

工程质量是指由操作者、原材料、机器设备、加工方法、工作环境等综合作用的质量形成过程中的产品质量。

3. 工作质量

工作质量是指企业的管理工作、技术工作和组织工作对达到产品质量标准的保证程度，是企业各方面管理工作的质量水平，产品质量是企业各部门工作质量的综合反映。

三者的关系是：产品质量是工作质量的结果，如废品率、次品率等；工作质量是产品质量形成的基础，只有工作质量可靠，产品质量才可靠；工作质量主要体现在工程质量上。

二、质量管理的概念及内容

质量管理是指确定质量方针、目标和职责，并通过质量体系中的质量策划、控制、保证和改进来使其实现的全部活动，具体包括以下五方面的内容。

（1）制定质量管理的方针与目标。

质量方针是由组织的最高管理者正式发布的该组织总的质量宗旨和方向。

质量方针是组织全体成员开展质量活动的准则，为质量目标的制定提供了框架和方向。

质量目标，即组织在质量方面所追求的目的，依据组织的质量方针而制定，通常对组织的相关职能和层次分别制定相应的质量目标。

（2）质量策划。质量策划致力于制定质量目标，并规定必要的运行过程和相关资源，以实现质量目标。

质量策划的内容之一是编制质量计划。质量计划是质量策划的结果之一，是质量策划活动所产生的一种书面文件。

（3）质量控制。质量控制致力于满足质量要求。

质量控制的工作内容包括专业技术和管理技术两个方面。质量控制是指为满足质量要求，面对产品质量形成全过程中上述两方面的各种因素进行控制。

质量控制的具体方式和方法取决于质量的产品性质，也取决于对产品质量要求的改变，同时在实践中应明确具体的控制对象，如工序质量控制、外协件质量控制等。

（4）质量保证。质量保证是质量管理的一部分，致力于提供质量要求，会得到满足的信任。

质量保证是组织针对顾客和其他相关方的要求，对于自身在产品质量形成全过程中某些环节的质量控制活动提供必要的证据，以取得信任。质量保证分为外部质量保证和内部质量保证。前者向组织外部提供保证，已取得用户和第三方（质量监督管理部门、行业协会、消费者协会）的信任；后者是指组织的管理者确信组织内各职能部门和人员对质量控制的有效性。

质量控制与质量保证之间的关系可以理解为：质量控制是基础，是具体的操作过程，如检验过程本身；质量保证是目的，最终是为了取得组织内部和外部的信任。

（5）质量改进与持续改进。质量改进致力于增强在满足质量要求方面的能力。

就质量改进而言，要求可以是多方面的，如有效性、效率和可追溯性。其中有效性是指完成社会的活动和达到策划结果的程度；效率是指达到结果与所使用的资源之间的关系；可追溯性是指追溯所考虑对象的历史应用情况或活动场所的能力。

持续改进是增强满足要求的能力的循环活动。持续改进是对"没有最好，只有更好"最好的诠释，任何组织和任何组织内的任一业务，不管其如何完善，总存在进一步改进的余地，这就要求组织不断改革，制定改进目标并寻找改进机会。持续改进体现了质量管理的核心理念——"顾客满意，持续改进"。

三、质量管理发展历程

随着社会经济的发展、科学技术的进步，质量管理也取得了很大的发展。从发展历程来看，质量管理大体经历了三个阶段。

1. 质量检验阶段（20世纪初～20世纪30年代末）

这一阶段质量管理的主要特征是：生产与检验相分离，由专职的检验人员对完工的半产品和产成品进行质量把关，隔离不合格产品。

传统的质量管理是由生产工人进行产品质量检验，工人既是生产者又是检验者。随着人们对产品质量要求的提高及市场竞争的日益激烈，这种自检形式的质量管理方式越来越无法适应社会发展的要求。20世纪初，泰勒提出了科学管理理论，要求按职能的不同进行合理的分工，首次将质量检验作为一种管理职能从生产过程中分离出来，设置专职检验人员，建立专职质量检验制度。这对保证产品质量起到了积极作用，它能够有效地隔离不合格产品，防止不合格产品流向下道工序或流向顾客。

这种质量管理方式属于事后检验，虽然能够有效地隔离不合格产品，但无法消除不合格产品。事后检验起不到预防作用，在大量生产情况下，由于事后检验信息反馈不及时所造成的浪费很大，而且事后检验要求全数检验，对破坏性的检验或检验费用过高的情况不太适合。

2. 统计质量控制阶段（20世纪40年代～20世纪50年代末）

这一阶段质量管理的主要特征是：强调数理统计方法的作用，通过事前预防来减少浪费。

单纯的事后检验不能防止不合格品的出现。为了减少浪费，从20世纪30年代开始，缺陷预防出现了，它强调用数理统计进行事前预防，通过控制工序质量来保证产品质量。这种方法是在生产过程中定期进行抽检，并把结果作为反馈信号，通过分析和消除不正常的原因，防止不合格产品的产生，从而达到控制工序质量的目的。

统计质量控制阶段强调用数据说话，强调数据统计方法的作用，但由于忽视了组织管理和有关部门的作用，片面并过分强调数理统计的作用，结果限制了统计质量管理的发展，也限制了它的普及与推广。

3. 全面质量管理阶段（20世纪60年代～　）

这一阶段质量管理的主要特征是：强调"三全"的管理，即全面的质量、全过程管理和全员参与。

第二次世界大战以后，科学技术和社会生产都得到了迅猛发展，工业产品更新换代越来越频繁，出现了许多大型的、复杂的产品，这对部件和产品的质量要求更高，单纯的统计质量控制已无法满足要求。为此人们提出了以系统的观点全面控制产品质量形成的各个环节。20世纪五六十年代，一种新型的质量管理模式——全面质量管理应运而生，并首先在日本取得了很大的成功，20世纪80年代以后开始盛行全球。

第二节　全面质量管理

一、全面质量管理的概念

1956年，美国通用电气公司质量总经理费根鲍姆首先提出了"全面质量管理"（total quality control，TQC）的概念。他于1961年出版的《全面质量管理》一书中首先对TQC做出了如下的定义："全面质量管理是为了能够在最经济的水平上，考虑到充分满足用户要求的条件下进行市场研究、设计、生产和服务，把企业内各部门研制质量、维持质量和提高质量的活动构成一体的一种有效体系。"费根鲍姆认为执行质量职能是企业全体人员的责任，公司的全体人员都应承担质量的责任；为保证产品满足用户要求，企业不仅要控制产品制造过程，而且还要对产品质量产生、形成、实现的全过程都进行质量管理；解决问题的方法多种多样，不仅限于检验和数理统计方法；质量应当是最经济的水平与充分满足顾客要求的完美统一，抛开经济效益和质量成本去谈质量是没有实际意义的。

在20世纪的最后十几年中，经过长期而广泛的实践、积累、总结和升华，全面质量管理成为全球企业界的共同实践。全面质量管理逐渐由早期的TQC演变为TQM，它不再局限于质量职能领域，已演变为一套以质量为中心的、综合的、全面的管理方式和管理理念。

全面质量管理，就是指一个组织以质量为中心，以全员参与为基础，目的在于通过顾客满意和本组织所有成员及社会受益而达到长期成功的管理途径。

全面质量管理即全方位的质量管理、全过程的质量管理、全员的质量管理、多种多样的质量管理方法和工具，即"三全一多样"。

全面质量管理的具体内涵体现在以下几方面。

（1）全方位的质量管理：全方位质量管理中的"质量"概念，是一个广义的质量概念。它不仅包括产品质量，还包括过程质量和体系质量；它不仅包括一般的质量特性，还包括成本质量和服务质量。

（2）全过程的质量管理：全过程的质量管理包括从市场调研、产品的设计开发、生产（作业），到销售、服务等全部有关过程的质量管理。换句话说，要保证产品或服务的质量，不仅要搞好生产或作业过程的质量管理，还要搞好设计过程和使用过程的质量管理。

（3）全员的质量管理：产品和/或服务质量是企业各方面、各部门、各环节工作质量的综合反映。企业中任何一个环节、任何一个人的工作都会不同程度地直接或间接影响产品质量和/或服务质量。因此，产品质量和/或服务质量人人有责，人人关心产品质量和/或服务质量，人人做好本职工作，全体参与质量管理，才能生产出让顾客满意的产品。

（4）多种多样的质量管理：目前，质量管理广泛使用的各种方法中，统计方法是重要的组成部分。除此之外，还有很多非统计方法。常用的质量管理方法有所谓的老七种工具，具体包括因果图、排列图、直方图、控制图、散布图、分层图、调查表，还有新七种工具，具体包括关联图法、KJ法（A型图解法或亲和图法）、系统图法、矩阵图法、矩阵数据分析法、PDPC法（过程决策程序图法）、矢线图法。

二、全面质量管理的特点

（1）全面质量管理以适用性为目标。全面质量管理是以产品是否符合用户需要为最终目标，要求产品的设计、生产等过程必须围绕用户要求来开展活动。

（2）全面质量管理强调"三全"的管理。"三全"是指全面的质量、全过程的管理和全员参与。全面的质量是指质量不限于产品质量，还包括服务质量、工作质量。全过程的管理是指质量的形成不限于生产过程，还要对包括市场调研、产品开发、使用过程等在内的全过程进行管理。全员参与是指质量管理不限于领导者和质量管理人员，全体员工都要参与到质量管理中来，通过质量小组发挥作用。质量小组是以保证和提高质量为目的，由员工在自愿的基础上组成的团队，通过开展质量小组活动，可以使全体员工关心质量并参与质量的管理。

（3）全面质量管理坚持以质量为中心、以人为本的管理理念。以人为本就是强调人力资源在质量管理中的重要作用。在质量管理中，要充分调动每个员工的积极性和创造性，通过组织文化建设和良好的教育协调好员工与组织的利益关系，使所有员工都能够齐心协力地参与到质量管理中来。

（4）全面质量管理强调持续地进行质量改进。质量改进是产品保持持续竞争能力的根本条件。只有不断地进行质量改进，才能满足用户不断发展的需要。全面质量管理强调有组织、有计划、持续地进行质量改进。在质量改进过程中，全面质量管理突出了质量小组的重要作用。

（5）全面质量管理强调用数据说话。全面质量管理认为质量具有波动规律，因此在质量管理中广泛采用了各种统计方法和工具，通过定量分析来寻找质量问题，分析出现质量问题的原因，从而采取有效措施加以解决。

三、全面质量管理的工作原则

有效实施全面质量管理是企业成功的保障，在实施中需要遵循以下工作原则。

（1）预防原则。全面质量管理的根本方针是以"过程控制和预防为主"。在质量管理过程中，要认真贯彻预防原则，防患于未然。在产品设计阶段就使用质量功能展开（quality function deployment，QFD）等方法，将用户的需求转化为质量特性要求，从源头来预防质量问题的出现。在产品制造阶段，使用控制图等统计工具对过程进行质量监控，尽量预防不合格产品和不合格事项的发生。在质量检验阶段，要及时进行质量信息反馈，防止质量问题的蔓延和扩大。

（2）经济原则。全面质量管理强调在质量管理过程中要考虑经济效益。在质量管理过程中,质量保证水平和质量预防深度是无止境的。另外,在提高质量保证水平、加强质量预防的同时,必须增加相应的投入。在进行产品设计或制定质量标准时,必须考虑经济性,分析投入产出的比例,确定最适宜的质量水平,选择恰当的质量预防措施。

(3)协作原则。全面质量管理强调领导者的重要作用,强调全员参与质量管理。某一质量问题,往往涉及许多部门、许多人员,因此,全面质量管理强调在设计、生产、销售、服务等各部门间建立良好的协作关系,领导者在此过程中的作用尤为突出。

四、全面质量管理工作方式

全面质量管理强调持续地进行质量改进,其基本工作方式就是 PDCA 循环,PDCA 循环是由戴明首先提出来的,因此又称为"戴明环"。PDCA 循环由四个阶段八个步骤组成。四个阶段包括计划(P)阶段、实施(D)阶段、检查(C)阶段、处理(A)阶段,如图 7-1 所示。

(1)计划阶段由四个步骤组成,包括调查和分析现状,找出存在的质量问题;分析产生问题的原因(或影响因素);找出原因(或影响因素)中的主要原因(或影响因素);针对主要原因(或影响因素)制订解决问题的计划。

(2)实施阶段由一个步骤组成,即执行计划。

(3)检查阶段由一个步骤组成,即检查计划执行的效果。

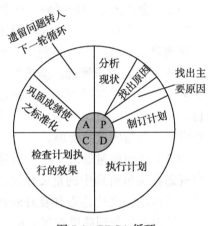

图 7-1　PDCA 循环

(4)处理阶段由两个步骤组成,包括巩固成绩使之标准化以及遗留问题转入下一轮循环。通过前一个步骤,可以把解决质量问题的好方法保留下来,作为以后操作的标准方法,避免类似的质量问题重复发生。在本次循环中没有解决的问题可作为下一轮循环的目标,转入下一轮循环。

PDCA 循环按照一定的顺序不断循环,不断地进行质量改进。大环套小环,小环保大环,相互联系,不断促进循环上升。每次循环都有新的目标和内容,每次循环都有利于提高质量。实际上,每次循环都是在上次循环的基础上发现问题和解决问题的,因而每次循环都比上次循环上升了一个高度。在不断循环、不断积累的过程中,产品质量得到了不断改进。

第三节　质量管理常用的统计技术

质量管理的统计方法,即利用一般的统计方法或数理统计方法,对产品质量数据进行科学的加工、整理,找出质量变化的规律性,进而采取措施,保证和提高产品质量。常用的统计方法有检查表法、分层法、直方图法、控制图法、排列图法、因果分析图法、相关图法,俗称"老七种"工具。

（一）检查表法

检查表也称为统计分析表、调查表，是为了便于分层收集数据而设计的一类统计图表。它通过把产品可能出现的质量情况及其原因预先列成统计表，然后对照列出的统计表检验产品，从而对存在的质量问题分门别类地做出统计，为下一步的分析提供依据。运用这种统计表，我们可以对产品质量问题进行粗略的分析，找出影响质量的原因，最终制定出有效的解决措施。利用此类统计图表进行数据收集、整理和粗略分析的方法就称为检查表法。

检查表法所用的表格，通常可以根据实际需要进行设计。运用这种方法查找质量问题的根源时，对照检查表列出的项目，结合产品检查发现的问题，直接在相应的栏目填写相应的数据或做出相应的标注就可以了。一般来说，常用的检查表有缺陷位置检查表和不合格品检查表等。

1. 缺陷位置检查表

这是一种对外观缺陷进行统计调查的方法。运用这种方法时，多是画出产品示意图或展开图，并进行相应的分区或分层，每当发生缺陷时将其发生位置标记在图上，以便进行统计分析。

缺陷位置检查表是工序质量分析中常用的方法。掌握缺陷发生之处的规律，可以进一步分析为什么缺陷会集中在某一区域，从而追寻原因，采取对策，更好地解决出现的质量问题。

2. 不合格品检查表

不合格品是废品、返修品、回用品和退赔品的总称。运用不合格品检查表时，可以根据实际需要设定相应的检查内容，如可以制定不合格品项目检查表和不合格品原因检查表等形式，分别对不合格品类型及不合格品原因等进行相应的调查、统计，从而简便、直观地反映出不合格品的基本情况。

制作检查表时，针对统计过程中出现的事项，列出相应的表格，然后对照检查结果一一列出事项出现的频率就可以了。表 7-1 所示是一份计算机不合格品原因检查表的样式。

表 7-1 计算机不合格品原因检查表

检查日期：　年　月　日

产品类型	检查总数	合格品	合格率	不合格品数	不合格原因分析			
					硬盘	显示器	存储器	输入设备

（二）分层法

分层法又叫分类法，是根据使用目的将数据总体用合适的分类标准进行分类的方法。分层的目的是把性质相同的、在同一条件下收集到的质量特性数据归并在一起，以便进行比较分析。这是数据收集和处理最常用的方法。因为在实际生产中，影响质量变动的因素很多，如果不把这些因素区别开来，就难以得出变化的规律。数据分层可根据实际情况按多种方式进行。例如，按不同时间、不同班次进行分层，按使用设备的种类进行分层，按原材料的进料时间、原材料成分进行分层，按检查手段、使用条件进行分层，按不同缺陷项目进行分层，等等。分层法经常与上述的统计分析表结合使用。分层法可以使毫无头绪的数据和错综复杂的因素条理化、系统化。因此，在进行质量问题分析时，此方法便于找出质量问题的主要原因，以便采取适宜的措施较好地解决问题。

此方法在实际应用中，常用的分层标准有：操作者的特征，诸如年龄、性别、技术水平、工种等；使用的设备，如机床、工艺设备等；操作方法，指操作规程、工序名称；原材料，包括供应商、批次、成分等；检验条件，包括检验员、检测仪器、检测方法等；时间，如日期、班次等；环境条件，包括地区、气温、气压、湿度等。

选择分类标准时，要根据出现的质量问题挑选适当的分类标准，尽量使选用的分类标准相互之间能够体现一定的差异性，同一类标准之间要具有一定的代表性，能够真实地反映引发质量问题的主要原因。这是关系到分层法能否运用得当的关键所在。

例如，某快餐店 A、B、C 三个分店 2019 年 4 月共生产快餐 8 000 份，其中不合格产品 100 份，为了弄清产品不合格的主要原因，可以运用分层法对这些原因进行统计分析，然后将统计结果一一列出，就可以找到造成产品不合格的主要原因，从而为制定相应的整改措施提供可靠依据。不合格产品原因分层统计如表 7-2 所示。

表 7-2　快餐店三个分店 2019 年 4 月不合格产品原因分层统计表

产品不合格原因	不合格产品数量			
	A 门店	B 门店	C 门店	合计
味	17	12	7	36
色	7	15	7	29
香	2	7	12	21
时间	5	1	5	11
其他	0	1	2	3
小计	31	36	33	100

从表 7-2 可以看出，快餐店味道问题是最为严重的，应加强调味品用量标准的制定工作并实施监测。该快餐店应该紧紧抓住味、色、香、时间四个方面的工作，强化质量管理，提高产品的合格率。如此一来，该快餐店的质量问题就找到了根源，整改措施就找到了目标和方向。

（三）直方图法

直方图又叫质量分布图，它是采用数理统计的方法，对质量数据进行分析、加工、整理，以找出特征值分布的随机规律，从而对工序产品质量的变化做出相应判定的一种工具。

直方图的形式如图 7-2 所示。直方图通过将很多直方形连起来的方法来表示质量数据的离散程度。它通过对图形的观察和分析来判断工序是否处

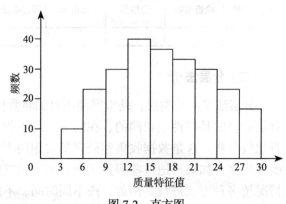

图 7-2　直方图

于受控状态，进而可以根据质量特征的分析结果，进行适当的调整，以解决存在的问题。

运用直方图，一方面可以判断一批已加工产品的质量是否合格；另一方面可以验证生产工序是否稳定，并为计算工序能力指数收集有关数据。这是一种静态的、事后的质量控制方法。

直方图是由直角坐标系和若干个顺序排列的矩形组成的，横坐标代表质量特征值，纵坐标代表频数；矩形底边相等为数据区间，矩形的高为数据落入相应区间的频数。绘制直方图时，应该遵循如下步骤。

（1）收集数据。针对某一产品的质量特征，随机抽取 50 个以上的质量特征数据，将其按先后顺序排列，并用字母 N 表示抽取的数据的总个数。

（2）找出数据中的最大值、最小值以及最大值和最小值的差（极差）R。

（3）确定数据分组的组数 K。如果数据多，分组就可以适当多一些；如果数据少，分组就可以少一些。组数 K 通常是根据经验来确定的，一般可以按照表 7-3 所示的分组取值表中的数据确定分组组数 K。

表 7-3　组数 K 取值参考表

N	50 以内	50～100	100～250
K	5～7	7～10	10～20

（4）根据求出的极差 R 和组数 K 的数值，计算出组距，即组与组之间的间隔 H。其中，$H=R/K$。

（5）确定组与组之间的分界。通常，可以将收集到的数据中的最小值定为第一组中的中间值，这样就可以找出第一组的组界（最小值 $-H/2$）～（最小值 $+H/2$）。依照第一组中的分界，就可以确定其他各组的左右分界。确定组界时，一定要确保所有数据都能在分组中找到相应的组别，确保每个数据都能归组。

（6）对各组组界内包含的数据的出现次数进行统计，列出各组数据的出现频数。

（7）以分组数作为横坐标，以组内数据出现的频数作为纵坐标，画出直方图。

（8）对照得到的图形进行观察分析，确定产品质量是否稳定，了解产品生产工序是否稳定。

（四）控制图法

控制图又叫管理图，它是 1924 年由美国贝尔电话研究所的休哈特创立的。控制图是用带有控制界限的图形，通过对生产过程中表现出来的质量特征值进行测录、评估，从而分析和判断产品在生产过程中是否处于稳定状态的一种质量管理工具。

运用控制图，可以实现对生产过程的动态监控，最终达到预防不合格产品出现的质量管理目的。其理论依据是运用数理统计中的统计假设检验理论，对生产过程中表现出来的产品质量特征的波动状况进行监控，从而达到对产品质量进行动态监控的目的。

下面结合一个控制图的示例来说明控制图的基本原理，如图 7-3 所示。绘制控制图时，用纵坐标代表质量特征值，横坐标代表按照时间顺序抽样的样本。随后，在坐标图中画出以下三条线：中心线（central line，CL）、上控制线（upper control line，UCL）和下控制线（lower control line，LCL）。这样，上控制线 UCL 和下控制线 LCL 就构成了一个控制界限，以这一界限为判别标准，就可以对生产过程中表现出来的质量特征的波动状况进行统计，从而做出分析和判定。一般说来，质量特征值不应超出控制界限。

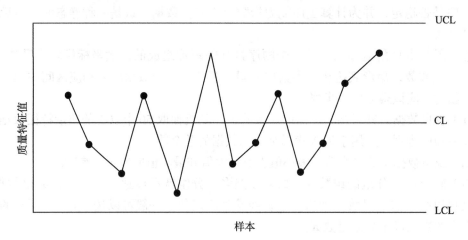

图 7-3 控制图

在生产过程中，产品在质量特征方面往往会表现出一定的波动性。其中，引起质量波动的原因主要有两类：随机原因与系统原因。由这两类原因所引起的误差分别称为随机误差与系统误差。其中，随机误差是指由一些经常发生的、在一定条件下难以避免的因素引起的误差，如由于设备本身的精度不够高，生产环境温度、湿度随时会发生一定的变化等。在这些原因的影响下，质量会出现一些细小的误差，但这些误差一般来说并不是十分突出和严重的，其波动的方向是随机的，往往会围绕在正常值两侧，因此在实际工作中，这种误差的存在通常会被视为正常现象，并不需要采取相应的应对措施。但是，在生产过程中，产品质量特征还会由于生产系统而出现一些较为严重的波动和变化，如由于设备过度磨损、操作者过度疲劳而导致操作出现失误等，产品的质量特征就会出现一些超出正常范围的误差，这种误差被称为系统误差。这些误差往往会随着时间的变化呈现一定方向和一定规律的变化，最终导致产品质量出现较大的误差。对这些误差，企业在进行质量管理时就必须随时予以监控，从而采取相应措施，将这些误差予以消除或将其控制在可以容忍的范围内；否则，任由这些误差发展，最终就会造成严重的质量缺陷。运用控制图的目的，就是及时发现这种由系统造成的系统误差，从而采取应对措施，及早防治，避免这些误差逐步扩大。

绘制控制图时，一般可遵循以下几个步骤。

（1）收集数据。一般按时间顺序收集相应的质量特征数据，并将数据分为若干组，确保每组样本容量相同，要求收集的数据总数不少于100。

（2）确定控制界限。结合数理统计的相关原理，确定控制的上下限。

（3）绘制控制图。将统计的相关数据一一标注在控制图中。

（4）修正、改进控制图。结合绘制的控制图，对各项数据进行观察分析，针对导致异常点出现的原因，采取相应措施，及时修正、改进控制图，确保控制图最终能够真实而准确地反映生产过程应该达到的质量要求和质量标准，确保控制图能够发挥出应有的控制效果。

（五）排列图法

排列图又称帕累托图。它是由意大利经济学家帕累托（Pareto）提出的，他在分析社会财富分布状况时，发现少数人占有绝大多数财富，而绝大多数人却只占有少量财富，即 20% 的人口占有 80% 的社会财富，而 80% 的人口却只占有 20% 的社会财富，也就是人们平时所说的"20/80 原则"，也称为"关键的少数，次要的多数"。后来，美国质量管理专家朱兰将这一原则应用到了质量管理领域，认为企业 80% 的质量问题是由 20% 的原因引起的，这一认知进一步推广了帕累托的研究成果，从而使排列图成为一种用来查找影响产品质量的主要因素的有效方法。

排列图是分析和寻找影响产品质量的主要因素的一种工具，如图 7-4 所示。它是由两个纵坐标、一个横坐标、几个按高低顺序依次排列的长方形和一条累计百分比曲线所组成的图。

图 7-4 中左边的纵坐标表示频数，右边的纵坐标表示频率（以百分比表示），图中的折线表示累计频率。横坐标表示影响质量的各项因素，按影响程度的大小（即出现频数的多少）从左向右排列。运用排列图进行观察分析，可抓住影响产品质量

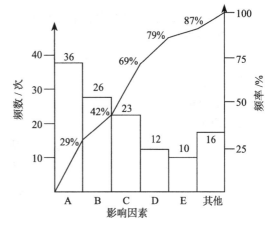

图 7-4　产品质量影响因素排列图

的主要因素。这种方法实际上不仅在质量管理中，在其他许多管理工作中（如库存管理）都是十分有用的。

实质上，排列图法是一种运用数理统计方法，对事物进行分层排列，以抓住事物主要矛盾的一种定量的科学管理方法。其作用是把影响质量的主要因素用图形的形式直观地表现出来，从而可以一目了然地认识到应该从哪些主要因素入手，切实抓住主要问题，做好质量管理工作。制作排列图一般遵循以下几个步骤。

（1）针对一段时期内的产品质量状况，收集合格与不合格的相关数据。

（2）将收集到的产品质量数据按照因素进行分类，并将各类因素出现的次数一一做出统计。

（3）根据所得到的数据绘制坐标，用横坐标表示影响因素，左侧的纵坐标表示各类因素出现的次数，右侧的纵坐标表示各类因素出现的频率在所有问题中的累计频率。

（4）按照各类因素出现次数的多少从左向右绘制方格，方格的宽度表示影响因素类型，方格的高度表示其出现的次数。

（5）计算各类因素在所有因素中累计出现的频率，绘制在坐标图中。

（6）观察排列图并做出分析。

完成排列图的绘制后，就可以从造成质量问题的众多因素中找出引发质量问题的关键因素：通常，根据各类因素在图中累计频率曲线下所处的位置，可以将引发问题的因素分为 A、B、C 三类：A 类因素，指处于累计频率 0～80% 的因素，是起着关键作用的少数，是需要企业着重关注的主要因素。B 类因素，指处于累计频率 80%～90% 的

因素，是起着次关键作用的多数，是企业需要予以重视的次主要因素。C类因素，指处于累计频率90%～100%的因素，是具有一定影响的一些因素，是企业需要注意的次要因素。

对照排列图，结合上述分析，企业要想提高产品质量，首先需要对影响质量的关键因素采取措施。只要针对造成质量问题的主要因素采取相应的措施，就可以避免以至解决大部分的质量问题。

（六）因果分析图法

企业在实际设计、生产和各项工作中，常常出现质量问题，为了解决这些问题，就需要查找原因，考虑对策，采取措施，解决问题。然而，影响产品质量的因素是多种多样的。若能真正找到质量问题的主要影响因素，便可有针对性地采取措施，使质量问题得到迅速解决。

因果分析图是以出现的质量结果为分析对象，以引起结果的原因作为分析要素，在结果和原因之间用箭头表示因果关系的一种因果关系分析工具。它是日本东京大学教授石川馨提出的一种简单而有效的方法。因果分析图又叫特性要因图、石川图或鱼骨图，用于分析引发质量问题产生的原因。图7-5是一个产品缺陷因果分析示例。

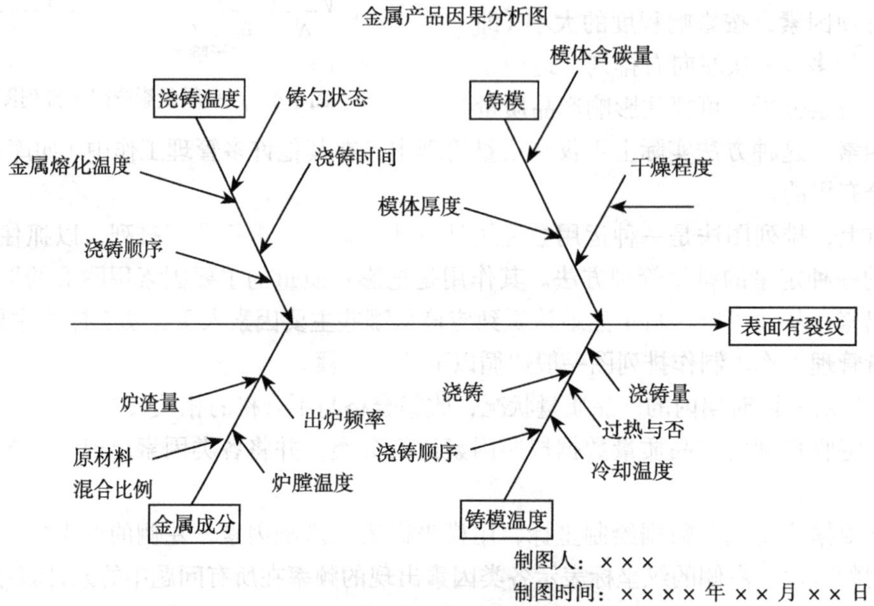

图 7-5　因果分析图

运用因果分析图，可以发动员工动脑筋、查原因、集思广益，最终找到解决问题的办法和对策，因此，因果分析图法特别适合质量小组针对质量问题进行充分研讨，提出对策，最终完善质量管理。在遇到质量问题时，如果一时无法查找出导致质量缺陷的原因，就可以借用因果分析图这一方法，发动大家寻找一切可能的原因，针对每一类原因进行深入的分析和思考，逐步查找出可能造成质量问题的一切因素，从而形成对问题根源深刻而全面的认识，为从根本上杜绝质量问题提供依据。从这个意义来讲，因果分析图在质量管理方面确实具有极为广泛的应用价值。一般来说,制作因果分析图时可以遵循如下步骤。

(1)列出出现的质量问题,并用同一条主线指向质量问题导致的结果。

(2)找出导致质量问题出现的各种原因并依据原因主次程度进行相应的分类。先列出主要的原因,再列出次要的原因,溯本求源,直至能够找出可以直接采取的措施,并依次按照从大到小的顺序用箭头一一标注在图上。

(3)列明因果分析图的标题、制图人员、制图时间等相关事项。

(七)相关图法

相关图又叫散点图,它是将两个可能相关的变量数据用点描绘在坐标系中,对其进行观察分析,来判断两个变量之间的相关关系的统计方法。如果变量之间的这种相关关系既存在较强的关系,但又无法用函数形式予以精确表示,在这种情况下,运用相关图法就可以对变量之间是否存在相关关系做出判定,并可以用数学模型对这种相关关系进行简单的定量描述。制作相关图时,应该遵循如下三个步骤。

(1)收集数据。根据需要,确定可能存在相关关系的要素,成对收集相应的数据。例如,假定质量特征 y 与质量成因 x 之间存在一定的相关关系,那么,就可以收集 30 组左右的相应数据 (x, y)。

(2)根据收集到的数据,绘制坐标系,其中纵坐标 y 表示质量特征,横坐标 x 表示质量成因。将收集到的数据一一标注在坐标系中,形成坐标系中的一组点,从而得到质量特征与质量成因之间的散点图。

(3)对照所得的散点图,分析质量特征与质量成因之间的相关关系。确定两者之间的关系是线性相关还是非线性相关,是正相关还是负相关,是强相关还是弱相关,从而准确把握两类要素的内在联系,制定出相应的措施。

根据两个变量之间存在的相关关系,可以得出如表 7-4 所示的六种典型的相关形式。

表 7-4 相关图的典型模式与说明

图形	x 与 y 的关系	说明
	强正相关 x 变大时,y 也变大	x、y 之间可以用直线表示。对此,一般控制住 x,y 也就得到了相应的控制
	强负相关 x 变大时,y 变小	
	弱正相关 x 变大时,y 大致变大	除 x 因素影响 y 外,还要考虑其他的因素(一般可以分层处理,寻找 x 以外的因素)

(续)

图形	x 与 y 的关系	说明
	弱负相关 x 变大时，y 大致变小	除 x 因素影响 y 外，还要考虑其他的因素（一般可以分层处理，寻找 x 以外的因素）
	不相关 x 与 y 无任何关系	
	x 与 y 不是线性关系	

本章小结

质量是企业得以生存的根本，质量管理活动通常包括质量方针和质量目标的建立、质量策划、质量控制、质量保证和质量改进。全面质量管理（TQM）是基于组织全员参与的一种质量管理形式。TQM 的思想是以全面质量为中心，全员参与为基础，目的是追求组织的持久成功，使顾客、社会、员工、供方或合作伙伴等相关方持续满意和受益。全面质量管理强调持续地进行质量改进，其基本工作方式就是 PDCA 循环，即计划（P）阶段、实施（D）阶段、检查（C）阶段和处理（A）阶段。

质量控制常用的统计方法有调查表法、分层法、直方图法、控制图法、排列图法、因果分析图法、相关图法。统计方法在质量管理中起到的是归纳、分析问题，以及显示事物的客观规律的作用，而不是具体解决质量问题的方法。统计方法是在质量管理中探索质量症结所在、分析产生质量问题的原因的一种工具，但要解决质量问题和提高产品质量还需依靠各专业技术和组织管理措施。

关键术语

质量　　质量管理　　质量控制　　全面质量管理　　统计分析工具

思考题

1. 何为质量管理？质量检验、质量控制、质量保证的区别是什么？
2. 全面质量管理的基本特点及工作原则是什么？
3. 何为 PDCA 循环？
4. 质量管理常用的统计分析方法有哪些？
5. 排列图法、因果分析图法各有什么作用？

Chapter 8
第八章

企业物流管理

⚠ 教学目标

通过本章的学习,学生应能对企业物流的概念、特点及分类等内容有较深刻的理解,能够对企业经营管理过程中的物流问题进行分析。

⚠ 教学要求

掌握企业物流的概念、分类;熟悉供应物流、生产物流、销售物流等物流环节的活动内容;了解各个物流活动的合理化对企业正常运转和发展的重要意义。

📚 引导案例

京东的物流模式

京东物流隶属于京东集团,以打造客户体验最优的物流履约平台为使命,通过开放、智能的战略举措促进消费方式转变和社会供应链效率的提升,将物流、商流、资金流和信息流有机结合,实现与客户的互信共赢。京东物流通过布局全国的自建仓配物流网络,为商家提供一体化的物流解决方案,实现库存共享及订单集成处理,可提供仓配一体、快递、冷链、大件、物流云等多种服务。

京东物流以降低社会化物流成本为使命,致力于成为社会供应链的基础设施;基于短链供应,打造高效、精准、敏捷的物流服务;通过技术创新,实现全面智慧化的物流体系;与合作伙伴、行业、社会协同发展,构建共生物流生态。通过智能化布局的仓配物流网络,京东物流为商家提供仓储、运输、配送、客服、售后的正逆向一体化供应链解决方案,快递、快运、大件、冷链、跨境、客服、售后等全方位的物流产品和服务,以及物流云、物流科技、物流数据、云仓等物流科技产品。

第一节　企业物流管理概述

一、企业物流的概念

企业物流是指企业内部的实体流动过程，具体是指从进行生产活动所需的原材料进厂（包括原材料、半成品、零部件及燃料等），经储存、加工、装配、包装，直到产成品出厂送达消费地或消费者这一过程的物料、产成品在仓库与消费地之间、仓库与车间之间、车间与车间之间、工序与工序之间每个环节的流转、移动与储存（含停滞、等待）及与此有关的管理活动。企业物流是在合理安排产、供、销活动，兼顾上下游客户多重复杂关系的基础上，通过综合从供应者到消费者供应链的运作，使物流与信息流达到最优化的具体的微观物流活动。企业物流贯穿了整个生产、销售过程的始终，形成一个有机整体。

企业物流的根本任务就是企业在物流活动中适时、适地地采用先进的物流技术与其生产和经营活动达到最优的结合，通过有效的物流管理使企业获得最大的经济效益。

企业物流的作业目标是快速反应、最小变异、最低库存、追求质量及整合运输等。追求企业物流的合理化和提高企业物流的管理水平对于企业创造利润、增强市场竞争力具有重要的意义。

企业物流管理是企业对所需原材料、燃料、设备工具等生产资料进行有计划的组织采购、供应、保管、合理使用等各项工作的总称。企业物流管理根据物资运动过程的不同阶段，可分为供应物流管理、生产物流管理、销售物流管理、废弃物物流管理等，内容极为丰富。而从物流要素角度又可分为运输管理、储存管理、装卸搬运管理、包装管理、流通加工管理、配送管理、信息管理及客服管理等。

二、企业物流的特点

企业物流是物流领域的微观层面，是物流活动与企业经营管理活动紧密地结合，具有以下五个特点。

（1）企业物流是企业生产经营活动的组成部分。从企业物流活动本身来看，它与生产活动穿插交织，融为一体，只有将物流成本降到最低限度，才能提高整个生产过程的水平。生产过程具有高度的比例性、连续性和节奏性，决定了物流必须适应生产需要，而物流量的大小、物流的方向及流程都必须符合生产过程的规律。

（2）企业物流与社会物流相互依存。现代企业的物流活动将其中的部分甚至是全部业务交给企业以外的专业物流公司或者生产企业自营的独立核算的物流公司来进行。只有与企业物流相适应的社会物流才能够促进企业的发展。企业物流与社会物流相互影响，相互制约，也相互促进。

（3）企业物流呈现能力综合化和系统化的发展趋势。企业物流的综合能力是指企业在采购、生产和销售过程中的物流活动的统筹协调、合理规划和控制管理。物流的系统化可以形成一个高效、通畅、可控制的流通体系，实现信息流及时、准确的共享，以及企业内外部的协调合作，进而减少流通环节，节约流通费用。

（4）降低企业物流成本与提高企业客户服务水平是企业物流需要解决的两大问题。

客户服务水平是企业竞争力的标志,而服务水平的提高必然会带来局部成本的增加,因此,企业必须优化物流系统和改善物流运作程序,避免物流运作中的不增值因素,整合资源,降低物流成本。

(5)物流系统已经成为企业生产系统、销售系统的重要支持系统。物流系统可以为生产系统提供足够的需求变动信息,帮助企业制订生产计划,预测产品发展趋势;物流系统也可以为销售系统提供库存量的信息,帮助企业进行成本核算,制定销售策略等。

三、企业物流的分类

企业物流是从企业角度研究与之有关的物流活动。企业的种类非常多,其物流活动也有差异,按主体物流活动的不同,企业物流可以分为四种具体的物流活动。

(一)供应物流

生产企业、流通企业或消费者购入原材料、零部件或商品的物流过程称为供应物流,也就是从物资生产者、持有者到使用者之间的物流。对于工厂而言,供应物流是指生产活动所需要的原材料、备品备件等物资的采购、供应活动所产生的物流;对于流通领域而言,供应物流是指交易活动中从买方角度出发的交易行为中所产生的物流。企业的流动资金大部分是被购入的物资材料及半成品等所占用的。供应物流的严格管理及合理化对于企业的成本有重要影响。

(二)生产物流

从工厂的原材料购进入库起,直到工厂成品库的成品发送为止,这一全过程的物流活动称为生产物流。生产物流是制造产品的工厂企业所特有的,它和生产流程同步。原材料、半成品等按照工艺流程在各个加工点之间不停顿地移动、流转,形成了生产物流。如果生产物流中断,生产过程就将随之停顿。生产物流合理化对工厂的生产秩序、生产成本有很大影响。生产物流均衡稳定,可以保证在制品的顺畅流转,缩短生产周期。在制品库存的压缩、设备负荷均衡化,也都和生产物流的管理和控制有关。

(三)销售物流

生产企业、流通企业售出产品或商品的物流过程称为销售物流,是指从物资的生产者或持有者到用户或消费者之间的物流。对于工厂而言,销售物流是指售出产品,而对于流通领域是指交易活动中从卖方角度出发的交易行为中的物流。通过销售物流,企业得以回收资金,并进行再生产活动。销售物流的效果关系到企业的存在价值是否被社会承认。销售物流的成本在产品及商品的最终价格中占有一定的比例,因此,销售物流合理化可以增强企业的竞争力。

(四)废弃物物流

生产和流通系统中所产生的废弃物,如开采矿山时产生的土石,炼钢生产中的钢渣、工业废水,以及其他的一些无机垃圾等,如果不妥善处理,不但没有再利用价值,还会造成环境污染。对这类物资的处理过程产生了废弃物物流。废弃物物流一般没有经济效益，但是具有不可忽视的社会效益。

四、企业物流管理的基本任务

企业物流管理的基本任务是自觉运用商品价值规律和遵循有关物料运动的客观规律，根据生产要求全面地提供企业所需的各种物料，通过有效的组织形式和科学的管理方法，监督和促进生产过程中合理、节约地使用物料，以达到确保生产发展、提高经济效益的目标。具体来说有以下几方面的任务。

（1）通过科学的物料供应管理，控制物料的供需企业所需的物料品种繁多，数量各不相同，又需要通过其他许多企业的生产和供应活动来实现，所以要在认真调查本企业的实际需要和做好物资信息的收集、反馈的基础上，科学地采购供应物料，保证有计划、按质、按量、按时、成套地供应企业所需要的物料，以保证生产正常地进行。

（2）通过科学地组织物料的使用，控制物料的耗用企业的产品成本中物化劳动部分所占比重一般高达 60%～80%，物料储备资金占企业全部流动资金的 60% 以上。因此在提供实物形态的各种物料的过程中，降低产品成本便成为物流管理的重要任务之一。这就需要在保证质量的前提下，尽量选用货源充足、价格低廉、路途较近、供货方便的货源，制定先进合理的物料消耗定额，搞好物料的综合利用，努力降低单耗。

（3）通过合理地组织物料流通，控制物料的占用时间，积极推广、应用现代科学技术，提高物料采、运、供、储等各项业务工作水平。物料管理工作的科学性是保证物料供应、提高工作质量和效益的关键。因此要在系统规划的基础上，提高员工的思想水平和技术素质，激发他们的积极性、创造性，广泛采用先进技术和工具，加快有关作业的标准化、机械化和自动化进程，不断完善工作方式与方法，认真改进有关的计量检测手段，使各项业务工作日益现代化。

第二节　供应物流

一、供应物流概述

（一）供应物流的概念

企业供应物流，即企业的采购供应物流。供应物流是企业物流活动的起始阶段，是企业产品生产前的准备工作的辅助作业。供应物流是指企业生产所需的原材料、零部件、机器、设备等一切物资在供应企业与生产企业之间流动而产生的一系列物流管理活动。供应物流的运作安排需要依据企业的生产计划，使物流运作与企业生产紧密衔接并实现操作上的一致性，从而保证生产的连贯性和持续性。

（二）供应物流系统的构成

供应物流包括原材料等一切生产资料的采购、进货运输、仓储、库存管理，以及用

料管理和供料运输。它是企业物流系统中独立性相对较强的一个子系统。供应物流系统主要包括:

(1) 采购。采购是供应物流与社会物流的衔接点。它是依据企业生产计划所要求的供应计划而制订采购计划并进行原材料外购的作业层,需要承担市场资源、供货厂家、市场变化等信息的采集和反馈任务。

(2) 供应。供应是供应物流与生产物流的衔接点。它是依据企业生产计划与消耗定额进行生产资料供给的作业层,负责原材料消耗的控制。厂内供应方式有两种基本形式,一种是用料单位到供应部门领料,另一种是供应部门按时按量送料(配送)。

(3) 库存管理。库存管理是供应物流的核心部分。它依据生产计划的要求和库存状况制订采购计划,并负责库存策略的制定及计划的执行与反馈修改。

(4) 仓储管理。仓储管理是供应物流的转折点。它负责购入生产资料的接货和生产供应的发货,以及物料保管工作。

二、采购管理

(一) 采购及采购管理

采购(purchasing),就是通过交易从资源市场获取资源的过程。企业生产经营所需要的各种物资,包括原材料、机器设备、工具、办公用品等,都是通过采购从资源市场获得的。

所谓采购管理(purchasing management),就是指为保障企业物资供应而对企业采购进货活动进行的管理活动。采购管理是对整个企业采购活动的计划、组织、指挥、协调和控制活动,是面向整个企业的,它不但面向企业全体采购员,而且也面向企业组织其他人员(进行有关采购的协调配合工作),一般由企业的采购科(部、处)长或供应科(部、处)长或企业副总(以下统称为采购科长)来承担。

(二) 采购管理的目标

(1) 提供不间断的物料流和物资流,以便使整个组织正常地运转。原材料和生产零部件的缺货会使企业的经营中断,由于必须支出的固定成本带来的运营成本的增加以及无法兑现向顾客做出的交货承诺,所造成的损失极大。例如,没有外购的轮胎,汽车制造商就不可能制造出完整的汽车。

(2) 使存货投资和损失保持最小。保证物料供应不中断的一个办法是保持大量的库存。但是库存必然要求占用资金,使得这些资金不能用于其他方面。保持库存的成本一般每年要占库存商品价值的20%~50%,如果采购部门可以用价值1 000万元的库存(而不是原来的2 000万元)来保证企业的正常运作,那么在库存成本占库存商品价值的比例为30%的情况下,1 000万元库存的减少不仅意味着多出了1 000万元的流动资本,而且意味着节省了300万元的存货费用。

(3) 保持并提高物料质量。为了生产所需的产品或提供服务,每一项物料的投入都要达到一定的质量要求,否则最终产品或服务将达不到期望的要求,就会使其生产成本远远超过可以接受的程度。例如，一个质量较差的弹簧被安装到柴油机车的刹车系统上，其成本仅仅为6元，但是如果在这部机车使用过程中，这个有缺陷的弹簧出了问题，那么拆卸重置等成本就会达到上万元。

（4）以最低的总成本获得所需的物资和服务。企业采购部门的活动消耗的资金比例最大，采购活动的利润杠杆效应也非常明显。所以，当质量、配送和服务等方面的要求都得到满足时，采购部门还是应该全力以赴地以最低的价格获得所需的物资和服务。

（5）发现或发展有竞争力的供应商。一个采购部门必须有能力找到或发展供应商并分析其能力，从中选择合适的供应商，并且与其一起努力对流程进行持续的改进。

（三）采购决策的内容

企业物流采购决策的内容主要包括市场资源调查、市场变化信息的采集和反馈、供货厂家选择，以及进货数量、进货时间间隔的确定等。

企业采购决策者应对所需原材料的资源分布、数量、质量和市场供需要求等情况进行调查，作为制定较长远的采购规划的依据；同时，要及时掌握市场变化的信息，进行采购计划的调整、补充。

企业在选择供货厂家时，应考虑原材料供应的数量、质量、价格（包括运费）、供货时间保证、供货方式和运输方式等，根据本企业的生产需求进行比较，最后选定供货厂家。此外，企业要建立供货商档案，其内容主要有企业概况（地点、规模、营业范围等），供应物品种类，运输条件及成本，包装条件及成本，保管费和管理费，包装箱和包装材料的回收率，交易执行状况，等等。完善的档案数据是选定供货商的重要依据。

如何确定采购批量是采购决策中的一个重要问题。一般情况下，每次采购的数量越大，在价格上得到的优惠越多，同时因采购次数减少，采购费用相对能节省一些，但一次进货批量大容易造成积压，从而占用资金，多支付银行利息和仓库管理费用。如果每次采购的批量过小，在价格上得不到优惠，因采购次数的增多而加大采购费用的支出，并且要承担因供应不及时而造成停产待料的风险。如何控制进货的批量和进货时间间隔，使企业生产不受影响，同时费用最省，是采购决策应解决的问题。

（四）采购管理的内容

1. 采购信息管理

采购信息管理包括采购信息的收集、加工整理、统计分析、传递、储存等工作。随着EDI电子商务在物流管理中的应用，特别是企业ERP系统的运用，企业能够获得更多、更新、更全面、更精确、更及时的资讯，从而更便于及时做出科学准确的采购决策。采购信息内容包括政策信息、货源信息、渠道信息、价格信息、运输信息、科技信息等。

2. 采购质量管理

加强采购环节的质量管理是企业物流全面质量管理的重要环节之一。企业在选择供应商时就要对供应商进行质量审核，对供应商的资质严格加以控制，对采购样品的质量严格进行采购决策前的品质审查，对预计要采购的商品进行严格的抽样检验。做好商品到货时的验收，是采购环节质量管理的开端。

3. 采购成本管理

采购的成本是商品的成本与采购过程中所耗的各种费用之和。采购的成本直接影响到企业的利润与资产回报率，影响企业流动资金的回笼速度。因此，加强采购成本管理具有重要的作用。采购成本管理的内容包括：加强对需求预测计划的审核，严格做到按需订购；理顺进货渠道，净化采购环节，积极组织采购人员在市场上寻找最优进货渠道。

三、科学采购方式

1. 订货点采购

订货点采购，是由采购人员根据各个品种需求量和订货提前期的大小，确定每个品种的订货点、订货批量或订货周期、最高库存水准等，然后建立起一种库存检查机制，当发现到达订货点时，就检查库存、发出订单，订货批量的大小由规定的标准确定。

订货点采购包括两大类采购方法，一类是定量订货法采购，另一类是定期订货法采购。这两类采购方法都是以需求分析为依据，以填充库存为目的，采用一些科学方法，兼顾满足需求和库存成本控制，原理比较科学，操作比较简单。但是市场的随机因素多，使得该方法同样具有库存量大、市场响应不灵敏的缺陷。

2. MRP 采购

MRP（material requirement planning，物料需求计划）采购主要应用于生产企业。它是由企业采购人员采用 MRP 应用软件，制订采购计划而进行采购的。

MRP 采购的原理，是根据主产品的生产计划（MPS）、主产品的物料清单（BOM）以及主产品及其零部件的库存量，逐步计算求出主产品的各个零部件、原材料所应该投产时间、投产数量，或者订货时间、订货数量，也就是制订出所有零部件、原材料的生产计划和采购计划，然后按照这个采购计划进行采购。

MRP 采购也是以需求分析为依据、以满足库存为目的的。由于计划比较精细、严格，所以它的市场响应灵敏度及库存水平都比前述方法有所进步。

3. JIT 采购

JIT 采购，也叫准时化采购，是一种完全以满足需求为依据的采购方法。需求方根据自己的需要，对供应商下达订货指令，要求供应商在指定的时间将指定的品种、指定的数量送到指定的地点。

JIT 采购的特点如下。

（1）与传统采购面向库存不同，准时化采购是一种直接面向需求的采购模式。它的采购送货是直接送到需求点上。

（2）用户需要什么，就送什么，品种规格符合客户需要。

（3）用户需要什么质量，就送什么质量，品种质量符合客户需要，拒绝次品和废品。

（4）用户需要多少，就送多少，不少送，也不多送。

（5）用户什么时候需要，就什么时候送货，不晚送，也不早送，非常准时。

（6）用户在什么地点需要，就送到什么地点。

这几个特点做到了灵敏地响应需求、满足用户的需求，又使得用户的库存量最小。这种采购模式下，由于用户不需要设库存，所以实现了零库存生产，是一种比较科学、比较理想的采购模式。

4. 供应链采购

供应链采购，准确地说，是一种供应链机制下的采购模式。在供应链机制下，采购不再由采购者操作，而是由供应商操作，叫作供应商管理用户库存（vendor-managed inventory，VMI）。

VMI采购的原理，是用户只需要把自己的需求信息向供应商连续、及时地传递，由供应商根据用户的需求信息，预测用户未来的需求量，并根据这个预测需求量制订自己的生产计划和送货计划，主动小批量、多频次向用户补充货物库存，用户的库存量大小由供应商自主决策，既保证满足用户需要又使货品库存量最小、浪费最少。

VMI采购最大的受益者是用户，它可以使用户从采购事务中解脱出来，甚至连库存负担、运输进货等负担都已经由供应商承担，而且服务率还特别高。供应商则能够及时掌握市场需求信息，更灵敏地响应市场需求变化，减少生产和库存浪费，减少库存风险，提高经济效益。但是供应链采购对企业信息系统、供应商的业务运作要求都比较高。它也是一种科学的、理想的采购模式。

5. 电子商务采购

电子商务采购，也就是网上采购，是在电子商务环境下的采购模式。它的基本原理，是由采购人员通过上网，在网上寻找供应商，寻找所需品种，在网上洽谈贸易，在网上订货甚至在网上支付货款，但是在网下送货进货，这样完成全部采购活动。

这种模式的好处是：扩大了采购市场的范围，缩短了供需距离；简化了采购手续，减少了采购时间，降低了采购成本，提高了工作效率，是一种很有前途的采购模式。但是它要依赖于电子商务的发展和物流配送水平的提高。而这二者几乎都取决于整个国民经济水平和科技进步的水平。我国现在已经有不少企业以及政府采购采用了网上采购的方式，网上采购正在不断的发展和普及。

四、库存管理

库存管理是物流管理的核心内容之一。库存水平的高低和库存周转速度的大小会直接影响到物流成本的高低和企业经济效益的好坏。库存水平过高，不仅会占用大量的资金，增加商品保管费用的支出，而且会依次加大市场风险；相反，库存水平过低，会影响生产经营活动的顺利进行，并且失去市场机会。因此，在物流管理中，企业必须采用科学的方法管理和控制库存，在满足生产经营活动正常需要的情况下，将库存数量控制在最低的水平上，以达到降低物流成本、提高企业经济效益的目的。

（一）库存概述

1. 库存的概念

所谓库存，是指处于储存状态的物品，主要是作为今后按预定的目的使用而暂时处于闲置或非生产状态的物料。

在生产制造企业，库存品一般包括原材料、产成品、备件、低值易耗品以及在制品；在商品流通企业，库存品一般包括用于销售的商品以及用于管理的低值易耗品。

库存是一种闲置资源，不仅不会在生产经营中创造价值，反而还会因占用资金而增加企业的成本。但是，在实际的生产经营过程中，库存优势还是不可避免且十分必要的。库存管理的核心就是在满足对库存需要的前提下，保持合理的库存水平。在企业的总资产当中，库存资产一般要占到20%～40%，库存管理不当会造成大量资金的沉淀，影响到资金的正常周转，同时还会因库存过多而增加市场风险，给企业的经营带来负面影响。因此，企业必须对库存进行有效的管理，消除不必要的库存，提高库存周转率。

2. **库存管理的概念**

库存管理就是在保障供给的前提下，为使库存商品数量最少，所进行的预测、计划、组织、协调、控制等有效补充库存的一系列工作。库存管理往往被误认为只是对库存商品数量的控制，认为其主要内容就是保持一定的库存量，其实这只是库存管理中的一项重要内容，并不是它的全部内容。

库存管理的主要内容包括以下三种。

（1）库存信息管理。库存信息管理中的信息既包括库存商品本身的信息，又包括市场、用户对库存商品的需求信息，另外它还包括与库存业务有关的信息，如入库日期、出库日期、存货数量、库存成本等。

（2）库存决策、控制。库存管理要决定与库存有关的业务如何进行，如库存商品的购入或发出的时间、地点，库存商品的品种、数量、质量、构成、订购方式的确定等。

（3）库存管理水平的衡量。一定时期内采用的库存管理方式是否恰当，应给予评价、衡量。这不仅关系到企业的经济效益，同时也关系到下一阶段库存管理策略的重大问题的调整。

3. **库存的类型**

库存的分类方法有很多种，以下从几种角度来看库存的分类。

（1）按物品品种和占用资金的多少划分，库存可分为特别重要的库存（A类）、一般重要的库存（B类）和不重要的库存（C类），这就是库存的ABC分类法。

（2）按物品在企业的产品成型状态划分，库存可分成原材料库存、半成品库存以及产品库存。

（3）按库存物品的形成原因（或用处）划分，库存可分成周转库存、安全库存、调节库存和在途库存。

周转库存是指为满足日常生产经营需要而保有的库存，周转库存的大小与采购批量直接相关。企业为了降低物流成本或生产成本，需要批量采购、批量运输和批量生产，这样便形成了周转性的周转库存，这种库存随着每天的消耗而减少，当降低到一定水平时需要补充库存。

安全库存是指为了防止不确定因素的发生（如供货时间延迟、库存消耗速度加快等）而设置的库存。例如，原材料供应的意外，有时会因为供应商可能发生的生产事故、原材料采购意外等造成材料供应短缺，因而要对一些材料设立安全库存；产品销售具有不可预测性，因此也要存储一定量的成品库存；为了预防本企业的生产发生意外情况，要设立半成品的安全库存量；等等。

调节库存是指用于调节需求与供应的不均衡、生产速度与供应的不均衡以及各个生产阶段产出的不均衡而设置的库存。

在途库存是指处于运输以及停放在相邻两个工作地之间或相邻两个组织之间的库存，在途库存的大小取决于运输时间以及该期间内的平均需求。

（4）按物品需求的相关性划分，库存可分为独立需求库存和相关需求库存。

独立需求库存是指用户对某种库存物品的需求与其他种类的库存无关，表现出对这种库存需求的独立性。消耗品、维修零部件和最终产品的库存属于独立需求库存。

相关需求库存是指与其他需求有内在相关性的需求，根据这种相关性，企业可以精确地计算出它的需求量和需求时间，是一种确定性需求。

企业要针对不同的库存物品类别，采取不同的库存管理策略。

4. 库存的功能

一般来说，库存有以下六种功能。

（1）防止断档。缩短从接受订单到送达货物的时间，以保证优质服务，同时又要防止脱销。

（2）保证适当的库存量，节约库存费用。

（3）降低物流成本。用适当的时间间隔补充与需求量相适应的合理的货物量以降低物流成本，消除或避免销售波动带来的影响。

（4）保证生产的计划性、平稳性，以消除或避免销售波动的影响。

（5）展示功能。

（6）储备功能。在价格下降时大量储存，减少损失，以备不时之需。

（二）库存控制模型

库存量的控制问题一般分成两种情况来讨论，即独立需求库存的控制与相关需求库存的控制。

1. 独立需求的库存控制

独立需求物品是指物品的需求量之间没有直接的联系，也就是说没有量的传递关系的物品。这类库存物品的控制主要是确定订货点、订货量、订货周期等。独立需求物品的库存管理模型一般按核定量库存控制模型或定期库存控制模型来控制，下面分别描述这两种模型。

（1）定量库存控制模型。定量库存控制模型控制库存物品的数量。当库存数量下降到某个库存值时，立即采取补充库存的方法来保证库存的供应。这种控制方法必须连续不断地检查库存物品的库存数量，所以有时又称为连续库存检查控制法。假设每次订货点的订货批量是相同的，采购的前提也是固定的，并且物料的消耗也是稳定的，那么它的模型如图 8-1 所示。

从这种控制模型中可以看出，它必须确定两个参数：补充库存的库存订货点与订货的批量。订货批量按经济订货批量求解。

经济订货批量（economic order quality，EOQ）的原理是要求总费用（库存费用＋采购库存）最小。由于库存的费用随着库存量的增加而增加，但采购成本却随着采购批量的加大而减少（采购批量加大，库存也就增加），因此这是一对矛盾，不能一味地减少库存，也不能一味地增加采购批量。这就要求企业找到一个合理的订货批量，使总成本

（库存成本与采购成本之和）为最小，如图 8-2 所示。经济订货批量就是对这个合理订货批量的求解。

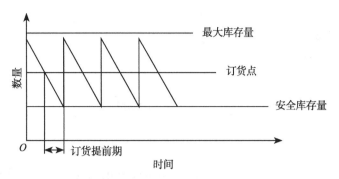

图 8-1 定量库存控制模型

以下是该库存控制模型的参数及计算方法。

订货点：$R=L_r+A$

式中：L_r 为订单周期内物料的消耗量，A 为安全库存量。

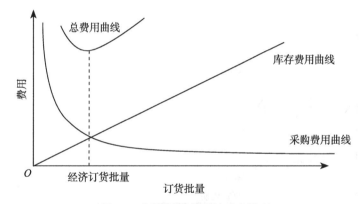

图 8-2 经济订货批量的确定模型

经济订货批量计算公式为：

$$Q=\sqrt{\frac{2\times C\times D}{H}}=\sqrt{\frac{2\times C\times D}{F\times P}}$$

式中：C——单位订货费用；
　　　D——库存物料的年需求量；
　　　H——单位库存保管费；
　　　F——库存持有成本占产品价格的比例；
　　　P——库存产品的价格。

例题 8-1

某商业企业的 X 型彩电年消耗量 10 000 台，订货费用为每台 10 元，每台彩电平均年库存保管费用为 4 元 / 台，订货提前期为 7 天，价格 580 元 / 台，安全库存为 100 台。

按经济订货批量原则,求解最佳库存模型。

解析:根据题意可知

C=10 元 / 台,D=10 000 台 / 年,H=4 元 / 台,A=100 台

L_r=10 000×7/365=191.78(台)

订货点 $R=L_r+A$=191.78+100=291.78(台),取整数 292 台。

经济订货批量为:

$$Q=\sqrt{\frac{2\times C\times D}{H}}=\sqrt{\frac{2\times 10\times 10\,000}{4}}=223.6(台)$$

取整数为 224 台。

(2)定期库存控制模型。定期库存控制模型按一定的周期 T 检查库存,并随时进行库存补充,补充到规定库存 S。这种库存控制方法不存在固定的订货点,但有固定的订货周期。每次订货也没有一个固定的订货数量,而是根据当前库存量 I 与规定库存量 S 比较,补充的量为 $Q=S-I$。但由于订货存在前提期,所以还必须加上订货提前期的消耗量。这种库存控制方法也要设立安全库存量。这种模型主要是确定订货周期与库存补充量,如图 8-3 所示。

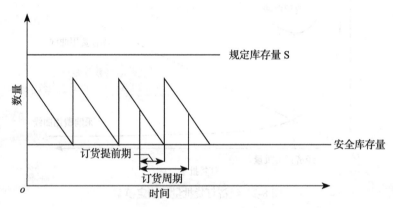

图 8-3 经济订货周期模型

订货周期按经济订货周期(economic order interval,EOL)的模型确定,计算方法如下。

经济订货周期为:

$$T=\sqrt{\frac{2\times C}{D\times F\times P}}=\sqrt{\frac{2\times C}{D\times H}}$$

订货量为:　　　　　　　　　$Q=(T+L)\times D/365$

最大库存量为:　　　　　　　$S=D/T$

式中:L——订货提前量;

C——单位订货费用;

D——库存物料的年需求量;

P——物料价格;

H——单位库存保管费;

F——单位库存保管费与单位库存购买费之比，即 $F=H/P$。

例题 8-2

某商业企业的 X 型彩电年销售量为 10 000 台，订货费用为每台 10 元，每台彩电平均年库存保管费用为 4 元/台，订货提前期为 7 天，每台价格为 580 元/台，安全库存为 100 台。按经济订货周期原则，求解最佳库存模型。

解析：根据题意可知

C=10 元/台，D=10 000 台/年，H=4 元/台，A=100 台，L=7 天

经济订货周期为：

$$T=\sqrt{\frac{2\times C}{D\times F\times P}}=\sqrt{\frac{2\times 10}{10\,000\times 4}}=0.022\,369（年）=8.16（天）$$

取整数为 8 天。

订货量为：

$$Q=(T+L)\times D/365=(8+7)\times 10\,000/365=411（台）$$

定期库存控制方法可以简化库存控制工作量，但由于库存消耗的不稳定性，有缺货风险存在，因此一般只能用于稳定性消耗及非重要性的独立需求物品的库存控制。由于该模型是用订货的周期来检查库存并补充库存的，因此还必须确定订货的操作时间初始点，一般可以设置在库存量到达安全库存前的订货提前期的时间位置。

2. 相关需求的库存控制

相关需求也称为从属需求，是指物料的需求量存在一定的相关性。一种物料的需求是由另外一种物料的需求引起的，这样物料的需求不再具有独立性。相关需求是物料需求计划的主要研究对象，下文会详细介绍。

（三）库存管理策略

库存管理策略有很多，这里介绍一下比较常见的 ABC 库存控制法。

ABC 库存控制法是根据库存物品的品种和占用资金来划分物品的重要程度，分别采取不同的管理措施。ABC 的分类可参考表 8-1。

表 8-1 库存物品的 ABC 分类

类别	占库存资金的比重	占库存品种的比重
A	大约 80%	大约 20%
B	大约 15%	大约 30%
C	大约 5%	大约 50%

A 类物品属重点库存控制对象，要求库存记录准确，严格按照物品的盘点周期进行盘点，检查其数量与质量状况，并要制定不定期检查制度，密切监控该类物品的使用与保管情况。另外，A 类物品还应尽量降低库存量，采取合理的订货周期与订货量，杜绝浪费与呆滞库存。C 类物品无须进行太多的管理投入，库存记录可以允许适当的偏差，盘点周期也可以适当地延长。B 类物品介于 A 类与 C 类物品之间，采取适中的方法加以

使用、保管与控制。

ABC 库存控制法简单、易用，长期以来为许多企业所采用。但应注意的是，构成产品的各种材料和零部件都是缺一不可的。对 C 类物品粗放管理的同时，一定要防止因数量和质量而影响计划的执行。

第三节　生产物流

一、生产物流概述

（一）生产物流的概念

企业的生产物流活动是指在生产工艺中的物流活动。这种物流活动是与整个生产工艺过程伴生的，实际上已经构成了生产工艺过程的一部分。过去人们在研究生产活动时，主要关注一个又一个的生产加工过程，而忽视了将每一个生产加工过程串在一起的并且又和每一个生产加工过程同时出现的物流活动。例如，不断离开上一道工序，进入下一道工序，便会不断发生搬上搬下、向前运动、暂时停止等物流活动。实际上，一个生产周期内，物流活动所用的时间远多于实际加工的时间。所以，企业生产物流研究的潜力，以及时间节约的潜力、劳动节约的潜力是非常大的。

生产物流一般是指原材料、燃料、外购件投入生产后，经过下料、发料，运送到各加工点和存储点，以在制品的形态，从一个生产单位（仓库）流入另一个生产单位，按照规定的工艺过程进行加工、储存，借助一定的运输装置，在某个点内流转，又从某个点内流出，始终体现物料实物形态的流转过程。

在《物流术语》（GB/T 18354—2006）中，生产物流的定义为"生产过程中发生的涉及原材料、在制品、半成品、产成品等所进行的物流活动"。生产物流是企业物流的关键环节，从物流的范围分析，企业生产系统中物流的边界起于原材料、外购件的投入，止于成品仓库。它贯穿生产全过程，横跨整个企业（车间、工段），其流经的范围是全厂性的、全过程的。物料投入生产后即形成物流，并随着时间进程不断改变自己的实物形态（如加工、装配、储存、搬运、等待状态）和场所位置（各车间、工段、工作地、仓库）。

（二）影响生产物流的主要因素

（1）生产工艺。生产工艺不同，加工设备不同，对生产物流有不同的要求和限制。这是影响生产物流构成的最基本因素。

（2）生产类型。生产类型不同，产品品种结构的复杂程度、精度等级、工艺要求以及准备不尽相同。这些特点影响生产物流的构成以及相互之间的比例关系。

（3）生产规模。生产规模是指单位时间内的产品产量，通常以年产量来表示。生产规模越大，生产过程的构成越齐全，物流量越大；反之，生产规模越小，生产过程的构成就没有条件划分得很细，物流量也越小。

（4）企业的专业化与协作化水平。社会生产力的高速发展与经济全球化使企业的专业化与协作化水平不断提高。社会专业化和协作化水平提高了，企业内部生产过程就趋于简化，物流流程缩短。

（三）合理组织生产物流的基本要求

生产物流区别于其他物流系统的最显著的特点是它和企业生产过程紧密联系在一起。只有合理组织生产物流过程，才有可能使生产过程始终处于最佳状态。合理组织生产物流的基本要求包括以下几个方面。

（1）物流过程的连续性。物流过程的连续性要求物料能顺畅地、最快地走完各个工序，直至成为产品。每个工序的不正常停工都会造成不同程度的物流阻塞，影响整个企业生产的进行。

（2）物流过程的平行性。物流过程的平行性要求企业在组织生产时，将各个零件分配在各个车间的各个工序上生产，要求各个支流平行流动。

（3）物流过程的节奏性。物流过程的节奏性是指产品在生产过程的各个阶段，从投料到最后完成入库，都能保证按计划有节奏或均衡地进行，要求在相同的时间间隔内生产大致相同的数量，均衡地完成生产任务。

（4）物流过程的比例性。组织产品的各个过程的物流量是不同的，是有一定的比例的，因此形成了物流过程的比例性。

（5）物流过程的适应性。当企业产品改型换代或品种发生变化时，生产过程应具有较强的应变能力，也就是生产过程应具备在较短的时间内可以由一种产品迅速转移为另一种产品的生产能力。物流过程同时应具备相应的应变能力，与生产相适应。

（四）生产物流系统设计原则

生产物流系统的设计融合在企业生产系统设计中。企业进行生产系统设计时，不仅要考虑生产系统的布置适应生产能力的需要，而且进料、临时储存，以及生产系统前中后的搬运、调度、装箱、库存、运送等物流活动均应考虑。生产物流系统设计的一般原则包括三个。

（1）功耗最小原则。物流过程中不增加任何附加价值，徒然消耗大量人力、物力和财力，因此，物流"距离"要短，搬运"量"要小。

（2）流动性原则。良好的企业生产物流系统应使流动顺畅，消除无谓的停滞，力求生产流程的连续性。当物料向成品方面前进时，应尽量避免工序或作业间的逆向、交错流动或发生与其他物料混杂的情况。

（3）高活性指数原则。物流各作业环节中，搬运作业工作量大，消耗时间长，所以有必要研究搬运难易程度，即搬运活性。活性指数用来表示各种状态下物品搬运活性，是确定搬运活性标准的一种方法。采用高活性指数的搬运系统，可以减少二次搬运和重复搬运量。

二、生产物流管理的含义及内容

（一）生产物流管理的含义

生产物流管理是指运用现代管理思想、技术、方法与手段对企业生产过程中的物流活动进行计划、组织与控制。

（二）生产物流管理的重要性

（1）企业加强物流管理，实施物流系统再造，能够减少库存积压，降低总成本，提高利润。企业通过对内部物流系统进行改造，使物流管理水平提高，进而降低企业的物流成本和存货成本，提高库存的周转速度和资金的回笼率，使企业从物流这一具有巨大的利润的环节获取收益，增强企业的竞争力。海尔集团从1999年开始创建了一套现代物流管理模式，兴建了现代化的立体自动化仓库，构筑了集物流、商流、资金流和信息流于一体的供应链管理体系，使呆滞物资降低73.8%，仓库面积减少50%，库存资金减少67%。

（2）企业加强现代物流管理，无须占用流动资金便可实现无本获利，能有效地提高竞争力。在现代物流管理模式下，企业可以根据消费者特定的需求进行商品生产，通过对产品交付期、质量及价格的预测，利用国际互联网在全球范围内获取所需的原材料和零部件资源。由于是采用需求管理和柔性生产技术，以批量产品的价格完成生产过程，所以无须占用流动资金便可实现无本获利。

（3）企业加强现代物流管理，能有效地降低经营风险。现代物流管理使用信息技术实现了数据的快速、准确传递，提高了仓库管理、装卸运输、采购、订货、配送发运、订单处理的自动化水平，使分装、包装、保管、运输、流通加工实现一体化，生产厂家可以方便地使用信息技术与物流企业进行交流和协作，企业间的协调和合作有可能在短时间内迅速完成。这样一来，企业可以在很短的时间内满足客户的个性化需求，实现准时制生产。

（三）生产物流管理的内容

（1）物料管理。物料管理具体体现为库存管理及对入库和出库进行管理，并协调出库与入库，以保证生产所需物料的准时、可靠供应。

（2）物流作业管理。根据生产加工的需要，计划和调度各种运输设备，规划运输路线，使所需的物料及时、畅通地运达指定位置。这里既包含作业计划，也包含作业控制。

（3）物流系统状态监控监测。通过生产物流系统设置各种监测装置，对生产物流系统进行过程中的物流状态进行监测，通过模拟屏或计算机屏幕实时显示各种状态，以掌握物流实际运行状况。在发现故障的情况下，应及时采取措施排除故障，保障系统正常运行。

（4）物流信息管理。物流信息管理是指对生产物流系统和各种信息进行采集、处理、传输、统计和报告。

上述生产物流管理的主要功能并非截然分开的，而是相互联系、有机结合的。其中，信息管理是现代生产物流管理的核心和基础。无论是物料管理、状态监控，还是作业管理，都离不开物流信息。生产物流过程，实际上是物料流动及信息流动的过程。在物料流动过程中，物料的数量、物理位置和品种的变化是按照实际加工需要来进行的。在信息流动过程中，信息的采集、处理和传输则服务于管理的需要。也可以说，在现代生产物流系统运行过程中，物质实体的流动是目的，而为了达到这一目的所进行的管理是以信息为基础的。

三、物料需求计划

在生产物流系统中，准确无误地调拨工厂中使用的成千上万种物料、零部件无疑是一项复杂而耗费精力的工作。物料需求计划（MRP）就是为了准确地制订材料的采购与生产计划而发明的。MRP 于 20 世纪 60 年代起源于美国。它是依据市场需求预测和顾客订单制订产品生产计划，然后基于产品生产进度计划，结合产品的物料清单和库存状况，通过计算机计算出所需物料的需求量和需求时间，从而确定物料的加工进度和订货日程的一种实用技术。物料需求计划的基本目的是在合理利用、组织资源保持生产流程畅通的前提下维持最低库存水平。

在生产物流中，物料的需求可分为独立需求和相关需求两种类型。独立需求是指需求量和需求时间由企业外部的需求来决定，如企业产成品需求、维修备件的需求等。独立需求的需求量必须经过预测或收到订单时才能确定。相关需求是指对某种物料的需求取决于由它作为组成部分的更高层次的物料的需求。如产品是由零件构成的，对零件的需求取决于对产品的需求，对零件的需求就是相关需求。相关需求物资的需求数量和需求时间是在最终产品的生产计划和产品结构已知的前提下计算出来的，而不是预测的结果。对于独立需求物资的库存可采用经典的经济订货批量模型等传统的库存管理方法来优化。而对于相关需求则必须通过供应链的下一环节的需求水平计算，由于供应链上各个环节的需求是相互关联的，而且这种需求有时是以不连续的、经常变化的、成块间断的形式出现的。以经济订货批量模型为代表的传统的库存管理方法不能有效地解决在这种情况下的库存管理问题。MRP 是用来解决相关需求物资的生产和库存问题的。

1. MRP 的基本结构

MRP 的基本结构包括 MRP 的输入系统、MRP 的实行过程和 MRP 的输出系统三个部分。

（1）MRP 的输入系统。MRP 的输入系统主要由三部分组成：基本生产进度计划、物料清单和库存状态记录。

1）基本生产进度计划（master production scheduling，MPS）。基本生产进度计划是指在每个时间段根据各种最终产品的需求数量和需求时间，在平衡企业资源和生产能力的基础上制定出的生产进度表。

如果制订的生产计划得不到企业现有能力的支持，或制订的生产计划超过了企业的生产能力，则这种生产计划就失去了现实意义。在 MRP 系统中，在进行需求和生产能力平衡工作中起主要作用的是 MPS。如果在 MPS 阶段不能完全解决生产能力平衡的问题，则在下一阶段的 MRP 中，需求和能力的平衡修正作业将变得十分复杂。因此，通过初步生产能力计划（rough cut capacity planning，RCP）来检查 MPS 的结果。RCP 的功能有两个：一个是在考虑物料清单、制造工序流程、各个工序加工能力以及库存水平的基础上，计算出完成 MPS 所需的生产能力；另一个是把完成 MPS 所需的生产能力与实际的生产能力进行比较，找出能力瓶颈，同时提出资源负荷状况报告、长期物料采购报告、购买资金计划报告等。如果所需生产能力与现有生产能力存在偏差，或者增加加班时间、增添新设备来提高生产能力，或修改调整 MPS，使之与现有生产能力相适应，不断重复这一过程直到 MPS 满足 RCP 的要求。MPS 和 RCP 的关系如图 8-4 所示。

2）物料清单（bill of material，BOM）。物料清单也称为产品结构表，它表示产品组成结构和组成单位产品的原材料和零部件的数量。物料清单中对产品组成结构进行了层次划分。通常把最终产品划分为第 0 层次，接下来分别为第 1 层次，第 2 层次，第 3 层次等。物料清单中对每一层次上的零部件的名称、编号、单位、用量等信息进行了详细记录。这样通过物料清单便可知道产品各个层次的结构和组成零部件的详细信息。

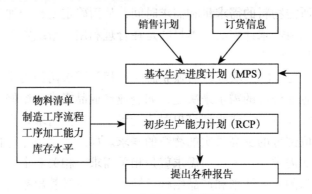

图 8-4　MPS 和 RCP 的关系图

MRP 系统将独立需求产品的需求展开为各个层次的相关物料需求。这种展开是依据物料清单表示的原材料和零部件在制造加工过程中的先后顺序和数量关系推算出来的。如果物料清单有差错，则会引起整个相关需求物料的计算发生错误。因此，建立全面、准确的物料清单是保证 MRP 系统发挥作用的前提条件。

3）库存状态记录（inventory status record，ISR）。库存状态记录是指有关物料库存水平的详细记录资料。这些资料包括现有的库存水平、在途库存、交货周期、订货批量、安全库存、物料特性和用途、供应商资料等。这些记录是动态的记录，即在库存发生变化（如进货补充增加库存、生产使用减少库存）时，需及时更新库存记录。完整、正确、动态的库存信息是保证 MRP 系统发挥作用，最终降低整体库存水平的保证。

（2）MRP 的实行过程。狭义的 MRP 是在完整准确的 MPS、物料清单和库存状态记录的基础上，通过计算求得每个时间段上各种物料的净需求量，同时也确定物料订货的数量、订货时间、订货批量和零部件的加工组装时间等内容。MRP 的计算流程如图 8-5 所示，具体的步骤如下。

1）总需求量的计算。根据 MPS、物料清单和库存水平计算出时间段内所需各种物料的总需求量和需求的日期。

2）净需求量的计算。净需求量指从总需求量中减去该物料的可用库存（包括现有库存和在途库存）后的差额。在考虑安全库存的情况下，净需求量的公式为：

$$净需求量 = 总需求量 - 有效库存 = 总需求量 - (可用库存 - 安全库存)$$

如果在时间段内总需求量小于该物料的有效库存，则净需求量为零。

3）物料订货（加工）批量和指令发出时间的确定。在求出每个时间段内的物料净需求量之后，根据每种物料的特点确定采购订货方式（定量订货方式或定期订货方式）。

在采购订货时，在考虑供应商的情况和交货周期的基础上确定物料的订货时间，即指令发出时间，同时确定预定交货的时间，计算公式为：

$$指令发出时间（订货时间）= 计划需求时间 - 交货周期$$

在生产制造时，在考虑工序生产能力和加工周期的基础上确定物料的加工开始时间，计算公式为：

指令发出时间（开始加工时间）= 计划完成时间 − 作业加工时间

由物料清单的最低层次的物品开始，依次向上一层次的物料展开，重复步骤1）至步骤3），直到所有层次物料的结果安排出来为止。

4）制订物料需求计划。通过平衡、整合时间段内各个层次所有的物料需求数量、订货（或加工）批量、指令发出时间等，制订出物料需求计划，同时通过生产能力需求计划（capacity requirement planning，CRP）对物料需求计划进行调整。CRP 是 RCP 的具体化。它通过详细地计算出每一个工作日的工序负荷能力和状况来判断人员和设备是否能满足 MRP 的要求。

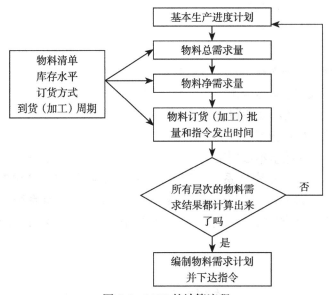

图 8-5　MRP 的计算流程

5）发出指令。依据物料需求计划发出订货指令或生产指令，进行采购/生产现场控制。

（3）MRP 的输出系统。MRP 系统输出的报告分为两种：一种是基本报告，另一种是补充报告。

基本报告的内容主要有计划订货日程进度表、进度计划的执行和订货计划的修正调整及优先次序的变更。其中计划订货日程进度表包括将来的物料订购数量和订购时间，物料加工的数量和加工时间等。进度计划的执行包括物料品种、规格、数量及到货时间、加工结束时间等规定事项。订货计划的修正调整及优先次序的变更包括到货日期，订购数量的调整，订单的取消，物料订货优先次序的改变等事项。基本报告主要为采购部门和生产部门的决策提供依据。

补充报告的内容主要有成果检验报告、生产能力需求计划报告和例外报告。其中成果检验报告包括物流成本效果，供应商信誉，是否按时到货，材料质量、数量是否符合要求，预测是否准确等。生产能力需求计划报告包括设备和人员的需求预测，工序能力负荷是否满足需求等。例外报告是专门针对重大事项提出的报告，为高层管理人员提供管理上的参考和借鉴，如发生到货时间延后严重影响生产进度造成重大损失时，就到货延期产生的主要原因以及防范应变措施提出的报告。

2. 实施 MRP 系统的注意事项

为了使 MRP 系统顺利地运行，需要处理好以下几个主要方面的事宜。

（1）必须使生产与营销紧密地结合起来，这是确保 MRP 有效性的基本条件。因为通过 MRP 系统制订物料需求计划需花费大量的时间和资源。如果在时间段内销售信息经常发生变化，则需不断修改 MRP。这样不仅会花费大量的时间和资源，而且难以保证 MRP 的有效性。

（2）正确及时的库存状况信息是保持 MRP 系统有效的重要条件。对库存状况信息进行及时、准确的更新极为重要。通常采用两种更新方法：一种是定期更新方式，另一种是及时更新方式。定期更新方式是每隔一定时间更新库存数据，根据更新后的结果来对 MRP 进行修正。这种更新方式成本较低，适用于较为稳定的系统，其最大缺点是可能导致库存数据与实际库存状况相背离的情况发生，即库存状况和库存记录之间存在时间差。及时更新方式是一旦发生库存变动马上就更新库存数据的方式，是一种连续更新方式，适用于动态型系统。由于库存数据的及时更新往往会引发 MRP 的及时更新，所以及时更新方式的优点是能及时反映实际情况并迅速做出反应，缺点是这种方式需要投入大量的资源（如计算机等信息技术设备和人员）和花费大量的时间，成本较大。

（3）物料清单、生产流程、工序能力、交货周期等基本数据必须准确完备，并根据需求及时更新。只有这些基本数据准确完备才能保证 MRP 系统的顺利运行。

（4）必须与其他部门紧密联系，才能保证 MRP 目标的实现。MRP 必须与企业的销售系统、物流系统、采购系统、研究开发系统、财务系统、人事系统等紧密协作，才能有效地实现物料需求计划的基本目标，即在合理利用组织资源保持生产流程畅通的前提下维持最低的库存水平。

第四节　销售物流和废弃物物流

一、销售物流

（一）销售物流的概念

销售物流（distribution logistics）是指生产企业、流通企业出售商品时，物品在供方与需方之间的实体流动。销售物流的起点，一般情况下是生产企业的产成品仓库，经过分销物流，完成长距离、干线的物流活动，再经过配送完成市内和区域范围的物流活动，到达企业、商业用户或最终消费者。

销售物流是企业物流系统的最后一个环节，是企业物流与社会物流的又一个衔接点。它与企业销售系统相配合，共同完成产成品的销售任务。销售活动的作用是企业通过一系列营销手段，出售产品，满足消费者的需求，实现产品的价值和使用价值。

（二）销售物流的主要内容

企业在产品制造完成后，需要及时组织销售物流，使产品能够及时、准确、完好地送达客户指定的地点。为了保证销售物流的顺利完成，实现企业以最少的物流成本满足客户需要的目的，企业需要在产品包装、产品储存、货物运输与配送、装卸搬运、订单及信息处理等方面做好工作。

（1）产品包装。销售包装的目的是向客户展示、吸引客户、方便零售。运输包装的目的是保护商品，便于运输、装卸搬运和储存。

（2）产品储存。储存是满足客户对产品可得性的前提。仓储规划、库存管理与控制、仓储机械化等有利于提高仓储物流工作效率，降低库存水平，提高客户服务水平。帮助客户管理库存，有利于稳定客源，便于与客户的长期合作。

（3）货物运输与配送。运输是解决货物在空间位置上的位移。配送是在局部范围内对多个客户实行单一品种或多品种的按时按量送货。通过配送，客户可以得到更高水平的服务；企业可以降低物流成本，减少城市的环境污染。企业要考虑制订配送方案，以及提高客户服务水平的方法和措施。

（4）装卸搬运。装卸是物品在局部范围内以人或机械装入运输设备或卸下。搬运是对物品进行水平移动为主的物流作业。

主要考虑：提高机械化水平，减少无效作业，集装单元化，提高机动性能，利用重力和减少附加重量，各环节均衡、协调，系统效率最大化。

（5）流通加工。根据需要进行分割、计量、分拣、刷标志、拴标签、组装等作业的过程。

主要考虑：流通加工方式、成本和效益、与配送的结合运用、废物再利用等。

（6）订单及信息处理。客户在考虑批量折扣、订货费用和存货成本的基础上，合理地频繁订货；企业若能为客户提供方便、经济的订货方式，就能引来更多的客户。

（7）销售物流网络规划与设计。销售物流网络是以配送中心为核心，连接从生产厂出发，经批发中心、配送中心、中转仓库等，一直到客户的各个物流网点的网络系统。

主要考虑：市场结构、需求分布、市场环境等因素。

（三）销售物流模式

销售物流的模式主要包括：生产企业自己组织销售物流、第三方物流企业组织销售物流、用户自己提货模式。

（1）生产企业自己组织销售物流。这是在买方市场环境下的主要销售物流模式之一。

生产企业自己组织销售物流的好处在于：可以将自己的生产经营和用户直接联系起来，信息反馈速度快、准确程度高，信息对于生产经营的指导作用和目的性强，同时可对销售物流的成本进行大幅度的调节，充分发挥它的"成本中心"的作用，合理安排和分配销售物流环节的力量。

生产企业自己组织销售物流的缺点是：一是生产企业的核心竞争力的培育和发展问题，如果生产企业的核心竞争能力在于产品的开发，销售物流可能占用过多的资源和管理力量，对核心竞争能力造成影响；二是生产企业销售物流专业化程度有限，自己组织销售物流缺乏优势；三是一个生产企业的规模毕竟有限，即便是分销物流的规模达到经济规模，延伸到配送物流之后，也很难再达到经济规模，因此可能反过来影响更广泛、更深入的市场开拓。

（2）第三方物流企业组织销售物流。由专门的物流服务企业组织企业的销售物流，实际上是生产企业将销售物流外包，将销售物流社会化。

由第三方物流企业承担生产企业的销售物流，其最大的优点在于，第三方物流企业是社会化的物流企业，它向很多生产企业提供物流服务，因此可以将企业的销售物流和企业的供应物流一体化，可以将很多企业的物流需求一体化，采取统一解决的方案。这样可以做到：第一是专业化；第二是规模化，这两者可以从技术方面和组织方面强化成本的降低和服务水平的提高。

在网络经济时代，这种模式是一个发展趋势。

（3）用户自己提货模式。这种模式实际上是将生产企业的销售物流转嫁给用户，变成了用户自己组织供应物流的模式。对销售方来讲，已经没有了销售物流的职能。这是在计划经济时期广泛采用的模式，将来除非有十分特殊的情况，否则这种模式不再具有生命力。

二、废弃物物流

（一）废弃物物流的概念

《物流术语》中的废弃物物流是指将经济活动或人民生活中失去原有使用价值的物品，根据实际需要进行收集、分类、加工、包装、搬运、储存等，并分送到专门处理场所的物流活动。

（二）废弃物物流的意义

目前废弃物品种繁多，流通渠道不规则且多有变化，因此，管理和控制的难度大。

（1）废弃物物流合理化的资源价值。自然界的资源是有限的、稀缺的。在资源日渐枯竭的今天，人类社会越来越重视通过废弃物物流将可以利用的废弃物收集、加工，重新补充到生产、消费系统中去。

（2）废弃物物流合理化的经济意义。废弃物资是一种资源，但和自然资源不同，它们曾有过若干加工过程，本身凝聚着能量和劳动力的价值，因而常被称为载能资源。废弃物重新进入生产领域作为原材料将会带来很高的经济效益。

（3）废弃物物流合理化的社会意义。由于废弃物的大量产生影响人类赖以生存的环境，必须有效地组织废弃物物流，使废弃物得以重新进入生产、生活循环或得到妥善处理。当前社会最关切的问题就是环境问题，而环境污染的根本问题是废弃物造成的。因此，废弃物物流的管理不完全是从经济效益考虑，更重要的是从社会效益考虑。

（三）废弃物物流技术

废旧物资回收的目的是将其经过修复、处理、加工后再次反复使用。因此，研究物品复用的技术是废弃物物流管理的基础和前提。一般来说，废弃物回收物流技术可概括为以下几个方面。

（1）原厂复用技术流程：原厂生产废旧物品—原厂回收—原厂分类—原厂复用。如钢铁厂的钢铁回收再利用。

（2）通用回收复用技术流程：通用化、标准化的同类废旧物品→统一回收→按品种规格型号分类→复用标准达到后进行通用。

（3）外厂代用复用技术流程：本厂过时性、生产转型及规格不符的废旧物品→外厂统一回收→按降低规格、型号、等级分类或代用品分类→外厂验收→外厂复用。

（4）加工改制复用技术流程：需改制的废旧物资→统一回收→按规格、尺寸、品种分类→拼接→验收→复用。

（5）综合利用技术流程：工业生产的边角余料、废旧纸、木材包装容器→统一回收→综合利用技术→验收→复用。

（6）回炉复用技术流程：需回炉加工的废旧物品→统一回收→由各专业生产厂进行再生产性的工艺加工→重新制造原物品→验收→复用。如废玻璃、废布等。

本章小结

企业物流是指企业内部的实体流动过程。按主体物流活动划分，企业物流又可以区分为供应物流、生产物流、销售物流、废弃物物流等具体的物流活动。

企业供应物流，即企业的采购供应物流。供应物流是企业物流活动的起始阶段，是企业产品生产前的准备工作的辅助作业。供应物流包括原材料等一切生产资料的采购、进货运输、仓储、库存管理以及用料管理和供料运输。企业要采用科学的采购方法和库存管理方法。科学的采购方法包括订货点采购、MRP采购、JIT采购、供应链采购以及电子商务采购。库存管理的主要内容有库存信息管理，库存决策、控制，库存管理水平的衡量。

企业生产物流与生产过程紧密结合在一起。影响生产物流的主要因素包括生产工艺、生产类型、生产规模以及企业的专业化与协作化水平。物料需求计划（MRP）能准确地制订材料的采购与生产计划。MRP的基本结构包括MRP的输入系统、MRP的实行过程和MRP的输出系统三个部分。

销售物流的主要内容有产品包装、产品储存、订单及信息处理、货物运输与配送和装卸搬运等。废弃物物流在企业物流管理和社会发展中也具有非常重要的作用。

关键术语

企业物流　　生产物流　　供应物流　　销售物流　　废弃物物流　　MRP

思考题

1. 简述企业物流的含义及特点。
2. 如何实施准时制采购？在实际操作中应该注意哪些问题？
3. 简述物料需求计划的操作步骤。
4. 简述库存控制的基本方法。
5. 说明企业销售物流的主要内容。

Chapter9
第九章

企业财务管理

⚠ 教学目标

通过本章的学习，学生应能对企业财务管理中的各项财务活动管理有一定的认识，并会运用相应的指标，对企业财务活动进行一定的评价。

⚠ 教学要求

了解财务管理概述；理解筹资管理、资产管理、投资管理、成本费用与利润管理；掌握财务分析指标的计算。

📚 引导案例

汤姆·F. 赫林的创业筹资

1954 年，赫林被选为拉雷多市"猛狮俱乐部"主席。该俱乐部选派他和他的妻子去纽约参加国际"猛狮俱乐部"会。夫妇俩到纽约赴会后，决定到纽约州的尼亚加拉大瀑布来一场伉俪旅游。结果他们惊奇地发现，在这大好美景两岸的美国和加拿大，都没有为那些对尼亚加拉大瀑布流连忘返的游人提供住所和其他设施。

从此赫林的心里就孕育了一个在风景区开设旅馆的想法。要建造旅馆就得找地基，他在格兰德市找到了一所高中，校方想出售这座房子。可是当时赫林还只是一家木材公司的小职员，周薪仅 125 美元，想买这幢房子却苦于无资金。于是他向所在公司的股东游说从事旅馆经营，但未成功。他只得独自筹集了 500 美元，请一位建筑师设计了一张旅馆示意草图。他既未攻读过建筑，又没有钻研过工程，因此，他对示意图的可行性研究慎之又慎。当他带着示意图向保险公司贷款 60 万美元时，保险公司非要他找一个有 100 万美元资产的人做担保。于是，他向另一家木材公司的总经理求助。总经理看了旅馆示意图后，以本公司独家承包家具制造为条件，同意做他的担保人。

赫林又以发行股票的方式筹集资金，他提出两种优先股：一种股份是供出卖，取得现金，另一种是以提供物资来代替股金。就这样他筹集到了创业所需的资金，建成了理想中的拉波萨多旅馆。汤姆·F. 赫林后来成为全美旅馆协会的主席，是全美旅馆业，乃至旅游界的"泰斗"。

第一节 企业财务管理概述

一、财务管理的含义

财务管理（financial management）是在一定的整体目标下，关于资产的购置（投资），资本的融通（筹资）和经营中现金流量（营运资金），以及利润分配的管理。财务管理是企业管理的一个组成部分，它是根据财经法规制度，按照财务管理的原则，组织企业财务活动，处理财务关系的一项经济管理工作。简单地说，财务管理是组织企业财务活动、处理财务关系的一项经济管理工作。

二、财务管理的特点

1. 财务管理是一项综合性管理工作

企业管理在实行分工、分权的过程中形成了一系列专业管理，有的侧重于使用价值的管理，有的侧重于价值的管理，有的侧重于劳动要素的管理，有的侧重于信息的管理。社会经济的发展，要求财务管理主要是运用价值形式对经营活动实施管理，通过价值形式，把企业的一切物质条件、经营过程和经营结果都合理地加以规划和控制，达到企业效益不断提高、财富不断增加的目的。因此，财务管理既是企业管理的一个独立方面，又是一项综合性的管理工作。

2. 财务管理与企业各方面具有广泛的联系

在企业中，一切涉及资金的收支活动都与财务管理有关。事实上，企业内部各部门与资金不发生联系的现象是很少见的。因此，财务管理的触角常常伸向企业经营的各个角落。每一个部门都会通过资金的使用与财务部门发生联系。每一个部门也都要在合理使用资金、节约资金支出等方面接受财务部门的指导，受到财务制度的约束，以此来保证企业经济效益的提高。

3. 财务管理能迅速反映企业生产经营状况

在企业管理中，决策是否得当、经营是否合理、技术是否先进、产销是否顺畅，都可迅速地在企业财务指标中得到反映。例如，如果企业生产的产品适销对路，质量优良可靠，则可带动生产发展，实现产销两旺，资金周转加快，盈利能力增强，这一切都可以通过各种财务指标迅速地反映出来。这也说明，财务管理工作既有其独立性，又受整个企业管理工作的制约。财务部门应通过自己的工作，向企业领导及时通报有关财务指标的变化情况，以便把各部门的工作都转到提高经济效益的轨道上来，努力实现财务管理的目标。

三、财务管理的目标

企业财务管理目标一直是财务学领域的一个研究热点，至今已有十几种观点被提出并讨论。三种最主要的观点是股东财富最大化、企业价值最大化和利润最大化。

1. 股东财富最大化

股东财富最大化理财目标是由西方财务理论界首先提出的。股东财富主要由其拥有的股票数量和股票市场价格两方面决定，在股票数量一定的情况下，当股票价格达到最高时，股东财富就最大。因此，股东财富最大化也可以直接表述为股票价格最大化。

2. 企业价值最大化

企业价值最大化是指通过企业财务上的合理经营，采用最优的财务政策，充分考虑货币的时间价值和风险与报酬的关系，在保证企业长期稳定发展的基础上使企业总价值达到最大。而企业价值是指公司全部资产的市场价值（股票和负债市场价值之和），通俗地说，就是指企业本身值多少钱，是企业全部资产的市场价值，即企业有形资产和无形资产价值的市场评价，反映了企业潜在或预期的获利能力。可见，所谓企业价值指的就是"资产负债表"左方的企业资产的市场价值，企业价值最大化也就是企业总资产价值最大化。

3. 利润最大化

利润最大化目标是指通过对企业财务活动的管理，不断增加企业利润，使利润达到最大。利润最大化观点由来已久，许多西方经济学家都主张以利润最大化这一概念来分析和评价企业的行为和业绩。随着我国经济体制从计划经济向市场经济转变，企业的经营权限不断扩大，企业效益得到重视，利润最大化也成为我国大多数企业首选的理财目标。但是，近几年来，利润最大化观点受到一些人的批评和否定，理由是有些人认为利润最大化理财目标没有考虑货币时间价值和风险，没有考虑投入与产出的关系，在财务决策上容易出现短期化行为，等等。我们认为，以利润最大化为财务管理目标，确实存在一些问题和缺陷，但与其他各种有关理财目标的观点相比，特别是与股东财富最大化或企业价值最大化理财目标相比，利润最大化是最佳选择，目前还没有一个更完善的提法能够取代它。

四、财务管理的一般原则

财务管理的原则是企业组织财务活动、处理财务关系、进行财务决策所依据的准则，它包括一系列基本的价值观或信念，这些价值观或信念为理解财务管理和进行财务决策提供了基础。企业在财务管理活动中应遵循以下六项一般原则。

1. 货币时间价值原则

货币时间价值是指货币经历一段时间的投资和再投资所增加的价值。从经济学的角度看，即使在没有风险和通货膨胀的情况下，一定数量的货币资金在不同时点上也具有不同的价值。因此在数量上，货币时间价值相当于没有风险和通货膨胀条件下的社会平均资本利润率。今天的一元钱要大于将来的一元钱。货币时间价值原则在财务管理实践中得到广泛的运用。长期投资决策中的净现值法、现值指数法和内含报酬率法，都要运用到货币时间价值原则；筹资决策中比较各种筹资方案的资本成本，分配决策中利润分配方案的制订和股利政策的选择，营业周期管理中应付账款付款期的管理、存货周转期的管理、应收账款周转期的管理等，都充分体现了货币时间价值原则在财务管理中的具体运用。

2. 资金合理配置原则

拥有一定数量的资金，是企业进行生产经营活动的必要条件，但任何企业的资金总是有限的。资金合理配置是指企业在组织和使用资金的过程中，应当使各种资金保持合理的结构和比例关系，保证企业生产经营活动的正常进行，使资金得到充分有效的运用，并从整体上（不一定是每一个局部）取得最大的经济效益。在企业的财务管理活动中，资金的配置从筹资的角度看表现为资本结构，具体表现为负债资金和所有者权益资金的构成比例、长期负债和流动负债的构成比例，以及内部各具体项目的构成比例。企业不但要从数量上筹集保证其正常生产经营所需的资金，而且必须使这些资金保持合理的结构比例关系。从投资或资金的使用角度看，企业的资金表现为各种形态的资产，各种形态的资产之间应当保持合理的结构比例关系，包括对内投资和对外投资的构成比例。对内投资中，有流动资产投资和固定资产投资的构成比例、有形资产和无形资产的构成比例、货币资产和非货币资产的构成比例，以及各种资产内部的结构比例等；对外投资中，有债权投资和股权投资的构成比例、长期投资和短期投资的构成比例等。上述这些资金构成比例的确定，都应遵循资金合理配置原则。

3. 成本–效益原则

成本–效益原则就是要对企业生产经营活动中的所费与所得进行分析比较，将花费的成本与所取得的效益进行对比，使效益大于成本，产生"净增效益"。成本–效益原则贯穿企业的全部财务活动。企业在筹资决策中，应将所发生的资本成本与所取得的投资利润率进行比较；在投资决策中，应将与投资项目相关的现金流出与现金流入进行比较；在生产经营活动中，应将所发生的生产经营成本与其所取得的经营收入进行比较；在不同备选方案之间进行选择时，应将所放弃的备选方案预期产生的潜在收益视为所采纳方案的机会成本与所取得的收益进行比较。在具体运用成本–效益原则时，应避免"沉没成本"对决策的干扰。"沉没成本"是指已经发生、不会被以后的决策改变的成本。因此，企业在做各种财务决策时，应将其排除在外。

4. 风险–报酬均衡原则

投资者要想取得较高的报酬，就可能要冒较大的风险，而如果投资者不愿承担较大的风险，就可能取得较低的报酬。风险–报酬均衡原则是指决策者在进行财务决策时，必须对风险和报酬做出科学的权衡，使所冒的风险与所取得的报酬相匹配，达到趋利避害的目的。在筹资决策中，负债资本成本低，财务风险大，权益资本成本高，财务风险小。企业在确定资本结构时，应在资本成本与财务风险之间进行权衡。任何投资项目都有一定的风险，在进行投资决策时必须认真分析影响投资决策的各种可能因素，科学地进行投资项目的可行性分析，在考虑投资报酬的同时考虑投资的风险。在具体进行风险与报酬的权衡时，不同的财务决策者对风险的态度不同，有的人偏好高风险、高报酬，有的人偏好低风险、低报酬，但每一个人都会要求风险和报酬相对等，不会去冒没有价值的无谓风险。

5. 收支积极平衡原则

财务管理实际上是对企业资金的管理，量入为出、收支平衡是对企业财务管理的基本要求。资金不足，会影响企业的正常生产经营，坐失良机，严重时，会影响到企业的生存；资金多余，会造成闲置和浪费，给企业带来损失。收支积极平衡原则要求企业一方面要积极创造收入，确保生产经营和对内、对外投资对资金的正常合理需要；另一方面要节约成本费用，压缩不合理开支，避免盲目决策，保持企业一定时期资金总供给和总需求动态平衡和每一时点资金供需的静态平衡。企业要做到资金收支平衡，在企业内部，要增收节支，缩短生产经营周期，生产适销对路的优质产品，扩大销售收入，合理调度资金，提高资金利用率；在企业外部，要保持同资本市场的密切联系，加强企业的筹资能力。

6. 利益关系协调原则

企业是由各种利益集团组成的经济联合体。这些利益集团主要包括企业的所有者、经营者、债权人、债务人、国家税务机关、消费者、企业内部各部门和职工等。利益关系协调原则要求企业协调、处理好与各利益集团的关系，切实维护各方的合法权益，将按劳分配、按资分配、按知识和技能分配、按绩分配等多种分配要素有机结合起来。只有这样，企业才能营造一个内外和谐、协调的发展环境，充分调动各有关利益集团的积极性，最终实现企业价值最大化的财务管理目标。

五、财务管理的主要内容

企业财务管理是以企业资金运动为对象，利用货币形式对企业经营活动实行的一项综合性管理工作。它既要管理各种财务活动，又要处理企业与投资者之间，企业与其他企业之间，企业与国家税务、金融、审计、物价、工商行政管理部门之间以及企业内部的各种财务关系，是现代企业管理中极其重要的组成部分。

1. 资金筹集

从资金的运动形态来看，企业理财的第一步就是筹集资金，企业可以通过多种渠道筹集资金，形成自有资金和企业负债。企业从投资者、债权人那里筹集来的资金，可以是货币资金形态，也可以是实物、无形资产形态。

2. 资金投入和使用

企业筹集来的资金要合理地投放到生产经营活动的各个方面，通过购买、建造等过程，形成各种生产资料，将货币资金转化为固定资产和流动资产等。

3. 资金收入和分配

企业通过销售过程把生产经营的产品销售出去，按照产品的价值取得销售收入，实现产品的价值，不仅可以补偿产品成本，而且可以实现企业的利润。税后利润分别用于弥补亏损、职工福利、扩大投资等方面。

4. 成本费用与利润管理

企业通过对生产经营过程中发生的成本费用进行预测、计划、控制、核算、分析与考核，并采取降低成本费用等措施，来保证企业生产经营活动的最终成果，即保证目标利润的实现。

第二节 企业筹资管理

企业筹资是指企业作为筹资主体根据其生产经营、对外投资和调整资本结构等需要，通过筹资渠道和金融市场，运用筹资方式，经济有效地筹措和集中资本的活动。

一、企业筹资的动机

企业筹资的基本目的是确保自身的生存与发展。企业在持续的生存与发展过程中，其具体的筹资活动通常受特定的筹资动机所驱使。在企业筹资的实践中，这些具体的筹资动机有时是单一的，有时是结合的，归纳起来有三种基本类型，即扩张性筹资动机、调整性筹资动机和混合性筹资动机。

1. 扩张性筹资动机

扩张性筹资动机是指企业因扩大经营规模或增加对外投资而产生的追加筹资的动机。处于成长时期、具有良好发展前景的企业通常会产生这种筹资动机。例如，企业产品供不应求，需要增加市场供应，开发生产适销对路的新产品，追加有利的对外投资规模，等等，都需要追加筹资。扩张性筹资动机所产生的直接结果，是企业资产总额和资本总额的增加。

2. 调整性筹资动机

调整性筹资动机是指企业因调整现有资本结构的需要而产生的筹资动机。例如，一个企业有些债务到期必须偿付，企业虽然具有足够的偿债能力偿付这些债务，但是为了调整现有的资本结构，仍然举债，从而使资本结构更加合理。

3. 混合性筹资动机

混合性筹资动机是指企业既为扩张规模又为调整资本结构而产生的筹资动机，即混合性筹资动机中兼容了扩张性筹资和调整性筹资两种筹资动机。在混合性筹资动机的驱使下，企业通过筹资，既扩大了资产和资本的规模，又调整了资本结构。

二、企业筹资的原则

企业资金的筹集是资金循环周转的起点，也是企业财务管理的首要问题。企业在资金筹集的整个过程中，首先要预测、衡量企业各项资金的需要量，然后确定相应的筹资渠道和筹资方式。

在资金筹集的过程中，企业要坚持如下原则。

1. 满足需要原则

筹资要在正确预测和科学规划的基础上进行，要以满足生产经营需要为首要原则，具体如下。

（1）筹资的数额要能保证生产经营的需要。
（2）筹资的期限要与生产经营或建设周期相吻合。
（3）筹资时间配比要及时，使资金的投放与运用同生产经营的具体需要紧密衔接。

2. 低成本原则

筹资管理的重要内容就是在筹资的过程中进行筹资成本与效益的比较分析，选择低成本、高效益的筹资渠道与筹资方式，最大限度地降低资金的使用成本和筹资过程中的费用。

3. 合法性原则

企业在筹资的过程中，要树立法律意识，坚持按国家政策法规办事，采取合法手段，通过合法渠道，取得合法资金，投入合法用途。

4. 稳定性原则

筹资是企业的一项重大而经常性的财务管理工作，必须坚持稳定性原则，具体如下。

（1）所筹集的资金的稳定性，即尽可能取得期限较长的借款。

（2）筹资方式的稳定性，即要选择股票、债券等方式，并且不要频繁变更筹资方式。

（3）要同提供资金的金融机构建立长期稳定的业务合作关系。

三、企业筹资的分类

企业筹资按照不同分类依据，可以划分成不同的类型，表 9-1 描述了不同分类依据下的企业筹资分类及其特点。

表 9-1 企业筹资分类及其特点

分类依据	类别	特点
按照资金的来源分类	权益筹资	（1）企业自有资金，属于长期资金 （2）财务风险小，资金成本高
	负债筹资	（1）包括长期负债、短期负债 （2）财务风险大，资金成本低
按照是否通过金融机构分类	直接筹资	直接从供资方取得资金，限制多，流动性受市场制约
	间接筹资	通过银行等金融机构取得资金，割断了双方的联系，成本较高
按照资金使用期限的长短分类	短期资金	使用期限短于一年
	长期资金	使用期限超过一年
按照资金的取得方式分类	内源筹资	内部解决对资金的需要
	外源筹资	通过企业外部解决对资金的需要
按照筹资的结果是否在资产负债表上得以反映分类	表内筹资	筹资结果将反映在资产负债表有关项目中
	表外筹资	筹资结果不反映在资产负债表有关项目中

四、企业筹资渠道

企业筹资渠道是指企业筹资资本来源的方向与通道，体现了资本的源泉和流量。筹资渠道主要是由社会资本的提供者及数量分布所决定的。目前，我国社会资本的提供者众多，数量分布广泛，为企业筹资提供了广泛的资本来源。企业筹资渠道可以归纳为以下六种。

（1）国家财政资金。国家财政资金历来是国有企业筹资的主要来源，政策性很强，通常只有国有企业才能利用。国家财政资金具有广阔的源泉和稳固的基础，并在国有企业资本金预算中安排，以后仍然是国有企业权益资本筹资的重要渠道。

（2）银行与非银行金融机构的资金。它是各类企业筹资的重要来源，拥有居民储蓄、单位存款等经常性的资本来源，贷款方式灵活多样，可以适应各类企业债券资本筹资的需要。

（3）其他法人资金。在我国，法人可以分为企业法人、事业法人和团体法人等。它们在日常的资本运营周转中，有时也可能形成部分暂时闲置的资本，为了让其发挥效益，需要相互融通，这就提供了一定的筹资来源。

（4）民间资金。我国企业和事业单位的职工和广大城乡居民持有大量的货币资本，可以对一些企业直接进行投资。

（5）企业内部资金。它主要指企业通过提留盈余公积和保留未分配利润而形成的资本。

（6）境外资金。境外资金通常是指国外的企业、政府和其他投资者向我国企业提供的资金。改革开放以来，我国积极稳妥地利用外资，随着我国投资环境的日臻完善，越来越多的外国大公司愿意来我国投资办厂。另外，我国的一些大公司、大集团也采用多种方式到国际资本市场上去筹资。所以境外资金已成为我国企业的一条十分重要的筹资渠道。

五、企业筹资的方式

（一）权益性筹资方式

1. 吸收投资者直接投资

这是指企业以协议等形式吸收国家、其他企业、个人和外商等直接投入资金形成企业资金的一种筹资方式。它是非股份制企业筹集自有资本的一种基本方式。

2. 发行股票

它是股份公司筹集资金的基本方式。股票是股份公司为筹集自有资本而发行的有价证券，是持股人拥有公司股份的凭证，代表持股人在公司中拥有的所有权。股票持有人即为公司的股东，公司股东作为出资人按投入公司的资本额享有所有者的资产收益，有参与公司重大决策和选择管理者的权利，并以其所持股份为限对公司承担责任。

（二）债权性筹资方式

1. 发行债券

这是企业筹集借入资本的重要方式。公司发行债券通常是为了对大型投资项目一次性地筹集资金。债券是债务人为筹集借入资本而发行的，约定在一定期限内向债权人还本付息的有价证券。我国非公司企业发行的债券称为企业债券，股份公司发行的债券称为公司债券。

2. 取得金融机构贷款（长期借款）

取得长期借款是各类企业筹集长期资金所使用的必不可少的方式。长期借款是指企业向银行等金融机构以及向其他单位借入的、期限在一年以上的各种借款，主要用于小额的固定资产投资和流动资产的长期占用。长期借款有政策性银行贷款、商业性银行贷款、保险公司贷款、抵押贷款、信用贷款等。

3. 租赁资产

现代租赁是指在出租人被给予一定报酬的条件下，在契约或合同规定的期限内，将资产租让给承租人使用，出租人主要是租赁公司，承租人主要是企业。现代租赁已成为企业的一种筹资方式。租赁的种类很多，我国目前主要有营业租赁和融资租赁两种。前者又称经营租赁，是典型的租赁形式，通常为短期租赁。后者又称财务租赁，通常是一种长期租赁，可解决企业对资产的长期需要，也称为资本租赁。融资租赁是现代租赁的主要形式。

4. 商业信用

商业信用是指在商品交易中，由于预收货款或延期付款所形成的企业之间的借贷关系，即在商品交换中，由于商品和货币在时间及空间上的分离而形成的企业之间的直接信用行为。企业利用商业信用筹集资金的主要形式有赊购商品、预收货款、商业汇票等。

5. 票据贴现

票据贴现是指企业将持有的未到期商业汇票交付银行兑取现金的借贷行为。它产生于商业信用行为中，在贴现时又转化为银行信用。企业利用票据贴现可达到提前使用资金的目的，但企业资金总量并不会增加。企业利用票据贴现的代价是交付银行的贴现利息，贴现利息由银行在办理贴现时扣除。

上述各种筹资方式各有其特点。但是，不管企业采取何种筹资方式，均应从筹资数量、筹资成本、筹资风险和筹资时效这四个方面来考虑。

（1）筹资数量是指企业筹集资金的多少，它与企业的资金需求量成正比，因此必须根据企业资金的需求量合理确定筹集数量。

（2）筹资成本是指企业取得和使用资金而支付的各种费用，如谈判费、劳务费、发行费用、租金、利息、股息等。

（3）筹资风险是指假使企业违约是否可能导致债权人或投资人采取法律措施以及是否可能引起企业破产等潜在风险。一般来讲，权益性筹资的风险较小，而债权性筹资的风险较大。

（4）筹资时效是指企业各种筹资方式的时间灵活性如何，即需要资金时，能否立即筹措；不需要时，能否即时还款。通常，期限越长、手续越复杂的筹款方式，其筹款时效越差。

以上几个方面都不同程度地影响着企业对筹资方式的选择。而在实际筹资过程中，企业还将受到其他客观条件的限制，如企业规模、资本结构、资信等级、企业类型、行业经济、社会关系等，其中影响较大的是前三者。这些筹资方式可以结合使用，使企业规避筹资风险，降低筹资成本，以期获利。由于每种方式都有自己的优缺点，因此企业在筹资时应注意搭配使用。

筹资渠道解决的是资金来源问题，筹资方式则解决通过何种方式取得资金的问题，它们之间存在一定的对应关系。一定的筹资方式可能只适用于某一特定的筹资渠道，但是同一渠道的资金往往可采用不同的方式取得，同一筹资方式又往往适用于不同的筹资渠道。因此，企业在筹资时，应实现两者的合理配合。

第三节　企业资产管理

企业的资产是指企业过去的交易或者事项形成的、由企业拥有或者控制的、预期会给企业带来经济利益的资源。资产管理就是对企业的各种财产、债权和其他权利的管理。

企业拥有的资产形态多样，在生产经营活动中的特点也各不相同。通常按照资产的流动性，资产划分为流动资产、长期投资、固定资产、无形资产、递延资产等。以上各类资产中，流动资产、固定资产的金额占总资产的比重较大，相应的流动资产管理和固定资产管理在整个资产管理中最常见也最重要。

一、流动资产管理

（一）流动资产的定义及特点

流动资产（current asset）是指企业可以在一年内或者超过一年的一个营业周期内变现或者耗用的资产，是企业资产中必不可少的组成部分。流动资产在周转过渡中，从货币形态开始，依次改变其形态，最后又回到货币形态（货币资金→储备资金、固定资金→生产资金→成品资金→货币资金）。

流动资产与长期资产相比，具有周转快、分布广、形态不断变化及占用数额波动大等特点，这就使得流动资产管理的难度较大。同时，流动资产管理对整个企业的生产经营活动、经济效益影响也较大。例如，过多的存货占用会增加资金占用费用，还会增加风险；流动资金不足会造成工厂停工待料；货币资金不足会影响企业的支付能力。

（二）流动资产管理

流动资产的主要项目有现金、应收账款和存货，它们占了流动资产的绝大部分。

1. 现金管理

现金是可以立即投入流动的交换媒介，它的首要特点是具有普遍的可接受性，即可以立即有效地购买商品、货物、劳务或偿还债务。因此，现金是企业中流动性最强的资产，库存现金、各种形式的银行存款、银行本票、银行汇票都属于现金的内容。

企业保留现金主要是满足交易性需要、预防性需要和投机需要。现金管理的目的在于提高现金使用效率，为达到这一目的，应当注意做好以下工作。

（1）力争现金流量同步。如果企业能尽量使它的现金流入与现金流出发生的时间区域一致，就可以使其所持有的交易性现金余额降到最低水平。

（2）使用现金浮游量。现金浮游量是指企业存款账户上的存款余额和银行账簿上企业存款账户余额之间的差额，也就是企业和银行之间的未达账项，这是账款回收程序中的时间差距造成的。企业应合理预测现金浮游量，有效利用时间差，提高现金的使用效率。

1）集中银行法：指通过设立多个策略性收款中心来代替通常设在总部的单一收款中心，以减少邮寄浮游期，加速账款回收。

2）锁箱系统法：通过承租多个邮政信箱，并授权当地开户行每天数次收取信箱内的汇款存入企业账户，以缩短从收到顾客付款到存入指定银行的时间。

3）对于金额较大的货款，可直接派人前往收取支票并送存银行。

4）对各银行间及企业内部各单位间的现金往来要严加控制，以防止现金滞留。

5）保证支票及时处理并在当日送存银行，减少处理浮游时间。

6）通知付款方自己需要的支付渠道并且指明自己的地址和开户行账号，以节省清算浮游的时间。

（3）加速收款。加速收款主要是指缩短应收账款收回的时间。应收账款的增加会增加企业资金的占用，但它又是必要的，因为它可以扩大销售规模，增加销售收入。因此要在两者之间寻求适当的平衡点，从而既利用应收账款吸引顾客，又缩短收款时间。

（4）推迟应付款的支付期。即企业在不影响自己信誉的前提下，尽可能地推迟应付款的支付期，充分利用供货方所提供的信用优惠。

现金管理除做好日常收支、加快现金流转速度外，还需控制好现金持有规模，即确定的适当的现金持有量。

2. 应收账款管理

应收账款管理是企业营运资金管理的重要环节。它关系到企业的资金是否能够顺畅流通。在竞争激烈的市场经济中，企业不得不采取赊销方式来扩大销售规模，而应收账款的产生就意味着坏账风险的产生。应收账款管理可采取如下策略。

（1）要事先制定合理的应收账款余额，实行应收账款的计划管理。

在每一年的年度计划中应该明确应收账款的年末余额，并设定一个相对积极的平均收款期，允许每年的平均收款期在该指标上下浮动。设定应收账款占流动资产总额的比例，实施弹性控制：在产品走俏时，赊销规模从紧；在产品疲软时，从宽；在资金紧张时，从严。当赊销规模接近警戒线时，应断然采取措施，暂停赊账业务。

（2）应实行应收账款的责任管理，做到每一笔应收账款都有人负责。

1）建立赊销审批制度。从源头上采取避免遭受损失的措施，实行"谁审批，谁负责"制度，对每一笔应收账款业务的发生都有明确的责任人，以便于应收账款的及时回收以及减少坏账损失。当然企业可根据自身特点和管理方便，赋予不同级别的人员不同金额的审批权限，各经办人员只能在各自的权限内办理审批，超过限额的，必须请示上一级领导同意后方可批准，金额特别大的，需报请企业最高领导批准。同时，责任制必须落到实处，各经办人员经办的业务应自己负责，并与其经济利益挂钩，要求其对自己经办的每笔业务进行事后监督，直至收回资金为止。

2）建立销售责任制，引入激励机制，实施奖惩措施。企业可以将货款回笼作为考核销售部门及销售人员业绩的主要依据，并建立指标考核体系，包括销售收入总额、货款回收率、应收账款周转率等，根据实际回收情况，与清欠人员的工资挂钩。

（3）实行科学的合同管理，用法律保护自己的合法权益。

除现金收入以外的供货业务都应该签订合同，主要的供货业务应使用统一的合同文本，合同要素要齐全具体，特别是收款期、延付的具体违约责任等应清楚、准确，只有这样才能用法律武器尽可能地保证自己的利益不受侵害。

（4）对客户的信用进行评估，确定赊销规模。

1）对拟赊销的客户的资产状况、财务状况、经营能力、以往业务记录、企业信誉等进行深入的实地调查，根据调查的结果来评定其信用等级，并建立赊销客户信用等级档案。优为企业规模大，在以往业务往来中信誉较好的企业；合格为资产状况和财务状况一般，财务制度比较规范，有一定的资产做抵押，在以往业务往来中经催交后能结清货款的客户；差为资产状况和财务状况不佳，财务制度混乱，没有资产做抵押，以往没有业务往来或有业务往来但信誉不佳的客户。赊销客户的信用等级评定工作应每年一次，特别情况可随时调整。

2）按赊销客户的还款能力和信用等级，确定销售政策。对资信差的客户采用现款交易；对资信一般或者较好的客户在现款不被接受的情况下采用承兑汇票的方式；对资信好的客户则采取分期收款的方式，但在期限和累计金额上要有明确的规定。

（5）发挥会计的基督职能，辅助应收账款的回收。

1）企业的财务部门应按赊销客户区域建立核算应收账款明细账，对赊销业务及时进行会计核算，并定期统计应收账款各客户的金额、账龄及增减变动情况，及时反馈给企业主管领导和销售部门，为评估、调整赊销客户的信用等级提供可靠依据，同时也能了解赊销总情况。

2）企业财会部门应定期向赊销客户寄送对账单和催交欠款通知书。对未超过期限的赊销客户，主要是获得经双方供销、财会部门经办人确认无误并签章的对账单，作为双方对账的原始依据；对超过期限的赊销客户，在发出对账单的同时，需分发催交欠款通知书，及时催收欠款。企业供销部门及有关经办人员应积极配合财会部门做好此项工作。

（6）实行积极的收款政策和风险转移机制。

1）对逾期未结清欠款的赊销客户，企业应组织力量督促经销人员加紧催收，特别是对一些信誉较差、欠款时间较长、金额较大的赊销客户，需有专人负责，落实经办赊销人员的奖惩。企业供销部门应组织人员积极与对方进行联系，及时收回欠款。对近期暂不能还款的赊销客户，应要求对方制订还款计划并提供担保，使其能逐步还清欠款。对那些既不制订还款计划又不提供担保的，或发现其缺乏清偿能力的，应及时通过法律途径解决。

2）对部分不能收回的账款实行风险转移：首先可以采取资产流动性上的转移，即将应收账款转化为流动性更强的资产。由于票据是字面字据，比应收账款具有更强的索取权，票据可在未到期时向银行贴现，也可以背书转让，流动性更强。企业若不能及时回收账款，则可以考虑将其转化为应收票据，在一定程度上防止坏账损失的发生。其次可以采取对象上的转移，以其应收账款的部分或全部为担保品，在规定期限内向金融机构借款，也可以将应收账款全部出售给金融机构，这样企业就将应收账款回收中存在的风险部分或全部转嫁给了金融机构。目前，这种做法已在一些西方国家实行。最后还可以实行方向上的转移。当发现应收账款很难收回时，企业可以灵活处理，从客户手中购回自己需要的资产，以抵补这部分应收账款，即企业可以将这部分应收账款看作是事先预付给客户购买资产的款项，从而实现了应收账款方向上的转移。

3. 存货管理

《企业会计准则第1号——存货》中规定，存货是指企业在日常活动中持有以备出售的产成品或商品、处在生产过程中的在产品、在生产过程或提供劳务过程中耗用的材料和物料等。

存货管理就是对企业的存货进行管理，主要包括存货的信息管理和在此基础上的决策分析，最后进行有效控制，达到存货管理的最终目的——提高经济效益。

企业置留存货一方面是为了保证生产或销售的经营需要，另一方面是出自价格的考虑，零购物资的价格往往较高，而整批购买在价格上有优惠。但是，过多的存货要占用较多资金，并且会增加包括仓储费、保险费、维护费、管理人员工资在内的各项开支，因此，进行存货管理的目标就是尽可能在各种成本与存货效益之间做出权衡，达到两者的最佳结合。

可通过如下途径提高企业存货管理水平。

（1）严格执行财务制度规定，使账、物、卡三者相符。

存货管理要严格执行财务制度规定，对货到发票未到的存货，月末应及时办理暂估入库手续，使账、物、卡三者相符。

（2）采用ABC控制法，降低存货库存量，加速资金周转。

对存货的日常管理，根据存货的重要程度，将其分为A、B、C三种类型。A类存货品种大约占全部存货的20%，资金占存货总额的80%左右，实行重点管理，如大型备品备件等。B类存货为一般存货，品种大约占全部存货的30%，资金占存货总额的15%左右，适当控制，实行日常管理，如日常生产消耗用材料等。C类存货品种大约占全部存货的50%，资金占存货总额的5%左右，进行一般管理，如办公用品、劳保用品等随时都可以采购。通过ABC法分类后，抓住重点存货，控制一般存货，制订较为合理的存货采购计划，从而有效地控制存货库存，减少储备资金占用，加速资金周转。

（3）加强存货采购管理，合理运作采购资金，控制采购成本。

首先，计划员要有较高的业务素质，对生产工艺流程及设备运行情况要有充分的了解，掌握设备维修、备件消耗情况及生产耗用材料情况，进而做出科学合理的存货采购计划。其次，要规范采购行为，增加采购的透明度。本着节约的原则，采购员要对供货单位的品质、价格、财务信誉进行动态监控；收集各种信息，同类产品货比多家，以求价格最低、质量最优；对大宗原燃材料、大型备品备件实行招标采购，杜绝暗箱操作，杜绝采购黑洞。这样，既确保了生产的正常进行，又有效地控制了采购成本，加速了资金周转，提高了资金的使用效率。

（4）充分利用ERP等先进的管理模式，实现存货资金信息化管理。

要想使存货管理达到现代化企业管理的要求，就要使企业尽快采用先进的管理模式，如ERP系统。利用ERP可以全方位科学、高效、集中地管理人、财、物、产、供、销，最大限度地堵塞漏洞，降低库存，使存货管理更上一个新台阶。

二、固定资产管理

在现代市场经济环境中，企业生存和发展的基本前提是能使其生产能力不断地保持下去并能得到扩大。固定资产管理能力是企业重要的生产经营能力，而保持这个能力必须通过投放在固定资产上的资金循环和周转来实现。

（一）固定资产的定义及特点

固定资产是指同时具有下列特征的有形资产：①为生产商品、提供劳务、出租或经营管理而持有的；②使用寿命超过一个会计年度。固定资产一般包括房屋及建筑物、机器设备、运输设备、工具器具等。

固定资产具有以下五个特点。

（1）固定资产是为了生产经营而拥有，而非为了销售，其周转比流动资产要缓慢得多，它在一个及其以上会计年度期间内保持原有的物质形态。

（2）固定资产的价值高，往往在企业资产总额中占较大比重。

（3）固定资产在一个会计期间内发生的交易量相对较少，但金额一般较大。

（4）固定资产的价值高，使用年限长，其价值随使用而逐渐耗损，因此为之发生的支出需先予以资本化，然后以折旧形式在其使用年限内逐期分摊。

（5）与应收账款及存货不同，固定资产对当期收益变化的影响不如前两者那么明显。因此，一般不对固定资产的截止期予以重点检查，加上固定资产具有分散性及复杂性，一般也不要求像对存货等流动资产那样，期末对所有固定资产进行百分之百的盘点。

（二）固定资产的分类

（1）按固定资产经济用途分为生产用固定资产和非生产用固定资产。

（2）按使用情况分为使用中固定资产、未使用固定资产和不需用固定资产。

（3）按所属关系分为企业自有固定资产和租入固定资产。

（三）固定资产管理策略

首先，应根据企业生产任务、经营规模、生产经营发展方向，正确测定固定资产需要量，合理配置固定资产。

其次，正确计提折旧，及时补偿固定资产损耗价值。固定资产的损耗包括有形损耗和无形损耗两种类型。有形损耗提取的折旧是在物质寿命期限内的直线折旧，其特点是折旧时间长（大约为物质的寿命），在折旧年限内平均计提。无形损耗是由于劳动生产率提高或技术进步，固定资产由更先进、更便宜的设备所取代而引起的价值磨损，提取的折旧是在技术寿命期限内的快速折旧。

再次，做好固定资产投资（包括基本建设投资和更新改造投资）预测与决策、提高投资效益。与流动资产相比，固定资产具有投资数量大、投资回收期长、投资影响大等特点。为了获得固定资产投资的最佳经济效果，要在投资项目落实之前，论证投资项目技术上的可行性、先进性，以及经济上的合理性、效益性，通过比较，选择最佳方案。

最后，加强固定资产综合管理，提高固定资产的利用效果。在进行固定资产价值核算的同时，还要进行固定资产的实物管理。企业财务部门应与固定资产管理部门和使用部门相配合，严密组织固定资产的收发、保管工作，正确、及时、全面地反映各项固定资产的增减变化，定期进行实物清查，以保证固定资产完整无缺；加强固定资产的维护、修理工作，使之处于良好的技术状态并在使用中充分发挥作用，从而提高固定资产的利用效果。

三、无形资产管理

（一）无形资产的定义及特征

《企业会计准则第 6 号——无形资产》中规定，无形资产一般是指企业拥有或者控制的没有实物形态的可辨认非货币性资产。

无形资产具有如下五个主要特征。

（1）非独立性。无形资产是依附于有形资产而存在的，相对而言缺乏独立性，它不可以不依赖于有形资产而独立发挥作用。

（2）转化性。无形资产虽然是看不见、摸不着的非物质资产，但它同有形资产相结合，就可以相互转化并产生巨大的经济效益。

（3）增值性。无形资产能给企业带来强大的增值功能，而且本身并无损耗。不少知名企业的无形资产价值远远高于企业的有形资产价值和年销售额。

（4）交易性。无形资产有其价值性而且具有交易性。如企业的专利权、商标权可在市场上进行有偿转让、拍卖等交易活动。

（5）潜在性。无形资产是企业在生产经营中靠自身日积月累、不断努力，经过长期提高逐渐培育出来的，它潜存于企业中，如经验、技巧、人才、企业精神、职工素质、企业信誉等都是企业的无形资产。

（二）无形资产的内容

无形资产通常包括专利权、非专利技术、商标权、著作权、特许权、土地使用权等。

（1）专利权：是指国家专利主管机关依法授予发明创造专利申请人对其发明创造在法定期限内所享有的专有权利，包括发明专利权、实用新型专利权和外观设计专利权。

（2）非专利技术：也称专有技术，是指不为外界所知，在生产经营活动中采用了的、不享有法律保护的、可以带来经济效益的各种技术和诀窍。

（3）商标权：是指专门在某类指定的商品或产品上使用特定的名称或图案的权利。

（4）著作权：制作者对其创作的文学、科学和艺术作品依法享有的某些特殊权利。

（5）特许权：又称经营特许权、专营权，是指企业在某一地区经营或销售某种特定商品的权利或是一家企业接受另一家企业使用其商标、商号、技术秘密等的权利。

（6）土地使用权：指国家准许某企业在一定期间内对国有土地享有开发、利用、经营的权利。

（三）无形资产管理措施

（1）为企业中无形资产的保护提供一个良好的外部环境。国家应就无形资产的评估和保护制定专门的法律和条例，根据市场经济的发展需要，一方面对现有法律规范进行推广应用和补充完善，另一方面应紧跟形势，制定新的法律规范。

（2）企业应从内部加强对无形资产的核算管理，重视无形资产的核算和评估。一方面，企业应建立无形资产管理责任制度和无形资产内部审计制度，应设立专门机构，配备专业人员，进行无形资产的全面管理；应充分关注自身无形资产的价值，加强无形资产取得、分期摊销、对外投资转让的会计核算；应实施无形资产的监管，及时地对无形资产的未来收益、经济寿命、资本化率进行评估和确认，确保无形资产的保值增值，从动态上掌握企业的无形财富。特别是现在企业对外资产重组的转让、租赁、兼并收购、资产置换等经济活动相当频繁，无形资产的运作和交易显得格外活跃，通过对无形资产的内部核算管理，可以减少交易过程中的无谓损失。另一方面，企业应从技术手段和管理措施等多方面入手，做好无形资产保护和保密工作；对企业的专有技术、配方、特殊工艺等无形资产要配专人专管，以防丢失和被窃；在产权交易中，应注意无形资产的安全防卫，加强对专有技术、计算机软件、营销网络等商业秘密的保护，学会用高科技手段来维护自己的无形资产的安全，以防止泄密而导致的无形资产流失。

第四节 企业投资管理

一、企业投资的定义及特点

（一）企业投资的定义

企业投资是指企业以自有的资产投入，承担相应的风险，以期合法地取得更多的资产或权益的一种经济活动。

（二）企业投资的特点

1. 投资目的的多样性

总体上说，企业投资的目的是获得投资收益，从而实现企业的财务目标。但企业的投资总是各个投资项目相互独立地进行的，具体投资业务的直接目的也是有区别的。企业的投资目的可以分为以下几种类型。

（1）扩充规模。以扩充规模为目的的投资，称为扩充型投资，其目的又分两种类型：一是扩充现有产品（服务）或者现有市场，其中扩充现有市场的投资，如持股性投资，不仅会使企业的规模不断扩大，从而取得规模效益，而且会使企业有可能操纵市场甚至独占市场；二是开发新产品或开辟新市场，这种投资通常与市场上的一种新的需求相联系，它是通过开辟新的生产经营（服务）领域，以期获得超额利润，这种扩充型投资称为实现资本转移的投资。

（2）控制相关企业。它是为了特定经营战略而进行的投资，即为了控制市场和增强自身竞争能力，为了形成稳定的原料供应基地和提高市场占有率，通过投资获得其他企业部分或全部经营控制权，以服务于本企业的经营目标。

（3）维持现有规模效益。它是假定企业生产的产品（提供的劳务）的市场需求规模不变，而在产品（提供的劳务）的成本一定的前提下，为维持现有规模效益所进行的更新投资，如不进行这种投资，必然带来规模缩减，引起企业经济效益下降。

（4）提高质量，降低成本。它是假定企业的生产经营或服务规模不变，企业通过投资提高产品或服务质量，降低单位成本而取得效益。一般是通过更换旧设备，采用先进的设备和技术来实现。由于这种投资不会扩大业务规模，也称这种投资为重置型投资。

（5）应对经营风险。企业生产经营的许多方面都会受到来源于企业外部和内部的诸多因素的影响，具有很大的不确定性。经营风险就是指生产经营方面的原因给企业盈利水平带来的不确定性。企业可以通过投资来应对经营风险。应对经营风险的投资主要有两种类型：一是通过多角化投资实现风险分散，它可以使经营失败的项目得到经营成功项目的弥补。二是通过风险控制来降低风险，降低风险的投资不仅体现在多个投资项目上，而且体现在一个独立的投资项目中，即所投入的资金必须有一部分是用于防范经营风险的。

（6）承担社会义务。所谓承担社会义务是指企业投资的结果是非收入性的，是一种为社会服务的义务性投资，如工业安全和环境保护等方面的投资。承担社会义务的投资表面上看是非收入性的，但是，从长期来看，会直接影响企业的社会形象，进而影响企业的生产经营活动。

2. 投放时机的选择性

投资并不是随便进行的，只有在客观上存在投资的有利条件时，投资时机才能真正到来。

3. 投资回收的时限性

任何投资都必须收回，由于资金时间价值的客观存在，投资不仅要收回，而且要及时收回并有收益。

4. 投资收益的不确定性

投资收益是在未来才能获得的，最终收益多少，事先难以准确把握。正是由于投资收益的这种不稳定性，投资才存在一定的风险。

二、企业投资的分类

为了加强投资管理，提高投资收益，必须对投资进行科学的分类，以分清投资的性质。对企业投资可作如下分类。

（一）按投资与企业生产经营的关系，可分为直接投资和间接投资

直接投资是指把资金投放于生产经营环节，以期获取利益的投资。在非金融性企业中，直接投资所占比重较大。间接投资又称证券投资，是指把资金投放于证券等金融性资产，以期获得股利或利息收入的投资。随着我国证券市场的完善和多渠道筹资的形成，企业的间接投资会越来越广泛。

（二）按投资回收时间的长短，可分为短期投资和长期投资

短期投资是指准备在一年以内收回的投资，主要指对现金、应收账款、存货、短期有价证券等的投资。长期投资是指一年以上才能收回的投资，主要指对房屋、建筑物、机器、设备等能够形成生产能力物质技术基础的投资，也包括对无形资产和长期有价证券的投资。一般而言，长期投资风险高于短期投资，与此对应，长期投资收益通常高于短期投资。

长期投资中对房屋、建筑物、机器、设备等能够形成生产能力物质技术基础的投资，是一种以特定项目为对象，直接与新建或更新改造项目有关的长期投资行为，且投资所占比重较大，建设周期较长，所以称为项目投资。

（三）按投资的方向和范围，可分为对内投资和对外投资

对内投资是指把资金投放在企业内部，购置各种生产经营用资产的投资。对外投资是指企业以现金、实物、无形资产等方式或者以购买股票、债券等有价证券方式对其他单位的投资。从理论上讲，对内投资的风险要低于对外投资，对外投资的收益应高于对

内投资，随着市场经济的发展，企业对外投资机会越来越多。

三、企业投资应考虑的主要因素

（一）投资收益

尽管投资的目的多种多样，但是根本动机是追求较多的投资收益和实现最大限度的投资增值。在投资中考虑投资收益，要求在投资方案的选择上必须以投资收益的大小做出取舍，要以投资收益具有确定性的方案为选择对象，要分析影响投资收益的因素，并针对这些因素及其对投资方案作用的方向、程度，寻求提高投资收益的有效途径。

（二）投资风险

投资风险表现为未来收益和增值的不确定性。诱发投资风险的主要因素有政治因素、经济因素、技术因素、自然因素和企业自身的因素，各种因素往往结合在一起共同产生影响。在投资中考虑投资风险意味着必须权衡风险与收益的关系，充分合理地预测投资风险，防止和减少投资风险给企业带来损失的可能性，并提出合理规避投资风险的策略，以便将实施投资的风险降至最低限度。

（三）投资弹性

投资弹性涉及两个方面：一是规模弹性，即投资企业必须根据自身资金的可供能力和市场供求状况调整投资规模，或者收缩，或者扩张；二是结构弹性，即投资企业必须根据市场的变化，及时调整投资结构，主要是调整现存投资结构，这种调整只有在投资结构具有弹性的情况下才能进行。

（四）投资管理和经营控制能力

对外投资管理与对内投资管理比较，涉及因素多、关系复杂、管理难度大。比如，股票投资就需要有扎实的证券知识和较强的证券运作技能。所以，对外投资要有相应的业务知识、法律知识、管理技能、市场运作经验为基础。在许多情况下，企业通过投资获得其他企业部分或全部的经营控制权，以服务于本企业的经营目标，然后就应该认真考虑用多大的投资额才能拥有必要的经营控制权，取得控制权后，如何实现其权利等问题。

（五）筹资能力

企业对外投资是将企业的资金在一定时间内让渡给其他企业。这种让渡必须以不影响本企业生产经营所需资金正常周转为前提。如果企业资金短缺，尚不能维持正常生产，筹资能力又较弱，则对外投资必将受到极大限制。对外投资决策要求企业能够及时、足额、低成本地筹集到所需资金。

（六）投资环境

市场经济条件下的投资环境具有构成复杂、变化较快等特点。这就要求财务管理人员在进行投资决策分析时，必须熟知投资环境的要素、性质，认清投资环境的特点，预知投资环境的发展变化，重视投资环境的影响作用，不断增强对投资环境的适应能力、应变能力和利用能力，根据投资环境的发展变化，采取相应的投资策略。

四、企业投资管理的原则

（1）认真进行市场调查，正确把握投资机会。投资机会是企业投资活动的起点，也是企业投资决策的关键。财务管理人员必须认真进行市场调查和市场分析，寻找投资机会，并要从动态的角度加以把握。

（2）建立科学的投资决策程序，认真进行投资项目的可行性分析。

在市场经济条件下，企业的投资都会面临一定的风险，为了保证投资决策的正确有效，必须按科学的投资决策程序进行投资项目的可行性分析。投资项目可行性分析的主要任务是对投资项目技术上的可行性和经济上的有效性进行论证，运用各种方法计算出有关指标，以便合理确定不同项目的优劣，选择最佳投资方案。

（3）及时、足额地筹集资金，保证投资项目的资金供应。

企业的投资项目，特别是大型投资项目，建设工期长，所需资金多，一旦开工，就必须有足够的资金来支持。因此，在投资项目上马之前，必须科学预测投资所需资金的数量和时间，采用适当的方法筹措资金，保证投资项目顺利完成，尽快产生投资效益。

（4）认真分析风险和收益的关系，适当控制企业的投资风险。

收益与风险是共存的。一般而言，收益越大，风险也越大，收益的增加是以风险的增大为代价的，而风险的增加将会引起企业价值的下降，不利于财务目标的实现。企业在进行投资时，必须在考虑收益的同时认真考虑风险，只有在收益和风险达到比较好的均衡时，才有可能不断增加投资效益，实现财务管理的目标。

五、企业投资决策程序

为了科学地进行投资决策，一般应按以下六个步骤进行。

第一，确定决策目标。决策目标是投资决策的出发点和归宿。确定决策目标就是弄清这项决策究竟要解决什么问题。例如，在产品生产方面，有新产品的研制和开发的问题、生产效率如何提高的问题、生产设备如何充分利用的问题、生产的工艺技术如何革新的问题等；在固定资产投资方面，有固定资产的新建、扩建、更新等问题。但不论如何，决策目标应具体、明确，并力求目标数量化。

第二，搜集有关信息。搜集信息就是针对决策目标，广泛搜集尽可能多的、对决策目标有影响的各种可计量和不可计量的信息资料，作为今后决策的根据。对于搜集的各种信息，特别是预计现金流量的数据，还要善于鉴别，进行必要的加工延伸。应当指出，信息的搜集工作往往要反复进行，贯穿各步骤。

第三，提出备选方案。提出备选方案就是针对决策目标提出若干可行的方案。提出可行的备选方案是投资决策的重要环节，是做出科学决策的基础和保证。所谓可行，是指政策上的合理性、技术上的先进性、市场上的适用性和资金上的可能性。各个备选方案都要注意实事求是，量力而行，务求使企业现有的人力、物力及财力资源都能得到合理、有效的配置和使用。

第四，通过定量分析对备选方案做出初步评价。这个步骤就是把各个备选方案的可计量资料先分别归类，系统排列，选择适当的专门方法，建立数学模型对各方案的现金流量进行计算、比较和分析，再根据经济效益的大小对备选方案做出初步的判断和评价。

第五，考虑其他因素的影响，确定最优方案。根据上一步骤定量分析的初步评价，进一步考虑各种非计量因素的影响。例如，针对国际、国内政治经济形势的变动，以及人们心理、习惯、风俗等因素的改变，进行定性分析。把定量分析和定性分析结合起来，通盘考虑，权衡利害得失，并根据各方案提供的经济效益和社会效益的高低进行综合判断，最后筛选出最优方案。

第六，评估决策的执行和信息反馈。决策的执行是决策的目的，也是检验过去所做出的决策是否正确的客观依据。当上一阶段筛选出的最优方案付诸实施以后，还需对决策的执行情况进行跟踪评估，借以发现过去的决策存在的问题，然后通过信息反馈来纠正偏差，以保证决策目标的最终实现。

第五节　企业成本费用与利润管理

一、企业成本费用管理

（一）成本费用的概念

产品成本是指企业在一定时期内为生产和销售一定的产品而发生的全部费用的总和。从财务管理与分析的角度讲，产品成本也是企业在一定时期内为生产和销售一定的产品所发生的资金耗费量。

成本费用的主要作用体现在以下四个方面。

（1）成本费用是反映和监督劳动耗费的工具。

（2）成本费用是补偿生产耗费的尺度。

（3）成本费用可以综合反映企业工作质量，是推动企业提高经营管理水平的重要杠杆。

（4）成本费用是制定产品价格的一项重要依据。

（二）成本费用的构成

（1）产品制造成本。制造成本是工业企业生产过程中实际消耗的直接材料、直接工资、其他直接支出和制造费用。

1）直接材料。它包括企业生产经营过程中实际消耗的原材料、辅助材料、备品配件、外购半成品、燃料、动力、包装物以及其他直接材料等。

2）直接工资。它包括企业直接从事产品生产人员的工资、奖金、津贴和补贴等。

3）其他直接支出。它是指直接从事产品生产人员的职工福利费等。

4）制造费用。它是企业在生产车间范围内为生产产品和提供劳务而发生的各项间接费用，包括车间管理人员工资、折旧费、修理费、办公费、水电费、物质消耗、劳动保护费、季节性及修理期间的停工损失等。

直接费用直接计入制造成本，间接费用则需要按一定的标准分配计入制造成本。

（2）期间费用。期间费用是企业为组织生产经营活动而发生的、不能直接归属于某种产品的费用，包括管理费用、财务费用和销售费用。

1）管理费用是指企业行政管理部门为组织和管理生产经营活动而发生的各项费用，包括工资和福利费、工会经费、职工教育经费、劳动保险费、待业保险费、研究开发费、业务招待费、房产税、土地使用税、技术转让费、技术开发费、无形资产摊销、坏账损失等。

2）财务费用是指企业为筹集资金而发生的各项费用，包括利息支出、汇兑净损失、金融机构手续费以及为筹资而发生的其他费用。

3）销售费用是指企业在销售产品、自制半成品和提供劳务等过程中发生的各项费用以及专设销售机构的各项经费，包括应由企业负担的运输费、装卸费、包装费、保险费、展览费、广告费、销售服务费用、销售部门人员工资、职工福利费和其他经费等。

期间费用直接计入当期损益，从当期收入抵消。

（三）成本管理

成本管理就是对企业的成本费用进行预测、计划、控制、核算、分析与考核，并采取降低成本费用等措施的一项管理工作。

成本预测是成本管理的起点。成本预测就是通过对企业成本的形成进行事先的估计和预测，并与国内外、行业内外、企业内外进行对比分析，从而确定企业的成本目标、成本降低目标以及相关的保证条件。成本预测既是成本控制的目标，又是成本分析与考核的依据。

成本控制是从技术、生产、经营各个角度对产品成本的形成过程采用一定的标准进行经常的监督，发现问题，及时采取措施，对产品成本进行全面管理，以达到降低成本、求得最佳经济效益的目的。首先，对材料成本的控制，应严格执行材料消耗定额，实行限额领料制度，降低采购成本，并做好修旧利废工作。其次，对工资成本的控制，应充分利用工时，控制工作时间，提高劳动生产率。再次，对制造费用的控制，应编制弹性预算，采取费用包干，归口负责。最后，对期间费用的控制，企业应根据《企业财务通则》和行业财务制度的要求，正确确定费用开支范围以及各项目的开支标准，对实际支出和耗费的各项费用进行计量、监督和限制，使其数额与预定的经营目标相一致。

成本分析是根据成本核算资料及其他有关资料，全面分析成本费用变动情况，系统研究影响成本费用变动的各种因素及其形成原因，挖掘企业内部潜力，寻找降低成本费用的途径。

二、利润管理

利润是企业生存和发展的核心指标，不论是投资人、债权人还是企业经理人员都非常关心企业的盈利能力。

1. 利润总额的构成

企业的利润总额包括营业利润、投资净收益、补贴收入和营业外收支净额（营业外收入－营业外支出）四大部分。其计算公式为：

$$利润总额 = 营业利润 + 投资净收益 + 补贴收入 + 营业外收入 - 营业外支出$$

其中：

$$营业利润 = 产品销售利润 + 其他业务利润 - 管理费用 - 财务费用$$

$$产品销售利润 = 产品销售净收入 - 产品销售成本 - 产品销售费用 - 产品销售税金及附加$$

"产品销售利润"是工业企业的主营业务利润，受产品销售收入、产品销售成本、产品销售费用、产品销售税金及附加制约。

"其他业务利润"是指企业从事基本生产经营活动以外的其他经营活动所取得的利润。在工业企业中，它包括材料出售、固定资产出租、包装物出租、外购商品销售、无形资产转让、提供非工业性劳务等取得的利润。它由其他销售收入扣除其他销售成本、其他销售税金及附加后形成。

"投资净收益"是指企业对外投资取得的收益减去对外投资损失后的余额。

"补贴收入"是指企业收到的各种补贴收入，包括国家拨入的亏损补贴、减免增值税转入等。

"营业外收入"即固定资产盘盈净收入、出售固定资产净收益、对方违约的罚款收入、教育费附加返还款，以及出于债权人原因确实无法支付的应付款项等。

"营业外支出"包括固定资产盘亏、报废、毁损和出售的净损失，以及非季节性的非大修理期间的停工损失、非常损失、公益救济性捐赠、赔偿金、违约金等。

2. 净利润的形成

净利润又称税后利润，是指企业缴纳所得税后形成的利润，是企业进行利润分配的依据。其计算公式为：

$$净利润 = 利润总额 - 应交所得税$$

3. 利润分配

企业实现的利润总额，要在国家、企业所有者和企业法人之间分配，形成国家的所得税收入，分给投资者的利润和企业的留用利润（包括盈余公积金、公益金和未分配利润）等不同项目。企业税后利润分配顺序如下：

（1）用于抵补被没收财产损失，支付各项税收的滞纳金和罚款。

（2）弥补以前年度亏损。

（3）按税后利润扣除前两项后的10%提取法定盈余公积金。

（4）提取公益金。

（5）投资者分配利润。以前年度未分配利润可以并入本年度分配。

第六节 财务分析

一、财务分析的概念

财务分析是以财务报告资料及其他相关资料为依据，采用一系列专门的分析技术和方法，对企业等经济组织过去和现在有关筹资活动、投资活动、经营活动、分配活动的盈利能力、营运能力、偿债能力和增长能力状况等进行分析与评价的经济管理活动。它为企业的投资者、债权人、经营者及其他关心企业的组织或个人了解企业过去、评价企业现状、预测企业未来、做出正确决策提供准确的信息或依据。

二、财务分析的意义

财务分析既是对已完成的财务活动的总结，又是财务预测的前提，在财务管理的循环中起着承上启下的作用。

1. 财务分析是评价财务状况、衡量经营业绩的重要依据

通过对企业财务报表等核算资料进行分析，有助于企业经营者及其他报表使用者了解企业偿债能力、营运能力和盈利能力，了解企业财务状况和经营成果，并通过分析将影响财务状况和经营成果的主观因素与客观因素、微观因素与宏观因素区分开来，以划清经济责任，合理评价经营者的工作业绩，并据此奖优罚劣，以促使经营者不断改进工作。

2. 财务分析是挖掘潜力、改进工作、实现财务目标的重要手段

企业财务管理的根本目标是努力实现企业价值最大化。通过财务指标的计算和分析，企业经营者能了解企业的盈利能力和资产周转状况，不断挖掘企业改善财务状况、扩大财务成果的内部潜力，充分认识未被利用的人力资源和物质资源，寻找利用不当的部分及原因，发现进一步提高利用效率的可能性，以便从各方面揭露矛盾、找出差距、寻求措施，促使企业生产经营活动按照企业价值最大化的目标实现良性运行。

3. 财务分析是合理实施投资决策的重要步骤

投资者及潜在投资者是企业外部重要的报表使用人，而财务报表的局限性使他们必须借助财务评价，以决定自己的投资方向和投资数额。投资者通过对财务报表的分析，可以了解企业获利能力的高低、偿债能力的强弱及营运能力的大小，可以了解投资后的收益水平和风险程度，并据此决定其授信额度、利率水准和付款条件等。

三、财务分析方法

一般来说，财务分析的方法主要有以下四种。

1. 比较分析法

比较分析法是为了说明财务信息之间的数量关系与数量差异，为进一步的分析指明方向。这种比较可以是将实际与计划相比，可以是本期与上期相比，也可以是与同行业的其他企业相比。

2. 趋势分析法

趋势分析法是为了揭示财务状况和经营成果的变化及其原因、性质，帮助预测未来。用于进行趋势分析的数据既可以是绝对值，也可以是比率或百分比数据。

3. 因素分析法

因素分析法是为了分析几个相关因素对某一财务指标的影响程度，一般要借助差异分析的方法。

4. 比率分析法

比率分析法是通过对财务比率的分析，了解企业的财务状况和经营成果，往往要借助比较分析法和趋势分析法。

上述各方法有一定程度的重合。在实际工作当中，比率分析法应用范围最广。

四、财务分析的程序

1. 确定分析内容

财务分析的内容包括分析资金结构、风险程度、营利能力、经营成果等。报表的使用者不同，对财务分析内容的要求不完全相同。

企业的债权人关注企业的偿债能力，通过流动性分析，可以了解企业清偿短期债务的能力；企业的投资者更加关注企业的发展趋势，更侧重企业盈利能力及资本结构的分析；而企业经营者对企业经营活动的各个方面都必须了解。此外，作为经营者还必须了解本行业其他竞争者的经营情况，以便今后更好地为本企业的产品定价。

2. 搜集有关资料

一旦确定了分析内容，需尽快着手搜集有关的经济资料。搜集有关资料是进行财务分析的基础。分析者要掌握尽量多的资料，包括企业的财务报表，以及统计核算、业务核算等方面的资料。

3. 运用特定方法进行分析比较

在占有充分的财务资料之后，即可运用特定方法来比较分析，以反映企业经营中存在的问题，分析问题产生的原因。财务分析的最终目的是进行财务决策，因而，只有分析问题产生的原因并及时将信息反馈给有关部门，才能做出决策或帮助有关部门进行决策。

五、财务能力分析

1. 企业偿债能力分析

偿债能力分析包括短期偿债能力分析和长期偿债能力分析两个方面。

（1）短期偿债能力分析。短期偿债能力主要表现在公司到期债务与可支配流动资产之间的关系上，主要的衡量指标有流动比率和速动比率。

1）流动比率。流动比率是衡量企业短期偿债能力最常用的指标，计算公式：

$$流动比率 = 流动资产 / 流动负债$$

流动比率指标反映的是用变现能力较强的流动资产偿还企业短期债务。通常认为最低流动比率为2。但该比率不能过高，过高则表明企业流动资产占用较多，会影响资金使用效率和企业获利能力；流动比率过高还可能是存货积压，应收账款过多且收账期延长，以及待摊费用增加所致，而真正可用来偿债的资金和存款却严重短缺。一般情况下，营业周期、应收账款和存货的周转速度是影响流动比率的主要因素。

2）速动比率。速动比率又称酸性测试比率。计算公式：

$$速动比率 = 速动资产 / 流动负债$$

速动资产是指流动资产扣除存货之后的余额,有时还要扣除待摊费用、预付货款等。在速动资产中扣除存货是因为存货的变现速度慢,可能还存在损坏、计价等问题;待摊费用、预付货款是已经发生的支出,本身并没有偿付能力,所以谨慎的投资者在计算速动比率时也可以将之从流动资产中扣除。影响速动比率的重要因素是应收账款的变现能力,投资者在分析时可结合应收账款周转率、坏账准备计提政策一起考虑。通常认为合理的速动比率为1。

(2)长期偿债能力分析。长期偿债能力是指企业偿还一年以上债务的能力,与企业的盈利能力、资金结构有十分密切的关系。企业的长期负债能力可通过资产负债率、长期负债与营运资金的比率及利息保障倍数等指标来分析。

1)资产负债率,计算公式为:

$$资产负债率 = (负债总额 / 资产总额) \times 100\%$$

对债权投资者而言,总是希望资产负债率越低越好,这样其债权就更有保证;如果比率过高,债权投资者就会提出更高的利息率补偿。股权投资者关心的主要是投资收益率的高低,如果企业总资产收益率大于企业负债所支付的利息率,那么借入资本为股权投资者带来了正的杠杆效应,对股东权益最大化有利。合理的资产负债率通常为40%~60%,规模大的企业适当大些;但金融业比较特殊,资产负债率在90%以上也是很正常的。

2)长期负债与营运资金的比率,计算公式为:

$$长期负债与营运资金的比率 = (长期负债 / 营运资金) \times 100\%$$
$$= [长期负债 / (流动资产 - 流动负债)] \times 100\%$$

由于长期负债会随着时间推移不断地转化为流动负债,因此流动资产除了满足偿还流动负债的要求,还必须有能力偿还到期的长期负债。一般来说,如果长期负债不超过营运资金,长期债权人和短期债权人都将有安全保障。

3)利息保障倍数,是息税前利润与利息费用的比率。其计算公式为:

$$利息保障倍数 = 息税前利润 / 利息费用 = (利润总额 + 利息费用) / 利息费用$$

一般来说,企业的利息保障倍数至少要大于1。在进行分析时通常与公司历史水平比较,这样才能评价长期偿债能力的稳定性。同时从稳健性角度出发,通常应选择一个指标最低年度的数据作为标准。

2. 企业营运能力分析

(1)应收账款周转率。应收账款周转率,又称收账比率,是指在一定期间内,一定量的应收账款资金循环周转的次数或循环一次所需要的天数,是衡量应收账款变现速度的一个重要指标。其计算公式为:

$$应收账款周转次数 = 赊销净额 / 应收账款平均余额$$
$$应收账款周转天数 = 日历天数 / 应收账款周转次数 = 应收账款平均余额 / 平均每日赊销额$$

其中:

$$赊销净额 = 现销收入 - 销售退回、折扣、折让$$
$$应收账款平均余额 = (应收账款年初余额 + 应收账款年末余额) / 2$$

由于利润表中没有直接公布赊销净额这一数据,所以计算时多以销售收入代替。

应收账款周转率是考核应收账款周转变现能力的重要财务指标，应收账款周转次数多或周转天数短，直接反映出企业收账速度较快，坏账出现的概率小。流动资产的流动性越好，短期偿债能力越强。换而言之，如果应收账款周转次数较少，实际收回账款的天数超过了企业规定的应收账款天数，则说明债务人拖欠时间长、资信度低，企业信用调查和催收账款不力，使结算财力形成了呆账、悬账甚至坏账，造成了企业资产流动性差、企业的资源配置效益比较低。

（2）存货周转率。存货周转率是指企业一定时期内一定数量的存货所占资金的循环周转次数或循环一次所需要的天数。存货周转率反映的是存货资金与它周转所完成的销货成本之间的比率，这是一组衡量企业销售能力强弱和存货是否过量的重要指标，是分析企业流动资产效率的又一依据。

其计算公式为：

$$存货周转次数 = 销货成本 / 存货平均余额$$

$$存货周转天数 = 日历天数 / 存货周转次数 = 存货平均余额 / 平均每日销货成本$$

其中：

$$存货平均余额 = （存货年初余额 + 存货年末余额）/2$$

在一般情况下，企业存货周转的速度快，即存货周转次数多，周转天数短，说明企业的销售效率高，库存积压少，营运资本中存货占用相对较小，这无疑会提高企业的经济效益。反之，存货周转率低则是企业管理不善、经营情况欠佳的一个迹象。

（3）流动资产周转率。流动资产周转率指一定财务期间内一定数量的流动资产价值（即流动资金）周转次数或完成一次周转所需要的天数，这反映的是企业全部流动资产价值（即全部流动资金）的周转速度，其计算公式为：

$$流动资产周转次数 = 流动资产周转额 / 流动资产平均占用额$$

式中的"流动资产周转额"一般有两种计算方式：一是按产品的销售收入计算，二是按销售产品的成本费用计算。在实际工作中，通常采用第一种方式计算流动资产周转额。

流动资产周转次数是一个分析流动资产周转情况的综合性指标，这一指标越高，说明流动资产周转速度越快。类似地，考核流动资产的周转情况，还可以采用完成一次周转所需的天数来表示，其计算公式为：

$$流动资产周转天数 = 日历天数 / 流动资产周转率$$
$$= 流动资产平均占用额 / 平均每日周转额$$

流动资产周转天数是一个逆指标，周转天数越短，说明流动资产利用率越高。结合上述存货周转率、应收账款周转率的分析，可得知流动资产周转率速度缓慢的根源在于存货占用资金庞大、信用政策过严，故而，要想改变目前这种状况，企业必须调整其信用政策，加强存货控制。

（4）固定资产周转率。固定资产周转率也称固定资产利用率，是企业销售收入与固定资产净值的比率。

固定资产周转率主要用于分析对厂房、设备等固定资产的利用率，比率越高，说明利用率越高，管理水平越好。如果固定资产周转率与同行业平均水平相比偏低，则说明

企业对固定资产的利用率较低,可能会影响企业的获利能力。它反映了企业资产的利用程度,计算公式为:

$$固定资产周转率 = 销售收入 / 固定资产净值$$

固定资产周转率的注意事项如下。

1)这一指标的分母采用固定资产净值,因此指标的比较将受到折旧方法和折旧年限的影响,应注意其可比性问题。

2)当企业固定资产净值率过低(如因资产陈旧或过度计提折旧),或者当企业属于劳动密集型企业时,固定资产周转率就可能没有太大的意义。

(5)总资产周转率。总资产周转率,是指一定财务期间内,企业全部资产所占资金循环一次所需要的天数。它反映企业全部资产与它周转所完成的销售收入的比例关系。由此看出综合性指标的衡量要考虑经营性比率的影响。这一指标的计算公式为:

$$总资产周转次数 = 产品销售收入 / 资产平均总额$$

$$总资产周转天数 = 日历天数 / 总资产周转次数 = 总资产平均占用额 / 平均每日销售净收入$$

式中产品销售收入来自利润表,资产平均余额来自资产负债表年初数和年末数的平均数。总资产周转率是从周转率的角度评价企业全部资产的使用效率。总资产周转次数越多,或总资产周转天数越短(总周转期越短),说明企业全部资金的周转速度越快,进而说明企业的营运能力越强;反之,总资产周转次数越少,或总资产周转天数越长,说明总资产周转速度慢(周转周期长),进而说明企业利用其资产进行经营的效率较差,会影响企业的获利能力,企业应采取措施提高销售收入或处置资产,以提高总资产利用率。

(6)资本保值增值率。资本保值增值率是反映投资者投入企业的资本完整性和安全性的一个指标,其计算公式为:

$$资本保值增值率 = 期末所有者权益总额 / 期间所有者权益总额$$

一般认为,资本保值增值率等于1,为资本保值;资本保值增值率大于1,为资金增值。

3. 企业盈利能力分析

反映企业盈利能力的指标,主要有销售利润率、成本费用利润率、总资产利润率、资本金利润率、权益利润率。对于股份制有限公司,还应分析每股利润、每股现金流量、每股股利、股利发放率、每股净资产和市盈率等。

(1)销售利润率。销售利润率是企业利润总额与企业销售收入净额的比率。它反映企业销售收入中职工为社会劳动新创价值所占的份额。其计算公式为:

$$销售利润率 = (利润总额 / 销售收入净额) \times 100\%$$

该比率越高,表明企业为社会新创价值越多,贡献越大,也反映企业在增产的同时多创造了利润,实现了增产增收。

(2)成本费用利润率。成本费用利润率是指企业利润总额与成本费用总额的比率。它是反映企业生产经营过程中发生的耗费与获得的收益之间关系的指标,计算公式为:

$$成本费用利润率 = (利润总额 / 成本费用总额) \times 100\%$$

该比率越高,表明企业耗费所取得的收益越高。这是一个能直接反映增收节支、增产节约效益的指标。企业销售收入的增加和费用开支的节约,都能使这一比率提高。

(3)总资产利润率。总资产利润率是企业利润总额与企业资产平均总额的比率,即过去所说的资金利润率。它是反映企业资产综合利用效果的指标，也是衡量企业利用债权人和所有者权益总额所取得的盈利的重要指标。其计算公式为：

$$总资产利润率 = (利润总额/资产平均总额) \times 100\%$$

资产平均总额为年初资产总额与年末资产总额的平均数。此项比率越高，表明资产的利用效果越好，整个企业获利能力越强，经营管理水平越高。

（4）资本金利润率和权益利润率。资本金利润率是企业的利润总额与资本金总额的比率，是反映投资者投入企业资本金的获利能力的指标。计算公式为：

$$资本金利润率 = (利润总额/资本金总额) \times 100\%$$

这一比率越高，说明企业资本金的利用效果越好，反之，则说明资本金的利用效果不佳。

权益利润率是企业利润总额与平均股东权益的比率。它是反映股东投资收益水平的指标。计算公式为：

$$权益利润率 = (利润总额/平均股东权益) \times 100\%$$

股东权益是股东对企业净资产所拥有的权益，净资产是企业全部资产减去全部负债后的余额。股东权益包括实收资本、资本公积、盈余公积和未分配利润。平均股东权益为年初股东权益额与年末股东权益额的平均数。

权益利润越高，表明股东投资的收益水平越高，获利能力越强，反之，则收益水平不高，获利能力不强。

本章小结

财务管理是在一定的整体目标下，关于资产的购置（投资），资本的融通（筹资）和经营中现金流量（营运资金），以及利润分配的管理。财务管理的主要内容有资金筹集、资金投入和使用、资金收入和分配、成本费用与利润管理。

企业筹资的动机有扩张性筹资动机、调整性筹资动机、混合性筹资动机。企业的筹资渠道主要有国家财政资金、银行与非银行金融机构的资金、其他法人资金、民间资金、企业内部资金和境外资金。企业筹资的方式主要分为权益性筹资方式和债权性筹资方式。

资产管理就是对企业的各种财产、债权和其他权利的管理。

企业投资是指企业以自有的资产投入，承担相应的风险，以期合法地取得更多的资产或权益的一种经济活动。企业投资应考虑投资收益、投资风险、投资弹性、投资管理和经营控制能力、筹资能力、投资环境等因素。投资管理应遵循一定的原则和程序。

成本管理就是对企业的成本费用进行预测、计划、控制、核算、分析与考核，并采取降低成本费用等措施的一项管理工作。

财务分析方法有比较分析法、趋势分析法、因素分析法和比率分析法。财务能力分析包括企业偿债能力分析、企业营运能力分析和企业盈利能力分析。

关键术语

财务管理　　企业筹资　　资产管理　　企业投资　　财务分析

思考题

1. 简述财务管理的概念与特点。
2. 企业筹资有哪些渠道？筹资方式有哪些？
3. 流动资产管理涉及哪些内容？
4. 企业投资应考虑哪些主要因素？
5. 成本费用的构成有哪些？
6. 如何认识企业盈利能力分析的各种指标？

Chapter 10 第十章

企业人力资源管理

⚠ 教学目标

通过本章的学习,学生应能深刻地认识到人力资源管理的含义及内容,掌握人力资源规划与开发、绩效考核与薪酬管理、员工招聘与培训等方面的工作技能和方法,从而提高在企业人力资源管理方面解决实际问题的能力。

⚠ 教学要求

理解人力资源管理的含义、特征,人力资源规划的含义及任务,薪酬制度的要求与制定,人力资源招聘的原则,员工培训的原则;掌握人力资源管理的内容、人力资源规划的内容及程序、人力资源开发的层次、绩效考核的方法、人员招聘的程序及方法、员工培训的方式。

📚 引导案例

汉高祖刘邦的用人之道

汉高祖刘邦平民出身,文不能书,武不能战,智不比张良,勇不如韩信,才不敌萧何,但他善用人才,利用秦末暴乱之机,兴汉灭秦,成为中国历史上第一个平民皇帝。在总结取得天下的原因时,刘邦说道:"夫运筹帷幄之中,决胜千里之外,吾不如子房。镇国家,抚百姓,给馈饷,不绝粮道,吾不如萧何。连百万之军,战必胜,攻必取,吾不如韩信。此三者,皆人杰也,吾能用之,此吾所以取天下也。"

刘邦终其一生,具有爱才之心、识才之眼、选才之德、谋才之脑、提才之能、用才之胆、容才之量、护才之魄、育才之法和集才之力,从而把当时天下的人才集结在自己的周围,形成了一个优化组合。因此,企业管理者不一定样样都行,样样才干过人,但必须善于识人、选人、用人,否则任何雄才大略都难以有效地实施,任何宏图伟业都不能成功。企业不在大小,员工不在多少,凡重用众才之能者必兴,凡善聚众智之光者必明。

第一节　人力资源管理概述

现代企业越来越重视人力资源。成功的企业已认识到它们的员工比它们的机器设备更为重要。因此，现在大多数企业都设有人力资源开发与管理部门，以帮助企业做好甄选员工和培训的工作。这种人力资源开发与管理部门在制订工薪计划以及其他有关保健、安全和福利等计划方面也起着积极的作用。对许多企业来说，人力资源开发与管理部门已变得相当重要，它与企业的其他基本经营管理部门，如市场营销、生产和财务等部门比较起来，已具有同等地位。因此，大中型企业有必要设立专门的企业人力资源开发与管理部门。当然，在小型企业中，企业人力资源开发与管理部门的人员可能较少，有些职务可以进行合并。

一、人力资源的含义及特征

人力资源是指在一定区域范围内具有智力劳动能力和体力劳动能力的人的总和。对一个组织而言，人力资源是指在生产过程中投入的具有劳动能力的人的总量。人力资源的构成有两个要素：一是人力资源的数量，是人力资源的总量的基本指标，表现人力资源的量的大小的特征；二是人力资源的质量，是人力资源的素质指标，表现人力资源的质的高低的特征。

人力资源与物质资源相结合才能生产出新的产品，相对于物质资源而言，人力资源有生物性、能动性、再生性、时效性和社会性等特点。

二、企业人力资源管理

人力资源管理是根据心理学、社会学、管理学等所揭示的人的心理及行为规律，运用现代化的科学方法，对可利用的潜在的人力资源进行合理的组织、培训、开发、调配，使人力与物力保持协调，同时对人的思想、心理和行为进行激励、控制，充分发挥人的主观能动性，使人尽其才、事得其人、人事相宜，以取得最大经济效益，实现组织的战略目标。

企业人力资源管理的形式有两种：劳动管理和行为管理。从数量上对企业人力资源进行的管理，即人的内在管理，称为劳动管理；从质量上对企业人力资源进行的管理，称为行为管理。在传统管理方式中，人力资源管理形式主要以劳动管理为主。行为管理的作用很小。在科学管理方式中，还是以劳动管理为主，但行为管理的作用有所增加。在现代管理方式中，从劳动管理与行为管理二者并重，进一步过渡到以行为管理为主。目前，我国企业在人力资源管理中，一方面要加强劳动管理，另一方面更要重视行为管理。

三、企业人力资源管理的内容

在一个组织中，凡是与人有关的事情都与人力资源管理有关。人力资源管理部门主要的工作内容涉及四个方面：选人、育人、用人和留人。

（一）选人

在人力资源管理的过程中，选人包括人力资源的计划和招聘。

选人是人力资源管理的非常重要的第一步。选人者本身要有较高的素质和相应的专业知识。选人者只有知道什么是人才，才能招聘到真正的人才；选人者只有具有相应的专业知识，才能鉴别人才。候选者来源应尽量广泛，一般情况下，候选者越多，来源越广泛，越容易选出合适的人才。选人时应考虑最适合的人，并不是每个岗位都要选择最高层次的人才，有时高层次的人才反而干不好低层次的工作。

（二）育人

育人即培育人才。在人力资源管理的过程中，育人包括人力资源的培训与开发。

育人是人力资源管理的重要内容之一。育人要因材施教，每个人的素质、经历、知识水平不同，应针对每个人的特点，采用不同的培训内容和方式。育人要坚持实用的原则，一定要同实践联系起来，学以致用。要避免育人不当，要让那些需要提高、能够做出更大贡献的人得到培训的机会。

（三）用人

在人力资源管理的过程中，用人主要包括组织结构的设计及通过职务分析在每个岗位上安排合适的人。

用人是人力资源管理的目标，只有用人用得好，组织工作才有成效。用人一定要坚持量才录用的原则，人才要安排在适当的岗位上，用人不当、大材小用和小材大用都对组织不利。大材小用会造成人才的浪费，小材大用也会给企业造成损失。由于枯燥、呆板的工作会使人感觉乏味，会降低人的工作热情，导致工作效率降低，因此企业在设置岗位时应尽量使工作内容丰富多样。

（四）留人

在人力资源管理的过程中，留人主要是对人的工作绩效进行科学公正的评价，给予合理的报酬和适当的激励。

留住人才是人力资源管理部门的重要职责，留不住人才是企业的损失，是人力资源管理部门的失职。因此，企业要做好如下几方面的工作：一是制定合理的薪酬。薪酬不仅仅是衡量一个人的贡献大小的标准，往往也是衡量一个人的价值能不能得到体现、事业是否成功的标准。二是为个人规划美好的发展前景。企业为个人规划美好的发展前景对留住人才也很关键，人才有时会为了前途而放弃金钱要求选择留在组织继续工作。三是营造良好的企业文化。在一个企业文化良好的组织里工作，人际关系和谐，人的心情会较舒畅，也会乐于为企业做贡献。

四、人力资源管理的特点

人力资源管理是一门综合性、应用性较强的学科，它具有如下特点。

（一）综合性

人力资源管理的实质是对人的管理，由于人不仅涉及经济因素和政治因素，还涉及社会因素、组织因素、心理因素和生理因素等，因此，人力资源管理不仅涉及经济学、社会学、管理学，还涉及心理学、生理学和人类学等。它是一门建立在多种学科基础上的学科。

（二）实践性

人力资源管理的理论和方法均来源于实践中对人的管理的经验，人力资源管理的研究注重实践，注重应用研究，注重回答和解决实践中提出来的对人管理的各方面的问题，并在实践中检验其理论与方法的科学性。

（三）动态性

科学技术在不断地发展，社会也在不断地向前发展，环境在不断地变化，人对世界的认识也在不断深入。人力资源管理的研究也是这样，在研究和实践中发展和完善。人们在人力资源管理的研究探索中，不断丰富、不断修正已有的观点和结论，从而推动这门科学不断地向前发展。

第二节　人力资源规划与开发

企业的生存和发展需要一支高素质的员工队伍，这支高素质的队伍的形成绝不是一朝一夕的事情。选到适合组织发展的人才，做好人力资源的规划和开发，获取高质量的人才是人力资源管理的开端和重要环节。

一、人力资源规划

（一）人力资源规划的含义

人力资源规划是指根据企业的战略规划，通过对企业未来的人力资源需求和人力资源供给状况进行分析和预测，采取职务制定、员工招聘、测试选拔、培训开发等手段，使企业的人力资源的数量与质量能够满足企业发展的需要，从而保证企业的可持续发展。

（二）人力资源规划的任务

人力资源规划包括以下五项任务。

（1）根据企业总的整体战略规划和中长期经营计划，研究市场变化的趋势，掌握科学技术革新的方向，确定各种人力资源需求。

（2）组织结构的调整对人力资源需求的影响极为重大，因此人力资源规划必须研究未来企业组织结构变革的可能性，确定由于机械设备的变更、企业活动范围的扩大而导致的组织原则与组织形态的变更，进而推断未来的人力资源需求的变动状况。

（3）分析现有人力资源的素质、年龄结构与性别结构、变动率及缺勤率和工作情绪的变动趋势等状况，决定完成各项生产经营工作所需的各种类别和等级的人力资源。

（4）研究分析就业市场的人力资源供需状况，确定可以从社会人力资源供给中直接获得或与教育及培训机构合作预先为之培养的各种类别和等级的人力资源。如果发现某一个类别和等级的人力资源从上述两种途径都不可能取得，则企业还须自行制订人力资源训练计划，培养人才。

（5）使人力资源规划体系中的各项具体的计划保持平衡，并使之与企业的发展规划和计划相互衔接。

（三）人力资源规划的内容

人力资源规划的内容包括两个层次，即总体规划及各项业务计划。人力资源的总体规划是有关计划期内人力资源开发利用的总目标、总政策、总体实施步骤及总预算的安排；而人力资源规划所属的各项业务计划包括人员补充计划、人员使用计划、人才接替及提升计划、教育培训计划、评价及激励计划、劳动关系计划和退休解聘计划等。每一项具体业务计划由目标、政策、步骤及预算等部分构成。业务计划是总体规划的展开和具体化，是实现人力资源总体规划目标的保证。

（四）人力资源规划的程序

人力资源规划的程序如图 10-1 所示。

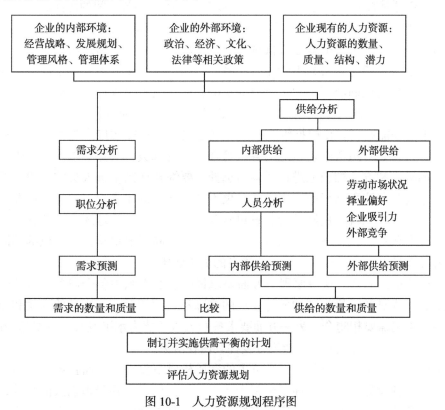

图 10-1　人力资源规划程序图

(五）人员配置及其原则

1. 人员配置

人员配置是人力资源规划后的落实阶段。企业中各级、各类职务需要人去担当，计划控制过程需要人去实施，制度规范需要人去推行，垂直影响和横向作用过程也不能不考虑人的因素。人员配置是对企业各类人员进行恰当而有效的选择、使用、考评和培养，以使合适的人员去担任企业中所规定的各项职务，从而保证企业的正常运转并实现预定目标的职能活动。在现代企业管理中，人员配置包括拟订组织工作计划、选拔、储备、任用、调动、考核评价和培养训练等相互关联的一系列环节和工作，因而可以视为一个职能系统。人员配置系统与其他管理职能密切联系、相互作用，并统一于企业管理的整体系统之中，成为该系统的一个子系统。

2. 人员配置的基本原则

人员配置是一项复杂的系统工程，由于企业内部分工细密，各个环节、职务和岗位的工作性质复杂，对人员的素质要求具有多样性。同时，在市场经济条件下，企业处于高度开放状态，包括人力资源在内的各项资源要素流动频繁，外部环境复杂多变且对企业的影响日益深刻，为使各类人员适应企业发展的要求，得到合理配置，必须坚持以下基本原则。

（1）系统开发原则。人员配置过程包括选拔、分配、组合、使用、培养、训练和储备等一系列环节和工作。上述环节之间既相对独立又紧密联系，相互制约，其中任何一个环节的工作状况都将对其他环节产生影响。例如人员的选拔是否得当，将直接影响其使用效果，而人力资源是否能得到充分利用，又直接取决于各个环节之间的协同配合程度。

（2）协调发展原则。市场经济条件下，一方面，随着收入水平和受教育程度的提高，越来越多的企业员工不再把就业仅仅视为谋生手段，而是力求通过所从事的工作实现自身的价值，求得智能与人格的不断完善；另一方面，作为在市场经济中属于主体地位并最富有活力和创造性的经济组织，企业的功能和职责也不仅仅局限于提供产品和谋取盈利，而是负有为员工的全面发展提供机会、创造条件的社会责任。

（3）选贤任能原则。在根据组织机构所确立的职务选配相应人员时，应坚持选贤任能的原则，特别是对担负管理职能的各级管理人员的选拔，应当务求唯贤不唯亲，用客观、科学的标准和方法准确地进行考察与选择。要综合评判备选人员的思想品德与工作能力，既不能过分注重品行而选用庸才，也不能片面强调才干而忽视思想修养。要通过人员的全面考评，把既有良好品行和思想修养，又具备较强管理才能的兼备型人才提拔到各级管理和领导岗位上来，委以重任，大胆使用。同时要根据工种岗位的不同要求择优选聘各类人员，为企业建立一支素质优良的员工队伍。

（4）适才适能原则。这一原则一方面要求根据企业组织中各个职务岗位的性质配备有关人员，即人员的数量和结构要与职位的多寡和类型相适应，人员的素质和能力要与其所担负职责的需要相吻合；另一方面要求按照人员的能力水平及特长分配适当的工作，使每个人既能胜任现有职务，又能充分发挥其内在潜力。

（5）扬长避短原则。企业中每个员工的素质构成不仅相异，而且各有长短。为做到用人之长，企业领导者必须全面了解每个员工的能力构成，善于识别人的长处，不以人之所短否定其所长，同时要敢于启用有缺点但具备某方面突出才能的人，不拘一格，放手使用，为使他们最大限度地发挥能力优势而创造条件。

（6）群体相容原则。现代企业内部分工细密，协作关系复杂，为使各个环节和岗位做到合理分工、密切协作，各群体内部要保持较高的相容度。为此，在人员配置时，不仅要强调人员与工作的相互匹配，而且要注重群体成员之间的结构合理和心理相容。群体的相容度对群体的士气、人际关系、行为的一致性和工作效率都有直接影响。群体成员彼此间高度相容，会使成员对群体目标一致认同，成员相互之间的感情融洽，行为协调有序，有利于充分发挥全体成员的积极性，收到群体绩效大于个体绩效之和的效果。

二、人力资源开发

在人力资源管理中，人力资源开发已成为越来越重要和突出的功能。这里"开发"一词有两层含义：一方面是指对人力资源的充分发掘和合理利用，另一方面是指对人力资源的培养与发展。这一功能之所以日益重要，不仅是因为通过开发企业可以尽量利用员工们现有的才能，充分激发他们的潜能，而且对员工的开发又是一种强有力的激励手段，能调动他们积极且富有创造性的工作热情。

（一）人力资源开发概述

1. 人力资源开发的概念

人力资源开发是一个通过改变员工现有的行为、知识和态度以使员工的特性符合工作要求的系统化的过程。企业通过训练、练习等手段提高员工的工作能力、知识水平，激发员工的潜能，最大限度地使员工的个人素质与工作需求相匹配，进而促使员工的工作绩效提高。

2. 人力资源开发的意义

当今世界，新技术日新月异，国家的经济和社会职能日益复杂化和职能化。这对企业人力资源的素质要求越来越高，"终身教育""学习型组织"的提法和概念都表明人力资源开发已成为企业增强自身竞争力的重要途径。

人力资源开发正在成为世界范围内企业关注的问题，有的企业甚至把人力资源开发作为一项重要的发展战略，如爱立信（中国）公司为它的管理人员提供的5年后所需要的技能培训开发项目。又如，美国的工商企业每年投入300万美元，用于工人的技能培训。美国政府提出要求，员工在100人以上的公司每年必须投入工资总额的1.5%用于员工培训。

培训开发作为提高人的素质的一条重要途径已日益受到各界重视。近几年来，我国政府对于企业管理者的培训开发也给予了高度重视。实践证明，即使是接受过高等教育的管理人员，他们的思想观念、知识层次、行为方式也不适应当前企业发展的要求。在此背景下，尽快提高企业经营管理者的素质，已成为当前企业管理工作的重中之重。

（二）人力资源开发的三个层次

企业人力资源开发不仅仅指通常意义上的培训工作，还包括更广泛的内容与活动。大体上，人力资源开发包含下面三个层次。

1. 员工导向活动

"导向"一词是直接译自英语 orientation，意为指引方向。所以从浅层意义看，导向活动是指为刚招聘进企业、对内外情况生疏的新员工指引方向，让他们对新的工作环境、条件、人员关系、工作内容、应尽职责、规章制度、组织的期望有所了解，尽快而顺利地安下心来，融入企业并投身到工作中，进入职位角色，并创造优良绩效。然而，从更深层的作用来分析，员工导向活动对于培养员工的组织归属感有更为长远且重大的意义。新招聘来的员工对企业抱有多种期望，企业通过导向活动可以有效地了解、调整并满足新员工的期望，从而引导员工对企业产生归属感。同时，员工导向活动也是企业对员工进行企业文化教育、塑造员工规范行为的良好机会。

2. 员工培训活动

培训活动是人力资源开发的主体，也是企业最易理解、最常开展的活动。根据培训的内容，培训分为技术性培训和管理性培训两种。技术性培训主要是对员工的专业知识和技术、技能进行教育培训；管理性培训是针对企业管理者所进行的培训，其内容主要集中在管理观念、管理知识、管理技能等方面。

培训活动中常采用的方法主要有课堂讲授、现场操作、外派进修等，管理性培训中应该多使用一些亲验式的方法，如案例讨论、模拟练习、心理测试、角色扮演、游戏竞争等。

3. 员工职业生涯管理

职业生涯是指一个人从首次参加工作开始的一生中所有的工作活动与工作经历，按编年的顺序串接组成的整个过程。多数人对自己未来的发展有一定的期望、设想、预计与准备，并为实现个人抱负设置了目标，为实现此目标而努力创造条件。在人的一生中，对个人职业生涯影响最大的还是他们所在的企业组织。

随着时代的发展，现代企业对其员工的个人职业生涯越来越关心了。一方面，科技的迅速发展与市场竞争的加剧，使得企业对员工自身的主动性与创造性越来越依赖了；另一方面，科技发展又促进了员工的文化教育水平的提高，他们有较强的自我意识和对本身权利的要求。这样，企业不但不反对员工有自己的职业生涯设计，反而鼓励并帮助他们完善和实现自己的个人目标，同时设法引导这种个人目标与企业的需要相匹配。

员工职业生涯管理是人力资源开发的重要内容，其目的在于把员工的个人需要与组织的需要统一起来，做到人尽其才，并最大限度地调动员工的积极性；同时使员工觉得在此组织中大有可为，前程似锦，从而培养、提高其组织归属感。现代成功企业往往十分重视对员工的职业生涯管理，聘请外部专家和内部专职人员为员工提供职业生涯指导，包括帮助员工做好自我分析，提供企业中可供选择的发展途径的信息，以及为员工拟订有预见性的培养计划。

第三节 绩效考核与薪酬管理

一、绩效考核

（一）绩效与绩效考核

1. 绩效的含义与特点

（1）绩效的含义。员工的工作绩效，是指他们那些经过考核的工作行为、表现及结果。工作绩效被组织和员工共同关注，员工工作绩效的高低直接影响着组织的整体效率和效益。因此，了解绩效的特点和影响工作绩效的因素对于掌握和提高员工的工作绩效具有重大意义。

（2）绩效的特点。绩效具有以下几个特点。

首先，绩效具有多因性。员工工作绩效的优劣不是由单一因素决定的，而要受制于主、客观的多种因素。比较一致的观点是，绩效是员工的激励、能力水平和环境因素相互作用的结果。

其次，绩效具有多维性。工作绩效需要沿多种维度、多个方面去进行分析和考核，才能获得有关绩效的真实评价。

再次，员工的工作绩效只是一段时间内的工作情况的反映，具有动态性。

了解绩效的多因、多维和动态特点，可以使管理者在进行绩效考核时能以全面、客观、权变的眼光考察员工的工作绩效，有意识地防止片面、主观、僵化。

2. 绩效考核的定义

绩效考核就是对员工的工作绩效进行考察、测定和评估。绩效考核简称考绩，是工作行为和结果的测定过程，即根据员工的工作说明书，应用过去制定的标准来比较和评价员工在一个确定期限内对组织的贡献的过程。

3. 绩效考核的功能

绩效考核作为一项重要的人力资源管理职能，其功能是多样而广泛的，主要可以归纳为以下三大类。

（1）管理决策的功能。绩效考核是一种控制手段，是制定人事决策的依据。企业通过对其员工工作绩效的考核，获得相关信息，便可据此制定相应的人事决策与措施，通过奖惩、升降、淘汰达到调整控制的目的。

绩效考核是进行薪酬管理的重要工具。按照企业既定的薪酬原则，通过科学合理的绩效考核来决定对员工薪酬的调整，可以发挥出一定的激励作用，达到提高工作绩效的目的。

（2）培训开发的功能。绩效考核可以确定培训需求。绩效考核是按制定的绩效标准进行的，考核结果显示出的不足之处就是员工的培训需求，管理者可以据此制订培训计划。经过培训之后再对员工进行绩效考核，还可以检验培训计划与措施的实际效果。

绩效考核是开发人力资源的重要手段。绩效考核给管理者和员工双方提供了讨论该员工长期事业目标和发展计划的机会，这一机会是通过反馈考核结果来实现的。在过去的工作绩效的基础上，管理者向员工提出具体建议，帮助员工分析提高工作绩效的方法，并使之与该员工的长期目标结合起来。

（3）促进沟通的功能。将绩效考核的结果向员工进行反馈，可以促进上下级之间的沟通，使双方了解彼此对对方的期望。同样，通过绩效考核进行沟通可以使员工提高或保持现有的良好绩效。

（二）绩效考核的方法

1. 绩效考核的基本类型

根据绩效考核所选择的考核内容的不同，绩效考核可以分为以下三种基本类型。

（1）品质基础型考核。品质基础型考核主要用于评价员工的个性或个人能力、特征等，而对员工工作的最终结果关注不够，其有效性值得商讨。但是这种考核类型比较适用于对管理者的绩效考核，管理工作的特点对管理者的品质、能力及素质要求提出了一定的标准。

（2）行为基础型考核。行为基础型考核重点评价员工在工作中的行为表现，即工作是如何完成的。这种考核类型较适用于那些绩效难以量化考核或需要以某种规范行为来完成工作任务的员工，如商店的售货员、宾馆的服务员等。

（3）效果基础型考核。效果基础型考核着眼于"干出了什么"，而不是"干了什么"。其考核的重点在于产出和贡献，而不关心行为和过程。这类考核对于那些最终绩效表现为客观、具体、可量化的指标的员工是非常适合的。

总之，三种基本类型各有其适用的对象，也都存在不少问题。在实际进行绩效考核时，根据具体情况慎重地选择、取舍和组合是非常必要的。

2. 具体的绩效考核方法

用于绩效考核的方法很多，这里主要介绍几种比较有代表性的。

（1）分级法。此法是按被考核者每人绩效的相对优劣程度，通过直接比较来确定每人的相对等级或名次，所以也常称为排序法，即排出全体被考核者的绩效优劣顺序。分级法易于解释、理解和使用，但这种考绩方法是概括性的、不精确的，所评出的等级或名次只有相对意义，等级差无法确定。

（2）成对比较法。此法要将全体员工逐一配对比较，按照逐对比较中被评为较优的总次数来确定等级名次。这是一种系统比较程序，科学合理，但此法通常只考核总体状况，不分解维度，也不测评具体行为，其结果也是仅有相对等级顺序。该方法还要受被考核者总数的限制。

（3）强制分配法。此法是按统计学上"两头小、中间大"的正态分布规律，先确定好各等级在总数中所占的比例，然后按照每个被考核者绩效的相对优劣程度，强制列入其中的一定等级。强制分配法较适用于对员工人数较多的情况下总体状况的考核。它简易方便，在样本较大时，符合正态分布规律的可能性较大，可以避免考核者主观、片面，但是这种考绩方法也会导致出现过分偏宽、偏严或高度趋中等类偏差。

（4）量表法。量表法是应用得最为广泛的考绩方法。它通常进行维度分解，沿各维度划分等级，并通过设置量表（即尺度）来实现量化考核。

（5）关键事件法。这种方法需为每一个被考核的员工保留一本"绩效记录"，由考核并知情的人（通常为被考核者的直属上级）随时记录。所记录的事件既有好事，也有不好的事；所记录的必须是较突出的、与工作绩效直接相关的事（即关键事件），而不是一般的、琐碎的、生活细节方面的事；所记录的应是具体的时间与行为，而不是对某种品质的评判。关键事件的记录本身不是评语，只是素材的积累，但有了这些具体事实作根据，经归纳、整理便可得出可信的考核结论。

（6）行为锚定评分法（BARS法）。此法实质上是把量表法和关键事件法结合起来，兼具两者之长。它为每一职务的各考核维度都设计出一个评分量表，并有一系列典型的行为描述句与量表上的一定刻度（评分标准）相对应的联系（即所谓"锚定"），当考核者为被考核者的实际表现评分时，行为锚定评分法可以为考核者提供参考依据。这些代表了从最劣至最佳典型绩效的、有具体行为描述的锚定点，不但能使被考核者较深刻且信服地了解自身的现状，还可找到具体的改进目标。

（三）绩效考核的组织与实施

绩效考核作为一项重要的人力资源管理手段，能否发挥出预期的作用，不仅取决于考核方案是否具有科学性、健全性，而且取决于考核前后是否精心组织和考核中是否认真实施。

1. 绩效考核的组织

（1）各级管理者的认识与支持是绩效考核的基础。"每个经理都是人事经理"。首先，要从观念上明确绩效考核是各级管理者的主要职责，而不仅仅是人力资源管理部门的职责。一个企业如果不能明确绩效考核的责任者，就不可能将绩效考核工作组织好。企业高层领导应该从更高层次上关注考核的内容和考核方案的设计，给予必要的指导和支持，使绩效考核与企业战略、企业文化所倡导的目标相一致。同时，企业高层领导在制定人力资源政策时加强相关政策与绩效考核结果的关联性，更能保证绩效考核发挥应有的控制、激励功能，并使之成为有效的人力资源管理职能之一。

（2）人力资源管理部门在绩效考核中的职责。人力资源部是专职的人事职能部门，是组织实施绩效考核的协调者和监督者。其主要职责如下。

1）设计、试用、改进和完善绩效考核方案。
2）组织宣传绩效考核方案的内容、目的和要求，并对考核者进行相关培训。
3）督促、检查、协助各部门按计划实施绩效考核。
4）及时收集考核实施中的各类信息并进行分析、整理，以利今后改进。
5）根据考核结果和现有的人力资源政策，向决策部门提供相关人事决策的依据并有责任提出必要的决策建议。
6）负责所有考核资料的档案管理。

（3）其他部门的管理者在绩效考核中的职责。其他部门管理者的考核责任与人力资源管理部门有所不同，其主要职责如下。

1）负责组织实施在本部门进行的考核工作。
2）审核、确定本部门员工的考核结果，并对最终考核结果负责。
3）协调、解决本部门员工在考核中出现的问题，并有责任向下属员工解释考核方案。
4）有责任向人力资源管理部门反馈本部门员工对绩效考核的看法及意见。
5）根据考核结果和现有的人力资源政策，做出职权范围内的人事决策。

2. 绩效考核的实施

在绩效考核的实施中，除了要保证按照绩效考核方案中的操作程序按部就班地进行，还要特别注意下面两个问题。

（1）培训考核者。不同的考核者在理解力、观察力、判断力以及个性倾向方面都存在一定的差异，因此，对考核者进行全面而有效的培训是至关重要的。培训内容主要有以下几个方面。

1）认真讲解考核内容及考核标准的具体含义，并进行适当的模拟考核练习。

2）列举出典型的考核错误，诸如过宽、过严、趋中、晕轮等，然后组织考核者一起进行分析，在考核中有意识地避免这类错误。

3）通过各类模拟练习和培训讲师的讲解，提高考核者观察被考核者的行为表现的能力以及依据有关信息进行判断的能力。

4）通过高层领导的重视以及人力资源管理部门的宣传和制度要求，提高考核者对考核的重视程度，促使考核者积极投入考核工作中，保证绩效考核有效实施。

（2）有计划地定期、集中实施考核。考核要定期进行，考核周期一般以半年或一年为宜。要想保证全体员工都能认真对待考核，就必须充分做好计划和宣传，确定具体考核时间和地点，并由专人负责组织实施。许多绩效考核工作开展得十分有效的公司经常采取"考核周"的形式来实施考核。

二、薪酬管理

在人力资源管理的各项职能中，薪酬管理是人们最为关切、议论最多的部分，因此也常常是最受重视的部分。这里介绍一些现代薪酬管理的理论与设计方法。

（一）薪酬与薪酬管理

1. 薪酬的实质

薪酬就是企业根据它的员工（包括干部）为企业做出的贡献（包括他们实现的绩效）付出的努力、时间、学识、技能、经验与创造而付给他们的相应的回报或答谢。这实质上是一种公平的交换或交易。作为管理者，正视和认识市场经济中按贡献付酬这一现象的交换性本质，才便于正确、有效地进行薪酬管理。

2. 薪酬的构成

企业的薪酬，主要由工资、奖励和福利三个部分构成。它们各自的性质不同，在薪酬总额中的比重不同，发挥的作用也有差异。工资是薪酬中相对固定和稳定的部分，在不同国家、不同企业中，工资所占的比重也不同。

奖励的形式有奖金、佣金等。它们可与员工个人绩效挂钩，也可与群体（班组、科、处、室等）乃至企业效益结合。奖励的依据是贡献率，具有明确的针对性和短期刺激性，是对员工近期绩效的回报，故浮动多变。

福利，从本质上讲是一种补充性报酬，往往以实物或服务的形式支付，如带薪休假、子女教育津贴、廉价住房、优惠价购买本企业股票、保险等。

3. 薪酬管理的功能

薪酬管理的功能与人力资源管理的总功能是一致的，即能吸引来、保留住和激励起企业所需的人力资源。其实，吸引、保留、激励三者是一致的，归结起来，就是薪酬管理的激励功能，即激发起员工的良好工作动机和他们创造优秀绩效的热情。简言之，就是能调动起员工的工作积极性，使他们愿意在本企业努力工作。

（二）薪酬制度的要求与制定

1. 对健全合理的薪酬制度的要求

健全合理的薪酬制度是发挥薪酬管理重要功能的前提和基础。对它的具体要求主要有公平性、竞争性、激励性、经济性与合法性。

（1）公平性。企业员工对薪酬分配的公平感，是设计薪酬制度和进行薪酬管理时的首要考虑因素。薪酬的公平性可以分为三个层次：①外部公平性，即指同一行业或同一地区或同等规模的不同企业中类似职务的薪酬应当基本相同；②内部公平性，即指同一企业中不同职务所获薪酬应与各自的贡献成正比；③个人公平性，涉及同一企业中占据相同岗位的人所获薪酬间的比较。为了保证薪酬制度的公平性，企业的薪酬制度要有明确一致的原则做指导，并有统一的可以说明的规范做依据；同时，制定的薪酬制度要具有民主性、参与性和透明性。

（2）竞争性。在社会上和人才市场中，企业的薪酬标准要有吸引力，才足以战胜其他企业而招到所需人才。

（3）激励性。企业内部各类、各级职务的薪酬水准要适当拉开差距，真正体现按贡献分配的原则。

（4）经济性。提高企业的薪酬水准固然可提高其竞争性与激励性，但同时不可避免地会导致人力成本的上升，所以制定薪酬制度时要考虑到经济性。

（5）合法性。企业薪酬制度必须符合国家的有关政策与法律。

2. 影响薪酬制度制定的主要因素

这些因素大致可分为外在、内在两大类。

（1）外在因素主要有以下几项。

1）劳动力市场的供需关系与竞争状况。作为一种重要的资源，人力资源的价格会受劳动力市场供需关系变化的影响。在竞争激烈的行业中，奖酬往往成为一种重要的竞争手段。

2）地区及行业的特点与惯例。这里的特点也包括基本观点、道德观念与价值观。如沿海与内地、基础行业与高科技新兴行业、国有大中型企业密集地区与三资企业集中地区等之间的差异，必然会反映到企业的薪酬政策上来。

3）当地生活水平。生活水平的高低会影响当地物价指数的变化和员工对个人生活的期望，这在一定程度上将影响企业的薪酬调整政策。

4）国家的有关法令和法规。

（2）内在因素主要包括下列几项。

1）企业的业务性质与内容。如果是传统型的、劳力密集型的企业，则劳力成本占总成本的比重可能很大；若是高技术的资本密集型企业，劳力成本在总成本核算中的比重却不大。显然这对企业的薪酬政策会有不同的影响。

2）企业的经营状况与财政实力。经营状况是不断变换的，经营好坏也无绝对的判断标准，所以经营状况对企业薪酬政策的影响只是间接的和远期性的。

3）企业的管理哲学和企业文化。企业领导对员工本性认识（管理人性观）的不同，将会导致企业薪酬政策大相径庭。

事实上，企业在制定其薪酬政策时，需综合地权衡所有这些内外因素的。

(三) 企业工资制度的合理设计

工资是薪酬的重要组成部分，企业工资制度设计得是否合理，将极大地影响薪酬管理的有效性。从工资制度的发展来看，比较合理有效的是目前企业使用广泛的结构工资制。它由基本工资、工龄工资、职务（岗位）工资及若干种国家政策性津贴构成。其中基本工资是较低而平均的，以保障任何员工都能维持最低生活水准；工龄工资及国家政策性津贴由于标准明确，也易于确定；职务（岗位）工资是对员工履行了其职务说明中规定的基本职责而做出的贡献的酬金，在工资总额中所占比重最大。这样，职务（岗位）工资便成为工资制度设计的主题，下面将以职务（岗位）工资为核心介绍企业工资制度的设计理论。

制定健全合理的工资政策与制度，是企业人力资源管理中的一项重大决策，这就需有一套完整而正规的程序来保证工资制度质量，图10-2所示为典型的工资制度建立过程。它由七个环节或步骤构成，图中的实线框表示各步骤的名称，虚线框则说明各步骤对应的主要内容和活动，箭头指出了各步骤依次进行的顺序。

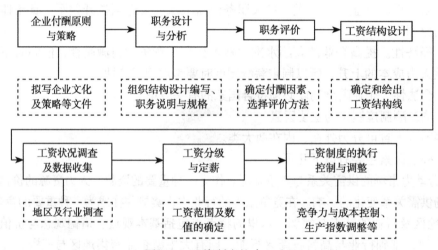

图10-2 工资制度的建立过程

现在逐一对每一步骤做简要介绍。

1. 企业付酬原则与策略

这是企业文化的一部分内容，对以后诸环节起着重要的指导作用。它包括对员工本性的认识（管理人性观），对员工总体价值的评价，对管理骨干及高级专业人才所起作用的估计等之类核心价值观，以及由此衍生的有关工资分配的政策与策略等。

2. 职务设计与分析

这是建立工资制度的基础和依据。这一步骤将产生企业的组织结构系统图及所有职务的说明与规格等文件（工作说明书），对此前面已有专门介绍，此处不再赘述。

3. 职务评价

这是建立工资制度的核心环节，也是保证内在公平性的关键一步。职务评价主要是找出企业内各种职务的共同付酬因素，根据一定的评价方法，按每项职务对企业贡献的大小，确定其具体的价值。

4. 工资结构设计

经过职务评价这一步骤，无论采用哪种方法，都可得到表明每一职务对本企业相对价值的顺序、等级、分数或象征性的金额。找出这样的理论价值后，还必须根据设计出的"工资结构线"将其转换成实际的工资值。工资结构线是指一个企业的组织结构中各职位的相对价值与其对应的实付工资的关系的线性表示，它要通过科学、清楚的工资结构设计来获得。

5. 工资状况调查及数据收集

这一步其实应与上一步骤同时进行。企业通过调查和分析，参照同行或同地区其他企业的现有工资来调整本企业对应职务的工资，以便保证企业工资制度的外在公平性。

6. 工资分级与定薪

这一步骤反映在职务评价后，企业根据其确定的工资结构线，将众多类型的职务工资归结并组合成若干等级，形成一个工资等级（或称职级）系列，以此确定企业内每一职务具体的工资范围，保证员工个人工资的公平性。

7. 工资制度的执行控制与调整

企业工资制度一经建立，如何投入正常运作并对之实行适当的控制与管理，使其发挥应有的功能，是一个相当复杂的问题，而工资制度的执行控制与调整也是一项长期的工作。

第四节　员工招聘与培训

一、员工招聘

（一）招聘的含义

招聘，就是招募、选择和聘用组织所需要的人力资源。人力资源的招聘是确保组织生存和发展的一项经常性、必不可少的重要工作。人力资源招聘的意义是十分重大的，组织与组织之间的竞争，实质上是人才之间的竞争，从组织的内外部招聘到合适的高素质的人才可以为组织注入新的管理思想，带来新的技术，增添新的活力。招聘已成为组织创造经济效益的重要途径之一，也是组织进行宣传的过程，同时，也有利于人力资源合理流动，实现人力资源的有效配置。

（二）招聘的原则

人力资源的招聘不仅是组织内部的事情，而且是一项经济性、社会性的工作，要做好招聘工作，在招聘过程中，有两条重要的原则需要遵循，即公开竞争原则和用人之长原则。

（三）人员招聘的程序

根据人员招聘的上述基本原则，企业应当严格按照一定的程序开展招聘选拔工作，要根据各岗位的工作性质及特点，对将要招聘的岗位进行分析和评价，以确定所招聘人员所必须具备的条件。人员招聘的程序如下。

（1）企业的人力资源管理部门提出招聘计划报告。

（2）由企业的人力资源管理部门公布招聘简章，其内容包括招聘的范围、对象、岗位、条件、数量、待遇和方法等。

（3）根据自愿的原则，在划定的范围内接受招聘对象的报名。

（4）进行招聘考试。考试分笔试和面试两种。

（5）对考试合格的人员进行体检。

（6）将考试材料、体检表、应聘者档案以及应聘者提交的其他有关材料一并报送企业人事主管。

（7）录用后，发录用通知书，并签订劳动合同。

（四）人员招聘的方法

人员招聘方法是对应聘者进行评价，从而决定是否录用的具体方法。人员招聘的方法有三类：背景履历分析法、面谈法和测验法。无论采用何种方法，都不是为了判断一个应聘者是否符合具体岗位的要求，而是对应聘者个人素质进行综合评价。

1. 背景履历分析法

背景履历分析法是指根据档案记载的事实，了解一个人的成长历程和工作业绩，从而对其素质状况进行推测的一种评价方法。该方法可靠性高，成本低，但也存在档案记载不详而无法全面深入了解的弊端。

2. 面谈法

面谈法是以面对面交谈及观察为主要形式，对被测试者的有关素质进行测评的方法。通过正式交谈，企业能够客观了解应聘者的业务知识水平、礼貌风度、工作经验、求职动机等信息，应聘者能够了解更全面的企业信息。与传统人事管理只注重知识的掌握不同的是，现代人力资源管理更注重实际能力与工作潜力。通过进一步的面谈，企业（特别是用人部门）可以了解应聘者的语言表达能力、反应能力、个人修养、逻辑思维能力等，而应聘者则可以了解到自己在组织中的发展前景，能将个人期望与现实情况进行比较，了解企业提供的职位是否与个人兴趣相符等。尤其是对高级人才的选择，笔试一般是无效的。比如，对企业高级管理人员的选用一般只能通过深入的交谈来了解应聘者的管理思想、管理作风以及应聘者对本企业下一步发展的思路等。

3. 测验法

所谓测验，是对行为样本的客观和标准化的测量，通俗地讲，是指通过观察人的少数有代表性的行为，对于贯穿人的行为活动的心理特征，依据确定的原则进行推论和数量化分析的一种科学手段。

测验，在人力资源开发中通常指心理测验。按照所测量的目标，心理测验可分为四类：①智力测验，测量被试者的一般能力水平（即G因素）。②特殊能力测验，测量被试者具有的某种特殊才能（即S因素），以及了解其具有的有潜力的发展方向。③成就测验，即知识测验，测量被试者经过某种努力所达到的水平。知识是人在某领域的成就的反映，因而知识测验也可以纳入广义的心理测验内容中。④人格测验，测量被试者的情绪、兴趣、态度等个性心理特征。

二、员工培训

随着现代社会科学技术的迅猛发展及知识更新速度的加快，员工培训成为企业提高员工队伍的素质，适应现代生产技术对人力资源水平的高要求、适应激烈的国内外竞争要求的方法之一。

（一）员工培训的含义

员工培训是企业为了使员工获得或改进与工作有关的新知识、新观念、新技能以利于提高员工的工作效率，提高企业的绩效所进行的有计划、有系统的各种学习、教育和训练等。

（二）员工培训的特点

企业员工培训教育不同于普通教育，有它自身的特点，主要表现在以下几个方面。
（1）培训教育的对象是在职人员，因此，人员培训是一种不脱离生产经营实际的培训教育。
（2）员工培训同生产经营需要紧密结合，员工干什么工作就学什么，针对性强。
（3）员工培训形式多样，适应性强。

企业可以根据自身的条件，采取不同的培训形式。有条件的企业，可以搞脱产培训；无条件的企业，可以以半脱产或业余的形式进行。此外，企业可以利用网络和电视授课，以适应各类人员的不同需要。

（三）员工培训的原则

为有效增进员工的知识、技能和能力，企业的培训需定立原则，确定合适的培训方法以激励受训者。具体原则如下。

1. 学以致用原则

培训应该有明确的目的。培训计划的设计应根据实际工作的需要，并考虑工作岗位的特点，以及员工的年龄、知识结构、能力结构等因素，全面地确定培训的内容。

2. 专业知识技能和企业文化并重的原则

培训的内容，除了包括知识和技能外，还需包括企业的信念、价值观和道德观等，以便培养员工养成符合企业要求的工作态度。

3. 全员培训和重点提高相结合的原则

全员培训是指有计划、有步骤地培训所有员工，以提高全员素质。在资源的使用上，应按职级的高低安排培训的先后次序，从上而下，先培训管理骨干，特别是中上层管理人员，以提升领导素质，然后再培训基层员工。

4. 严格考核和择优奖励原则

严格考核和择优奖励是不可缺少的环节。前者可确保培训的质量，后者可激励员工的积极性。

(四)培训的类型

从不同的角度来划分,培训有不同的类型。

1. 在职培训和脱产培训

在职培训是在不脱离工作岗位的情况下对员工进行岗位的培训,培训内容与工作现场实际运作相结合,强调实践性和针对性,指导者由有一定的资历、经验丰富的员工担当,接受培训的人具有一定的知识技能,通过培训使其在知识技能上能够提高到新的高度和广度。在职培训中常见的方式有岗位轮换、担任助理等。脱产培训是指离开工作岗位一段时间,由组织内外的人员对接受培训的人员进行集中的教育指导训练。常见的方式有组织内部的集中培训、一些组织外部机构举办的培训或研讨会、参加高等院校的学历或非学历教育等。

2. 学历教育培训和非学历教育培训

培训从取得的资格来分,有学历教育培训和非学历教育培训。学历教育是指参加正规的学校学习,取得国家教育主管部门认可的文凭的教育,学历教育培训的目的是提高个人的文化素质和技能;非学历教育是指接受不能取得国家教育主管部门认可的文凭的教育,非学历教育培训主要是岗位或职务培训等,其目的是从工作的实际出发,围绕职位的特点进行针对性的培训。

(五)培训的内容

培训的内容大致可分为三类:一是传授员工知识。当今世界发展变化很快,知识更新的速度也很快,只有不断地学习,才能跟得上时代发展的要求。二是提高员工的技能,包括专业技术技能、管理技能、人际技能等。三是强化员工的精神(包括员工的奉献精神、团队精神)和责任感,使员工能够以更好的精神状态投入工作中。

(六)常见的培训方法

1. 讲授法

这是最常见的方法,主要由培训者讲述知识,受训者学习知识。这种方法特别适用于培训对象人数较多的情况。在知识更新速度不断加快的时代,人们不可能事事都去亲身体验,仅靠个人自学所能获取的知识也是有限的,集中一定的时间接受别人传授的知识,可以加快知识更新的速度。

2. 研讨会

研讨会一般是组织者提出研讨会的主题,参加研讨会的人员首先掌握有关材料,在组织者的主持下进行研究交流,从而达到提高对某些问题的认识或找到解决问题的方法的目的。研讨会的形式有很多,如循序渐进式、组合式、快速联想式、模拟游戏式,不同的形式适用的培训内容和受训人员也不同。

3. 专题研究法

专题研究是由受训人员组成的研究小组,承担某一个研究项目,通过查阅资料、文件,调查项目有关情况,然后写出研究报告,受训人员从这种专题研究中得到能力锻炼并提高业务水平的一种方法。

4. 案例研究法

这是一种培训决策能力和解决问题能力的有效方法。这种方法是首先让受训者阅读、了解一个描述完整的经营管理问题的案例，然后让受训者组织讨论，找出一个适当的解决问题的方法。通过讨论，受训者在分析信息、处理问题、做出决策等方面的能力可以得到提高。

5. 角色扮演法

这种方法一般是在一个模拟真实的情景中，由两个以上的受训者扮演组织中不同岗位的角色，模拟指定的活动，训练自己在复杂情况下处理问题的能力。受训者扮演的角色往往是工作情景中经常接触到的人，如上司、下属、同事、客户等。这种方法比较适用于培训人际关系的技能。

6. 仪器模拟法

这种方法是用仪器来模拟真实的场景，受训者可以直接与机器进行"人机"对话，以达到当实际情况出现时能够做出正确的反应并能够最终应用与实践的方法，如飞机驾驶训练等。

7. 敏感性训练法

这种方法一般是由10个人左右组成小组，每组配备一名观察组员行为的培训师，培训时没有比较固定的日程安排，讨论的主要问题集中在：为何参与者的行为会如此？人们是怎样察觉他人的情感的？人的情感是如何相互作用的？这种方法有助于提高受训者的人际技能。

本章小结

人力资源管理是根据心理学、社会学、管理学等所揭示的人的心理及行为规律，运用现代化的科学方法，对可利用的潜在的人力资源进行合理的组织、培训、开发、调配，使人力与物力保持协调，同时对人的思想、心理和行为进行激励、控制，充分发挥人的主观能动性，使人尽其才，以取得最大的经济效益，实现组织的战略目标。人力资源管理部门主要的工作内容涉及四个方面：选人、育人、用人和留人。

人力资源规划内容包括两个层次，即总体规划及各项业务计划。人力资源规划的过程一般包括企业内外部环境及现有的人力资源分析，需求和供给预测，需求与供给的数量和质量相比较，制订并实施供需平衡的计划，评估人力资源规划等步骤。

人力资源开发是一个系统化的行为改变过程，这个行为改变过程的最终目的就是通过工作能力、知识水平的提高，以及个人潜能的发挥，明显地改善和提高员工的工作绩效。

根据绩效考核所选择的考核内容的不同，可以将绩效考核分为品质基础型考核、行为基础型考核、效果基础型考核。其考核的方法很多，有分级法、成对比较法、强制分配法、量表法、关键事件法、行为锚定评分法等。

制定健全合理的薪酬制度是发挥薪酬管理重要功能的前提和基础，影响薪酬制度制定的主要因素大致可分为外在、内在两大类。

人力资源招聘的方法有三类：背景履历分析法、面谈法和测验法。加强员工培训，提高员工队伍的素质以适应新的需求显得尤为重要。员工培训有着明确的原则，在明确了培训内容的条件下，要选择适合自己的培训方式。

关键术语

人力资源　　人力资源规划　　人力资源开发　　绩效考核

思考题

1. 人力资源的含义及特征是什么？
2. 人力资源管理的内容是什么？
3. 人力资源规划的含义及任务是什么？
4. 绩效考核的方法有哪些？各种方法有何特点？
5. 企业人员招聘的程序是什么？培训方式有哪些？

Chapter 11 第十一章

企业文化

⚠ 教学目标

通过本章的学习,学生应能够对企业文化的相关概念、功能,以及企业文化的结构、企业文化建设有较深刻的理解,对企业发展过程中遇到的有关文化问题有一个初步的认识,并能针对具体问题提出一定的解决方法,使企业文化更好地促进企业持续发展。

⚠ 教学要求

本章要求学生了解企业文化的发展,理解企业文化的概念、内涵、特征和功能,掌握企业文化的结构、企业文化建设的内容与步骤。

📚 引导案例

孙悟空的紧箍咒

看过电视剧《西游记》的朋友可能会对结局时的一段内容记忆犹新。当唐僧师徒四人经过九九八十一难来到西天如来佛祖面前时,孙悟空并不想讨得什么封赏或成为什么佛,而是请求观音菩萨念念那松箍咒,将他头上的金箍取下。观音菩萨说金箍已经自动消失了,孙悟空一摸,果然没有了。为什么孙悟空头上的金箍自动没了?这是因为孙悟空在去西天取经的路上历尽千辛万苦,反复受到制度的约束,最后,他对佛家的思想理念、行为规范已经习惯了,并且将那些理念、规范作为自己的行动指南,从思想上接受了佛家的价值理念,使得自己的行为无需外来约束就完全符合佛家的核心价值观的要求。这就是文化的作用。

企业除了要有"硬性"的规章制度之外,还要有一种"软性"的协调力和凝聚力。这种无形的"软约束"力量构成企业有效运行的内在驱动力,就是被称为"管理之魂"的企业文化。企业文化是一个有机系统,塑造企业文化是领导者必须实践的一项职能。一旦企业文化被融入每名员工的心里,它便为全体员工提供了行为准则,不管他们在哪个地方工作,都能运用已经融入心中的价值观指导自己的行动。企业文化的基本思路是要改变管理者和被管理者的对立,使他们主动为企业的共同目标而奋斗。企业文化是现代管理理论与文化理论相结合的产物,也是现代管理实践的产物,对企业的经营决策和领导风格,以及企业员工的工作态度和工作作风都起着决定性作用。

第一节 企业文化概述

一、企业文化的发展

企业文化研究热潮源于日本经济的崛起对美国所造成的冲击。日本是第二次世界大战的战败国,但是在二战以后,日本经济却在短短 30 年左右的时间里迅速崛起,一跃成为世界第二大经济强国。日本经济的崛起,让西方国家乃至全世界都为之震惊。是什么力量促成了日本经济的崛起?日本靠什么样的管理使其产品在国际市场上具有如此强大的竞争力?

面对这些问题和困惑,许多美国管理学者进行了美、日管理学的比较研究。他们在研究中发现,美国企业管理较为注重诸如技术、设备、制度、方法、组织结构等"硬"因素的分析,而日本企业管理则更多地强调人、目标、信念、价值观等"软"因素。其中最大的差别是日本企业的员工有爱厂如家的观念,而美国企业的员工缺乏这种观念。这表明,美、日两国不同管理模式的背后存在文化的差异。

尽管企业文化热潮已经在全球范围内产生了深刻的影响,但究竟什么是企业文化?企业文化有什么内涵和特点?企业界和学术界没有形成完全一致的看法。

二、企业文化的内涵

企业文化就是企业在长期的生存和发展过程中所形成的,为企业多数成员所共同遵循的经营观念或价值观体系。企业文化的内容包括价值标准、企业哲学、管理制度、行为准则、道德规范、文化传统、风俗习惯、典礼仪式以及企业形象等。其中,共同的价值观是形成企业文化的核心。因此,企业文化也可以认为是以企业哲学为主导、以企业价值观为核心、以企业精神为灵魂、以企业道德为准则、以企业形象为形式的系统理论。

企业文化的内涵,可以从以下几个方面进一步理解。

(一)企业文化的核心是企业价值观

企业总是要把自己认为最有价值的对象作为本企业追求的最高目标、最高理想或最高宗旨,一旦这种最高目标和基本信念成为统一本企业成员的共同价值观,就会构成企业内部强烈的凝聚力和整合力,成为统领组织成员共同遵守的行动指南。因此,企业价值观制约和支配着企业的宗旨、信念、行为规范和追求目标,企业价值观是企业文化的核心。

(二)企业文化的中心是以人为主体的人本文化

人是整个企业中最宝贵的资源和财富,也是企业活动的中心和主旋律,因此企业只有充分重视人的价值,充分调动人的积极性,发挥人的主观能动性,努力增强企业全体成员的社会责任感和使命感，使企业和成员成为真正的命运共同体和利益共同体，这样才能不断增强企业的内在活力和实现企业的既定目标。

（三）企业文化的管理方式是以软性管理为主

企业文化管理是一种以文化的形式出现的现代管理方式，也就是说，它通过柔性的而非刚性的文化引导，建立起企业内部合作、友爱、奋进的文化心理环境，自动地协调企业成员的心态和行为，并通过对这种文化氛围的心理认同，逐渐地内化企业成员的主体文化，使企业的共同目标转化为成员的自觉行动，使群体产生最大的协同合力。这种由软性管理所产生的协同合力比企业的刚性管理有着更为强烈的控制力和持久力。

（四）企业文化的重要任务是增强群体凝聚力

企业的成员来自五湖四海，不同的风俗习惯、文化传统、工作态度、行为方式、目的愿望等都会导致成员之间的摩擦、排斥、对立、冲突乃至对抗，就不利于企业目标的顺利实现。而企业文化通过建立共同的价值观和寻找观念共同点，不断强化企业成员之间的合作、信任和团结，使他们产生亲近感、信任感和归属感，实现文化的认同和融合，在达成共识的基础上，使企业具有一种巨大的向心力和凝聚力，这样才有利于企业齐心协力和整齐划一地完成共同行为。

三、企业文化的特征

企业文化是在企业长期发展过程中逐步形成和完善的。由于各个企业的历史传统和社会背景不同、所处行业不同、技术设备和生产经营状况不同以及员工素质不同，因此各个企业所形成的企业文化模式也各不相同。企业文化的本质特征可以归纳为以下几点。

（一）时代性

任何企业的运作都是在一定的时空条件下进行的，它脱离不了特定的时代、特定的地域空间的政治、经济和社会环境的制约。企业文化必须顺应时代的变化而变化，反映所处时代的精神，例如，20世纪50年代我国企业倡导"鞍钢文化"、60年代倡导"大庆文化"。随着现代市场经济的发展，开放、改革、开拓、进取、竞争等精神逐渐成为现代企业文化的主旋律。

（二）系统性

企业文化是一个由企业内互相联系、互相依赖、互相作用的不同层次、不同部分内容结合而成的有机整体，是由诸多要素构成的系统。每个要素又是一个子系统，如企业精神就是包括企业理想、信念、传统、习惯的系统。企业文化的各种构成要素，以一定的结构形式进行排列组合，它们各有其相对的独立性，同时又以一个严密有序的结合体出现。

（三）稳定性

企业文化具有相对稳定性。企业文化的形成总是与企业的发展相联系的，是一个长期渐进的过程。企业一旦形成具有自身特点的企业文化之后,就会在职工中产生"心理定式",成为企业所有成员共同遵循的准则,长期对企业的运转和员工行为产生影响,不会因企业领导者的更换或组织制度、经营策略和产品的改变而发生大的变化。

(四)独特性

由于企业的性质、条件以及所处环境不同,因此,在企业经营管理过程中,必然会形成具有本企业特色的价值观、经营准则、经营作风、道德规范等。每个企业都会具有鲜明的个体性和独特性,即使有些企业对其文化的描述相似或相同,这些企业开展自己的活动时,往往也呈现极大的差别。

(五)民族性

民族文化是企业文化的根基,企业文化的形成离不开民族文化,任何企业文化都是某一民族文化的微观形式或亚文化形式。企业文化是企业全体成员经过长期的劳动交往而逐渐形成的被全体成员认可的文化,这些成员的心理、感情、行为不可避免地受到民族文化的熏陶,因而在他们身上必然表现出共同的民族心理和精神气质。企业文化虽然有其民族性的一面,但它不应当是一种封闭的文化体系,也不应当仅仅成为民族文化的缩影。

第二节 企业文化的结构与功能

一、企业文化的结构

根据企业文化的内涵及特点,我们可以看出企业文化的大致结构,再综合学术界的各种观点,我们认为企业文化的结构应包括物质层、行为层、制度层和观念层四个层次,如图11-1所示。其中观念层的企业文化属于一种隐性文化,它是企业文化的根本,主要包括企业精神、企业价值观、企业理念、企业伦理等。这些内容是企业在长期的生产经营活动中形成的,存在于企业员工的观念中,对企业的生产经营活动产生直接的影响。物质层、行为层和制度层的企业文化则属于显性文化的内容,是指企业的精神以物化产品和精神性行为为表现形式,能被人们直接感觉到的内容,包括企业制度、企业家行为、企业生产设施及环境、企业名称和企业标识等。

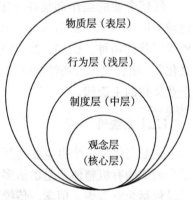

图11-1 企业文化的结构示意图

(一)物质层

物质层的企业文化是指由企业员工创造的产品和各种物质设施等所构成的器物文化。它主要包括企业产品结构和外观、款式、企业劳动环境和员工休息娱乐环境、企业文设施,以及厂容厂貌等。物质层文化是企业员工的理想、价值观、精神面貌的具体反映,所以,尽管它处于企业文化的最外层,但却集中体现了一个现代企业在社会上的外在形象。因此,它是社会对一个企业进行总体评价的起点。物质层文化的载体是物质文化赖以存在和发挥作用的物化形态。它主要体现为以下几类。

1. 生产设施及环境

物质层文化载体中的生产设施包括机器工具、设备设施等。这些是企业直接生产力的实体要素,是企业进行生产经营活动的物质基础,它标志着人类文明进化的程度,是社会进步程度的指示器。

企业的生产机器、设备设施的摆设等往往折射出企业的管理理念和价值观。如在日本的许多企业中,对员工的关怀往往体现在对安全生产的重视上,这些日本企业对安全标语、安全设施、保养维护、安全检查、工厂平面配置、现场布置、区域划分均有整体的科学规划。丰田汽车公司就运用最佳动作的原理,将产品输送带抬高,使作业人员不必弯腰工作,既提高了劳动生产率,又减轻了工人的体力负荷。企业现代化的技术、设备与企业的文明程度密切相关,它是企业进行生产经营活动的物质基础,是生产资料中最积极的部分。在现代企业中,职工凭借先进的技术、设备,使劳动对象达到预期的目标,为社会生产出质优价廉的产品,创造优质的物质文化。

企业环境,主要是指工作环境,如办公楼、厂房、俱乐部、图书馆,以及生活设施和环境绿化等。企业环境也是企业文化建设的重要内容。一方面,优美的环境、良好的工作条件能激发员工热爱企业、积极工作的自觉性;另一方面,企业环境也是企业形象与经营实力的一种外在表现。所以,它对扩大企业的社会影响、拓展经营业务,都会产生积极的作用。

2. 企业的产品

企业不仅通过有目的的具体劳动,把意识中的许多表象变为具有实际效用的物品,更重要的是,在这一过程中,企业不时地按照一种文化心理来塑造自己的产品,使产品的使用价值从一开始就蕴含着一定的文化价值。企业生产的产品和提供的服务是企业的生产经营成果,是企业物质层文化的首要内容。

3. 企业名称和企业标识

企业名称和企业标识都是企业文化的可视性象征之一,充分体现了企业的文化个性。企业名称和企业标识还被企业作为一种文化、智慧、进步的结晶奉献给社会,以显示其文化风格。

企业标识是以标志性的外化形态来凸显本企业的文化特色,并与其他企业明显地区别开来的内容,包括厂牌、厂服、厂徽、厂旗、厂歌、商标等。这些标识能明显而形象地概括企业的特色,有助于企业形象的塑造,有助于激发员工的自觉性和责任感,使全体员工自觉地维护本企业的形象。因此,企业标识已成为企业最表层的文化,是不可缺少的。

中国的银行建筑风格大体一致,即坚实、牢固、宏大,银行门口塑的是威风凛凛的石狮。这源于中华民族传统的文化习俗——在老百姓的心里,狮子象征威严,有震慑的作用。老百姓在把自己经过千辛万苦挣的或节衣缩食省下来的钱送到银行时,认为这是最牢靠的地方。因此，银行的建筑是如碉堡般坚不可摧的，门口有"兽中之王"守护着，这样才能满足老百姓的心理，给他们一种可信任之感。

（二）行为层

行为层的企业文化是指企业员工在生产经营、学习娱乐中产生的活动文化，它包括企业经营、教育宣传、人际关系的活动以及文娱体育活动中产生的文化现象。它是企业经营作风、精神风貌、人际关系的动态体现，也折射出企业精神和企业的价值观。

根据不同的行为主体划分，企业行为包括企业家行为和企业员工行为。

1. 企业家行为

企业家是企业的灵魂。企业文化是企业创始人、领导者、企业制度建立者和社会建筑师的创业活动的结果。企业家行为决定了企业文化的健康与优化的程度，决定了员工对企业的信任程度，也决定了企业在未来竞争中的胜负。有什么样的企业家，就有什么样的企业和什么样的企业文化。

企业的文化主要是以企业家为导向的，它深深地融入了企业家的个性、志趣情操、精神状态、思维方式和目标追求，所有这些都对企业文化起着决定性的影响。企业家是企业文化的设计者、倡导者、推动者、弘扬者，也是企业文化的"旗手"。企业家的文化素养为企业文化提供了养分，奠定了企业文化的基础。优秀的企业家通过追求成功实现人生的崇高理想和信念，通过身体力行将自己的价值观在企业的经营管理中推而广之，形成企业共有的文化理念、企业传统、风貌、士气与氛围，也形成独具个性的企业形象，进而推动企业对社会持续做出贡献。

企业家文化是企业文化的核心，企业家的人格力量、信念力量、知识力量是企业家追求事业成功的驱动力。企业家最重要的任务是创造和管理文化，以自己的言行引导企业健康文化的形成。企业家文化主要体现在专业素养、思想道德、人格风范、创新精神、理想追求等方面。企业家对企业文化的理解深度和他做出的行为选择，反映了他的领导水平与领导能力。纵观成功的企业，几乎所有优秀的企业领导者总是不惜耗费时日去创造、倡导、维护自己或创业者们构筑的具有强势力量的企业文化，并通过自己的行为不断地对员工和企业施加积极的影响。

"世界船王"包玉刚一向以稳健、谨慎的风格来经营企业，没有十足的把握，他不会冒险决策。他在创业之初，就选定了风险相对较小的船运业。他认为只要处理好海情，风险就不算什么，船运是国际性的服务活动，具有广阔的前景。就这样，包玉刚走出了通向"世界船王"之路的第一步。回避风险成为他事业成功的重要秘诀。他的这种稳健、谨慎的风格直接影响到他旗下的几十家集团、公司，使整个企业的文化营造出一种处处表现得安全可靠、处处为客户着想的氛围。这些企业文化反过来又帮助了包玉刚以卓著的信誉和良好的经营风格不断扩大自己的企业王国。由此可见，企业家的特殊风格直接影响和左右着企业文化。

2. 员工行为

企业员工是企业的主体，企业员工的群体行为决定了企业整体的精神风貌和企业文明的程度。因此，企业员工群体行为的塑造是企业文化建设的重要组成部分。

美国著名的连锁店沃尔玛以其"和气生财"的企业理念闻名于世。而让这种精神传遍世界各地的则是沃尔玛的无数员工。无论哪个顾客，无论进入哪一家沃尔玛门店，接待员、售货员、收款员都会笑容可掬地主动向顾客致意。进入沃尔玛门店的顾客，时刻都有宾至如归的家庭温馨感。精于经营之道和心理学的售货员能从顾客的仪表和神态中初步判断出他们的购物意图，从而进行耐心的解释和诱导，从顾客进门到出门，沃尔玛的员工的微笑都会一直伴随着顾客，让顾客倍感亲切、愉快。在这种情况下，人们都十分愿意花钱。这里的员工并不只是把顾客当作消费者，还十分愿意把顾客当作朋友，与顾客建立感情。这些员工身上体现的企业文化，不仅托起沃尔玛固有的文化，而且还以这种文化去影响一批又一批顾客，使他们也融入这种文化之中。

（三）制度层

制度层文化也叫企业的制度文化，它在企业文化中居中层，是具有本企业文化特色的各种规章制度、道德规范和职工行为准则的总称，包括厂规、厂纪以及生产经营中的交往方式、行为准则等，也包括企业内部长期形成的企业风俗，是一种强制性文化。企业制度文化是企业为实现自身目标对员工的行为给予一定限制的文化，它具有共性和强有力的行为规范的要求。企业制度文化的规范性是一种来自员工自身以外的、带有强制性的约束，它规范着企业的每一个员工的行为。

在企业文化中，企业制度文化是人与物、人与企业运营制度的结合部分，它既是人的意识与观念形成的反映，又是由一定的物质形式构成的。同时，企业制度文化的中介性还表现在它是精神与物质的中介。制度文化既是适应物质文化的固定形式，又是塑造精神文化的主要机制和载体。制度文化作为中介的固定、传递功能，使它对企业文化的建设具有重要的作用。

企业的规章制度主要包括企业的领导制度、人事制度、劳动制度和奖惩制度。企业的领导制度规定企业领导者的权限、责任及领导制度具体的实施方式，是企业的基本制度。人事制度包括用工制度和晋升制度，它关系到企业人力资源的充足程度、使用效率、员工的素质和企业内部的人际关系，是企业的重要制度之一。劳动制度包括企业的安全管理劳动时间和劳动纪律，它是企业生产顺利进行的必要保证。奖惩制度是以企业员工的行为为导向的，通过奖励和惩罚向员工表明企业所倡导和禁止的东西，以此规范企业员工的行为。制度的内容必须具有合法性、统一性和准确性。就是说，各种制度的内容要符合国家和地区的各项法律规定，相互之间协调统一，表达准确、清晰、通俗易懂，避免模棱两可和生涩难懂。

（四）观念层

企业观念层的文化是现代企业核心层的文化，指企业在生产经营中形成的独具本企业特征的意识形态和文化观念。它包括企业精神、企业价值观、企业理念、企业伦理等。

1.企业精神

企业精神是现代意识与企业个性相结合的一种群体意识。每个企业都有独具特色的企业精神，它往往以简洁而富有哲理的语言加以概括。一般地说，企业精神是指企业全体或多数员工彼此产生共鸣的趋于一致的内心态度、意志状况和思想境界。它可以激发企业员工的积极性，增强企业的活力。企业精神作为企业内部员工群体心理定式的主导意识，是企业经营宗旨、价值准则、管理信条的集中体现，构成了企业文化的基石。

企业精神源于企业生产经营的实践。随着这些实践的发展，企业逐渐提炼出具有经典意义的指导企业运作的哲学思想，成为企业家倡导并以决策和组织实施等手段所强化的主导意识。企业精神集中反映了企业家的事业追求、主攻方向及调动员工积极性的基本指导思想。企业精神常常以各种形式在企业经营管理过程中得到全方位强有力的贯彻。于是，企业精神常常成为调节系统功能的精神动力。

企业精神能够反映企业的特点，并与生产经营不可分割。企业精神不仅能动地反映与企业生产经营密切相关的本质特性，而且鲜明地显示企业的经营宗旨和发展方向。它能较深刻地反映企业的个性特征在管理上的影响，起到促进企业发展的作用。

国外的许多成功企业都有自己独特的企业精神。比如本田精神：追求技术与人的结合，而不仅仅是生产摩托车；人要有创造性，决不模仿别人；要有世界性，不拘泥于狭窄的地域；要有接受性，增强相互之间的理解。

日立公司是日本四大电器公司之一，历来重视技术，在日本素有"技术的日立"之美称，其提倡的"日立精神"就是"诚""和""开拓精神"。"诚"代表产品信赖度，即经过严格的质量管理，给顾客提供最佳产品，日立公司的产品一向很少出现缺陷。因此，一般舆论认为日立公司是一家充满诚心、脚踏实地的电器公司。"和"就是要求广大的日立员工广开言路，团结凝聚成一股强大的合力以发挥最大的力量。对于日立公司这样拥有多家集团公司、多个工厂与研究部门的庞大的组织，必须以"和"为精神，才能产生共同的合力。"开拓精神"就是继往开来、先苦后乐、永不停止地开拓。日立公司创建100多年来，不仅没有衰退的迹象，相反一直在电机、电子行业中保持领先地位，这不能不归功于它所提倡的"开拓精神"。这三位一体的"日立精神"不仅给具有民族特点的传统思想"诚""和"注入了新鲜内容，而且把它与现代化的口号"开拓精神"巧妙地结合起来，形成具有特色的企业精神。

2. 企业价值观

所谓价值观，简单地讲，就是关于价值的观念，它是客观的价值体系在人们主观意识中的反映，是价值主体对自身需要的理解，以及对价值客体的意义、重要性的总的看法和根本观点。它包括价值主体的价值取向、价值主体对价值客体及自身的评价。价值是客观的，价值观念则是主观的，由于人们的社会生活条件、生活经验、目的、需要、兴趣不同，价值观念也有所不同。企业价值观是指企业中绝大多数员工所共同持有的价值观。对一个企业而言，只有当绝大多数成员的价值观趋于一致时，企业价值观才能形成。企业价值观是企业推崇和信奉的基本行为准则，是企业进行价值评价、决定价值取向的内在依据。国内外经营成功的企业都很注重企业价值观的塑造，并号召企业员工自觉推崇和尊重自己企业的价值观。

IBM公司提出"IBM就是服务"，把为顾客提供世界上第一流的服务作为最高的价值信念。海尔集团提出"真诚到永远"，把真诚地为顾客提供高质量的产品和服务作为自己的价值追求。

不同企业对自身价值信念的提法虽然各有千秋，但无一不是强调企业的社会责任感及其在社会生活中的存在价值，并以此把企业与员工凝聚在一起。成功企业的经验证明，积极向上的企业价值观，能使员工把维护企业利益、促进企业发展看作是有意义的工作，从而激发员工极大的工作热情和工作主动性，使企业的外部适应能力和内部协调能力得到加强，企业也由此获得成功和发展。

3. 企业理念

企业理念是一个总的概念，它包括企业存在的意义、经营信条和行为规范等，并表达企业存在于这个世界上的使命是什么，宣告如何去实现这一使命。企业理念一般是在长期的生产经营实践中逐渐建立起来的，表现为企业所遵循的根本原则及企业全体员工对共同理想和信仰的追求，实际上是企业文化的一个组成部分，主要以企业精神的形式反映出来，是企业文化中经营哲学、价值观、经营宗旨等内容的凝结和提炼。由于企业经营理念综合性地反映了企业精神，确立了企业的行为目标和发展方向，因此称它为企业的灵魂。建立在企业群体文化知识、理想认同和行为规范上的企业理念，对外能够昭示企业所确立的社会身份、精神风貌和经营风格，对内能够成为全体员工的统一意志，唤起员工的巨大工作热情，促使企业充满活力。

如日本佳友银行的"保持传统，更有创新"、美国德尔塔航空公司的"亲如一家"、中国台湾统一集团的"三好一公道：信誉好、品质好、服务好、价格公道"等都体现了企业共同理想及追求。

企业理念以企业的价值观为基础，以企业组织系统和物质系统为依托，以企业员工的群体意识和行为表现形成一个企业特有的生产经营管理思想作风和风格。

4. 企业伦理

企业伦理既是一种善恶评价，可以通过舆论和教育的方式，影响员工的心理和意识，形成员工的善恶观念和生活信念，同时，它又是一种行为标准，可以通过舆论、习惯、规章制度等成文或不成文的形式，来调节企业及员工的行为。

伦理文化是一种最直接的社会层面的文化。同样，企业伦理是现代企业文化的重要组成部分，它是一种社会意识，是一种微观的道德文化，同时，它又是一种新的富有成效的管理观念，即主张以人为核心，用道德观念和道德规范来调节企业员工的行为。任何一个企业的文化，如果离开风尚、习惯、道德规范，就是不成熟、不系统的，不可能是一种成功的企业文化。因此，在建设企业文化时，必须高度重视企业伦理建设。

企业之间的恶性竞争以及劳资关系的紧张等问题，使人更加注重企业的社会责任，认为企业在考虑绩效时，应同时讲求经济效益和社会效益。从管理的角度而言，企业伦理即是企业"向下与向外的管理运作沟通"，社会中的各个企业，都是大系统下的子系统，彼此拥有"共生共灭的互动关系"，企业既要公平竞争，又要互助合作，并勇于承担自身的社会责任。目前很多企业力图在利与义之间寻找平衡点，致力于公益社团和公益活动，以重塑企业伦理形象，并以企业文化建设为基础，同步共建社区文化。

日本中岛轮业集团董事长中岛武夫先生，经历了半个世纪经营企业的磨炼，深深地体会到，作为一个公司的经营者，首先要明确"销售到底为了达到什么目的"，他的结论是，经营者必须具有崇高的道德信念：销售的目的是通过工作为社会做出贡献。为此，他制定了"三足鼎立原则"的经营理念,即让客户满意、求得公司发展、促进职员幸福,这三者要放在同一水平面上,否则就不能鼎立。在这种伦理目标和理念的指导下,企业经营得红红火火,股票价格持续上扬。他表示:"作为经营者的我,亲身感受了实践伦理的意义,决心终生不懈地磨炼和升华自己的人格。"

(五)企业文化各层次的关系

企业文化的结构不是静止的,它们之间相互联系和相互作用。

首先,观念层决定了行为层、制度层和物质层。观念层是企业文化中相对稳定的层次,它的形成是受社会、政治、经济、文化以及本企业的实际情况、企业管理理论等的影响。观念层一经形成,就处于比较稳定的状态。观念层文化是企业文化的决定因素,有什么样的观念层文化就有什么样的物质层文化。

其次,制度层是观念层、物质层和行为层的中介。观念层直接影响制度层,并通过制度层影响物质层。企业领导者和员工在企业哲学、价值观念、道德规范等的基础上,制定或形成一系列的规章制度、行为准则来实现他们的目的,体现他们特有的观念层文化的内容。可见观念层对制度层的影响是最直接的。在推行或实施这些规章制度和行为准则的过程中,会形成独特的物质层,并以特有的价值取向和观念反映在其行为中,可见观念层对物质层的影响一般是间接的。由于制度层具有中介的作用,许多卓越的企业家都非常重视制度层的建设,这使它成为本企业的重要特色。

最后,物质层和制度层是观念层的体现,观念层虽然决定着物质层、制度层和行为层,但观念层具有隐性的特征,它隐藏在显性内容的后面,必须通过一定的表现形式来体现,观念层的精神活动也必须付诸实践。因此,企业文化的物质层和行为层就是观念层的体现和实践。物质层和制度层以其外在的形式体现了企业文化的水平、规模和内容。因此,当我们看到一个企业的工作环境、文化设施、规章制度时,就可以想象出该企业的文化精髓。企业文化的物质层和制度层除了体现精神层的作用以外,还能直接影响职工的工作情绪,直接促进企业哲学、价值观念、道德规范的进一步成熟和定型。所以,许多成功的企业都十分重视企业文化中物质层和制度层的建设,明确企业的特征和标志,完善企业的制度建设和规范的形成,从而以文化的手段激发职工的自觉性,实现企业的目标。

企业文化的物质层、制度层、行为层和精神层是密不可分的,它们相互影响、相互作用,共同构成企业文化的完整体系。其中,企业的精神层是最根本的,它决定着企业文化的其他三个层次,因此,我们研究企业文化的时候,要紧紧抓住精神层的内容,只要抓住了精神层,就能顺理成章地揭示出来企业文化的其他内容。

二、企业文化的功能

(一)导向功能

企业文化反映了企业整体的共同追求、共同价值观和共同利益。这种强有力的文化,能够对企业整体和企业每个成员的价值取向和行为取向起到导向的作用。一个企业的企业文化一旦形成，它就建立起自身系统的价值和规范标准，对企业成员的个体思想和企业整体的价值、行为取向发挥导向作用。

企业文化的导向功能，主要是通过企业文化的塑造来引导企业成员的行为心理，使人们在潜移默化中接受共同的价值观念，自觉自愿地把企业目标作为自己追求的目标来实现。

企业文化的导向功能具体体现在：一是规定企业行为的价值取向；二是明确企业的行动目标；三是建立企业的规章制度。正如迪尔和肯尼迪在《企业文化》一书中反复强调的，"我们认为人员是公司最伟大的资源，管理的方法不是直接用电脑报表，而是经由文化暗示，强有力的文化是引导行为的有力工具，它帮助员工做到最好"。

（二）凝聚功能

企业管理者通过企业文化与企业员工沟通思想，使员工对企业目标、准则、观念产生认同感，对本职工作产生自豪感和对企业产生归属感，从而使员工个体的集体意识大大加强。这就是企业文化的凝聚功能。良好的企业文化会使员工与企业形成一定的相互依存关系，从而产生对企业的某种群体意识。这种意识能使个人行为、思想、感情与企业整体统一起来，产生一种合力，使企业内部组织一体化，朝着一个共同的目标努力。

一般来说，好的企业文化还会使企业职工产生强烈的归属感，从而形成强大的凝聚力。企业文化的群体行为模式，首先表现为企业成员的归属感。在企业这个群体中，个体虽说具有相对的独立性，但它也不是超越群体的孤立者，而是归属于这一群体的个体；个体通过参与群体的活动，利用种种措施来展示自身的能力，发挥聪明才智，为群体的发展做出贡献，同时，群体对个体的能力和贡献的认可，会大大提高个体的"主人翁"地位的意识，增强对群体的归属感。

日本索尼集团董事长盛田昭夫曾说过："对于日本最成功的企业来说，根本就不存在什么诀窍和保密的公式。没有一个理论计划或者政府的政策会使一个企业成功，但是，人本身却可以做到这一点。一个日本企业最重要的使命，是培养企业和雇员之间的良好关系，在企业中创造一种家庭式的情感，即经理人员同所有雇员同甘苦、共命运的情感。在日本最成功的企业是那些通过努力与所有雇员建立一种共命运的情感的企业。"把每个员工视为企业不可替代的存在，理解员工、尊重员工、同心同德、齐心协力，这才是企业成功之道。企业内部的这种凝聚力是由企业文化的氛围营造的。在许多日本企业，当新员工入职时，企业就对他们灌输"他们必须与企业同存在"的观念。当员工过生日时，企业都会送上生日卡和生日蛋糕及总经理的亲笔祝福：公司为能有你这样的员工而自豪，祝你生日快乐。当员工家庭遇到困难时，企业会给予关怀和帮助。日本企业这种以本民族团队精神的文化来影响员工，大大增强了企业的凝聚力。

（三）激励功能

企业文化中的激励功能，是指企业文化以人为中心，形成一种人人受重视、人人受尊重的文化氛围，激励企业员工的士气，使员工自觉地为企业而奋斗。企业文化对企业员工不仅有一种"无形的精神约束力"，而且还有一种"无形的精神驱动力"。这是因为，企业文化使企业员工懂得了他所在企业存在的社会意义，了解到他作为企业一员的意义和生活的意义，员工就会产生一种崇高的使命感，以高昂的士气，自觉地为社会、为企业、为实现自己的人生价值而勤奋地工作。

IBM公司就是采用"员工庆祝会"的方式来增强企业的凝聚力的。IBM公司分别利用晚上租用新泽西州的体育场举行每个部门的"员工庆祝会"。当年销售任务完成以后，100多名业务员像马拉松运动员一样争先恐后地从场外跑进广场，体育场看台上巨大的电子计分器分别打出每个人的名字。公司的总裁、其他部门的同事以及他们的家属都在主席台上热烈鼓掌，大声地为他们喝彩。IBM通过这种方式让员工体会到公司对他们的鼓励和认可。

（四）约束功能

企业文化的约束功能是通过制度文化和道德规范实现的。一方面，企业规章制度的约束作用较为明显，而且是硬性的，规章制度面前人人平等；另一方面，对于企业的伦理，包括社会公德和职业道德，员工都必须遵守。企业文化的约束是一种无形、理性的韧性约束。

沃尔玛集团十分注重吸收优秀人才，极力做到人尽其才，并且采用一定的标准提高员工形象与员工素质，保持与发展了公司的"和气生财"的传统，坚决执行了"沃尔玛十项基本原则"，包括顾客原则（第一条，顾客永远是对的；第二条，如有疑义，请参照第一条）、促销原则、人才原则、沟通原则、道德原则、合作原则、平等原则、权力下放原则、遵纪守法原则、降低成本原则。这种企业文化使沃尔玛集团的业绩蒸蒸日上，成为世界著名的连锁店。

（五）辐射功能

企业文化与社会文化紧密相连，在受社会大文化影响的同时，也潜移默化地影响着社会文化，并对社会产生一种感应功能，影响社会，服务社会，成为社会改良的一个重要途径。

企业文化不仅在本企业发挥作用，而且会向社会辐射和扩散。首先，企业文化可以通过企业精神、价值观、伦理道德向社会扩散，与社会达成某种共识，并为其他企业或组织所借鉴、学习和采纳。例如，中国百年老店北京同仁堂药店，把生产药提升到精神"德"的高度："同声同气济民济世，仁心仁术医病医人""炮制虽繁必不敢省人工，品位虽贵必不敢减物力"。同仁堂把经商和做人融为一体，在弘扬中华民族医学传统的同时，充分表现了中华民族传统文化中的道德价值和人格、国格意识，使顾客在购药用药时也体会到同仁堂员工高尚的情操和品质。正是这种传统文化使创建于1669年的同仁堂几百年长盛不衰，成为中国医药行业备受保护的驰名企业，成为中外顾客青睐的药店。其次，企业文化也通过员工的思想行为所体现的企业精神和价值观，向社会传播和扩散企业文化。比如IBM公司有"蓝色巨人"之称，这名字源于公司的管理者人人都穿蓝色的西服，在股票市场上IBM的股票属业绩优良的蓝筹股。在IBM有过工作经历的人，大都是社会上各大企业争先抢聘的对象。

第三节 企业文化建设

一、企业文化建设的内容

企业文化建设是一项长期的系统工程,优秀的企业文化源于长期精心的建设和培育。企业文化是由精神文化、制度文化、行为文化和物质文化四部分组成的,所以,企业文化的建设也应围绕这四部分展开。

(一)精神文化建设

精神文化的建设主要是培育企业的价值观念和企业精神,建立适合企业的价值观念体系,创建具有本企业特色的企业精神文化。企业在建设精神文化时,要注意以下几点。

(1)应深入研究和挖掘民族文化的优良传统,积极吸取现代文化和外民族文化的优秀成果,处理好传统文化与现代文化、民族文化与外来文化的关系。

(2)企业价值目标要与整个社会的正确价值导向相符。

(3)在社会的正确价值观念的指导下,根据企业的性质、规模、类型、员工素质、经营特点、历史变革等因素,选择适当、明确的价值目标及内容,并随着客观环境和企业内在因素的变化,不断注入新内容。

(4)企业在确立自身价值目标、标准及实质内容的过程中,要同时树立起既反映时代精神又表现本企业特色,既体现企业领导者的精神风貌又集中反映广大员工群体意识的企业精神。

(5)企业价值观念和企业精神必须具体化为一系列原则,使企业领导者和员工都可以具体操作,并体现在企业行为中。

(二)制度文化建设

制度文化把企业员工的价值共识,以及在分工协作、协调相互关系、保持行为一致性方面的共同要求以条文的形式确定下来,从而对员工行为形成有形或无形的约束。在制度规范的约束下,每名员工能够准确地掌握行为评判的准则,并以此自动约束、修正自身行为,遵守共同的行为规范。企业在制度文化建设中,应当高度重视建立在企业共有的价值观念体系和企业精神基础上的制度文化建设,围绕实现企业目标建立健全各种规章制度,形成严谨、规范的制度文化体系,使员工的各种行为活动、相互关系的确立和调整以及行为效果的评价等均有规可依、有章可循。

企业制度文化建设可以从产权制度、领导制度和内部管理制度三个层面入手。从产权制度来看,要建设一种产权明晰的有利于协调国家、企业及其他经济主体之间的利益,有利于调动各方面积极性的产权制度;从领导制度来看,要把职工代表大会制度与法人治理结构结合起来,建设既能明确权责、高效运转,又能充分实施民主管理的企业领导制度;从内部管理制度来看,要使企业的生产制度、人事制度和奖惩制度形成体系,制度的内容必须具有合法性、统一性和准确性,同时还要强调制度的可操作性,以此规范员工的行为。

(三)行为文化建设

企业在行为文化建设时首先要注意人力资本的培育和积累,增加投资,加大人才的培养和引进力度,加强员工教育和培训;其次要注意对员工工作作风和精神风貌的活力的培养;再次要建立良好的人际关系环境,为员工提供更多的参与管理和文化建设的机会,及时奖励员工,注意发挥非正式组织的作用;最后要搞好员工的文化娱乐体育活动,引导员工发展自己的个人兴趣,提高员工的综合素质。

企业行为文化建设过程中要注意发挥企业模范人物的榜样作用。模范人物是企业中思想境界和行为表现超出一般员工,能够成为榜样和表率的先进个人或群体,他们通常以自己的思想和行为鲜明地体现企业的价值观和精神风貌,是企业行为文化的组成要素。通过对模范人物的仿效和追随,广大员工可以形象、具体地接受企业的价值观体系,领悟企业精神的精髓,进而积极遵从本企业文化的各种准则和规范,使员工群体的文化素养得到普遍提高。

企业行为文化建设还要注重习俗仪式的建设。习俗仪式包括企业内具有普遍性和程序化的各种风俗、习惯、传统、典礼、仪式、集体活动、娱乐方式等。习俗仪式是企业在发展过程中长期积累、反复实践和总结而形成的,实质是企业的价值观念、精神境界与存在方式的积淀和体现。具有鲜明文化特色的企业,大多形成了一系列独特的习俗活动或仪式用以不断强化全体员工对本企业文化的认同感,从而推动企业形成良好的自然风气和全员的自我管理意识。

(四)物质文化建设

企业物质文化是企业文化的物质表现,是企业员工赖以生存和发展的环境和条件。对内,企业物质文化可以促使职工为追求理想目标和自身价值的实现而更好地工作、学习,求得自身的全面发展;对外,企业物质文化可以充分展示企业的突出形象,积累和扩张企业的无形资产。企业在进行物质文化建设时要注意以下几点。

(1)注重产品和服务质量的改进和提高,加强产品的设计和促销,注重产品的商标和包装设计,使顾客得到满意的产品和服务,从而提高产品和企业的竞争能力。

(2)要加强企业的基础设施建设,美化厂容、厂貌,合理布局企业的空间结构,使工作人员的合理行为只有经过强化加以肯定,这些行为才能再现,并形成习惯稳定下来,从而使指导这些行为的价值观念转化为行为主体的价值观念。企业要巩固无形的企业价值观念,不能单纯地停留在口号或舆论宣传上,而要把它渗透到企业的每一项规章制度、政策及工作规范、标准和要求当中,在企业经营管理制度中融入企业文化的内涵与标准,使员工从事每一项经营管理活动都能感受到企业文化在其中发挥的引导和控制作用。同时,企业要用制度的方式鼓励符合企业价值标准的行为,树立榜样,让员工明白企业在鼓励什么、反对什么,使符合企业价值标准的行为得到不断强化且稳定下来,形成优良的企业文化。

本章小结

企业文化就是企业在长期的生存和发展过程中所形成的,为企业多数成员所共同遵循的经营观念或价值观体系。企业文化的本质特征包括时代性、系统性、稳定性、独特性和民族性。企业文化的结构包括物质层、行为层、制度层和观念层四个层次。企业文化具有导向、凝聚、激励、约束和辐射等功能。企业文化建设的内容包括精神文化建设、制度文化建设、行为文化建设和物质文化建设四部分。

关键术语

文化　　企业文化　　企业文化结构　　企业文化建设

思考题

1. 如何理解企业文化的内涵？
2. 企业文化结构的各个层次包括哪些具体内容？你赞同这种分层的方法吗？
3. 企业文化有哪些特点？
4. 企业文化具有哪些功能？

Chapter12
第十二章

项目管理

⚠ 教学目标

通过本章的学习，学生应深刻理解项目管理的相关概念，能较好地把握项目生命周期全过程理论，并通过相关方法对项目进行优化。

⚠ 教学要求

了解项目、项目管理的基本概念，熟悉项目的生命周期和项目管理的九大知识体系；熟悉网络图计划技术的基本原理，掌握网络图的绘制方法；掌握关键活动、关键路线的概念，掌握网络时间参数的计算；掌握项目网络计划优化的时间优化、时间-费用优化和时间-资源优化。

📖 引导案例

黄河小浪底水利枢纽工程项目管理

黄河小浪底水利枢纽工程位于河南省洛阳市以北40公里的黄河中游最后一段峡谷的出口处，可控制黄河流域总面积的92.3%，是一座处于承上启下位置，能有效控制黄河洪水和泥沙的巨型水库。小浪底水利枢纽主体工程由壤土斜心墙堆石坝、泄洪排沙系统和发电系统三大部分组成。主体工程自1994年开工到完工共8年。它具有技术难度高、工艺要求严、高含沙水流特殊、自然地质条件复杂、工程规模巨大、引进外商范围广、与国际接轨最全面等一系列特点，被中外水利专家称为世界最复杂、最具挑战性的水利工程之一。

该工程由中国水利水电第十四工程局凭借企业的实力和良好信誉，横跨一、二、三、四标段，以独立承揽和联合参与等多种合同形式，圆满地履行了11个承包和分包合同。其施工能力、管理水平、履约能力和协作精神，不仅得到业主、工程师和国内同行的普遍认同，也得到国外承包商的广泛赞誉和信任。

第一节 项目管理概述

项目管理是第二次世界大战后期发展起来的管理技术之一。美国在 20 世纪 60 年代只有航空、航天、国防和建筑工业等领域采用了项目管理。至 70 年代,项目管理在新产品开发领域扩展到了复杂性略低、变化迅速、环境比较稳定的中型企业中。到 70 年代后期,越来越多的中小企业也开始注重项目管理,并将其灵活地运用于企业活动的管理中,项目管理技术及其方法本身也在此过程中逐步发展和完善。到 80 年代,项目管理已经被公认为是一种有生命力并能实现复杂的企业目标的良好方法。

项目以及项目管理有其明确的范围和特点。开始一项新的事业之前,首先需要判断是否适合使用项目管理;项目开始后,在项目管理的组织、计划、控制等诸多方面只有遵循项目管理的基本原则以及基本方法,项目才有可能取得成功。

一、项目的概念与特点

(一)项目的概念

项目,来源于人类有组织的活动的分化。随着人类的发展,有组织的活动逐步分化为两种类型:一类是连续不断、周而复始的活动,人们称之为"作业或运作"(operation),如企业日常生产产品的活动;另一类是临时性、一次性的活动,人们称之为"项目"(project),如企业的技术改造活动、一项环保工程的实施等。

从最广泛的含义来讲,项目是一个特殊的将被完成的有限任务,它是在一定时间内,满足一系列特定目标的多项相关工作的总称。此定义实际包含三层含义。

(1)项目是一项有待完成的任务,有特定的环境与要求。这一点明确了项目自身的动态概念,即项目是指一个过程,而不是指过程终结后所形成的成果。例如,人们把一个新图书馆的建设过程称为一个项目,而不把新图书馆本身称为一个项目。

(2)在一定的组织机构内,利用有限资源(人力、物力、财力等)在规定的时间内完成任务。任何项目的实施都受到一定的条件约束,这些条件是来自多方面的,如环境、资源、理念等。这些约束条件成为项目管理者必须努力促其实现的项目管理的具体目标。在众多的约束条件中,质量(工作标准)、进度、费用是项目中普遍存在的三个主要的约束条件。

(3)项目要满足一定性能、质量、数量、技术指标等的要求。项目的功能是否实现,能否交付给用户,必须达到事先规定的目标要求。功能的实现、质量的可靠、数量的饱满、技术指标的稳定,是任何可交付项目必须满足的要求,项目合同对于这些均有严格的要求。

由项目的定义可以看出,项目可以是建造一栋大楼,一座工厂,或一座大水坝,也可以是解决某个研究课题,举办各种类型的活动等。这些都是一次性的,都要求在一定的期限内完成,不得超过一定的费用,并有一定的性能要求等。所以,有人说项目是建立一个新企业、新产品、新工程,或规划实施一项新活动、新系统的总称。

（二）项目的特点

尽管项目的范围很大，内容形式也千差万别，但所有的项目都具备一些共同的特点，这些特点可概括如下。

1. 一次性

每一个项目都是根据自己的具体情况进行设计和实施的，没有两个完全相同的项目，即使是设计方案完全相同的两栋大楼，其最终成果也不可能完全相同，而是两个完全不同的项目。一次性是项目与其他重复性工作最大的区别。

2. 独特性

项目的一次性特点决定了项目的独特性。每个项目都是独特的，或者其提供的产品和服务有显著的特点，或者时间、地点、内部环境、外部环境、自然条件等有别于其他项目之处，因此，项目的过程总是独一无二的。

3. 目标的确定性

项目必须有确定的目标，项目的目标分为时间性目标、成果性目标和约束性目标。时间性目标是指项目要在规定的时段内完成任务；成果性目标则是指项目要满足既定顾客提出的要求，也就是项目应该提供的某种产品或服务；约束性目标则是指项目的完成应不超过规定的各种资源的限制。目标的确定性允许项目的目标有一个变动的幅度，也就是说项目的目标是可以修改的，修改的原因可能是顾客提出了新的要求，也可能是根据实施过程中客观条件的变动而必须进行修改。不过一旦项目的目标发生实质性变化，它就不再是原来的项目了，而将产生一个新的项目。

4. 活动的整体性

整体性在整个项目的实施过程中体现得十分明显。项目是一个有机的整体，有很多参与主体，他们代表不同的利益群体，在项目的实施过程中，必须协调他们之间的关系，达成利益平衡。另外，项目控制中的进程、资源和质量也是有机联系在一起的，它们是互相影响和协调的。总之，项目中的一切活动都有其特定的目标，目标的关联性使得活动也都是相关联的。多余的活动是不必要的，缺少某些活动也必将妨碍项目目标的实现。

5. 组织的临时性和开放性

项目组织没有严格的边界，是临时性、开放性的组织。项目组在项目的全过程中，其人数、成员、职责是在不断变化的，很多项目组的成员是借调来的，项目终结时组织要解散，人员也要转移。另外，参与项目的组织的往往有多个，他们通过协议或合同及其他的社会关系联系到一起，在项目的不同阶段以不同的程度介入项目活动中。这一点与一般企事业单位和政府机构组织是不同的。

二、项目管理的特点及目标

（一）项目管理特点

与项目的概念相对应，项目管理可以说是在一个确定的时间范围内，为了完成一个既定的目标，通过特殊形式的临时性组织运行机制，通过有效的计划、组织、领导与控制，充分利用既定有限资源的一种系统管理方法。项目管理具有以下基本特点。

1. 项目管理是一项复杂的工作

项目管理一般由多个部分组成，工作跨越多个组织，需要运用多种学科的知识来解决问题。项目工作通常没有或很少有以往的经验可以借鉴，执行中有许多未知因素，每个因素又常常带有不确定性。项目管理还需要将具有不同经历、来自不同组织的人员有机地组织在一个临时性的组织内，在技术性能、成本、进度等较为严格的约束条件下实现项目目标等。这些因素都决定了项目管理是一项很复杂的工作，而且与一般的生产管理有很大不同。

2. 项目管理具有创造性

由于项目具有一次性的特点，因此项目管理既要承担风险又必须发挥创造性。这也是与一般重复性管理的主要区别。项目管理的创造性依赖于科学技术的发展和支持，而近代科学技术的发展有两个明显的特点：一是继承积累性，体现为人类可以继承前人的经验，沿用前人的知识、经验和成果，在此基础上向前发展；二是综合性，即要解决复杂的项目，往往必须依靠和综合多种学科的成果，将多种技术结合起来，才能实现科学技术的飞跃或更快的发展。因此，在项目管理的前期构想中，要十分重视科学技术情报工作和信息的组织管理，这是产生新构想和解决问题的首要途径。

3. 项目有其寿命周期

项目管理的本质是计划和控制一次性的工作，在规定期限内达到预定目标。一旦目标实现，项目就失去其存在的意义而解体，因此项目具有一种可预知的寿命周期。项目在其寿命周期中，通常有一个较明确的阶段顺序。这些阶段可通过任务的类型来加以区分，或通过关键的决策点来加以区分。根据项目内容的不同，阶段的划分和定义也有所区别。一般来讲，项目的寿命周期可分为启动阶段、规划阶段、实施阶段和收尾阶段。

4. 项目管理需要集权领导和建立专门的项目组织

项目的复杂性随其范围不同变化很大。项目越大越复杂，其所包括或涉及的学科、技术种类就越多。项目进行过程中可能出现的各种问题多半是贯穿于各组织部门的，它们要求这些不同的部门做出迅速而且相互关联、相互依存的反应，因此需要建立围绕专一任务进行决策的机制和相应的专门组织。

5. 项目负责人（或称项目经理）在项目管理中起着非常重要的作用

项目管理的主要原理之一是把一个时间有限和预算有限的事业委托给一个人，即项目负责人，他有权独立进行计划、资源分配、指挥和控制。项目负责人是适应特殊需要而设的，他行使着大部分传统职能组织以外的职能。项目负责人必须能够了解、利用和管理项目技术逻辑方面的复杂性，必须能够综合各种不同专业的观点来考虑问题。但只有这些技术知识和专业知识仍是不够的，成功的管理还取决于预测和控制人的行为的能力。因此项目负责人还必须通过对项目成员的管理使他们熟练运用技术，以达到其项目目标。也就是说，项目负责人必须使他的组织成员成为一支真正的队伍，一个工作配合默契、具有积极性和责任心的高效率群体。

（二）项目管理的目标

现代项目管理是以顾客为关注焦点，因此必须以实现项目利益相关者的要求和期望为目标。

1. 满足项目的要求与期望

这是项目利益相关者共同要求和期望的内容，主要涉及项目范围、项目费用、项目时间和项目质量等方面。

2. 满足项目利益相关各方不同的要求和期望

项目利益相关者所处的地位不同，对项目的要求和期望是不同的。例如，项目的实施者为尽快实现项目目标，有可能对环境保护问题考虑不周，甚至未加考虑，而项目所在地区、政府管辖部门则对环境保护的要求很严。

3. 满足项目已识别的要求和期望

这是指在项目的各种协议、合同中已明确规定的对项目的要求和期望。例如，项目的工期、成本、质量要求，以及对项目具体工作的要求和期望。

4. 满足项目尚未识别的要求和期望

这是指在各种项目文件中没有明确规定，但却是项目利益相关者所需要达到的要求和期望。例如，潜在的环保要求、残疾人的特殊需要等。

三、项目管理的内容和知识体系

全球最大的项目管理专业机构——美国项目管理协会（project management institute，PMI）经过几十年的实践探索，创建了"项目管理知识体系指南"（PMBOK），形成了一套独特而完整的科学体系，并将项目管理划分为九大知识领域：范围管理、时间管理、成本管理、质量管理、人力资源管理、沟通管理、采购管理、风险管理和综合管理。其中，范围管理、时间管理、成本管理和质量管理是项目管理的四大核心领域。同时，PMBOK还将项目管理划分为五个基本过程：项目启动过程、项目计划过程、项目执行过程、项目控制过程、项目收尾过程。

（一）项目范围管理

项目范围管理是对项目所要完成的工作范围进行的管理和控制活动。它主要关注的是确定与控制应该包括在项目之内的工作内容。项目范围管理的主要过程包括启动阶段、范围规划、范围定义、范围核实和范围变更控制等内容。其中，启动阶段是批准项目或阶段的开始；范围规划是制定书面范围说明，以便作为今后项目决策的基础；范围定义是将主要的项目可交付成果划分为较小的、更易管理的组成部分；范围核实是正式认可项目的范围；范围变更控制是控制项目的变更范围。

（二）项目时间管理

项目时间管理是为了确保项目最终按时完成的一系列管理过程。它具体包括活动界定、活动排序、活动所需时间估计、进度安排及控制等工作。其中，活动界定是指产生各个项目可交付成果所必须进行的具体活动；活动排序是确定各活动之间的依存关系，并形成文字记载；活动所需时间估计是估计完成各项活动所需工时数；进度安排是指在分析活动顺序、活动所需时间估计的基础上，制定项目进度的活动；进度控制是控制项目进度的变化。在某些项目中，特别是小项目，活动排序、活动所需时间估计及进度安排之间的关系密切到可以被视为一个单一过程。

(三) 项目成本管理

项目成本管理是为保障项目实际发生的成本不超过项目预算而开展的项目成本估算、项目预算编制和项目预算控制等方面的管理活动，也是为确保项目在既定的预算内按时、按质、经济、高效地实现项目目标所开展的项目管理过程。它包括资源规划、成本估算、成本预算、成本控制及成本预测。资源规划是指确定项目所需资源的种类（如人力、设备、材料、资金等）、数量和投入时间等内容的项目管理活动。成本估算是指根据项目资源需求和计划，以及资源的市场价格或预期价格等信息，估算项目中各种活动成本和整个项目成本的项目成本管理工作。成本预算是制定项目成本控制基线或项目总成本控制基线的项目成本管理工作。成本控制是指在项目的实施过程中，努力将项目的实际成本控制在项目成本预算范围之内的成本管理工作。成本预测是指在项目的实施过程中，依据项目成本的实施情况和各种影响因素的变化，不断地预测项目成本的发展趋势，从而为项目的成本控制提供决策依据的工作。

(四) 项目质量管理

项目质量管理是指为了确保项目达到客户所规定的质量要求所实施的一系列管理过程。它包括质量规划、质量控制和质量保证等内容。质量规划是判断哪些质量标准与项目有关，并决定应该如何达到这些质量标准；质量控制是监测项目的总体质量，判断它们是否符合相关质量标准，并找出消除不合格绩效的方法；质量保证是定期评估项目总体绩效，建立项目能达到相关质量标准的信心。

(五) 人力资源管理

人力资源管理是为保证所有与项目有关的人的能力和人员积极性都得到最有效的发挥和利用。它包括组织的规划、团队的建设、人员的招募和项目班子建设等一系列工作。

(六) 项目沟通管理

项目沟通管理在人的思想与信息之间提供取得成功所必需的关键联系。每个参与项目的人都必须发送与接收沟通，并且要懂得他们作为个人所参与的沟通对项目整体有何影响。项目沟通管理过程包括沟通规划、信息分发、绩效报告及行政收尾等工作。

(七) 项目风险管理

项目风险管理是指对项目风险进行识别、分析并采取应对措施的过程。它包括尽量扩大有利事件发生的概率和尽量减小不利事件发生的概率。其过程主要包括风险管理规划、风险识别、风险定性分析、风险定量分析、风险应对规划和风险监测与控制等内容。

(八) 项目采购管理

项目采购管理是指为完成项目规定任务而从组织外部获取货物或服务的各项过程。

它包括采购计划、采购与征购、资源的选择及合同的管理等工作。

(九) 项目综合管理

项目综合管理就是在各个相互冲突的目标与方案之间权衡取舍，以达到或超过项目利害关系者的要求与期望。项目综合管理是为了保证项目各组成部分恰当协调而必须进行的过程。项目综合管理包括项目计划制订、项目计划实施和综合变更控制等内容。项目计划制订即是综合协调所有项目计划，以便形成一份前后一致的文件；项目计划实施则是通过实施列入计划的各项活动实施项目计划；综合变更控制是协调整个项目的变更。

以上 PMBOK 所涉及的九个知识领域是一个较为全面的大系统中所包含的九个完整的小系统，其中每个系统都是紧密联系的，并不是独立出现的。另外，此体系不但强调了专业人员必须掌握的知识体系，而且强调了专业人员必须具备的专业实践基础等，全面地反映了对高层项目管理人员的综合要求。同时，项目管理人员的职责等方面也融入各个知识领域之中，即贯穿项目管理的过程。

第二节 网络计划技术

一、网络计划技术的产生

网络计划技术是一种科学的计划管理方法，它的基本原理是以网络图的形式，反映组成工程项目的各项活动的先后顺序及相互关系，并通过相应的计算，找出影响全局的关键活动和关键路线，以便对工程项目进行统筹安排，使项目在工期、成本、资源利用等方面达到预期目的。

网络计划方法起源于美国。当时有两种网络计划方法：关键路线法（CPM）和计划评审技术（PERT）。1957 年，美国杜邦化学公司采用了一种新的计划管理方法，即关键路线法。该方法应用的第一年就节约了 100 万美元，相当于该公司用于该项目研究费用的 5 倍多。1958 年，美国海军武器局特别规划室在研制北极星导弹潜艇时，应用了计划评审技术，使北极星导弹潜艇比预定计划提前两年完成。统计资料表明，在不增加人力、物力、财力的既定条件下，采用 PERT 技术可以使进度提前 15%～20%、节约成本 10%～15%。

网络计划技术不仅适用于按期组织生产的单件小批生产类型和新产品试制，而且适用于按量组织生产的大量大批生产类型中的生产技术准备工作，还适用于制订长期计划、编制工程预算、组织物资供应等工作。它特别适用于一次性的大规模工程项目，如电站、油田、建筑工程等。工程项目越大、协作关系越多、生产组织越复杂，网络计划技术就越能显示出其优越性。

我国 20 世纪 60 年代初期开始推广这种技术。著名数学家华罗庚研究了各种网络计划技术的原理，综合了 CPM 和 PERT 等方法的特点，在 1966 年出版了《统筹方法平话及补充》一书。他根据这种技术有助于人们在工作中统筹全局、确定重点、合理排序的特点，称之为"统筹法"，并结合我国的情况，进行推广应用。与此同时，我国著名科学家钱学森也积极提倡科学管理，在他的倡导下，我国在国防技术的重要研制项目中进行了计划协调技术的应用试验并取得了成功。

二、网络计划技术应用步骤

（一）确定目标，进行计划编制的准备工作

确定目标就是决定在哪一项工程项目中应用网络计划技术，决定是编制单项工程的网络计划，还是编制综合工程的网络计划，并明确在工期、质量、成本等方面的具体要求。

工期、质量和成本是相互联系的。过去的工程项目以工期目标为主。在现行体制下，为提高投资效益，成本目标的重要性更加突出，应使工期、质量、成本目标相互协调，实现整体最优，确保投资效益的提高。

（二）将计划任务进行分解，列出全部活动或工序明细表

计划任务分解，即把一项总的任务分解为许多具体的活动或工序。任务分解的粗细程度应根据绘制网络图的具体目标及使用对象的不同而有不同的要求。一般来说，整个工程的总网络图任务分解不宜过细，而各工作环节的网络图则应尽可能细些。总图便于纵观全局，掌握关键，作为控制整个进度的依据，而分图则用来进行具体的生产指挥和调度。计划任务的分解要符合生产工艺的要求，符合生产活动的客观规律，注意不要遗漏任何一项完成任务所需要的活动，哪怕是次要的、辅助性的活动。

计划任务经过分解以后，要列出全部活动或工序的明细表，并在表中标明每一项活动的名称及其代号。

（三）确定各项活动的延续时间、先后顺序和相互关系

根据活动明细表，可以同时进行两项工作：一是确定各项活动的作业时间；二是对每一项活动进行分析。分析的主要内容有：该项活动开始前有哪些活动必须先期完成，即有哪些紧前工序；该项活动在进行过程中有哪些活动可以与之平行交叉进行；该项活动完成后有哪些活动应该接着开始工作，即有哪些紧后工序。进行工序分析，要依据工艺规程的施工组织设计，发动有关人员充分讨论，集中各方面的意见，确定合理的工作程序。

作业时间的确定可分为两种情况：有现实可行的工时定额时，依据工时定额计算，直接填入工序明细表；在没有工时定额或工时定额不够准确时，可找有经验的人员进行估算。

（四）绘制网络图

绘制网络图应按一定规则进行，以表明各工序间的逻辑关系，另外，重要工序在绘图时应放在明显位置，同时要清楚、美观、重点突出。

（五）计算网络的时间参数

根据网络图和各项活动的作业时间，可以计算出全部网络的时间，如工序的最早开

始时间、最迟结束时间以及项目总工期等。

（六）计算时差，确定关键路线

时差是指在不影响项目总工期的条件下，各工序可以推迟的机动时间，如果从始点到终点的一条线路中，所有工序的机动时间都为零，则此线路就叫关键路线，为管理的重点。

（七）综合平衡，搞好优化，安排最优项目计划

项目优化主要包括时间优化、成本优化和资源优化。

三、箭线型网络图的绘制

（一）箭线型网络图的构成要素

箭线型网络图是用箭线及节点连接而成的、有序有向的网络图形。

1. 箭线

箭线又称箭杆，在网络图中以"→"表示，它代表一个工序和该工序的施工方向。箭杆上方写上工序名称，箭杆下方（或名称后面）写上该工序所需持续时间，如产品试制需 10 个月、挖土方需 5 天、机床维修需 4 小时，如图 12-1 所示。箭杆可长可短，箭杆长短与持续时间长短无关。箭杆可画为直线、斜线或折线，但曲线仅用于草图。箭杆由箭尾和箭头组成，箭尾表示一项工序的开始，箭头表示一项工序的结束，箭杆的方向表示工作的进行方向。

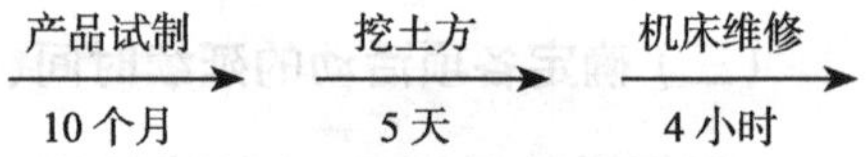

箭杆对一个节点来说，可分为内向箭杆和外向箭杆两种，指向节点的箭杆称为内向箭杆，由节点引出的箭杆称为外向箭杆。以图 12-2 所示的节点⑥来说，节点前的是内向箭杆，从节点引出的为外向箭杆。

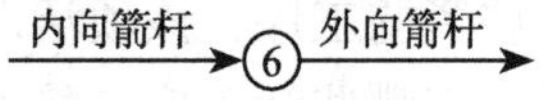

图 12-1　箭线表示方法

图 12-2　内向箭杆和外向箭杆

在网络图中，一项工程是由若干个表示工序的箭杆和节点（圆圈）所组成的网络图形，其中某个工序可以用箭杆代表，也可以用箭杆前后两个节点的号码来代表。如图 12-3 所示，B 工序也可称为②④工序，E 工序也可称为③⑥工序。

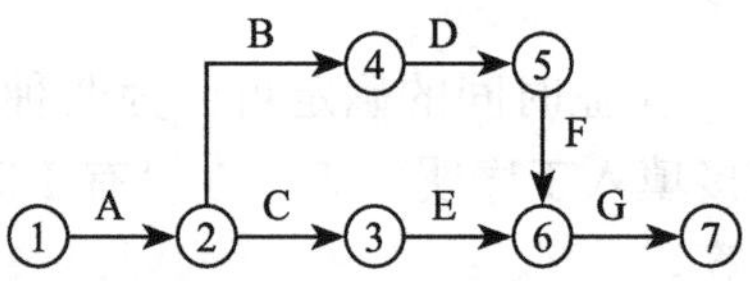

图 12-3　网络图

在网络图中，箭杆表示的工序都要消耗一定的时间，一般地讲，还要消耗一定的资源。凡占用一定时间的过程，都应作为一道工序来看待，如自然状态下冷却、油漆干燥等。

2. 节点

节点又称结点、事件，就是两道或两道以上的工序之间的交接点。一个节点既表示前一道工序的结束，同时也表示后一道工序的开始。节点的持续时间为零。箭尾的节点也叫开始节点，箭头的节点也叫结束节点。网络图的第一个节点叫起点节点，它意味着

一项工程或任务的开始。最后一个节点叫终点节点，它意味着一项工程或任务的完成。其他节点叫中间节点。指向节点的工序叫内向工序，从节点外引的工序叫外向工序，如图12-4所示。

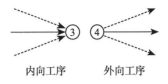

图 12-4　内向工序和外向工序

3. 虚箭杆

它表示一种虚作业或虚工序，是指作业时间为零的实际上并不存在的作业或工序。在网络图中引用虚箭杆后，可以明确地表明各项作业和工序之间的相互关系，消除模棱两可的现象。特别在运用电子计算机的情况下，如果不引用虚箭杆，就会产生模棱两可的现象，电子计算机便无法运行。如图12-5所示，箭杆②→③既是养护工序又是备砖工序，没有按原作业顺序要求把两者区别开来，计算机就无法进行工作。正确的画法是应增加一个节点，画一条虚箭杆加以区别，如图12-6所示。

在网络图中，为了表现工序间的先后连接关系，经常要增添虚箭杆和节点，如图12-7所示：C工序的前项工序是A工序，D工序的前项工序是A、B两工序。在这里，虚工序③→④起着连接A工序及D工序前后关系的作用。虚箭杆还用来隔开两项不相关的工序。

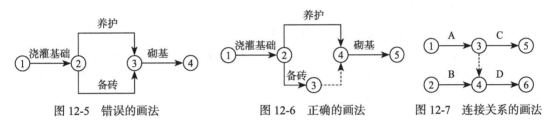

图 12-5　错误的画法　　　图 12-6　正确的画法　　　图 12-7　连接关系的画法

4. 线路

线路是指网络图中从起点节点顺箭头方向顺序通过一系列箭杆及节点最后到达终点节点的一条条通路。如在图12-8中，共有①→②→③→④→⑥、①→②→③→⑤→⑥、①→②→④→⑥等很多线路，其中用双线标注的①→②→③→④→⑥称为关键路线。

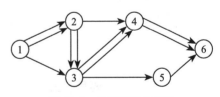

图 12-8　关键路线的画法

综上所述，箭杆、节点和线路是构成网络图的三要素。

（二）绘制网络图的基本规定

1. 箭杆的使用规定

（1）一支箭杆只能表示一道工序。如图12-9所示的画法是错的，因为①→②工序是A工序，④→⑤工序也是A工序，而一道工序只允许一支箭杆（如①→②）来表示。如是性质相同的工作，可分别用A1、A2来表示，图12-10所示的画法就正确了。

图 12-9　错误的工序表示法　　　　图 12-10　正确的工序表示法

（2）一支箭杆的前后都要连接节点圈。如图12-11所示的画法就错了。绘图者的原意可能是想在支木模开始一定时间后，接着扎钢筋，但画法是错误的。正确的画法如图12-12所示。

图 12-11　错误的画法　　　　图 12-12　正确的画法

（3）两个同样编号的节点间不应有两个或两个以上的箭杆同时出现，因此图12-5所示应改为图12-6所示。

（4）不可形成循环回路。

（5）不可出现双向箭头，也不可出现无箭头的线段。

（6）绘制网络图应尽量避免箭杆的交叉，当交叉不可避免时，可采用搭桥法或指向法。

2. 节点的使用规定

（1）在一个网络图中只允许有一个起点节点。

（2）在一个网络图中一般（除多目标网络外）只允许出现一个终点节点。

（3）节点编号均用数码编号，表示一项工作开始节点的编号应小于结束节点的编号，即始终要保证箭尾号小于箭头号。

（4）在一个网络图中不允许出现重复的节点编号。

（5）编号时可以从小到大、由左向右、先编箭尾、后编箭头地按顺序编号；也可采用非连续编号法，即跳着编，当中空出几个编号，这是为了在修改网络图过程中遇到节点有增减时，可以不打乱原编号。

（6）起点节点编号可从"1"开始，亦可从"0"开始。

（7）网络图中要尽量减少不必要的节点和虚箭杆。当某节点只有一条内向虚箭杆和只有一条外向虚箭杆时，这个节点就有可能是多余的。

根据上述的使用规定，检查一下图12-13就能发现很多画法上的错误，具体如下。

（1）有三个起点节点，按规定只允许有一个起点节点，因此要删除两个节点。

（2）有两个终点节点，必须删除一个。

（3）④→⑧工序既是D工序，又是E工序，按规定两个节点圈之间只允许设一个工序，因此必须增设一个节点、一个虚箭杆。

（4）G工序的节点代号为⑥→⑤，违反节点编号从小到大的原则，应改为⑤→⑥。

（5）I工序节点代号⑧→⑦，也违反节点编号从小到大的原则，应改为⑦→⑧。

（6）⑥→⑩→⑨线段不但⑩→⑨节点编号错误，而且在⑥节点到⑨节点间既然除了H工序以外再没有其他工序，那么⑩节点⑩→⑨虚箭杆都可以精简。

根据以上改错结果，重新编节点码，正确的画法应如图12-14所示。

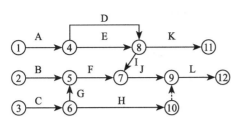
图 12-13 出现多种错误画法的网络图

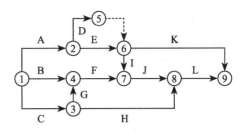
图 12-14 改正错误画法后的网络图

(三) 本工序、紧前工序和紧后工序

如以某工序作为正在研究处理的工序,就叫它本工序,那么紧接在本工序之前的工序就称为紧前工序(或先行工序),紧接在本工序之后的工序就称为紧后工序(或后续工序)。如在图 12-14 中,如果 E 工序是本工序,那么 A 工序就是紧前工序,K 工序为紧后工序,D 是 E 的平行工序。

例如,设某项目的有关资料和数据如表 12-1 所示,则其网络图如图 12-15 所示。

表 12-1 项目工序的紧前工序及工作时间表

工序名称	A	B	C	D	E	F	G	H
紧前工序	—	—	A	A	C、B	C、B	D、E	D、E、F
所需时间(天)	1	5	3	2	6	5	5	3

四、网络时间参数的计算

(一) 网络时间参数

网络图不仅是一个工程项目的各工序的内在逻辑关系的形象反映,而且也是一种科学的进度安排。为此,必须确定并计算网络图的时间值,它包括各工序所需的延续时间、各工序最早开始和结束时间、各工序最迟开始和结束时间、工序的时差等参数。

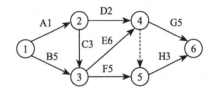
图 12-15 某项目的网络图

首先必须正确地确定各工序所需的时间。正如前面已指出的,这是编制网络图的重要依据之一。工序所需时间是指进行该工序的作业所必需的延续时间,可以以小时、日、周等为单位来表示。

由于工程项目是一次性的,工序所需时间的确定一般采用经验估算的方法,即由有关的人员和专家根据设备、人员、材料等工艺技术和组织的因素,进行分析研究和计算之后确定。进行估计时,可以利用和参考有关的统计资料,也可以与同类工作进行对比和类推。

对工序所需时间的估计,有肯定估计和非肯定估计两种方法。肯定估计法,就是对工序所需的时间,给出一个肯定值的估计,这是 CPM 技术中一般采用的估计法。非肯定估计法,是在 PERT 技术中采用的估计方法。当影响工序延续时间的不肯定因素较多,不能肯定地估计工序时间的时候,一般采用非肯定估计法,即可以对工序所需时间先做三个时间值估计,然后应用 β 分布,求其平均值、方差和标准差。

三个时间值的估计分别为:最佳时间,这是最乐观的估计,以 a 表示;最长时间,这是最为保守的估计，以 b 表示；最可能时间，这是有最大可能性出现的工序的延续时间，以 m 表示。

应用 β 分布，求工序所需时间的期望值（平均值）的公式为：

$$T = \frac{(a+4m+b)}{6}$$

其方差和标准差分别为：

$$\delta^2 = \left(\frac{b-a}{6}\right)^2$$

$$\delta = \frac{b-a}{6}$$

肯定估计法，适用于不肯定因素较少，有较完整的统计资料，或有先例可循的工作；而非肯定估计法，是利用概率论的方法处理随机事件，适用于不肯定因素多且无先例可循的工作，例如对研制项目、新开发项目等的估计等。但无论是采取肯定估计法还是非肯定估计法，对工序所需时间的估计，都是以工序所赖以进行和实现的有关条件（如技术、工艺、组织方法、使用的各种资源量等）为基础的。

（二）活动时间参数计算

1. 最早开始时间和最早结束时间

设网络图的始点的时间为零，其中的任一工序，相对来说，都有一个最早开始时间和最早结束时间，分别以 t_{ES} 和 t_{EF} 表示。

某个工序的最早开始时间（t_{ES}），是指在考虑它的先行工序进行作业的条件下，它可能开工的最早时刻；它的最早结束时间（t_{EF}）则是指它可能完工的最早时刻。

一个工序的最早开始时间与它的最早结束时间是密切相关的。在紧密衔接的各工序中，先行工序的最早结束时间，也就是后继工序的最早开始时间。就单独的一个工序来看，它的最早开始时间，加上它所需的延续时间，就是该工序的最早结束时间，即：

$$t_{EF} = t_{ES} + t$$

计算各个工序的最早时间（t_{ES} 和 t_{EF}）应从网络图的始点算起，自左向右，按工序的顺序进行计算，直至到达网络图的终点。当某个工序的紧前工序不止一个，即它的 t_{ES} 有几个值时，在计算时应取其中的最大值。

2. 最迟开始时间和最迟结束时间

在工程项目预定的计划总工期的要求下，为使前后各工序在时间上紧密衔接，不至于延误总工期，每个工序都有它最迟必须开始的时间和最迟必须结束的时间。

所谓最迟开始时间和最迟结束时间是指在保证不延误总工期的条件下，各个工序必须开工及完工的最迟时刻，分别用 t_{LS} 和 t_{LF} 表示。最迟开始时间与最迟结束时间也是密切相关的。对于前后衔接的工序来说，紧后工序的最迟必须开始时间就是它们的紧前工序的最迟必须结束时间。就单独的一个工序来看，知道了它的最迟结束时间，减去它本身所需的延续时间，就是该工序的最迟开始时间，即：

$$t_{LS} = t_{LF} - t$$

怎样计算网络图所包括的各工序的最迟开始时间和最迟结束时间呢？计算各工序的最迟时间（t_{LS} 和 t_{LF}）与计算各工序的最早时间不同，不是从网络图的始点开始计算，而是从网络图的终点开始计算，即从右向左按 $t_{LF} - t = t_{LS}$ 的关系，用递减法逆推，直至到达网络图的始点。在计算 t_{LS} 时，如果该工序紧后工序不止一个，则计算时应取其中的最小值。

网络图终点的最早结束时间，就是整个工程项目的总工期。一个项目的计划总工期，一般是根据该项目的最后工序的最迟结束时间来确定的。

3. 时差的计算及关键路线的确定

如前所述，每个工序都有它的最早开始和结束时间、最迟开始和结束时间。工序的最迟开始时间与最早开始时间之差，或最迟结束时间与最早结束时间之差，称为该工序的时差或富裕时间。

所谓时差或富裕时间，是指在不影响整个工程的完工期的条件下，某工序的开始时间（或结束时间）的可变限度，即从最早开始（或最早结束）时间算起，该工序可能推迟的不至影响总工期的最大时数、天数或周数。

时差的计算和利用，是网络规划技术中的一个重要问题。它是确定关键路线的根据。同时，它为工程进度计划的安排及资源的合理利用提供可供选择的可能性。

在一个工程项目的网络图中，时差为零的工序是关键工序。自网络图的始点至终点把各关键工序连接起来的路线，称为关键路线。这是自网络图的始点至终点所有路线中需时最长的路线，它在网络图中可以用双线标出，以示区别。关键路线上各工序的作业进度将直接影响工程项目的总工期，其中的任一关键工序提前或延误一天，项目的总工期将随之缩短或延长一天。确定关键路线，掌握和控制它的发展与变化，是网络规划技术的一个核心内容，对于加强项目管理具有重要的意义。

计算网络图的时间参数的方法一般有三种：图上计算法、表格计算法和矩阵法。

对于表 12-2 中的资料，其时间参数的计算结果如图 12-16 和表 12-3 所示。在图 12-16 中，我们使用"日"字形框内上面的数字，表示最早开始时间；使用"日"字形框内下面的数字，表示最迟开始时间。

表 12-2 某项目资料

工序名称	A	B	C	D	E	F	G	H	I	J
紧前工序	—	—	—	—	A	B	B	C	E、D、B	H、F
所需时间（天）	4	5	2	3	3	4	6	5	2	4

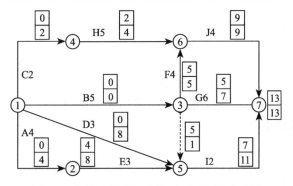

图 12-16 某工程项目的最早时间和最迟时间

表 12-3 某工程项目各工序时间参数计算表　　　　　　（单位：天）

节点	工序名称	紧前工序	工序所需时间	最早		最迟		时差	关键工序
				开始时间	结束时间	开始时间	结束时间		
1, 2	A	—	4	0	4	4	8	4	
1, 3	B	—	5	0	5	0	5	0	*
1, 4	C	—	2	0	2	2	4	2	
1, 5	D	—	3	0	3	8	11	8	
2, 5	E	A	3	4	7	8	11	4	
3, 6	F	B	4	5	9	5	9	0	*
3, 7	G	B	6	5	11	7	13	2	
4, 6	H	C	5	2	7	4	9	2	
5, 7	I	E、D、B	2	7	9	11	13	4	
6, 7	J	H、F	4	9	13	9	13	0	*

第三节　网络计划优化

网络计划的优化目的在于通过调整时差，改善计划方案，合理利用资源，缩短工期，降低成本。网络计划的优化方法有：时间优化、时间-费用优化、时间-资源优化。

一、时间优化

时间优化就是不考虑人力、物力、财力资源的限制。这种情况通常发生在任务紧急、资源有保障的情况下。

由于工期由关键路线上活动的时间所决定，因此压缩工期就在于如何压缩关键路线上活动的时间。缩短关键路线上活动时间的途径有：①利用平行、交叉作业缩短关键活动的时间；②在关键路线上赶工。

由于压缩了关键路线上活动的时间，因此会导致原来不是关键路线的路线成为关键路线。若要继续缩短工期，就要在所有关键路线上赶工或进行平行交叉作业。随着关键路线的增多，压缩工期所付出的代价就会变大。因此，单纯地追求工期最短而不顾资源的消耗是不可取的。

二、时间-费用优化

利用网络图，可以进行时间-费用分析，以便能以最小成本实现缩短工期的目标。时间-费用优化就是在使工期尽可能短的同时，也使费用尽可能少。能够实现时间-费用优化的原因是，工程总费用可以分为直接费用和间接费用两部分，这两部分费用随工期变化而变化的趋势是相反的。

1. 直接费用 C_D

直接费用 C_D 是指能够直接计入成本计算对象的费用，如直接工人工资、原材料费用等。直接费用随工期的缩短而增加。

一项活动如果按正常工作班次进行，其延续时间称为正常时间，记为 t_z；所需费用称为正常费用，记为 c_z。若增加直接费用投入，就可以缩短这项活动所需的时间，但活动所需时间不可能无限缩短。如加班加点，一天也只有 24 小时，生产设备有限，投入更多的人力也不会增加产出。赶工时间条件下活动所需最少时间为极限时间，记为 t_g；相应所需费用为极限费用，记为 c_g。直接费用与活动时间之间的关系如图 12-17 所示。

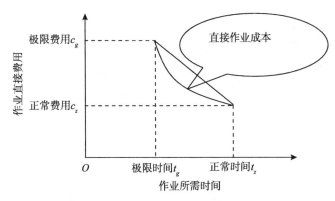

图 12-17　直接费用与活动时间的关系

为简化处理，可将活动时间 – 费用关系视为一种线性关系。在线性假定条件下，活动每缩短一个单位时间所引起的直接费用的增加称为直接费用变化率（也称成本斜率），记为 I：

$$I = (c_g - c_z)/(t_z - t_g)$$

2. 间接费用 C_I

间接费用 C_I 是与整个工程有关的、不能或不宜直接分摊给某一活动的费用，包括工程管理费用、拖延工期罚款、提前完工的奖金、占用资金应付利息等。间接费用与工期成正比关系，即工期越长，间接费用越高，反之则越低。通常将间接费用与工期的关系作为线性关系处理。

工程总费用 C_T、直接费用 C_D、间接费用 C_I 与工期的关系如图 12-18 所示。

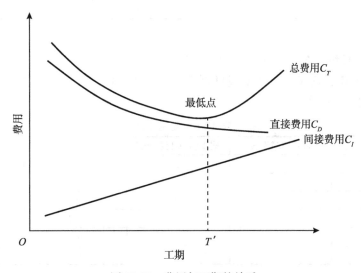

图 12-18　费用与工期的关系

由图 12-18 可以看出，总费用先随工期缩短而降低，然后又随工期进一步缩短而上升。总费用的这一变化特点告诉人们，其间必有一最低点，该点所对应的工程周期就是最佳工期，如图中 T' 点所示。时间－费用优化的过程，就是寻求总费用最低的过程。

设工期从 T 压缩至 T'，相应的总费用变化为：

$$C_T(T') = C_D(T') + C_I(T') = C_D(T) + VC_D + C_I(T) + VC_I$$
$$C_T(T') - C_T(T) = VC_D + VC_I$$

若 $VC_D + VC_I < 0$，则工期还可以进一步缩短。

在进行时间－费用优化时，需要把握以下三条规则：①必须对关键路线上的活动赶工；②选择直接费用变化率最小的活动赶工；③在可赶工的时间范围内赶工。

下面以这一思想为指导，通过一个例子说明时间－费用优化的方法。

例题 12-1

有如图 12-19 所示的网络图。各活动（作业）的成本斜率及可能缩短天数如表 12-4 所示。要求 42 天内完成，若完成可获 1 000 元奖励。问：如何进行时间－费用优化？

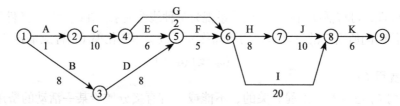

图 12-19　某项目网络图

表 12-4　各活动（作业）的成本斜率及可能缩短天数

活动（作业）	A	B	C	D	E	F	G	H	I	J	K
成本斜率	—	50	75	150	25	—	—	150	50	150	150
可能缩短天数	0	1	1	2	3	0	0	1	6	2	2

解析：

（1）求关键路线：A—C—E—F—I—K（48 天）。

（2）优化步骤：①E 减 1 天；②I 减 2 天；③B、E 各减 1 天；④K 减 2 天。费用计算结果如表 12-5 所示。

表 12-5　费用计算

缩减时间的活动（作业）	可能缩减天数	成本斜率（元/天）	赶工代价（元）	奖励（元）
E	1	25	25	
I	2	50	100	
B	1	50	50	1 000
E	1	25	25	
K	2	150	300	
合计	7		500	1 000

缩减结果：有多条关键路线，如图 12-20 所示。

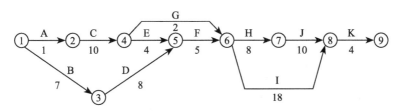

图 12-20 关键路线图

例题 12-2

设有某个项目,它的有关数据和资料如表 12-6 所示,初步安排的网络图如图 12-21 所示。

表 12-6 某项目的资料和数据

工序	紧前工序	正常所需时间(天)	时差	关键路线	可能缩短的时间(天)	每缩短一天提高的成本(千元)
A	—	5	0	*	1	8
B	—	10	2		2	11
C	A	7	0	*	2	5
D	A	12	2		2	13
E	B、C	5	8		—	—
F	B、C	7	0	*	1	9
G	E	2	8		—	—
H	D、F	8	0	*	2	20

解析: 由图 12-21 可知,在本例中,项目网络图(草案)的关键路线是 A—C—F—H。为了缩短整个工程项目的工期,必须缩短这条关键路线上的工序所需时间。

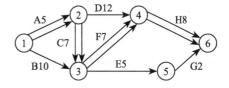

图 12-21 某项目的网络草图

在关键路线上的各关键工序之中,究竟应设法缩短哪一个工序的时间呢?一般来说,要考虑以下几点。

(1)要看在一定的技术和组织的条件下,各工序缩短工期的可能性如何。

(2)要看成本的变化,即在有可能缩短的条件下,应选择那些为缩短工期所付出的代价最小的工序。

(3)要看关键路线的变化,因为缩短关键工序的工期有可能引起次关键路线转化为关键路线,以致在网络图中出现多条关键路线的情况。

(4)在存在多条关键路线的情况下,只有缩短它们共同的关键工序的工期,才能达到加快整个工程项目的进度的目的。

三、时间－资源优化

(一)时间－资源优化基本原则

所谓时间－资源优化,是指在资源有一定限度的情况下,寻求最短工期;或者,在工期有一定限度的情况下，通过利用时差，寻求资源平衡。

1. 资源平衡的原则和途径

（1）抓关键路线，首先保证各项关键活动的需要量，缩短关键活动的作业时间，如改进作业方法、改进工艺方案或装备等。

（2）充分利用时差，错开各项作业的时间，优先保证关键路线上各项作业对资源的要求，平衡、协调和合理配备各种资源，借以尽量缩短各项作业时间。

（3）对非关键路线上的各项活动，充分利用时差，调整开工和完工时间，以便集中必要资源用于关键路线作业。

2. 优化步骤

时间－资源优化的具体步骤如下。

（1）根据作业清单绘制网络图，通过计算，各作业均按最早开始时间绘制资源需求量动态表，从中找出关键路线、关键作业和非关键作业的总时差。

（2）利用时差，按时间顺序在资源需要不超过规定限度的时间内，在非关键作业中选择需要后移的作业逐项进行后移。

（3）非关键作业逐项后移后，绘制新的资源需求量动态表，检查其满足资源平衡的条件。

3. 时间－资源优化实例

设某项目的有关资料和数据如表12-7所示，其网络图如图12-22所示，加上各工序对某种资源的需求量绘制成表12-8，该种资源的现有量为20个单位。

表 12-7　项目工序的紧前工序及工作时间表

工序名称	A	B	C	D	E	F	G	H
紧前工序	—	—	A	A	C、B	C、B	D、E	D、E、F
所需时间（天）	1	5	3	2	6	5	5	3

表 12-8　某项目的资料表

工序名称	A	B	C	D	E	F	G	H
紧前工序	—	—	A	A	C、B	C、B	D、E	D、E、F
所需时间（天）	1	5	3	2	6	5	5	3
资源需求量	6	14	8	9	7	12	8	16

初步安排的网络图、时间参数、关键路线如图12-23所示。

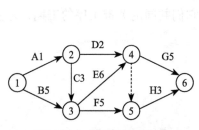

图 12-22　某项目的网络图

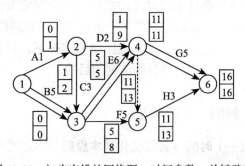

图 12-23　初步安排的网络图、时间参数、关键路线

根据该项目的网络图（草案），各工序对资源的需求情况是不平衡的，具体数字见表 12-9。该种资源现有数量为 20 个单位，但需求最高时却达到 31 个单位，最低时只需 7 个单位。这种不平衡状况，通过利用网络图的非关键工序的时差，做出适当的调整与安排后，该种资源的需求状况达到了平衡。调整后资源需求情况如表 12-10 所示。

表 12-9 调整前资源需求情况（△表示时差）

工序＼日期（需求量）	1	2	3	4	5	6	7	8	9	10	11	12	13	14	15	16
A	6	△														
B（关键）	14	14	14	14	14											
C		8	8	8	△											
D		9	9	△	△	△	△	△	△	△	△					
E（关键）						7	7	7	7	7	7					
F						12	12	12	12	12	△	△	△			
G（关键）												8	8	8	8	8
H												16	16	16	△	△
调整前需求量合计	20	31	31	22	14	19	19	19	19	19	7	24	24	24	8	8

表 12-10 调整后资源需求情况（△表示时差）

工序＼日期（需求量）	1	2	3	4	5	6	7	8	9	10	11	12	13	14	15	16
A	6															
B（关键）	14	14	14	14	14											
C		6	6	6	6											
D						9	9									
E（关键）						7	7	7	7	7	7					
F								12	12	12	12	12				
G（关键）												8	8	8	8	8
H												12	12	12	12	
调整后需求量合计	20	20	20	20	20	16	16	19	19	19	19	20	20	20	20	20

本章小结

本章简述了项目和项目管理的概念和特点，并对项目的生命周期和项目管理的九大知识体系进行了阐述，项目的计划和控制是项目管理中一项非常重要的工作，希望读者对项目控制的方法有一定的了解和应用。最后，本章介绍了项目管理中一种非常重要的方法——网络计划技术，它通过网络图和相关的计算，描绘出复杂项目的任务结构及其执行过程，求出对全局有影响的关键线路和关键作业，在保证质量和限定资源的条件下，对项目进度进行科学的安排。

关键术语

项目管理　　网络计划技术　　关键路线　　网络计划优化

思考题

1. 简答题

（1）什么是项目和项目管理？它们的特点是什么？
（2）项目管理的内容有哪些？
（3）制订项目计划的步骤有哪些？
（4）什么是关键线路？它在网络图中起什么样的作用？
（5）网络图的绘制应遵循什么样的原则？

2. 计算题

根据表 12-11 所示逻辑关系绘制网络图，求各工序时间参数，确定关键路线。

表 12-11　各工序逻辑关系

工序名称	A	B	C	D	E	F	G	H	I
紧前工序	—	—	A	A	A、D	C、E	A、D	D	B、F、G、H
工序时间	2	10	4	2	1	2	1	2	2

Chapter 13 第十三章

企业技术经济评价与管理

⚠ 教学目标

通过本章的学习,学生应掌握企业技术经济评价的基础概念,重视资金时间价值规律,熟悉用确定性评价方法的思路与逻辑去分析项目经济效果。

⚠ 教学要求

掌握经济效果的概念;了解经济效果评价的标准;掌握经济效果可比原则;了解资金时间价值相关概念;掌握资金时间价值计算;掌握技术经济确定性评价方法。

📚 引导案例

设备采购方案论证

王总的公司欲引进一套设备,设备供应商提出有两种还款方式可供选择。第一种还款方式:一笔总算售价50万元,一次支付;第二种还款方式:总算与提成相结合,具体条件是,签约时付费10万元,2年建成投产后,按产品每年销售收入的8%提成,项目预期运行12年,投产后平均每年销售收入可达100万元。若银行贷款利率为10%,从经济角度看,王总应该选择哪种付款方式呢?

第一节 经济效果的概念和评价原则

一、经济效果的概念

各种技术活动都需要投入,以最少的投入取得尽可能多的产出,是各种技术活动追求的经济目标。因此,在进行各种技术方案选择时,既不能单用取得成果的大小,也不能单用投入的多少来判断,而必须从投入和产出两个方面综合判断才能得出科学的结论。所谓经济效果,就是经济活动中取得的劳动成果与劳动消耗的比较,或产出与投入的比较。

要正确理解经济效果的概念，需注意以下几点。

（一）劳动成果和劳动消耗的比较是经济效果的本质所在

在进行经济效果分析时，必须将技术方案的成果与消耗、产出与投入结合起来综合考虑，而不能仅使用单独的成果或消耗指标，不把成果与消耗、产出与投入结合起来，无法判断方案的优劣与好坏。当然在投入一定时，也可以单独用产出衡量经济效果，产出越多效果越好；产出一定时，投入越少越好。

（二）劳动成果必须是有用的

技术方案实施后的效果有好坏之分，经济效果概念中的产出是指有效产出，是对社会有用的劳动成果，即对社会有益的产品或服务；对社会无用或有害的成果，不符合社会需要的产品或服务，生产越多，消耗越大，经济效果就越差。

（三）劳动消耗是全部消耗

经济效果概念中的劳动消耗，包括技术方案实施消耗的全部人力、物力、财力，即包括生产过程中的直接劳动消耗、劳动占用、间接劳动消耗三部分。直接劳动消耗指技术方案实施中消耗的原材料、燃料、动力等物化劳动消耗和劳动力等活劳动消耗；劳动占用通常指技术方案为正常进行生产而长期占用的厂房、设备、货币资金和各种物料等；间接劳动消耗是指与技术方案实施相关联的单位或部门发生的消耗，在衡量经济效果时，这部分消耗是必须考虑的。

二、经济效果的一般形式

经济效果体现了一种比较关系，这种比较关系可以用三种表达形式描述。

（一）差式经济效果

该种形式的经济效果表示的是劳动成果扣除劳动消耗的一种绝对量的经济效果，如利润、净产值、国民收入等指标。表达式为：

$$经济效果 = 劳动成果 - 劳动消耗$$

这种表示方法的量纲不论是劳动成果还是劳动消耗都必须以价值量表示。这种方法一般不宜用来直接衡量不同的技术方案。

（二）商式经济效果

该种形式的经济效果表示的是劳动成果与劳动消耗之比，以比值的多少表示经济效果的大小。表达式为：

$$经济效果 = 劳动成果 / 劳动消耗$$

这种表示方法的最大特点是劳动成果、劳动消耗的计量单位可以不同，既适用于价值型指标的对比（如投资收益率），又适用于实物型指标的对比（如原材料消耗量），也适用于量纲不同的指标对比（如劳动生产率）。该种形式表示的经济效果是最常见、使用最普遍的方法，具有广泛的适用性。

（三）差式与商式综合经济效果

这种形式的经济效果将差式和商式两种形式组合起来，更能准确地反映经济活动的经济效果的好坏。表达式为：

$$经济效果 = \frac{劳动成果 - 劳动消耗}{劳动消耗}$$

这种表达方法是净收益与耗费的比值的形式，反映的是单位劳动消耗所取得的净收益，如资金利润率指标。该种形式的经济效果是评价经济效果最适用的表示方法。

三、经济效果的评价标准

经济效果的评价标准就是经济效果要达到的目标。经济效果评价标准，既有评价单位项目本身的经济效果（如投资回收期、内部收益率等评价指标），又有项目之间比较的经济效果（如改造与不改造方案比较、追加投资回收期等评价标准），还可分为具体评价标准、综合评价标准等，其中综合评价标准综合性较强，且范围更大，如工业投资效果系数评价标准比机械工业投资效果系数评价标准的综合性要强，因为它考虑了整个工业的情况。到底选择什么样的评价标准，要根据实际问题的具体需要来确定。

一般情况下，评价经济效果的最起码标准为：劳动成果比劳动消耗要大，否则，生产和扩大再生产将无法进行，社会就不能发展。这就是说在生产活动中所创造的价值必须大于投入的劳动价值。当然劳动成果超出劳动消耗越多越好。

四、经济效果的评价原则

（一）经济效果评价的基本原则

1. 正确处理微观与宏观的关系

企业的微观效果与国家的宏观效果有矛盾的一面，也有统一的一面。提高企业或项目的微观效果是提高宏观经济效果的基础，而提高宏观经济效果是提高企业或项目微观经济效果的前提。例如，国民经济活动按比例协调进行，既能提高宏观经济效果，又为提高微观经济效果创造条件，而如果国民经济比例关系不协调，产业间投入产出关系不适当，那么必然会有许多企业的产品因不符合社会需要而无法实现其价值。此外，国民经济效果并非企业经济效果的简单总和，在某些情况下，二者之间仍然存在矛盾，必须在服从全局的前提下，充分兼顾各方面的利益，即不能空谈宏观经济效果而忽视和不顾企业经济效果的提高。一般说来，在市场经济的条件下，企业作为独立的商品生产者，应该把提高企业经济效果作为生产经营的主要目标，国家必须通过经济的、法律的以及行政的等多种手段，促使企业自觉地把微观经济效果和宏观经济效果统一起来。

2. 正确处理近期经济效果和长远经济效果的关系

考虑整个社会的长远经济利益，近期经济利益要服从长远利益。但这不意味着可以借口长远利益而忽视目前利益，应该说，目前利益是长远利益的有机组成部分，只有不断提高目前的经济效果,才能逐步获得长远的经济效果。以提高长远的经济效果为目标,从提高目前的经济效果着手,脚踏实地,才能逐步达到提高全过程的长远经济效果的目的。

3. 正确处理直接经济效果与间接经济效果的关系

间接经济效果不像直接经济效果那样显而易见,因此,在进行技术经济分析时,往往只重视直接经济效果的评价,而忽视间接经济效果的评价。技术经济效果是一个综合性概念,不仅反映在直接经济效果上,而且也反映在间接经济效果上,所以,真实的经济效果是两者的综合,即全面的经济效果。

4. 正确处理经济效果与社会环境的关系

正确处理好经济效果与社会环境的关系是技术经济分析的一个重要原则。社会环境包括国民经济需要,国家有关政策、社会发展水平的需要,地区发展规划、自然环境改善的需要等。经济发展与社会环境存在相互依赖、相互促进和相互制约的关系,如果技术政策、措施、方案与社会环境相适应,则经济效果与环境效果相一致,能取得真正效果,反之,则难以产生真正的经济效果。

5. 正确处理生产效果与流通效果、消费效果的关系

不能仅从生产者的角度去分析、计算和评价经济效果,如果只考虑生产费用,即使成本很低,也可能使用户的使用费用增加,总的寿命周期成本可能会更大,用户就不愿意接受这样的产品,因此,要同时评价流通及消费领域中的经济效果。处理这类关系的原则是:以生产、流通、消费这三个阶段的综合经济效果最大为标准。

(二)经济效果的可比原则

技术经济分析的目的就是选出实现某一目标的最优或满意的技术方案,因此,就需要对各技术方案的技术经济指标进行研究,确定其经济效果的大小,并与其他方案进行比较评价,以便从备选方案中选出具有最佳经济效果的方案,这就是比较问题。比较原则是技术经济分析应遵循的重要原则之一,没有比较就无从选优。要比较就必须建立共同的比较基础,使得技术方案之间具有可比性。通常,技术方案的比较可从满足需要上的可比、消耗上的可比、价格上的可比和时间上的可比四个方面进行。

1. 满足需要上的可比

任何一个技术方案都有一定的目的,都要满足一定的需要。从技术经济观点看,如果有若干个可行方案可供选择的话,那么它们之间就必须进行比较优选。因此,各个方案都必须满足相同的需要,否则无法比较。满足同一需要上的可比,是一个最重要的可比原则。各技术方案一般都是以方案的产品数量、品种、质量等指标来满足社会需要,所以,不同技术方案若要符合满足需要上的可比条件,就必须要求各技术方案的产量、质量和品种等指标可比。如果各对比方案的产品质量、品种、数量相同或基本相同,则可直接比较各方案的经济效果;如果有显著差别,则不能直接比较,必须进行修正后才能比较。

2. 满足消耗上的可比

技术方案进行比较,实际上要比较的是不同方案的经济效果。而在评价经济效果时,

既要满足需要，又要考虑消耗费用。所以，在对比若干个可行方案时，必须具有消耗费用上的可比条件。这也是技术经济比较中不可缺少的原则。

任何一个技术方案的具体实施都必须消耗一定的社会劳动和费用，但由于对比方案的技术特征和经济性质不同，因而它们的消耗费用也不相同，这时要正确地进行各方案的经济效果对比，就必须对各方案的消耗费用进行合理计算。要特别强调的是，在计算对比方案的消耗费用时，需要使用同一个原则、同一种计算方法，而且要计算到同一个范围和同一个程度。在考虑对比方案的消耗费用时，必须从整个社会和整个国民经济观点出发，从综合的观点、系统的观点来考虑，也就是说必须考虑对比方案的社会全部消耗费用，而不能只考虑方案本身的消耗。

3. 满足价格上的可比

对技术方案进行经济效果评价时无论是投入还是产出，都要借助价格这个尺度，所以要正确评价项目的经济效果，价格必须有可比性。要使价格可比，技术方案所采用的价格体系应相同，在财务评价中采用现行市场价格，在国民经济评价中采用影子价格。

4. 满足时间上的可比

在对技术方案进行经济效果比较时，还应考虑时间这个因素。例如，有两个对比方案，其总投资、产量等条件均相同，但由于投资时间不相同或产出时间不相同，因而其经济效果就不相同，显然时间对技术方案的经济效果有重要影响。比较不同方案的经济效果，时间可比要包含两方面的内容：一是对于不同使用寿命的方案评价其经济效果时，应采用相同的计算期作为比较基础；二是要考虑资金的时间价值，发生在不同时间的投入和产出，应根据资金的时间价值进行折算后比较。

第二节　资金的时间价值概述

资金的时间价值是技术经济分析的重要概念和原则，也是采用动态方法对投资方案进行科学评价的基础。在进行技术经济分析时，为了保证各投资方案在不同时间上所发生的费用及收益具有可比性，需要考虑资金的时间价值，消除各方案的费用及收益在时间上的差异，使之具有可比性。

一、资金时间价值的概念

资金的时间价值是指资金在生产、流通的过程中，随着时间的推移会发生的增值。换句话说，资金的时间价值就是不同时间发生的等额资金具有不同的价值。例如，现在的 1 万元比将来的 1 万元值钱，因为现在的 1 万元可以立即投入某项经济活动中，并获得相应的收益，而将来的 1 万元则无法用于现在的投资活动，也就无法获得相应的收益。所以说，现在的一笔资金要比未来同样数额的资金更值钱。

对资金时间价值的理解，可以从两个方面来进行：一是资金时间价值既不是货币本身产生的，也不是时间产生的，而是在资金运动过程中，经过劳动者的生产活动，伴随着时间推移，产生了资金增值，这就是资金的"时间价值"；二是如果放弃了资金的使用权或资金闲置，相当于失去了收益的机会，也就相当于付出了一定代价，这种代价就是资金的"时间价值"。

资金的时间价值是客观存在的，因此在各项经济活动中必须充分认识资金时间价值的意义，缩短建设周期，加速资金周转，提高资金使用效果，提高投资决策水平。

二、衡量资金时间价值的尺度

资金时间价值的大小取决于多方面的因素，从投资的角度看，主要取决于投资收益率、通货膨胀率和项目风险等。衡量资金时间价值的尺度主要有利息、利率、盈利和盈利率等。

利息、盈利或净收益都可视为使用资金的报酬，都是投入资金在一定时间内产生的增值。一般把资金存入银行获得的资金增值叫作利息；把资金投入生产建设或其他方面产生的资金增值叫作盈利或净收益。可见，利息、盈利或净收益都是资金运动产生增值的表现，都是衡量资金时间价值的绝对尺度。

利率、盈利率或收益率是一定时间（通常为一年）的利息、盈利或净收益与原投入资金的比率，也有人称之为使用资金的报酬率。它反映了资金随时间变化的增值率，因此，它是衡量资金时间价值的相对尺度。

在技术经济分析中，利息与盈利、利率与盈利率或收益率是不同的概念，但都是反映资金不同使用方式产生时间价值的尺度，计算利息的一系列公式同样适用于不同投资方式资金时间价值的计算。

三、现金流量

（一）现金流量的概念

现金流量是指把投资方案看作一个独立的系统，在项目寿命期内或计算期内，流入或流出系统的现金量。现金流量包括现金流入、现金流出和净现金流量。流入系统的实际资金收入称为现金流入，一般包括：销售收入、回收的固定资产残值、项目寿命期末回收的流动资金等。流出系统的实际资金支出称为现金流出，现金流出一般包括：固定资产投资、建设期利息、流动资金投资、经营成本、税金等。某一时期的现金流入与现金流出之差称为这一时期的净现金流量。现金流量可正可负。现金流量的构成包括三项要素：大小、方向和时间点。

（二）现金流量的表示方式

1. 现金流量图

现金流量图是将投资方案在寿命期内不同时期发生的现金流入、现金流出描绘在时间轴上的图形，一般有以下几种表示方法。

（1）用正负号表示现金流量方向的现金流量图，如图 13-1 所示。

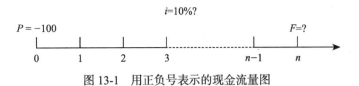

图 13-1　用正负号表示的现金流量图

图 13-1 中,"+"表示现金的流入,"-"表示现金的流出,$0,1,2,\cdots,n$ 表示期次（如第一年,第二年,……,第 n 年）。

（2）用箭头表示现金流量方向的现金流量图,但箭头的长短与现金流入流出无关,如图 13-2 所示。这是最常见的一种表示方式。

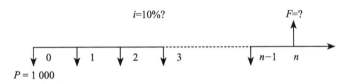

图 13-2　用箭头表示现金流量的方向的现金流量图

图 13-2 中,向上的箭头表示现金流入,向下的箭头表示现金流出。

（3）用箭头表示现金流量方向的现金流量图,但箭头的长短与现金流入流出的大小成比例,如图 13-3 所示。

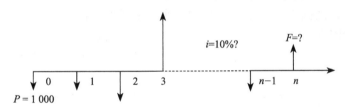

图 13-3　用箭头表示现金流量的方向的现金流量图

图 13-4 给出了现金流量图相应的符号。其中：P 表示初始开始投资现时值（以后折算时称时值或现值）,它处在 0 期末（或 1 期初）的时点上；F 表示货币在第 n 期末的当时值（以后折算时称未来值或终值）,它处在方案终期的末尾；A 表示每期支付或收入的等额,它处在每期的末尾；i 表示每期的利息率或收益率、报酬率；n 为总期数。

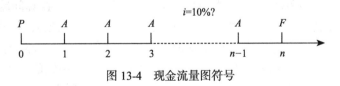

图 13-4　现金流量图符号

这里对现金流量图做如下三点说明。

第一,时间轴上每一单位长度表示一个计算的单位时间,第 $n-1$ 个单位时间的终点也是第 n 个单位时间的起点。例如：若单位时间为年,则第 1 年末即为第 2 年初。

第二,若没有明确指出现金流量发生的时间,为了便于分析计算,规定投资发生的时间点在发生期的期初,即投资发生在方案实施的开始时间；年收入、年支出、年经营费用等现金流量发生的时间点在发生期的期末。

第三，现金流量图的形状与评价的立场有关。

现金流量图是对方案进行动态分析时一种很好的辅助工具，它非常直观、简便、形象，利用它可以帮助进行资金等值计算。

2. 现金流量表

现金流量表是用表格形式反映项目寿命期内每年的现金流入量、现金流出量及净现金流量，它是分析、预测项目效益的重要动态报表。现金流量表的具体形式可参考项目财务评价部分。现金流量表既能够反映投资项目整个寿命周期内现金流量情况和基本数据，又包含了计算结果；既可纵向观察各年份资金流动情况，又可横向观察流动项目的变化情况，使用起来直观方便，综合性强，使用非常广泛。

四、资金等值

资金等值，是指在一定利率的条件下，在不同的时点不同金额可以具有相等的经济价值。我们知道，不同时点上的现金流量是不可比的，必须根据资金的时间价值，把不同时点上的现金流量折算为同一时间点现金流量，这样才具有可比性。这种折算称为等值折算，折算之前的现金流量与折算之后的现金流量是等值的。例如，在利率为 10% 的条件下，现在的 100 元资金一年以后的本利和为 110 元，这时就不能认为现在的 100 元比一年后的 110 元少或多，因为它们在利率为 10% 的条件下等值。

影响资金等值的因素有三个：金额的大小、金额发生的时间、利率的大小。其中利率是一个关键的因素，一般等值计算中是以同一利率为依据的。

如果两个现金流量等值，则在任何时间其值必相等，但如果等值的三个因素中有一个不同，则不等值。

在技术经济分析中，资金等值是一个非常重要的概念。为对不同方案进行比较选优，需要将不同时点发生的现金流量折算为同一时点的现金流量，也就是进行资金等值换算后才能进行比较。

五、名义利率与实际利率

在技术经济分析中，复利计算通常以年为单位。但在实际经济活动中，计息周期有年、季、月、周、日等多种，这样就出现了不同计息周期的利率换算问题。

假如按月计算利息，且月利率为 1%，通常称为"年利率 12%，每月计息 1 次"，这个年利率 12% 称为"名义利率"。也就是说，名义利率等于每一计息周期的利率与每年的计息周期的乘积。若按单利计息，名义利率与实际利率是一致的。若按复利计息，上述"年利率 12%，每月计息一次"的实际利率则不等于名义利率。

例如本金 1 000 元，年利率 12%，若每年计息一次，一年后本利和为：
$$F = 1\ 000 \times (1+12\%) = 1\ 120\ (元)$$

按年利率 12%，每月计息一次，一年后本利和为：
$$F = 1\ 000 \times (1+12\%/12)^{12} = 1\ 126.8\ (元)$$

实际利率为：

$$i=\frac{1126.8-1000}{1000}\times100\%=12.68\%$$

这个"12.68%"就是实际利率。

设名义利率为 r，一年中计息次数为 m，则一个计息周期的利率为 r/m，一年后本利和为：

$$F=P(1+r/m)^m$$

利息为：

$$I=F-P=P(1+r/m)^m-P$$

按利率定义得实际利率为：

$$i=\frac{p(1+r/m)^m-p}{p}=(1+r/m)^m-1$$

所以，名义利率与实际利率的换算公式为：

$$i=(1+r/m)^m-1$$

当 $m=1$ 时，名义利率等于实际利率；$m>1$ 时，实际利率大于名义利率；当 $m\to\infty$ 时，即按连续复利计算时，i 与 r 的关系为：

$$i=e^r-1$$

第三节 资金时间价值的计算

计算资金时间价值的方法有两种，即单利法和复利法。

一、单利的计算方法

单利是指不管借款的期限长短，仅按本金计算利息，其所生的利息不再加入本金重复计算利息。单利的计算方法比较简单，因为它不存在利生利的问题，所以用本金直接乘以利率及期数即可。

(一) 单利未来值的计算

未来值是指投入或借贷一笔金额在一定时期后收回或偿还的金额。未来值也叫终值，是本金加利息的到期本利和。通常用"F"表示。

设一次投入资金为 P，利率为 i，则在 n 年末一次收回本利和 F 的计算公式为：

$$F=P(1+i\cdot n)$$
$$P\cdot i\cdot n=I$$

式中：F 是未来值；P 是现值或本金；i 是利率；n 是期数；I 是利息额；$1+i\cdot n$ 是单位本金到期本利和。

推导如下：

因为　　　　　　　　　一年　　$P+P\cdot i\cdot 1=F_1$

　　　　　　　　　　　二年　　$P+P\cdot i\cdot 2=F_2$

$$三年 \quad P+P \cdot i \cdot 3 = F_3$$
$$\vdots \qquad \vdots$$
$$n年 \quad P+P \cdot i \cdot n = F_n$$

所以：
$$F = P + P \cdot i \cdot n = P(1+i \cdot n)$$

例题 13-1

某企业从银行取得临时贷款 100 万元，贷款利率为 12%，期限为 3 年，问：到期应付多少利息？应偿还的本利和共为多少？

解析：$I = P \cdot i \cdot n = 100 \times 12\% \times 3 = 36$（万元）

$F = P(1+i \cdot n) = 100 \times (1+12\% \times 3) = 136$（万元）

企业到期应付 36 万元利息，共计偿还本利和 136 万元。

（二）单利现值的计算

现值是指在今后一定时期收到或支付的一笔金额按规定利率折算的现在价值。现值是未来值（终值）的对称，是未来值的逆运算。现值通常用"P"表示。

现实经济活动中，现值的计算具有现实意义。它能使人们了解将来的一笔资金的现在价值，从而使存贷款行为心中有数，对技术方案做出准确评价，对提高资金使用效率和节约资金占用以及实现增值目标具有重要意义。

已知未来某一时点的值 F，利率为 i，求其现值。即已知 F，i，n，求 P。现值是未来值的逆运算。

单利现值的计算公式为：

$$P = \frac{F}{(1+i \cdot n)}$$

例题 13-2

某企业取出三年期存款本利共 133 万元，已知年利率是 11%，问：当时存多少钱？

解析：

$$P = \frac{F}{(1+i \cdot n)}$$
$$= \frac{133}{(1+11\% \times 3)} = 100（万元）$$

即当时企业存入 100 万元。

二、复利的计算方法

复利法是把前期所得的本利和作为即期的本金，再投入资金流通中继续增值，所以本利和法也称利滚利法。它反映了资金运动的客观规律,可以完全体现资金的时间价值,因此,在技术经济分析中,一般采用复利计息。

设期初投入资金 P 元,利率为 i,则 n 年末应得的本利和的计算公式为:

$$F = P \cdot (1+i)^n$$

上式的推导如表 13-1 所示。

复利的投资和回收的方法很多,下面分别加以介绍。

表 13-1 复利法本利和公式的推导

计息期次	本金	本利和
1	P	$P(1+i)$
2	$P(1+i)$	$P(1+i)(1+i)=P(1+i)^2$
3	$P(1+i)^2$	$P(1+i)(1+i)(1+i)=P(1+i)^3$
⋮	⋮	⋮
$n-1$	$P(1+i)^{n-2}$	$P(1+i)^{n-2}(1+i)=P(1+i)^{n-1}$
n	$P(1+i)^{n-1}$	$P(1+i)^{n-1}(1+i)=P(1+i)^n$

(一) 一笔资金发生的情况

1. 期初一次投入计算本利和 (未来值)

已知期初一次投入的现值为 P,年利率为 i,求在 n 年末未来值 F。即已知 P, i, n,求 F。其计算公式为:

$$F = P \cdot (1+i)^n$$

式中:$(1+i)^n$ 叫作一次投入的终值系数,可用符号 $(F/P, i, n)$ 表示。所以上述公式可以表示为:$F = P \cdot (F/P, i, n)$。

其现金流量图如图 13-5 所示。

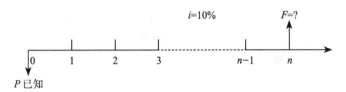

图 13-5 一次投入未来值的现金流量图

例题 13-3

某项目投资 1 000 万元,年利率为 12%,投资期限为 6 年,第 6 年末回收全部投资,应收回多少元?

解析:已知 $P = 1\ 000$ 万元,$i = 12\%$,$n = 6$,$(F/P, 12\%, 6) = 1.974$,求 F。
$F = P \cdot (1+i)^n = P \cdot (F/P, 12\%, 6) = 1\ 000 \times 1.974 = 1\ 974$ (万元)

2. 一次投入的现值

已知未来某一时点的资金 F,利率为 i,n 为期次,求其现值。即已知 F, i, n,求 P。由公式 $F = P \cdot (1+i)^n$ 可以推导出求 P 的计算公式:

$$P = \frac{F}{(1+i)^n}$$

式中:$\dfrac{1}{(1+i)^n}$ 叫作一次投入的现值系数,可用符号 $(P/F, i, n)$ 表示,所以上述公式可以表示为:$P = F \cdot (P/F, i, n)$。

其现金流量图如图 13-6 所示。

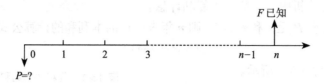

图 13-6　一次投入现值的现金流量图

例题 13-4

如果已知年利率为 10%，希望 10 年末能积累 10 000 元以备它用，问：现在一次存多少钱？

解析：已知 F=10 000 元，i=10%，n=10，$(P/F, 10\%, 10)=0.386$，求 P。

$$P = \frac{F}{(1+i)^n} = F \cdot (P/F, 10\%, 10) = 10\,000 \times 0.386 = 3\,860（元）$$

（二）等额发生的情形

1. 等额序列（即各年末发生相等的量）投入未来值

在技术经济分析中，经常需要计算连续若干期的期末支付等额资金，在最后积累起来的资金，即相当于定期存入银行的等额资金在若干年后一次取出的本利和。

已知每年投入的等额为 A，年利率为 i，求 n 期末的未来值 F。即已知 A, i, n，求 F。

其现金流量图如图 13-7 所示。

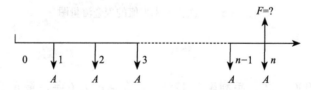

图 13-7　等额序列未来值的现金流量图

计算公式的推导如下：

第一年末的 A 折算到第 n 年末的本利和为：$A(1+i)^{n-1}$；

第二年末的 A 折算到第 n 年末的本利和为：$A(1+i)^{n-2}$；

第三年末的 A 折算到第 n 年末的本利和为：$A(1+i)^{n-3}$；

…………

第 $n-1$ 年末的 A 折算到第 n 年末的本利和为：$A(1+i)^1$；

第 n 年末的 A 折算到第 n 年末的本利和为：$A(1+i)^0$。

因此，$F = A(1+i)^{n-1} + A(1+i)^{n-2} + \cdots + A(1+i)^0$。

按等比数列求和公式得：

$$F = A \cdot \left[\frac{(1+i)^n - 1}{i} \right]$$

式中：$\left[\dfrac{(1+i)^n-1}{i}\right]$ 叫作等额序列的终值系数，可用符号 $(F/A, i, n)$ 表示，等额序列的未来值的计算公式也可以表示为 $F = A \cdot (F/A, i, n)$。

例题 13-5

某企业每年年终提取 3 万元更新改造基金，存入专门账户，年利率为 10%，连续提存 5 年，则第 5 年年末可得多少更新改造基金？

解析：已知 $A = 3$ 万元，$i = 10\%$，$n = 5$，$(F/A, 10\%, 5) = 6.105$，则

$$F = A \cdot \left[\dfrac{(1+i)^n-1}{i}\right] = A \cdot (F/A, 10\%, 5) = 3 \times 6.105 = 18.315 (万元)$$

2. 等额序列（即各年末发生相等的量）现值

已知若干年中每年以等额支出或回收的金额，利率为 i，那么现在必须投入多少资金？即已知 A，i，n，求 P。

将公式 $F = P \cdot (1+i)^n$ 代入公式 $F = A \cdot \left[\dfrac{(1+i)^n-1}{i}\right]$ 中，得出：

$$P = A \cdot \left[\dfrac{(1+i)^n-1}{i \cdot (1+i)^n}\right]$$

式中：$\left[\dfrac{(1+i)^n-1}{i \cdot (1+i)^n}\right]$ 叫作等额序列的现值系数，可用符号 $(P/A, i, n)$ 表示，等额序列的现值的计算公式也可以表示为 $P = A \cdot (P/A, i, n)$。

其现金流量如图 13-8 所示。

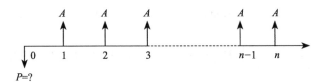

图 13-8　等额序列现值的现金流量图

例题 13-6

某企业预实施一项新工程，可在今后每年得到纯收益 20 万元，希望在 8 年内把投资全部收回，若利率为 12%，则该企业在工程开始时最多能筹划多少投资？

解析：已知 $A = 20$ 万元，$i = 12\%$，$n = 8$，$(P/A, 12\%, 8) = 4.968$，求 P。

$$P = A \cdot \left[\dfrac{(1+i)^n-1}{i \cdot (1+i)^n}\right] = A \cdot (P/A, 12\%, 8) = 20 \times 4.968 = 99.36 (万元)$$

3. 等额存储偿债基金

已知一笔贷款的未来值 F，拟在贷款期 n 年内每年等额存储一笔资金作为偿还贷款的本利基金，每年应存储多少资金？即已知 F, i, n, 求 A。

因为：

$$F = A \cdot \left[\frac{(1+i)^n - 1}{i} \right]$$

所以：

$$A = F \cdot \left[\frac{i}{(1+i)^n - 1} \right]$$

式中：$\left[\dfrac{i}{(1+i)^n - 1} \right]$ 叫作等额存储偿债基金系数，可用符号（A/F, i, n）表示，等额存储偿债基金的计算公式也可以表示为 $A = F \cdot (A/F, i, n)$。

其现金流量如图 13-9 所示。

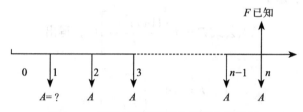

图 13-9 等额存储偿债基金的现金流量图

例题 13-7

如果某企业 10 年后要偿还银行 10 000 元，年利率为 8%，则该企业 10 年内每年末应存储多少资金？

解析：已知 $F = 10\,000$ 元，$i = 8\%$，$n = 10$，$(A/F, 8\%, 10) = 0.069$，求 A。

$$A = F \cdot \left[\frac{i}{(1+i)^n - 1} \right] = F \cdot (A/F, 8\%, 10) = 10\,000 \times 0.069 = 690(\text{元})$$

4. 等额序列资金回收

一次投资后，规定按利率在若干年内逐年等额偿还其本利，每年应偿还多少？即已知 P, i, n, 求 A。

因为：

$$A = F \cdot \left[\frac{i}{(1+i)^n - 1} \right], \quad F = P \cdot (1+i)^n$$

所以：

$$A = P \cdot \left[\frac{i \cdot (1+i)^n}{(1+i)^n - 1} \right]$$

式中：$\left[\frac{i(1+i)^n}{(1+i)^n - 1} \right]$ 叫作等额序列资金回收系数，可用符号 $(A/P, i, n)$ 表示，等额序列资金回收的计算公式也可以表示为 $A = P \cdot (A/P, i, n)$。

其现金流量如图 13-10 所示。

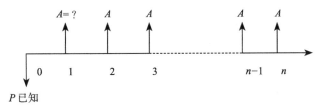

图 13-10　等额序列资金回收的现金流量图

例题 13-8

如果某企业以年利率 8% 投资 1 000 万元，则该企业在今后 5 年内每年年末应各可提取多少资金？

解析：已知 $P = 1\,000$ 万元，$i = 8\%$，$n = 5$，$(A/P, 8\%, 5) = 0.250$，求 A。

$$A = P \cdot \left[\frac{i(1+i)^n}{(1+i)^n - 1} \right] = P \cdot (A/P, 8\%, 5) = 1000 \text{万元} \times 0.250 = 250 \text{（万元）}$$

5. 有残值情况下的等额序列资金回收

已知一次投资现值 P，n 年末残值为 S，利率 i，求投资本利和在 n 年中转化成的等额年收入 A 为多少？即已知 P，i，n，S，求 A。

其计算公式为：

$$A = (P-S) \cdot (A/P, i, n) + S \cdot i$$

推导过程如下：

因为投资的 P 是现值，残值 S 是未来值，所以

$$A = P(A/P, i, n) - S(A/F, i, n)$$

又因为 $\dfrac{i(1+i)^n}{(1+i)^n - 1} - i = \dfrac{i(1+i)^n - i\left[(1+i)^n - 1\right]}{(1+i)^n - 1}$

$$= \frac{i}{(1+i)^n - 1}$$

所以 $(A/F, i, n) = (A/P, i, n) - 1$

$$A = P(A/P,i,n) - S[(A/P,i,n) - i]$$
$$= P(A/P,i,n) - S(A/P,i,n) + S \cdot i$$
$$= (P-S) \cdot (A/P,i,n) + S \cdot i$$

例题 13-9

如果某企业建造厂房一座，投资 30 万元，10 年后残值为 10 万元，年利率为 10%，则该企业每年应提多少折旧费？

解析：已知 $P = 30$ 万元，$i = 10\%$，$n = 10$，$(A/P, 10\%, 10) = 0.1627$，求 A。

$A = (P-S) \cdot (A/P, i, n) + S \cdot i = (30-10) \times 0.1627 + 10 \times 10\% = 3.34$（万元）

（三）不等额序列的情形

1. 不等额序列的未来值

若每期投入额（或净现金流量）不相等，而为 $A_1, A_2, A_3, \cdots A_n$，则 n 期末的未来值 F 的计算公式为：

$$F = A_1(1+i)^{n-1} + A_2(1+i)^{n-2} + A_3(1+i)^{n-3} + \cdots + A_{n-1}(1+i)^1 + A_n$$
$$= \sum_{t=1}^{n} A_t(1+i)^{n-1}, t = 1, 2, 3, \cdots, n$$

2. 不等额序列的现值

不等额序列的现值计算公式为：

$$P = \frac{A_1}{1+i} + \frac{A_2}{(1+i)^2} + \frac{A_3}{(1+i)^3} + \cdots + \frac{A_n}{(1+i)^n}$$
$$= \sum_{t=1}^{n} \frac{A_t}{(1+i)^t}, t = 1, 2, 3, \cdots, n$$

上述各种形式的资金时间价值计算的公式总结如表 13-2 所示。

表 13-2 资金时间价值公式汇总表

类别		已知	求解	公式	系数名称及符号
一次支付	终值公式	现值 P	终值 F	$F = P(1+i)^n$	一次支付终值系数 $(F/P, i, n)$
	现值公式	终值 F	现值 P	$P = F(1+i)^{-n}$	一次支付现值系数 $(P/F, i, n)$
等额分付	终值公式	年值 A	终值 F	$F = A[(1+i)^n - 1]/i$	等额分付终值系数 $(F/A, i, n)$
	偿债基金公式	终值 F	年值 A	$A = F[i/((1+i)^n - 1)]$	等额分付偿债基金系数 $(A/F, i, n)$
	现值公式	年值 A	现值 P	$P = A \cdot \left[\dfrac{(1+i)^n - 1}{i \cdot (1+i)^n}\right]$	等额分付现值系数 $(P/A, i, n)$
	资本回收公式	现值 P	年值 A	$A = P \cdot \left[\dfrac{i(1+i)^n}{(1+i)^n - 1}\right]$	等额分付资本回收系数 $(A/P, i, n)$

基本公式相互之间的关系可以用图 13-11 表示。

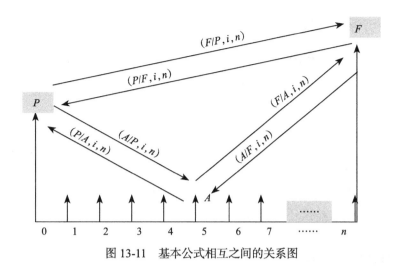

图 13-11 基本公式相互之间的关系图

第四节 技术经济确定性评价方法

对工程技术方案进行经济性评价，其核心内容是经济效果的评价。用于经济效果评价的指标有多种，它们从不同角度反映工程技术方案的经济性。这些指标主要可以分为三大类：第一类是以时间单位计量的时间型指标，如投资回收期、借款偿还期等；第二类是以货币单位计量的价值型指标，如净现值、净年值、费用现值等；第三类是反映资金利用效率的效率型指标，如内部收益率、净现值率、投资利润率等。这三类指标从不同角度考察项目的经济性，在对工程技术方案进行经济效果评价时，应当尽量同时选用这三类指标以利于较全面地反映技术方案的经济性。

在利用这些指标对工程技术方案进行经济评价时通常采用两种基本方法。一种方法是用来评价方案自身的绝对经济效果，即通过对项目自身的收益和费用计算比较来评价和选择方案，这种方法也叫"绝对经济效果检验"。另一种方法是评价方案之间的相对经济效果，即通过方案对比来考察哪个方案相对最优，从而做出相应选择，这种方法也叫"相对经济效果检验"。这两种方法的目的和作用不同，前者是筛选方案，后者是优选方案，这两种方法是相辅相成的，一般情况下，独立方案或单一方案采用前一种方法，而互斥方案及相关方案评价通常两种方法都要采用。

根据是否考虑资金的时间价值，工程技术方案的评价方法可分为两大类：静态评价方法和动态评价方法。静态评价方法是指对工程技术方案的效益和费用计算时，不考虑资金的时间价值。一般来讲，静态评价方法比较简单、直观、使用方便，但不够准确，经常用于方案的初选阶段。动态评价方法是在进行工程技术方案的效益和费用计算时，考虑资金的时间价值，要采用复利计算方法，把不同时点的效益和费用折算为同一时间点的等值价值，为工程技术方案的比较确立相同的时间基础，并能反映未来时期的发展变化趋势，该类方法主要应用于工程技术方案的最后决策阶段，是经济效果评价的主要评价方法。

一、时间型经济评价方法

(一) 时间型评价指标概述

时间型评价指标主要包括投资回收期和借款偿还期,它们从不同侧面反映了项目的经济效益。

投资回收期(又称投资返本年限)是以项目的净收益回收初始全部投资所需的时间,它是反映项目财务上投资回收能力的重要指标。根据是否考虑资金的时间价值,投资回收期又可分为静态投资回收期和动态投资回收期。

借款偿还期是指在国家财政规定及项目具体财务条件下,项目投产后可以用作还款的利润、折旧及其他收益偿还固定资产投资借款本金和利息所需要的时间,它是反映项目财务清偿能力的重要指标。

本书主要讨论投资回收期指标。

(二) 静态投资回收期法

静态投资回收期法就是根据静态投资回收期的长短进行方案选择的方法。静态投资回收期是在不考虑资金的时间价值条件下,以项目的净收益回收初始全部投资所需的时间,通常用"P_t"表示。

如果以横坐标表示时间,纵坐标表示净现金流量累计值,则项目的净现金流量累计曲线一般如图 13-12 所示。

图 13-12 反映了一般投资项目从投资到项目结束全过程的资金运动状况。OA 为前期费用支出阶段,如市场调查、设计、可行性研究支出等;AB 为主要投资阶段,如厂房建设、设备购置等;BC 为后期投资阶段,如设备安装调试、流动资金投资等;CDTE 为生产阶段。曲线上的一些点和线段均有明确的经济含义:GC——投资总额;EF——累计净现金流量;OG——建设期;GH——投产期;HF——稳产期;OT——静态投资回收期 P_t (从开始投资时间算起)。

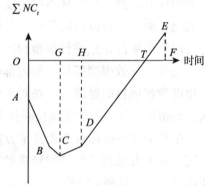

图 13-12 净现金流量累计曲线

根据图 13-12 可知,静态投资回收期是指从项目投资开始到净现金流量累计值为零所对应的时间。则 P_t 的定义表达式为:

$$\sum_{t=0}^{P_t}(CI-CO)_t = 0$$

式中:CI 表示现金流入量;CO 表示现金流出量;$(CI-CO)_t$ 表示第 t 年的净现金流量。
在实际计算 P_t 时,通常是采用列表法求得,公式如下:

$$P_t = 累计净现金流量开始出现正值的年份 - 1 + \frac{上年累计净现金流量的绝对值}{当年净现金流量}$$

项目评价求出的投资回收期(P_t)应与部门或行业的基准投资回收期(P_c)比较:

若 $P_t \leqslant P_c$ 时，应认为项目在投资回收能力上是考虑可以接受的；

若 $P_t > P_c$ 时，可以考虑拒绝该项目。

如果投资在期初一次投入 I_0，当年受益且收入与费用从开始起每年保持不变，则 P_t 为：

$$P_t = I_0 / (CI - CO)$$

式中：I_0 表示次投资额。

静态投资回收期法概念清晰，反映问题直观，计算方法简单，不仅在一定程度上反映技术方案的经济性，而且反映技术方案的风险大小。作为能够反映一定经济性和风险性的回收期指标，在评价中具有独特的地位与作用，被广泛用作方案评价的辅助性指标。

但静态投资回收期法的一个最大缺点是没有考虑资金的时间价值，因此用它来决定项目的取舍，有时会得出错误的判断。

例如，某水利项目需 2 年建成，每年末投资 50 亿元，投产后每年可回收资金 7.5 亿元，项目建成后的寿命期为 50 年。投资费用全部来自贷款，贷款利率为 10%。如按静态投资回收期法来计算 P_t=2×50/7.5+2=15.3 年，即建成后经过 13 年多一点即可回收全部投资，此后的 36.7 年可赚 7.5×36.7=275.25 亿元，可以说是个不错的投资项目，但实际上如果考虑了资金的时间价值，项目在建成投产年初欠款金额为 50(1+0.1)+50=105 亿元。因此投产后当年利息支出需 105×0.1=10.5 亿元。当时实际收入为 7.5 亿元，即收支相抵后年亏损为 10.5-7.5=3 亿元，因此，到年底总的可亏欠金额增加为 108 亿元，再过一年则年底总的亏欠金额会升至 108(1+0.1)-7.5=111.3 亿元。这样欠款金额将逐年上升，经 50 年到项目寿命终结时的欠款竟达到 3 596.73 亿元之多！显然这是一项极不可取的项目。

静态投资回收期法的另一个缺点是，它没有考虑资金回收之后的现金流量，不能全面反映技术方案在寿命期内的真实效益，难以对不同方案的比较做出正确选择。

例如，对具有一年寿命期的资产的投资 10 000 元，相应有 10 000 元的净收入，可以得出：回收期 = $\dfrac{10\,000}{10\,000}$ = 1 年。另外，有 10 000 元投资用在具有 5 年经济寿命的生产上，每年回收 2 500 元，则可得到：回收期 = $\dfrac{10\,000}{2\,500}$ = 4 年。如按静态投资回收期来选择会选择第一个方案，但这个项目实际上不能获利，即 10 000-10 000 = 0，而第二个方案在回收期之后还有 2 500 元的收入，即可得到每年 8% 的收益率，因为 $P = A(P/A, i, n)$，则 10 000 = 2 500 $(P/A, 8\%, 5)$。

(三) 动态投资回收期法

为了克服静态投资回收期未考虑资金时间价值的缺点，可采用动态投资回收期 P_t'。从投资开始年算起的动态投资回收期的计算公式为：

$$\sum_{t=0}^{P_t'} (CI - CO)_t \cdot (1+i)^{-t} = 0$$

式中：i 表示行业的基准折现率或企业最低的有吸引力的投资收益率。

与项目的静态投资回收期的计算方法相类似，在已知投资项目各年的现金流量和要求的利率 i 条件下，动态投资回收期可用累计法结合下述公式求解：

$$P_t' = 净现金流量折现累计值出现正值的年份数 - 1 + \frac{上年净现金流量折现累计值的绝对值}{当年净现金流量折现值}$$

当且仅当零年有一个投资 I_0，以后各年的净现金流量（净效益）均为 A 时，在折现率为 i 的情况下，动态投资回收期 P_t' 的计算公式为：

$$P = A(P/A, i, P_t') = A\left[\frac{(1+i)^{P_t'} - 1}{i(1+i)^{P_t'}}\right]$$

解之得：$P_t' = \dfrac{-\ln\left(1 - \dfrac{I_o \times i}{A}\right)}{\ln(1+i)}$

动态投资回收期的评价准则是：当 $P_t' \leqslant P_c'$ 时，考虑接受该项目，否则拒绝该项目（P_c' 为项目的基准投资回收期）。

例题 13-10

某建设项目的投资，各年的纯收入见表 13-3，期末固定资产的残值可忽略不计，$i=10\%$，折旧自投产后计提，共 10 年，每年折旧费为 7 万元，试计算：（1）静态投资回收期；（2）动态投资回收期。

表 13-3 某项目的投资及纯收入表 （单位：万元）

年份 项目	0	1	2	3	4	5	6～9	10	11	12
固定资产投资	20	30	20							
流动资产投资			30							
纯收入				10	15	20	20	20	20	20

解析：将有关现金流量累计得到表 13-4 和 13-5。

表 13-4 项目的累计现金流量表 （单位：万元）

年份 项目	0	1	2	3	4	5	6	7	8	9	10	11	12
固定资产投资	-20	-30	-20										
流动资产投资			-30										
纯收入加折旧				17	22	27	27	27	27	27	27	27	27
$\sum(CI-CO)_t$	-20	-50	-100	-83	-61	-34	-7	20	47	74	101	128	155

由表 13-4 可得：

$$P_t = 7 - 1 + \frac{|-7|}{27} = 6.26(年)$$

表 13-5　项目的累计折现金流量表　　　　（单位：万元）

年份	0	1	2	3	4	5	6	7	8	9	10	11	12
累计折现现金流量	-20	-47.27	-88.60	-75.82	-60.80	-44.03	-28.79	-14.94	-2.34	9.11	19.52	28.98	37.58

由表 13-5 可得：

$$P'_t = 9 - 1 + \frac{|-2.34|}{9.11 - (-2.34)} = 8.20(元)$$

动态投资回收期法也没有考虑回收期后的经济效果，因此也不能全面反映方案在寿命期内的真实效益；同时该种方法有利于早期效益高的项目，使得具有战略意义的长期项目可能被拒绝，单一使用回收期法容易产生短期决策行为。因此该方案通常只适用于辅助性评价。

（四）增量投资回收期法

当投资回收期指标用于评价两个方案的优劣时，通常采用增量投资回收期指标。所谓增量投资回收期是指一个方案比另一个多增加的投资，用年费用的节约额或超额年收益去补偿所需要的时间。当方案 1 和方案 2 的产量和寿命期相同时，I_2、I_1 分别为方案 2 和方案 1 的投资，C_2、C_1 则相应为年费用。其增量投资回收期计算公式为：

$$P_a = \frac{\Delta I}{\Delta C} = \frac{I_2 - I_1}{C_2 - C_1}$$

得出的增量投资回收期 P_a 也应与各部门、各行业的标准投资回收期 P_c 比较，只有 $P_a \leq P_c$ 时，投资多的方案才是可取的。需要注意的是，增量投资回收期法只能用于相对效果检验，不能用于绝对效果检验，即只能用于比较方案的优劣，但较优方案是否可行还不能确定。

二、价值型经济评价方法

技术方案的价值型经济评价指标有：净现值（NPV）、净年值（NAV）、费用现值（PC）、费用年值（AC），这些指标均为动态评价指标。用这些指标进行项目评价，通常首先要确定项目要求达到的最低收益率（行业的基准收益率或企业的最低收益率），即所谓最低有吸引力的投资收益率 MARR(minimum attractive rate of return)，或简记为 i_0。用 NPV、NAV 或 PC、AC 值可以决定一个项目是否可取或在不同互斥方案间进行比较和择优。

（一）净现值法

净现值（net present value，NPV）是指把项目各年的净现金流量 $(CI-CO)_t$ 按基准收益率（i_0）折现到期初时的现值之和。其表达式为：

$$NPV(i_0) = \sum_{i=0}^{n} (CI-CO)_t (1+i_0)^{-t}$$

若投资项目只有初始投资 I_0，以后各年末均获相等的净收益 R，则：

$$NPV(i_0) = R \cdot (P/R,\ i_0,\ n) - I_0$$

根据上述定义，显然 $NPV(i_0) = 0$ 表示项目达到预定的收益率水平，而不是投资盈亏平衡；$NPV(i_0) > 0$ 则意味着除保证项目可实现预定的收益率外，还能获得超额收益；而 $NPV(i_0) < 0$ 仅表示项目未能达到预定的收益率水平，但不能确定项目是否亏损。因此，用净现值指标评价单个方案的准则是：若 $NPV \geq 0$，则可以考虑接受项目；若 $NPV < 0$，则该项目不可行。多方案比较时，以净现值大的方案为优。

例题 13-11

某设备的购置价为 400 万元，每年的运行收入为 150 万元，年运行费用为 35 万元，4 年后该设备可按 50 万元转让，如果要求的投资收益率 i 为 20%，问：此项设备投资是否值得？

解析： 按净现值指标进行评价

$NPV(20\%) = -400 + (150-35)(P/A, 20\%, 4) + 50(P/F, 20\%, 4) = -78.185$（万元）

由于 $NPV(20\%) < 0$，所以此项投资在经济上不合理。

例题 13-12

在例题 13-11 中，若其他情况相同，而要求的投资收益率 i 为 5%，问：此项投资是否值得？

解析： 计算此时的净现值

$NPV(5\%) = -400 + (150-35)(P/A, 5\%, 4) + 50(P/F, 20\%, 4) = 48.925$（万元）

由于 $NPV(5\%) > 0$，所以此项投资是值得的。

显然，净现值的大小与要求的收益率（折现率）i 有很大关系，当 i 变化时，NPV 随之变化，呈非线性关系：$NPV(i) = f(i)$。

一般情况下，同一净现金流量的净现值随着折现率 i 的增大而减少，故基准折现率 i_0 定得越高，能被接受的方案越少，如图 13-13 所示。因此国家在经济发展中，把行业的基准收益率作为投资调控的手段。

图 13-13 中，在某一个 i^* 值上，净现值曲线与横坐标相交，表示该折现率下的净现值 $NPV=0$，且当 $i < i^*$ 时，$NPV(i) > 0$；当 $i > i^*$ 时，$NPV(i) < 0$。i^* 是一个具有重要经济意义的折现率临界值，被称为内部收益率，下一节将做详细分析。

NPV 之所以随着 i 的增大而减少，是因为一般投资项目正的现金流入总是发生在负的现金流出之后，使得随着折现率的增加，正的现金流入折现到期初的时间长，其现值减小得多，而负的现金流出折现到期初的时间短，相应现值减少得少，这样现值的代数和就减少。

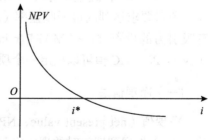

图 13-13 净现值与折现率的关系

另外要注意的一点是，当 i 从某一值变为另一值时，若按净现值最大的原则优选项目时，可能会出现前后结论不一致的情况。表 13-6 中列出了两个互斥方案 A、B 的净现金流量及其在折现率分别为 10% 和 20% 时的净现值。

表 13-6　方案 A、B 在不同折现率下的净现值

方案\年份	0	1	2	3	4	5	$NPV(10\%)$	$NPV(20\%)$
A	−230	100	100	100	50	50	83.91	24.81
B	−100	30	30	60	60	60	75.40	33.58

从表 13-6 可知，在 i 为 10% 和 20% 时，两个方案的净现值均大于零。根据净现值法的选优准则，当 i 为 10% 时，$NPV_A > NPV_B$，说明方案 A 优于方案 B；当 i 为 20% 时，$NPV_B > NPV_A$，说明方案 B 优于方案 A。折现率发生变化，方案的选择顺序就发生了变化。

因此，在投资决策中，若投资额度减少，为了减少被选取的方案数（准确地说，是为了减少被选取项目的投资总额），应当提高基准收益率，但由于各方案的净现值随折现率变化的幅度不同，原先净现值小的方案随着折现率的变化，其净现值现在可能大于原先净现值大的方案。在折现率随着投资总额变动的情况下，按净现值法选择项目不一定会遵循原有的项目排列顺序。

净现值是一个总量价值指标，它不仅考虑了资金的时间价值，而且可以反映方案在其整个寿命期内的收益情况，因而能全面反映方案的经济效果。该指标不仅可以用于判断独立方案是否可行，进行绝对经济效果检验，还可以用于互斥方案选优，进行相对经济效果检验。但采用该指标时，需要预先确定基准收益率使得项目决策比较困难。同时，由于净现值是一个总量价值指标，没有考虑各方案投资额的大小，不能反映单位投资效率，因而不能直接反映资金的利用效率，容易选中投资大的方案，漏选投资小但投资效益高的方案。为了考虑资金的利用效率，通常用净现值率作为净现值的辅助指标。

（二）净年值法

净年值（NAV）是与净现值指标相类似的一个评价指标，它是通过资金等值计算，将项目的净现值分摊到寿命期内各年的等额年值。由于换算后的年现金流量在寿命期内各年相同，所以有了时间上的可比性，因此可进行不同寿命期方案的比较选优。

其计算公式为：

$$NAV = NPV(A/P, i, n)$$
$$= \sum_{t=0}^{n}(CI-CO)_t (1+i)^{-t}(A/P, i, n)$$

在进行独立方案比较时，$NAV \geqslant 0$，方案可行；在多方案比较时，净年值大的方案为优。

例题 13-13

试用净年值法评价例题 13-11 中的设备投资是否值得。

解析： $NAV = NPV(A/P, 20\%, 4) = -78.185 \times 0.386\ 29 = -30.20$（万元）

因为 $NAV < 0$，所以应放弃该方案。

由于 $(A/P, i, n) > 0$，且当折现率 i 与寿命期 n 一定时，$(A/P, i, n)$ 为一常数，若 $NPV \geq 0$，则 $NAV \geq 0$；若 $NPV < 0$，则 $NAV < 0$。因此，净年值与净现值在方案的评价结论上是一致的，可以说两者是等效指标。但两者给出的信息不同，净现值给出的信息是方案在整个寿命期内获取的超出最低期望盈利的超额收益的现值，而净年值是表明方案在寿命期内每年获得按基准收益率应得的收益外所获得的等额超额收益。在某些情况下，采用净年值比净现值更为简便和易于计算，特别是净年值指标可直接用于寿命期不同的多方案比较。

（三）费用现值法与费用年值法

在对方案比较选优时，如果诸方案的产出价值相同，或者诸方案能够满足相同的需要，但其产出效果难以用价值形态（货币）计量时，比如环保效果、教育效果等，可以通过对各方案费用现值或费用年值的比较进行选择。如在城市交通拥挤处，为实现人车分流，减少交通事故的发生，可架设过街天桥，也可开通地下通道，对这两个互斥方案来说，其收益难以确定，不能用前述方法评价这两个方案，但这两个方案都提供了相同功能，满足了相同需求，因此可通过比较两种方案的费用来进行评价和选择。

费用现值是把不同方案计算期内的投资和各年费用按一定的折现率折算成基准年的现值和。其计算公式为：

$$PC = \sum_{t=0}^{n} CO_t (P/F, i, t)$$

费用年值是将方案计算期内不同时点发生的所有费用支出，按一定的折现率折算成与其等值的等额支付序列年费用。其计算公式为：

$$AC = PC(A/P, i, n) = \sum_{t=0}^{n} CO_t (P/F, i, t)(A/P, i, n)$$

式中，PC 表示费用现值；AC 表示费用年值；CO_t 表示第 t 年的现金流出；n 表示方案寿命年限；i 表示基准收益率（基准折现率）。

费用现值和费用年值用于多个方案的比选，其判别准则是：费用现值或费用年值最小的方案为最优方案。

例题 13-14

某项目有三个可选方案 A、B、C，均能满足同样的需要，但各方案的投资及年运营费用不同，如表 13-7 所示。若最低希望收益率为 15%，试采用费用现值与费用年值选出最优方案。

表 13-7　三个方案的费用数据表　　　　　（单位：万元）

方案	期初投资	1～5年运营费用	6～10年运营费用
A	70	13	13
B	100	10	10
C	110	5	8

解析：计算各方案的费用现值

PC_A = 70+13 (P/A,15%,10) = 135.2（万元）

PC_B = 100+10 (P/A,15%,10) = 150.2（万元）

PC_C = 110+5 (P/A,15%,5) +8(P/A,15%,5)(P/F,15%,5) = 140.1（万元）

计算各方案的费用年值：

AC_A = 70 (A/P,15%,10)+13=26.9（万元）

AC_B =100 (A/P,15%,10)+10=29.9（万元）

AC_C =[110+5 (P/A,15%,5) +8(P/A,15%,5)(P/F,15%,5)](A/P,15%,10) = 27.9（万元）

根据费用最小的选优原则，费用现值与费用年值的计算结果都表明，方案 A 最优，C 次之，B 最差，即方案的优先顺序为 A—C—B。

费用现值与费用年值二者也是等效指标，二者除了指标含义不同外，使用各有所长。如费用现值适用于多个方案寿命期相同的情况比选，当各方案寿命期不等时比选，则可采用费用年值指标。

在采用上述两个指标时，要注意以下两点：

（1）各方案除费用指标外，其他指标和有关要素应基本相同，如产量、质量等应基本相同，在此基础上比较费用的大小。

（2）被比较的方案，特别是费用现值最小的方案，应是能够达到盈利目标的方案。因为费用现值只能反映费用的大小，而不能反映净收益的情况，所以这种方法只能比较方案优劣，而不能用于判断方案是否可行。

三、效率型经济评价方法

（一）净现值率法

净现值指标在用于多个方案比较时，没有考虑各方案投资额的大小，因而不能直接反映资金的利用效率。为了考察资金的利用效率，通常用净现值率（NPVR）作为净现值的辅助指标。净现值率是项目净现值（NPV）与项目总投资现值（I_P）之比，是一种效率型指标，其经济含义是单位投资现值所能带来的净现值。其计算公式为：

$$NPVR = \frac{NPV}{I_P} = \frac{\sum_{t=0}^{n}(CI-CO)_t(1+i)^{-t}}{\sum_{t=0}^{n}I_t(1+i)^{-t}}$$

式中：I_t 为第 t 年的投资额。

净现值率与净现值是等效指标，若 $NPV \geq 0$，则 $NPVR \geq 0$（因为 $I_P > 0$），方案可行；若 $NPV < 0$，则 $NPVR < 0$（因为 $I_P > 0$），方案不可行；进行多方案比较时，以净现值率较大的方案为优。该方法主要用于多方案的优劣排序。有时采用净现值法与净现值率法得出的结论不一致，应根据资金充足程度选择具体方法。

（二）内部收益率法

内部收益率（internal rate of return，IRR）是与 NPV 密切相关的经济评价方法，二者都是项目评价中广泛应用的评价指标，但与 NPV 不同的是，IRR 不需要预先设定一个利率，它是通过项目现金流量本身计算出来的，它求出的是项目实际所能达到的投资效率，而与其他的外部条件无关。

内部收益率（IRR）简单地说就是使项目的净现值为零时的折现率。在图 13-13 中，随着折现率的不断增大，项目的净现值不断减小，当折现率取 i^* 时，净现值为零。此时的折现率 i^* 即为内部收益率。

内部收益率的一般表达式为：

$$\sum_{t=0}^{n}(CI-CO)_t (1+IRR)^{-t} = 0$$

式中：IRR 为内部收益率。

若初始投资 I_0 后，每年末获得相等的净收益，则内部收益率可用下式确定：

$$(P/A, IRR, n) = I_0/(CI-CO)$$

一个高次方程不容易直接求解，通常采用"试算内插法"求 IRR 近似解，具体步骤如下：

（1）设初始折现率为 i_1，一般可以先取最低收益率 MARR 作为 i_1，并计算对应的净现值 $NPV(i_1)$。

（2）若 $NPV(i_1) \neq 0$，则根据 $NPV(i_1)$ 是否大于零，再设 i_2。若 $NPV(i_1) > 0$，则设 $i_2 > i_1$；若 $NPV(i_1) < 0$，则设 $i_2 < i_1$。i_2 与 i_1 的差距取决于 $NPV(i_1)$ 绝对值的大小，较大的绝对值可以取较大的差距；反之，取较小的差距。计算对应的 $NPV(i_2)$。

（3）重复步骤（2），直到出现 $NPV(i_n) > 0, NPV(i_{n+1}) < 0$（或 $NPV(i_n) < 0, NPV(i_{n+1}) > 0$）时，用线性内插法求得 IRR 近似值，即

$$IRR = i_n + \frac{NPV(i_n)}{|NPV(i_{n+1})| + NPV(i_n)}(i_{n+1} - i_n)$$

（4）计算的误差取决于 $(i_{n+1} - i_n)$ 的大小，一般控制在 $(i_{n+1} - i_n) < 0.05$ 之内。

设最低收益率为 MARR，用内部收益率指标 IRR 评价单个方案的判别准则是：

若 $IRR \geq MARR$，则项目在经济效果上可以接受；

若 $IRR < MARR$，则项目在经济效果上应予以否定。

一般情况下，当 $IRR \geq MARR$，会有 $NPV(i) \geq 0$；反之，当 $IRR < MARR$ 时，则 $NPV(i) < 0$。因此，对于单个方案的评价，内部收益率准则与净现值准则的评价结论是一致的。但在进行多方案比较时，内部收益率法与净现值法可能出现不同结论的情况。

例题 13-15

某企业有一项投资计划,该投资计划的现金流量情况是,初始投资为 2 000 万元,第 1 年末净收益为 300 万元,第 2 年到第 4 年年末净收益为 500 万元,第五年末净残值为 1 200 万元。该企业的最低希望收益率为 10%,试用内部收益法评价该投资计划是否采用。

解析:

$NPV(IRR) = -2\,000 + 300\,(P/F, IRR, 1) + 500\,(P/A, IRR, 3)\,(P/F, IRR, 1) + 1\,200\,(P/F, IRR, 5) = 0$

设 $i_1 = 12\%$,$NPV(12\%) = 21$ 万元 > 0

设 $i_2 = 14\%$,$NPV(14\%) = -94$ 万元 < 0

因此,$IRR = 12\% + \dfrac{21}{21 + |-91|} \times (14\% - 12\%) = 12.4\% > 10\%$

故该投资计划是可行的。

内部收益率是项目投资的盈利率,由项目现金流量决定,即是内生决定的,反映了投资的使用效率。但是,内部收益率反映的是项目寿命期内没有回收的投资的盈利率,而不是初始投资在整个寿命期内的盈利率。因为在项目的整个寿命期内按内部收益率 IRR 折现计算,始终存在未被回收的投资,而在寿命结束时,投资恰好被全部收回。也就是说,在项目寿命期内,项目始终处于"偿付"未被回收投资的状况,内部收益率正是反映了项目"偿付"未被回收投资的能力,它取决于项目的内部。因此,内部收益率正确的经济含义应该是:项目在这样的利率下,在项目寿命终了时,以每年的净收益恰好把投资全部收回来,即内部收益率是指项目对初始投资的偿还能力或项目对贷款利率的最大承担能力。

根据上例中的净现金流量及计算所得的内部收益率 $IRR = 12.4\%$ 计算项目收回投资的过程如表 13-8 所示。

表 13-8 以 $IRR = 12.4\%$ 收回全部投资过程计算表   (单位:万元)

年份	净现金流量①(年末发生)	年初未回收的投资②	年初未回收的投资到年末的金额③=②×(1+IRR)	年末未回收的投资 ④=③-①
0	-2 000			
1	300	2 000	2 248	1 948
2	500	1 948	2 189	1 689
3	500	1 689	1 897	1 397
4	500	1 397	1 569	1 069
5	1 200	1 069	1 200	0

由表 13-8 可以看到,从第 0 年到第 5 年年末的整个寿命周期内,每年均有尚未回收的投资,只有到了第 5 年年末,即寿命期结束时,才收回全部投资。这个收回全部投资过程的现金流量变化情况也可用图 13-14 更直观地表示出来。

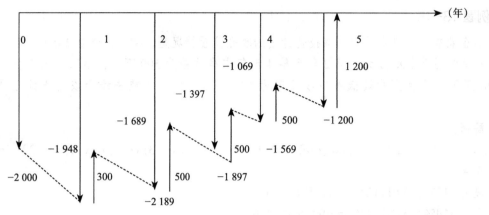

图 13-14 反映 IRR 经济含义的现金流量图

由于利率 i=IRR 收回全部投资符合内部收益率的经济含义,所以 IRR=12.4% 是该项目的内部收益率。由表 13-8 和图 13-14,不难理解内部收益率经济含义的另一种表述:内部收益率是项目寿命期内没有回收投资的盈利率,它不是初始投资在整个寿命期内的盈利,因而它不仅受项目初始投资规模的影响,而且受项目寿命期内各年净收益大小的影响。

需要指出的是内部收益率计算适用于常规投资方案。所谓常规投资方案,是在寿命期内除建设期或者投产初期的净现金流量为负值之外,其余年份均为正值,寿命期内净现金流量的正负号只从负到正变化一次,且所有负现金流量都出现在正现金流量之前。

而净现金流量序列符号变化多次的项目称为非常规项目。非常规项目内部收益率方程可能有多个正实根,这些根中是否有真正的内部收益率需要按照内部收益率的经济含义进行检验:即以这些根作为盈利率,看项目寿命期内是否始终存在未收回的投资。

设某一项目现金流量如表 13-9 所示。

表 13-9 正负号变化多次的净现金流量序列 (单位:万元)

年份	0	1	2	3
净现金流量	−100	470	−720	360

经计算可知,使该项目净现金流量为零的折现率有三个:$i_1=20\%$,$i_2=50\%$,$i_3=100\%$。

按照内部收益率的经济含义进行检验,就会发现寿命期内存在初始投资不但全部收回且有盈余的情况,故它们都不是项目的内部收益率。

可以证明,对于非常规项目,只要内部收益率方程存在多个正根,则所有的根都不是真正的项目内部收益率。但若非常规项目的内部收益率方程只有一个正根,则这个根就是项目的内部收益率。

内部收益率指标考虑了资金的时间价值,考察了项目在整个寿命期内的全部收益情况,概念明确,反映了资金的使用效率。内部收益率的计算不需要事先确定基准收益率。但该指标计算烦琐,非常规项目有多解的现象,分析、检验和判别比较复杂。尽管如此,该指标在进行投资方案评价时仍是一个重要的指标,因此被广泛使用。

(三) 增量内部收益率方法

当内部收益率指标用于两个方案的比选时,通常采用增量内部收益率(ΔIRR)指标。

所谓增量内部收益率，简单来说是使增量净现值等于零的折现率。增量净现值是根据两个方案的增量现金流量计算的。增量内部收益率的计算表达式为：

$$\Delta NPV(\Delta IRR) = \sum_{t=0}^{n}(\Delta CI - \Delta CO)_t(1+\Delta IRR)^{-t} = 0$$

式中：ΔNPV 表示增量净现值；ΔIRR 表示增量内部收益率；ΔCI 表示方案 A 与方案 B 的增量现金流入，即 $\Delta CI = CI_A - CI_B$；ΔCO 表示方案 A 与方案 B 的增量现金流出，即 $\Delta CO = CO_A - CO_B$。

进行变换，即：

$$\sum_{t=0}^{n}(CI_A - CO_A)_t(1+\Delta IRR)^{-t} = \sum_{t=0}^{n}(CI_B - CO_B)_t(1+\Delta IRR)^{-t}$$

或者

$$NPV_A(\Delta IRR) = NPV_B(\Delta IRR)$$

式中：NPV_A 表示方案 A 的净现值；NPV_B 表示方案 B 的净现值。

因此，增量内部收益率计算的另一种表达式是：两个方案的净现值（或净年值）相等时的折现率。两种表达式求解 ΔIRR 得到的结果是一样的。

用增量内部收益率比选两个方案的准则是：若 $\Delta IRR \geqslant MARR$，则增量投资部分达到了规定的要求，增加投资有利，投资（现值）大的方案为优方案；若 $\Delta IRR < MARR$，则投资小的方案为优方案。用 ΔIRR 与 NPV 比选方案，其评价结论是一致的。

需要注意的是，增量内部收益率只能反映比较的两个方案之间的增量现金流的经济性（相对经济效果），而不能反映方案自身的经济效果，所以只适用于方案间的比较。

（四）投资收益率法

投资收益率是指项目在正常生产年份的净收益与投资总额的比值，其具体指标有：投资利润率和投资利税率。它们是反映项目静态获利能力的重要指标。

1. 投资利润率

投资利润率是指项目达到设计生产能力后的一个正常年份的年利润总额与项目总投资的比率，生产期内各年的利润总额变化幅度较大的项目，应计算生产期间平均利润总额与总投资的比率。计算公式为：

$$投资利润率 = \frac{年利润总额或生产期间平均利润总额}{总投资} \times 100\%$$

其中：

$$年利润总额 = 年销售收入 - 年销售税金及附加 - 年总成本费用$$

2. 投资利税率

投资利税率是指项目达到设计生产能力后的一个正常生产年份的利润和税金总额或项目生产期内的平均利税总额与总投资的比率。计算公式为：

$$投资利税率 = \frac{年利税总额或生产期间平均利税总额}{总投资} \times 100\%$$

其中：

$$年利税总额 = 年销售收入 - 年总成本费用$$

或：

$$年利税总额 = 年利润总额 + 年销售税金及附加$$

项目的投资利润率和投资利税率可根据损益表中有关数据计算得到。

（五）效益 – 费用比

如前所述，用动态投资回收期、净现值或者内部收益率等指标评价技术方案（项目）的经济效果时，都要求达到或超过标准的收益率。这是营利性企业或投资者做出方案经济决策的基本前提。

但是，对于一些非营利性的机构或投资者，投资的目的是为公众创造福利，并非一定要获得直接的超额收益。例如，不以营利为目的的公路建设，为使用该公路的公众创造福利。这种福利可以包括：由于汽车速度的加快和公交设施的建设而节省运输时间；由于路线变直而缩短运输距离；由于路面的平整而节约燃料；由于路面光滑而节省汽车维修费用和燃料费用；由于达到安全标准而减少车祸；等等。

评价公用事业投资方案的经济效果，一般采用效益 – 费用比（B/C），其计算表达式为：

$$效益 - 费用比 = \frac{净效益（现值或年值）}{净费用（现值或年值）}$$

$$B/C = \frac{\sum_{t=0}^{n} CI_t (1+i)^{-t}}{\sum_{t=0}^{n} CO_t (1+i)^{-t}}$$

计算效益 – 费用比时，需要分别计算净效益和净费用。净效益包括投资方案给承办者和社会带来的收益，并减去方案实施给公众带来的损失。净费用包括方案投资者的所有费用支出，并扣除方案实施使投资者节约的所有费用。实际上，净效益是指公众得益的累计值，净费用是指公用事业部门净支出的累计值，因此，效益 – 费用比是针对公众而言的。

净效益和净费用的计算，常采用现值或年值表示，采用的折现率应该是公用事业资金的基准收益率或基金的利率。若方案的净效益大于净费用，即 B/C 比大于 1，则这个方案在经济上认为是可以接受的；反之，则是不可取的。因此，效益 – 费用比的评价标准是：$B/C > 1$。

对互斥项目，B/C 的大小不能直接用来比较和排序。此时需要用增量成本的效益 – 费用分析法，其表达式为：

$$\Delta B / \Delta C = \frac{\sum_{t=0}^{n}(B_2 - B_1)_t (1+i)^{-t}}{\sum_{t=0}^{n}(C_2 - C_1)_t (1+i)^{-t}}$$

四、多个项目的投资决策

工程方案经济性评价，除了采用前述评价指标（如投资回收期 Pt、净现值 NPV、内部收益率 IRR），分析该方案评价指标值是否达到了标准的要求，如 $Pt \leqslant Pc$，$NPV(i) \geqslant 0$，$\Delta IRR \geqslant i$ 之外，往往需要在多个备选方案中进行比选。多方案比选的方法，与备选方案之间的关系类型有关。因此，本节在分析备选方案的关系类型的基础上，讨论如何正确运用各种评价指标进行备选方案的评价与选择。

（一）备选方案的类型

方案选优方法的选择与比较方案的不同类型，即方案之间的相互关系有关。方案按其之间的经济关系，可分为相关方案和非相关方案。如果采纳或放弃某一方案不影响另一方案，则认为这两个方案在经济上是不相关的。如果采纳或放弃某一方案影响其他方案，则认为这两个方案在经济上是相关的。

通常，根据备选方案的性质可分为如下三种类型。

1. 互斥型

互斥型是指方案之间的关系具有互不相容性，即在多个方案中，只能选择其中之一或全部淘汰，一旦选中某一方案，必须放弃其余方案。

互斥型方案选优表达式为：

$$\sum_{j=1}^{N} X_j \leqslant 1$$

式中：$X_j = 1$ 代表选择第 j 个方案；$X_j = 0$ 代表不选择第 j 个方案。N 表示方案序号，表示有 N 个备选方案。如厂址的选择问题是最典型的互斥方案的选择。

2. 独立型

独立型是指各个方案的现金流量是相互独立的，任一方案的采用与否都不影响其他方案是否采用的决策，且各方案之间具有相容性，只要条件允许，就可以任意选择方案群中的有利方案加以组合。这些方案可以共存，并且在费用和收益方面具有可加性，即

$$\sum_{j=1}^{N} X_j \leqslant N, \quad \sum_{j=1}^{N} C_j = C_{总}, \quad \sum_{j=1}^{N} B_j = B_{总}。$$

式中：C_j 代表第 j 个方案的费用；B_j 代表第 j 个方案的收益；其余符号意义同上。

3. 混合型

混合型是指独立型方案与互斥型方案混合的情况。比如在有限的资源制约条件下有几个独立的投资方案，在这些独立型方案中又分别包含若干互斥方案，那么所有方案之间就是混合型的关系。比如某公司有两个投资领域，一是现有工厂的技术改造，二是新建一个企业，这两个投资领域是互相独立的，但是现有工厂技术改造有两个互斥的工艺方案，新建一个企业也有三个厂址可供选择，因此组合起来的方案就是混合型方案。

（二）互斥型方案的投资决策

对于互斥型方案的投资决策，要求选择方案组中的最优方案，且最优方案要达到要

求的收益率，这就需要进行方案的比选。

在对互斥型方案比较时，对其经济效果的评价包括两个方面：一方面，是考察各个方案自身的经济效果，即进行绝对经济效果检验，用经济效果评价标准（如 $NPV \geq 0$，$NAV \geq 0$，$IRR \geq i$，$Pt' \leq n$）检验方案自身的经济性。凡是通过绝对效果检验的方案，我们就认为它在经济效果上是可以接受的，否则应予拒绝。另一方面，是考察哪个方案相对最优，即进行相对经济效果检验。一般是先以绝对经济效果检验方法筛选方案，然后以相对经济效果检验方法优选方案。

互斥型方案的选择可以根据各方案寿命期是否全相等分为两种情况：一是各方案寿命期相等；二是各方案寿命期不全相等。前者自动满足时间可比性的要求，故可直接进行比较；后者要借助某些方法进行时间上的变换，在保证时间可比性之后进行选择。

1. 寿命期相同的互斥方案的比选

寿命期相同的方案比选的基本步骤是：

（1）把各方案按投资额从小到大排列，然后依次两两比较。

（2）若追加投资被证明是合理时，即当 $\Delta NPV(i) \geq 0, \Delta IRR \geq i$ 或 $\Delta P_t' \leq n$ 时，则选择投资额较大的方案而淘汰投资额较小的方案；反之，当 $\Delta NPV(i) < 0, \Delta IRR < i$ 或 $\Delta P_t' > n$ 时，则应选择投资额较小的方案而淘汰投资额较大的方案，将选择的方案与邻接的下一个方案比较直到最后一个方案。

（3）评价最后选择的方案的经济效益是否合理，若该方案的经济效益合理，则该方案为最优方案，否则拒绝该互斥型方案群中的所有方案。

上述比选步骤如图 13-15 所示。

现举例说明怎样用 ΔNPV、ΔIRR、$\Delta P_t'$ 指标采用环比法对互斥型方案进行比选。

例题 13-16

表 13-10 所示为甲、乙、丙三个互斥型方案及其现金流量，已知 $i=12\%$。

表 13-10　互斥型方案的现金流量及净现值　　　　　　　　　　（单位：万元）

方案 \ 现金流量	0 年投资额	1～10 年净收益	计算得出的 $NPV(12\%)$ 值
甲	−105	18	−3.30
乙	−120	21	−1.35
丙	−140	25	1.26

解析：

（1）以增量净现值 ΔNPV 为比选准则。

1）比较甲、乙得：

$$\Delta NPV(12\%)_{乙-甲} = -120-(-105)+(21-18)(P/A,12\%,10) = 1.95（万元）> 0$$

保留投资额大的方案乙，淘汰方案甲。

2）比较乙、丙得：

$$\Delta NPV(12\%)_{丙-乙} = -140-(-120)+(25-21)(P/A,12\%,10) = 2.60（万元）> 0$$

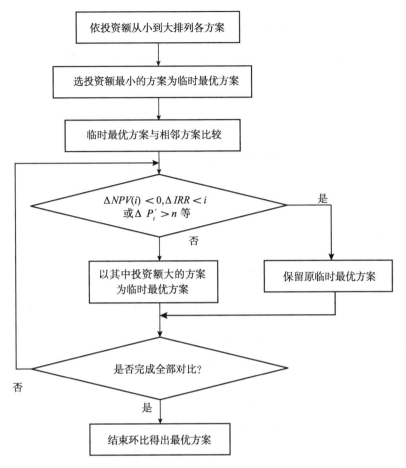

图 13-15 用环比法优选寿命期相同的互斥型方案的程序图

选择投资额大的方案丙，淘汰方案乙。由于丙是最后一个方案，因此结束环比，且由表 13-10 可知方案丙的净现值大于零，即方案丙为最优方案。

（2）以增量内部收益率 ΔIRR 为比选准则。

1）比较甲、乙得：

$$-120-(-105)+(21-18)(P/A,\Delta IRR_{乙-甲},10)=0$$

解之得 $\Delta IRR_{乙-甲}=15.10\%>i=12\%$

故保留投资额大的方案乙，淘汰方案甲。

2）比较乙、丙得：

$$-140-(-120)+(25-21)(P/A,\Delta IRR_{丙-乙},10)=0$$

解之得 $\Delta IRR_{丙-乙}=15.10\%>i=12\%$

故保留投资额大的方案丙，淘汰方案乙。同理，由于丙是最后一个方案，因此结束环比，且由表 13-10 可知方案丙的净现值大于零，即方案丙为最优方案。

（3）以增量动态投资回收期 $\Delta P_t'$ 为比选准则。

1）比较甲、乙得：

$$\Delta P'_{t(乙-甲)} = \frac{\ln\left[1-\frac{(I_2-I_1)\cdot i}{A_2-A_1}\right]}{\ln(1+i)} = \frac{-\ln\left[\frac{1-(120-105)\times 0.12}{21-18}\right]}{\ln(1+0.12)} = 8.09年 < 10年$$

因此应选择乙方案，淘汰甲方案。

2）比较乙、丙得：

$$\Delta P'_{t(丙-乙)} = \frac{-\ln\left[\frac{1-(140-120)\times 0.12}{25-21}\right]}{\ln(1+0.12)} = 8.09年 < 10年$$

因此应选择丙方案，淘汰乙方案。即方案丙为最优方案。

实际上，由于

$$\Delta NPV(i)_{乙-甲} = \sum_{t=0}^{n}\left[(CI_乙-CI_甲)-(CO_乙-CI_甲)\right]_t (1+i)^{-t}$$
$$= \sum_{t=0}^{n}(CI_乙-CO_乙)_t (1+i)^{-t} - \sum_{t=0}^{n}(CI_甲-CO_甲)_t (1+i)^{-t}$$
$$= NPV(i)_乙 - NPV(i)_甲$$

故当 $\Delta NPV(i)_{乙-甲} \geq 0$ 时，必有 $NPV(i)_乙 \geq NPV(i)_甲$ 成立，其结论都是乙方案优于甲方案。

（4）直接以方案的 $NPV(i)$ 为比选准则。

$NPV(12\%)_甲 = -105+18(P/A,12\%,10) = -3.30$（万元）

$NPV(12\%)_乙 = -120+21(P/A,12\%,10) = -1.35$（万元）

$NPV(12\%)_丙 = -140+25(P/A,12\%,10) = 1.26$（万元）

方案丙净现值最大且大于零，故为最优方案。

因此，寿命期相等的互斥型方案的选优以直接用净现值指标最为简捷，通过它不仅可以从方案群中找出最优方案，而且同时可以得出经济上是否可行的结论。

类似等效的指标有净年值，即净年值最大且大于零的方案为最优方案。当互斥型方案的效果一样或者满足相同的需要时，仅需计算费用现金流，采用费用现值或费用年值指标，其判别准则为：费用现值或费用年值最小的方案为最优方案。

2. 寿命期不等的互斥型方案的比选

只有计算期相同时，方案才能进行经济效益的比较。但在实际工作中，常会遇到计算期不等的方案的比较问题。例如设备的经济寿命就是通过比较设备使用不同年限的经济性后确定的，一台投资较多的设备常比投资较少的设备的使用期长，进行技术改造的设备比不进行技术改造的设备寿命期要久。为了使计算期不等的方案具有可比性，需要使各方案具有相同的计算期，此时可采用的方法通常有两种：一是最小公倍数法（也称方案重复法）；二是年值法。下面通过一个例题加以介绍。

例题 13-17

甲、乙两个互斥型方案各年的现金流量如表 13-11 所示，$i=10\%$，试比选方案。

表 13-11 寿命期不等的互斥型方案的现金流量 （单位：万元）

方案	投资额	年净现金流量	残值	寿命（年）
甲	-10	3	1.5	6
乙	-15	4	2	9

解析：（1）寿命期最小公倍数法。以各方案寿命期的最小公倍数作为计算期，采用方案重复性假设。以甲与乙的最小公倍数 18 年作为计算期，甲方案重复实施三次，乙方案重复两次。此时，如果以净现值为评价指标，则各方案 18 年的净现值为：

$NPV_甲 = -10[1+(P/F,10\%,6)+(P/F,10\%,12)]+3(P/A,10\%,18)+1.5[(P/F,10\%,6)+(P/F,10\%,12)+(P/F,10\%,18)] = 7.37$（万元）

$NPV_乙 = -15[1+(P/F,10\%,9)]+4(P/A,10\%,18)+2[(P/F,10\%,9)+(P/F,10\%,18)] = 12.65$（万元）

因为 $NPV_乙 > NPV_甲 > 0$，故乙方案较优。

（2）年值法。用年值法进行比选，此时用净年值（NAV）作为评价指标，则各方案的 NAV 为：

$NAV_甲 = 3+1.5(A/F,10\%,6)-10(A/P,10\%,6) = 0.90$（万元）
$NAV_乙 = 4+2(A/F,10\%,9)-15(A/P,10\%,9) = 1.54$（万元）

因为 $NAV_乙 > NAV_甲 > 0$，故乙方案较优。
年值法实际上假定了各方案可以无限多次重复实施，使其年值不变。

（三）独立型方案的投资决策

根据是否存在资源条件的约束，独立型方案投资决策可以分为两种情况：一是无资源条件约束下的独立型方案的投资决策，二是资源约束条件下的独立型方案的投资决策。

1. 无资源约束条件下的独立型方案的投资决策

由于独立型方案的采用与否只取决于方案自身的经济性好坏，且不影响其他方案的采用与否，因此在无其他制约条件下，多个独立型方案的比选与单一方案的评价方法是相同的，即用经济效果评价标准（如 $NPV \geqslant 0$，$NAV \geqslant 0$，$IRR \geqslant i$，$P_t' \leqslant n$）直接判断该方案是否可以接受。

例题 13-18

某公司做设备投资预算，有六个独立方案甲、乙、丙、丁、戊、己可供选择，寿命均为 8 年，各方案的现金流量如表 13-12 所示，$i=12\%$，判断其经济性。

表 13-12 独立型方案的现金流量及 IRR （单位：万元）

方案 \ 年份	0 年	1~8 年	$IRR(\%)$
甲	-100	34	29.7

(续)

方案 \ 年份	0 年	1～8 年	IRR(%)
乙	−140	45	27.6
丙	−80	30	33.9
丁	−150	34	15.5
戊	−180	47	20.1
己	−170	32	10.1

解析： 如果以 IRR 作为评价指标，各方案的 IRR 计算结果列于表 13-12 中。如对戊方案，有方程式：

$$-180 + 47(P/A, IRR_戊, 8) = 0$$

解得 $IRR_戊 = 20.1\%$，其他方案的 IRR 由同样方法求得。据表 13-12 计算可知，$IRR_己 < i(12\%)$，其他方案的 IRR 均大于 i，由于各方案独立，故应拒绝己方案，可以接受其他的五个方案。

2. 资源约束条件下的独立型方案的投资决策

最常见的是由于投资的限制，不可能采用所有经济合理的方案，这时存在资金的最优分配问题。此时独立型方案群中入选的方案，首先要满足 $NPV \geqslant 0$ 或 $IRR \geqslant i$，此外在可行的方案中，要根据资金限额进行方案的组合，并使最后入选的方案群的经济效益最大。

如例题 13-18，共需资金 650 万元，若公司只有 480 万元，这时就需要对这 5 个方案进行选择。按 NPV 的大小顺序选择方案，只能选择 B、A、C 方案，且剩余 160 万元的资金，此时我们知道资金并未得到最佳利用，因为 D 方案所需投资资金为 150 万元，应该可以入选的。即按 NPV 大小顺序选择方案并不能保证所选择的方案组合的整体净现值最大。

由此可知，当存在资源约束的条件下，各个独立型方案就不能简单地用一个评价准则（如 NPV、IRR）等来选择，这是由方案的不可分割性决定的，即一个方案只能作为一个整体而发挥效益。

比如，独立方案型 A、B、C 的投资分别为 I_A、I_B、I_C，且 $I_B = I_A + I_C$，而方案的净现值大小顺序依次是 $NPV_A > NPV_B > NPV_C$，如果投资约束不超过 I_B，那么决策只能在 B 和 A+C（即同时选择方案 A 和 C）两个互斥型方案之间选择，要么接受 B 而放弃 A+C，要么接受 A+C 而放弃 B，而不能按 NPV 的大小次序，先接受 A，再选择部分 B，因为 B 是不可分割的。

从中我们可以得到启发，有资源约束条件下独立型方案的比选，可将可行的方案组合列出来，每个方案组合可以看成是一个满足约束条件的互斥型方案，这样按互斥型方案的经济评价方法可以选择一个符合评价准则的方案组合，该方案组合就是独立型方案的一个选择。因此，有约束条件的独立型方案的选择可以通过方案组合转化为互斥型方案的比选。

首先列出独立型方案的各种组合。例如：三个相互独立方案的各种组合是：A、B、C、AB、AC、BC 和 ABC。当然，还有一个方案组合是什么也不做，即不进行投资。不难证明，如独立方案总数为 N，则存在 $2^N - 1$ 个方案组合。

在列出方案组合的基础上，可以采用互斥型方案的经济评价方法来选优，具体的步骤如下：

（1）形成所有可能的互斥型方案组合；
（2）除去那些不能满足约束条件的方案组合；
（3）留待考虑的互斥型方案组合，可选用适当的评价指标（通常为 NPV 或 NAV），再从中选优。

例题 13-19

有三个独立方案甲、乙、丙，各方案的投资、年净收益和寿命如表 13-13 所示。已知最低希望收益率为 15%，总投资限额为 30 000 元。

表 13-13　各方案的投资、年净收益及寿命　　　　（单位：元）

方案	投资（生产期初）	年净收益	寿命期（年）
甲	12 000	4 300	5
乙	10 000	4 200	5
丙	17 000	5 800	5

解析：以净现值 NPV 为评价指标判断方案的经济性。

$NPV_{甲} = -12\,000 + 4\,300(P/A, 15\%, 5) = 2\,414.27 (元)$

$NPV_{乙} = -10\,000 + 4\,200(P/A, 15\%, 5) = 4\,079.05 (元)$

$NPV_{丙} = -17\,000 + 5\,800(P/A, 15\%, 5) = 2\,442.50 (元)$

即三个方案均可行，故可能的方案组合数为 $2^3 - 1 = 7$ 个，如表 13-14 所示。表中还列出了方案组合后的现金流量。在方案组合情况中，1 表示该方案接受，0 表示拒绝（项目不进入组合）。

表 13-14　方案组合的净现值　　　　（单位：元）

组合序号	方案			现金流量		组合的 NPV(15%)
	甲	乙	丙	0 年	1～5 年	
1	1	0	0	-12 000	4 300	2 414.27
2	0	1	0	-10 000	4 200	4 079.05
3	0	0	1	-17 000	5 800	2 442.50
4	1	1	0	-22 000	8 500	6 493.32
5	1	0	1	-29 000	10 100	4 856.77
6	0	1	1	-27 000	10 000	6 521.55
7	1	1	1	-39 000	14 300	8 935.82

如选用净现值作评价指标，可计算出各组的净现值，计算所得的结果也一并列入表 13-14 中。从表 13-14 可以得出结论，在资金约束条件下（本例为 30 000 元），最优方案是组合净现值最大的方案，故应选组合 6，即乙、丙组合方案。

上述方法即在有约束条件下独立型方案选优的互斥化法，是指列出所有可能的互斥方案组合，再计算出它们的评价指标值，如 NPV(i) 值，然后从中选出最优（NPV(i) 最大值）方案。此法的特点是简单、有效。

当独立型方案个数增多时，组合方案数将快速增大，如10个独立方案，则可组成1024个互斥的方案组合，用手工计算将是烦琐的，而且实际也是不现实的。此时可利用日本学者在20世纪50年代提出的一种用于独立型方案的优化组合方法，即利用效率指标进行排序选优的方法。该方法的主要思想是：首先计算反映各方案的投资效率指标（如内部收益率或净现值率），根据效率指标的大小确定独立型方案的优先顺序，然后在资金限额内按从高到低的顺序根据资源条件确定最优方案组合。

例题 13-20

六个独立方案甲、乙、丙、丁、戊、己，寿命期均为6年，各方案的现金流量如表 13-15 所示。

表 13-15　各方案的现金流量　　　　　　　　　　（单位：万元）

方案 项目	甲	乙	丙	丁	戊	己
初始投资	60	55	45	80	75	70
年净收益	18	11.9	15.2	21.7	28.3	17

问：（1）$i=10\%$，总投资限额为 250 万元，选哪些投资最有利？

（2）$i=10\%$，总投资限额为 300 万元，选哪些投资最有利？

（3）投资资金在 100 万元内，$i=10\%$，投资每增加 100 万元，i 提高 4 个百分点，这时选择哪些方案有利？

解析：第一步，计算各投资方案的内部收益率 IRR，由大到小排序并绘图，如图 13-16 所示。

$NPV(IRR) = -I_0 + A(P/A, IRR, n) = 0$

甲方案：$-60 + 18(P/A, IRR, 6) = 0$

可得 $IRR_甲 = 20\%$。

同理可得 $IRR_乙 = 8\%$，$IRR_丙 = 25\%$，$IRR_丁 = 16\%$，$IRR_戊 = 30\%$，$IRR_己 = 12\%$。则排序为：戊、丙、甲、丁、己、乙。

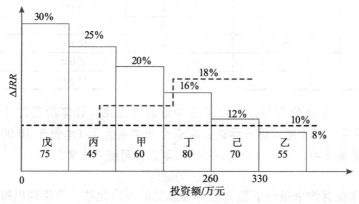

图 13-16　独立方案排序

第二步，标注资金限制和利率限制；

第三步，根据资源条件选择方案。

（1）资金总限额为 250 万元：依据 IRR 从大到小选择方案，依次可选择戊、丙、甲。此时，还剩余 70 万元，由于项目的不可分割性，丁方案不能选择，此时可继续判断 $IRR \geqslant i$ 的方案是否满足资金约束条件，己方案所需的投资额为 70 万元且内部收益率为 12%，刚好满足约束条件，即己方案也可入选，则最优方案组合为甲＋丙＋戊＋己。

（2）资金限额为 300 万元：依据 IRR 从大到小选择方案，依次可选择戊、丙、甲、丁，剩余 40 万元资金，由于项目不可分割，则己方案不能选择。此时还剩余方案乙，由于乙方案所需的投资额为 55 万元，且内部收益率为 8%，故不满足约束条件，则最优方案组合为甲＋丙＋戊＋丁。

（3）当投资额在 100 万元以内时，i=10%；当投资额在 100 万元至 200 万元之间时，i=14%；当投资额在 200 万元至 300 万元之间时，i=18%。依次类推，则此时利率限制线是一条变动的曲线，且该限制线与丁方案的直方图相交，同理依据 $IRR \geqslant i$，可依次选择戊、丙、甲，即戊＋丙＋甲为满足约束条件的方案组合。

效率指标排序法按效率指标从高到低顺序选取原则，所选方案不一定能保证资金的充分利用，达到净现值最大的目标。该方法只适合各投资方案占投资预算限额比例小或各入选方案投资累加额与投资预算额相差无几的情况。

（四）混合型方案的投资决策

混合型方案的选择，是实际工作中常遇到的一类问题。比如某些公司实行多种经营，投资方向较多，这些投资方向就业务内容而言，是相互独立的，而对每个投资方向可能有几个可供选择的互斥方案，这样就构成了混合型方案的选择问题。下面通过一个设备投资预算分配的例题加以说明。

例题 13-21

某公司有三个下属部门分别是 a、b、c，各部门提出了若干投资方案，如表 13-16 所示。三个部门之间是独立的，但每个部门内的投资方案之间是互斥的，寿命均为 10 年，最低希望收益率为 10%。问：

表 13-16　混合型方案的现金流量　　　　　　　　（单位：万元）

部门	方案	0（年）	1～10 年
a	a_1	−100	27.2
	a_2	−200	51.1
b	b_1	−100	12.0
	b_2	−200	30.1
	b_3	−300	45.6
c	c_1	−100	50.9
	c_2	−200	63.9
	c_3	−300	87.8

（1）资金供应没有限制，应如何选择方案？

（2）资金限制在500万元之内，如何选择方案？

（3）当b部门的投资方案是与安全有关的设备更新，不管效益如何，b部门必须优先投资且资金限额在500万元之内，此时如何选择方案？

解析： 上述问题采用增量内部收益率指标 ΔIRR 来分析。

（1）因为资金供应无限，a、b、c部门之间独立，此时实际上是各部门内部互斥方案的比选，分别计算 ΔIRR 如下：

对于a部门，由方程：

$$-100 + 27.2(P/A, IRR_{a_1}, 10) = 0$$

$$-100 + (51.1 - 27.2)(P/A, \Delta IRR_{a_2-a_1}, 10) = 0$$

解得 $IRR_{a_1} = 24\% > i$，$\Delta IRR_{a_2-a_1} = 20\% > i$，所以 a_2 优于 a_1，应选择 a_2 方案。

对于b部门，用同样的方法可求得：

$IRR_{b_1} = 3.5\% < i$，故 b_1 是无资格方案，$IRR_{b_2} = 12\% > i$，$\Delta IRR_{b_3-b_2} = 9.1\% < i$，所以 b_2 优于 b_3，应选择 b_2 方案。

对于c部门，同理可求得 $IRR_{c_1} = 50\% > i$，$\Delta IRR_{c_2-c_1} = 5\% < i$，故 c_1 优于 c_2；$\Delta IRR_{c_3-c_2} = 13.1\% > i$，所以 c_3 优于 c_1，应选择 c_3 方案。

因此，资金没有限制时，三个部门应分别选 $a_2 + b_2 + c_3$，即a与b部门分别投资200万元，c部门投资300万元。

（2）由于存在资金限制，三个部门投资方案的选择过程如图13-17所示。

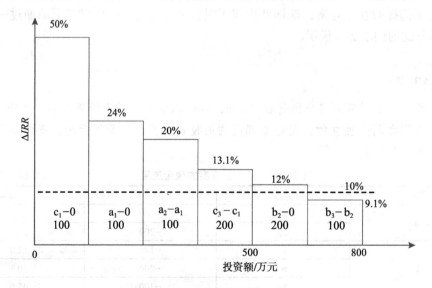

图13-17 混合型方案的 ΔIRR

从图13-17可知，当资金限制在500万元之内时，可接受的方案包括 c_1-0，a_1-0，a_2-a_1，c_3-c_1，因为这四个增量投资方案的 ΔIRR 均大于 i，且投资额为500万元。因此，三个部门应选择的方案为a部门的 a_2 和c部门的 c_3，即 $a_2 + c_3$（a部门投资200万元，c

部门投资 300 万元，b 部门不投资）。

（3）b 部门必须投资，即 b_2 必须优先选择（此时图 13-17 变成图 13-18 所示）。

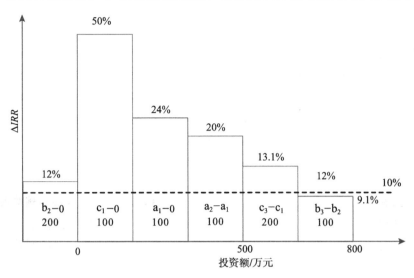

图 13-18 有优先选择的混合型方案的 ΔIRR

从图 13-18 可知，当资金限制在 500 万元之内时，可接受的方案包括 b_2-0，c_1-0，a_1-0，a_2-a_1，因为这四个增量投资方案的 ΔIRR 均大于 i，且投资额为 500 万元。因此，三个部门应选择的方案为 a 部门的 a_2、b 部门 b_2 和 c 部门的 c_1 方案，即 a_2+ b_2+ c_1（a 部门投资 200 万元，b 部门投资 200 万元，c 部门投资 100 万元）。

本章小结

企业技术经济评价与管理是研究企业在有限的资源条件下，如何评价技术方案的经济效果，以尽可能低的成本取得预期收益或在一定成本前提下取得较高收益。本章主要围绕经济效果这一核心概念，根据资金时间价值的客观规律，分析评价技术方案。

在确定性评价角度，对技术方案可以从时间维度、价值维度和效率维度来分析技术方案的可行性，要重点掌握投资回收期、净现值、净年值、内部收益率等指标的计算。对于多个技术方案的比较要先辨别方案间的关系类型，然后再选择合适的方法进行分析。

关键术语

经济效果   资金时间价值   现金流量   复利计算   投资回收期   净现值
净年值   内部收益率

思考题

1. 简答题
（1）简述经济效果的含义及表达方式。
（2）经济效果评价的基本原则是什么？
（3）如何理解经济效果的可比原则？
（4）资金时间价值的内涵是什么？如何衡量资金时间价值？
（5）名义利率与实际利率之间有什么关系？
（6）复利计算和单利计算的区别是什么？
（7）等额发生情况下的计算要参照的基本现金流量图的特征是什么？

2. 计算题
（1）某工程项目预计初始投资为1 000万元，第3年开始投产后每年销售收入抵销经营成本后为300万元，第5年追加投资500万元，当年见效且每年销售收入抵销经营成本后为750万元，该项目的经济寿命约为10年，残值为100万元，试绘制该项目的现金流量图。

（2）某企业获得100万元贷款，偿还期为5年，按8%的年利率计息，有4种还款方案。分别计算不同方案下5年总的还款额。

方案A：每年年末还20万元本金和所欠利息；

方案B：在5年中每年年末还相等金额；

方案C：每年年末只付所欠利息，本金在第5年年末一次还清；

方案D：第5年年末一次还本付息。

（3）每半年存款1 000元，年利率为8%，每季计息一次，复利计息。问：5年年末存款金额为多少？

（4）某企业更新设备有两种方案可以选择，方案A需投资35万元，年净收入为19万元，年经营成本为7万元，使用寿命为4年，残值为1万元。方案B需投资50万元，年净收入为25万元，年经营成本为14万元，使用寿命为8年，无残值。已知基准收益率为10%。试选择最优方案。